为人为学 为师为友

庆贺
王寅教授七十华诞

主编　刘玉梅　赵永峰

上海外语教育出版社

外教社 SHANGHAI FOREIGN LANGUAGE EDUCATION PRESS

图书在版编目（CIP）数据

为人为学　为师为友：庆贺王寅教授七十华诞／刘玉梅，赵永峰主编.
—上海：上海外语教育出版社，2019
ISBN 978－7－5446－5943－7

Ⅰ.①为… Ⅱ.①刘… ②赵… Ⅲ.①王寅—纪念文集 Ⅳ.①K825.5－53

中国版本图书馆 CIP 数据核字（2019）第 128813 号

出版发行：**上海外语教育出版社**
　　　　　（上海外国语大学内）　邮编：200083
电　　话：021-65425300（总机）
电子邮箱：bookinfo@sflep.com.cn
网　　址：http://www.sflep.com
责任编辑：黄新炎

印　　刷：常熟市华顺印刷有限公司
开　　本：710×1000　1/16　印张 26.75　字数 422千字
版　　次：2019 年 10月第 1版　2019 年 10月第 1次印刷
印　　数：1 100 册

书　　号：ISBN 978-7-5446-5943-7
定　　价：88.00 元
本版图书如有印装质量问题，可向本社调换
质量服务热线：4008-213-263　电子邮箱：editorial@sflep.com

儒雅大家
学者风范
治学精深
桃李满园

恭贺王宗炎教授
七十寿辰
马新发

（作者：马新发先生，四川外国语大学前党委书记）

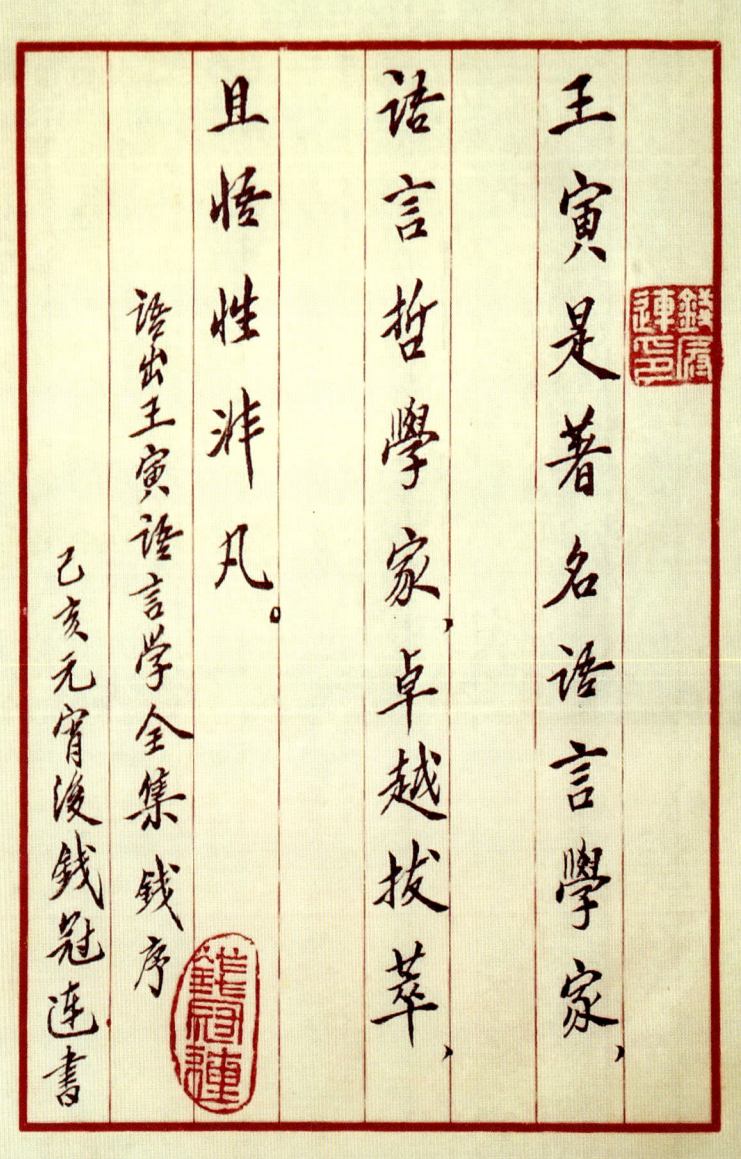

王寅是著名语言学家，

语言哲学家，卓越拔萃，

且悟性非凡。

语出王寅语言学全集 钱序

己亥元宵後 钱冠连 书

（作者：钱冠连教授，著名语言哲学家；工作单位：广东外语外贸大学）

原：生威七十秋，川渝苏鲁一府收笺持果赢谈时语更引兰雪作译俦，思探幽微中外哲，情怀体认古今谋，遐期译道开新路，且后逍遥北海游

壬寅兄七十华诞志庆

潘文国 己亥春日

（作者：潘文国教授，著名语言学家；工作单位：华东师范大学）

山高泉响
圃清作于北外

青山巍巍寿星体 松姿百态古稀年

刘润清赠王寅先生七十大寿

(作者：刘润清教授，著名语言学家；工作单位：北京外国语大学)

敬贺王寅先生七十大寿

学到知非德器绝

年齐大衍经论富

北京外国语大学刘润清

己亥年初春

（作者：刘润清教授，著名语言学家；工作单位：北京外国语大学）

七十春秋宴室寿开况稼耋海

若為甜缘修高張五秩近顧慈

齐登九酬姗学室贯中西人唱举

筹迷芳皋肇犹甜稻馥返说

宿山寿当馆人生二百年

（作者：薛家宝教授；工作单位：盐城师范学院）

（作者：李弘教授；工作单位：四川外国语大学）

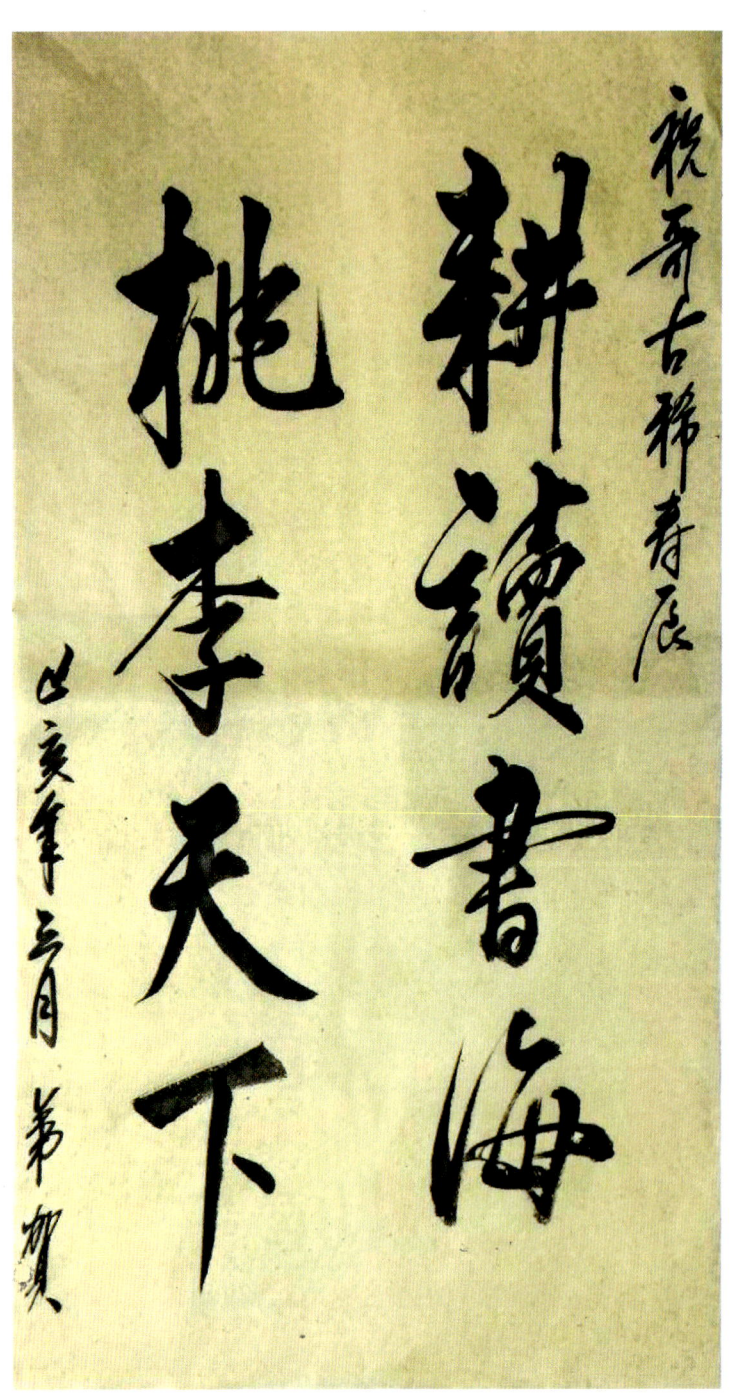

祝哥古稀寿辰

耕读书海

桃李天下

己亥年夏月 弟贺

（作者：王宁，王寅先生三弟；原江苏省盐城市土地储备中心干部）

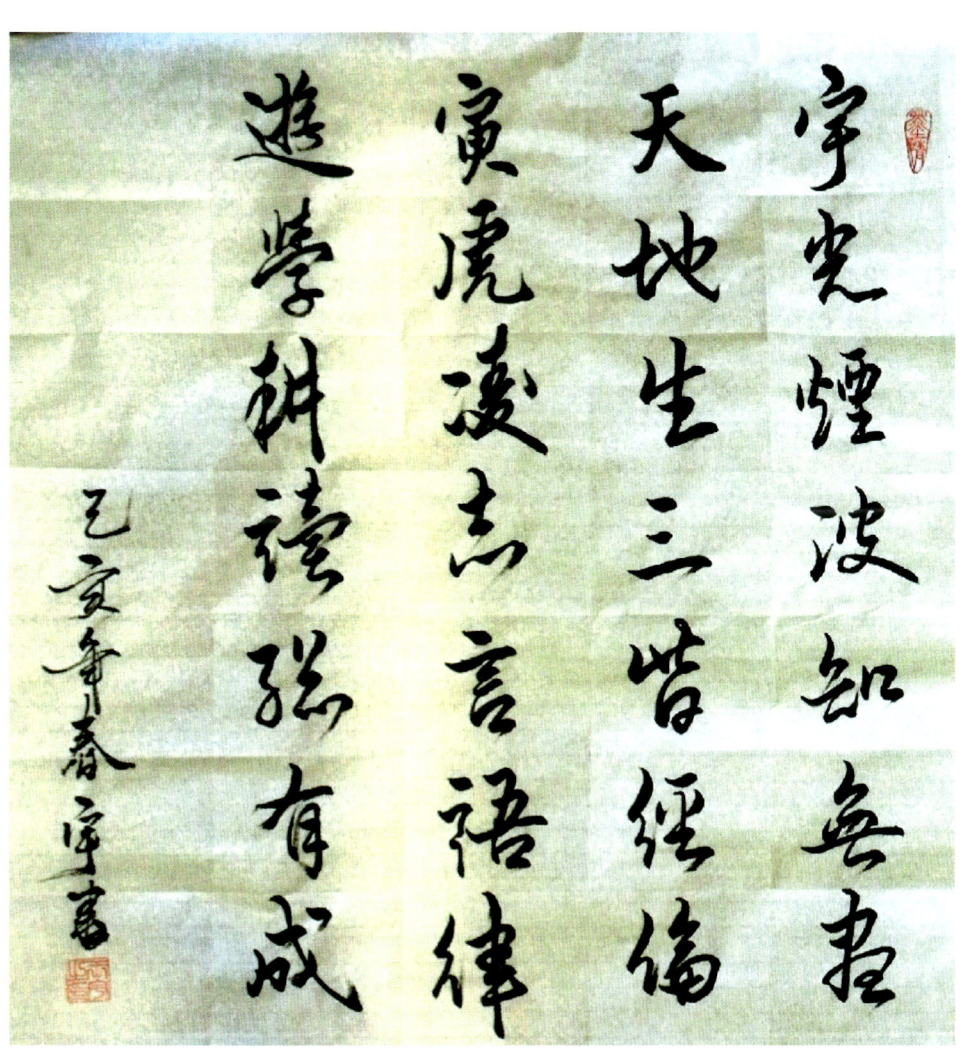

宇宙烟波如无尽
天地生三皆经传
寅虎凌志言语律
遊学耕读弱有成

乙亥年小春 宇富

（作者：王宇，王寅先生五弟；原中国科学技术部政策法规司副巡视员）

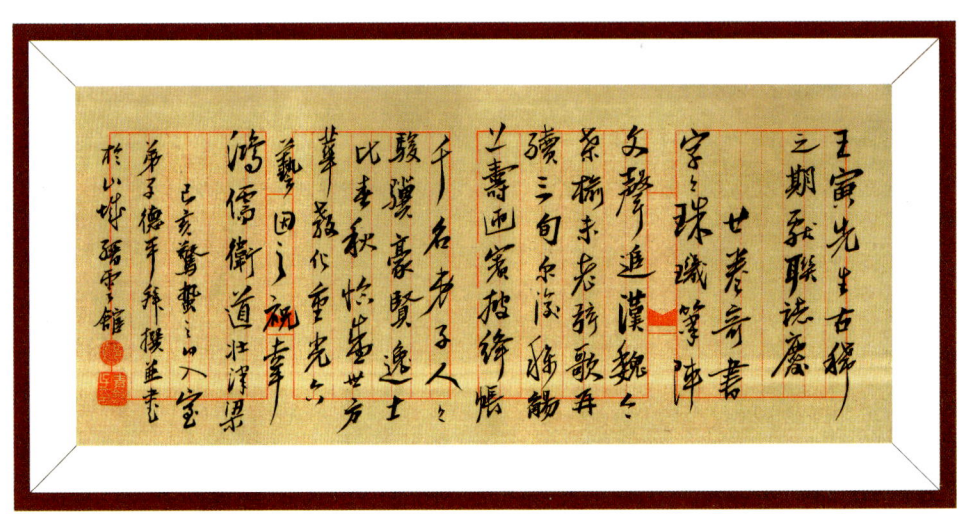

上联：廿卷奇书，字字珠玑，笔阵文声追汉魏。今桑榆未老，弦歌再续三旬，尔
　　　后称觞，上寿迎宾披绛帐。

下联：千名弟子，人人骏骥，豪贤逸士比春秋。恰盛世方华，教化重光六艺，因
　　　之祝幸，鸿儒卫道壮津梁。

（作者：邬德平副教授；工作单位：衡阳师范学院）

目 录

i

师生篇

访谈篇

寄语篇

前　言

刘玉梅

　　王寅先生是我国著名语言学家、语言哲学家和外语教育家。他将一生奉献给读书、教书、写书。他以语言学为原点，打通了其与哲学、逻辑学、翻译学、训诂学、传播学、符号学等的研究通道，建立了独特的学术生态体系，尤其在语言学和语言哲学领域论著颇丰，见解精到，影响广泛，形成了独树一帜的为学之道。同时，他以研促教，本着严谨务实的精神在施教和树人等方面形成了独具特色的为师之器，培养和影响了一批人，成为学生爱戴的师长，同事、朋友尊敬的友人。道器共生共长，让王寅先生的学术精神在读书、教书、写书的道路上延绵流长，成为一棵常青树。

　　2020 年将是王寅先生的七十寿诞。作为他的学生和同事，我和赵永峰相约，为恩师编撰了文集《为人为学　为师为友——庆贺王寅教授七十华诞》，以记录先生的为学、为师、为人的点点滴滴。该文集共约 30 万字，四川外国语大学原党委书记马新发、盐城师范学院前院长薛家宝教授、中国著名语言哲学家钱冠连教授、中国著名语言学家潘文国教授、中国著名语言学家刘润清教授等分别题词题画；四川外国语大学校长李克勇教授、我国著名语言学家胡壮麟教授、王铭玉教授、王初明教授、王文斌教授等写来情真意切的贺信；四川外国语大学刘玉梅教授和赵永峰教授撰写前言和编后记。

　　除题词题画、前言、后记外，文集共分五个部分。第一部分为致辞篇，收录了四川外国语大学校长李克勇教授、盐城师范学院前院长薛家宝教授、天津外国语大学前副校长王铭玉教授、宁波大学前副校长、北京外国语大学校长助理王文斌教授等为王寅先生七十寿诞写的致辞。第二部分为友情篇，收录了 24 篇文章，国

I

内学界友人胡壮麟教授、钱冠连教授、潘文国教授、王初明教授等描绘了与王寅先生作为学术友人、同事的交往和感受。第三部分为师生篇，收录了王寅先生部分博士、硕士研究生的文章。同学们在文章中再现了王寅先生为学之道和为师之器。第四部分为访谈篇，收录了三篇王寅教授的访谈文章。第五部分为寄语篇，收录了王寅先生以"读书、教书、写书"为主题对自己学术人生的回顾和感想。本文集从不同角度展现了王寅先生作为一名著名语言学家、语言哲学家、外语教育家，在读书、教书、写书中践行"传承中发展，创新中应用"的学术精神，引导青年人向学好学、求真务实的学者情怀，追求幸福宁静生存方式的人生境界。

　　为了方便编辑，文集中的友情篇、师生篇收录的文稿按作者年龄顺序排序。对于各位同事、友人、王师学生在百忙之中拨冗为先生题词题画撰文，我们在此一并顿首感谢！

　　衷心祝愿王寅先生家庭幸福，福如东海；健康长寿，寿比南山！

2019 年 2 月

重庆歌乐山

致 辞 篇

贺王寅教授古稀寿辰

李克勇

王寅教授是我国著名语言学家和语言哲学家，长期辛勤耕耘在教学科研第一线，为我国认知语言学和语言哲学的发展作出了卓越的贡献，其学而不厌，诲人不倦的品格堪称教书育人的楷模。

在进入新千年后，川外面临着新挑战和发展机遇，如何把外国语言文学做得更强、更具特色是摆在川外人面前的现实问题。那时学校提出了建设高水平教学研究型大学的目标，并把人才强校作为迈上新台阶的发展战略，广纳贤才即是当时的首要任务。

在学校引进的第一批高端人才中，王寅教授是语言学界德高望重的领军人。我第一次与王教授见面便留下了深刻的印象。王寅教授博学、面善、和蔼可亲，说话颇具感染力。以后每次与王寅教授见面、听他的讲座和大会主旨发言我都受益匪浅。在师资队伍建设、人才培养、学科建设、科研机构设置等方面，我多次向王寅教授请教，他的许多建议都给了我启迪和帮助！

王寅教授的到来对学校来说犹如及时雨，可谓雪中送炭！在头雁效应的作用下，一批知名学者纷至沓来，川外人才队伍随之壮大，学科建设和科研水平显著提升，引起了业界不小的反响。当时王寅教授是第一个从发达东部到祖国西部，从211高校到普通院校流动的例子，在重庆市也开了一个先河。重庆市市长在听取学校汇报学科建设和人才队伍建设时给予了充分肯定和支持，并称"川外现象"值得其他高校学习借鉴。

王寅老师到川外来后这15年，学校完成了博士点建设、更名为大学等历史性跨越。以王寅老师为代表的一批高层次引进人才起到了至关重要的作用。

学校安排王寅教授到外国语言研究中心工作，担任认知科学研究中心和语言哲学研究中心主任，同时担任研究生的"语义学""认知语言学""语言哲学"三门课的教学任务。王寅教授立即着手编写针对以上课程的研究生教材，其中第一本教材《语义理论与语言教学》最初在上海外语教育出版社2001年出版，先后加印了4次，后于2014年出了第二版，现已2次加印。《认知语言学》为2002年国家社科基金项目，于2007年正式出版，每年加印一次，到2018年已经是第11次印刷。《语言哲学研究》为2013年国家社科基金后期资助项目，于2014年在北京大学出版社分上下卷出版，为研究生教材。这些教材在国内反响很好，受到广大师生一致好评。

王寅教授长年给研究生授课，给本科生作讲座，严格要求学生，勉励学生勤奋读书。一次，我和党委书记登门看望王寅教授，一进门就为其书房所震撼，琳琅满目的学术书籍，接待同事和学生的桌椅，简直就是图书馆的延伸！他告诉我们，他不仅要求学生每天读50页学术书刊，对自己也是同样的要求，而且持之以恒，坚持数年，为同事和学生作出了表率。在学校每年组织的学生评教活动中，王寅教授是川外最受学生欢迎和爱戴的老师之一。2016年，王寅教授高票入选"四川外国语大学首届感动校园十大人物"。2018年我校历史上首次设立最高荣誉称号——资深教授，仅有三位学者入选，王寅教授当之无愧。

来川外后不久，王寅教授组织了"川外认知团队"，将十数名教授、博士召集起来，共同学习该领域的前沿论文和书籍，与大家分享新书和新论文，让大家一起学习、研究，然后进行交流，不断激励大家，调动他们从事科研的兴趣和积极性。近年来，在王寅教授的带领下，团队以认知语言学为基础，逐步将其扩大到认知翻译学、认知传播学、认知地名学、认知诗学、政治话语等领域，逐步形成了"一点多翼，超学科发展"的认知研究团队。近5年，每年11月召开一次"川外认知团队研讨会"，已经成为学校的一面鲜明的学术旗帜。随着团队围绕"认知语言学、体认语言学"的深入研究，成果显示度逐年提升，特别是他们于2016年出版的《认知语言学分支学科建设》，尝试将认知语言学的基本理论扩展到十几个分支学科的研究之中，在国内率先提出并论证了"认知音位学、认知词汇学、认知句法学、认知构式语法、新认知语用学、认知语篇学、认知修辞学、认知翻译学、认知社会语言学、认知历史语言学、神经认知语言学、应用认知语言学、认知诗学、认知对比语言学"

等,这对于完整和系统地建构一门学科很有意义,对培养本土化语言学人才起到了重要的引领作用。近年来,团队尝试将国外认知语言学理论本土化为"体认语言学",已在这一领域发表了十数篇论文,出版了两本专著,为创立我国自己的语言学理论迈出了重要一步,作出了宝贵的贡献!

王寅教授特别关心年轻人的成长和学校的学科建设与发展,积极主动为学校教师发展中心承担教师培训任务,还经常在家中开科研沙龙,研讨学术前沿问题。所带领和指导的认知团队成员均取得长足进步,科研成果显著,已成为学校学术梯队中坚力量,在国内学术圈中崭露头角,其中如周文德获得国家重大项目,林克勤、刘玉梅、赵永峰、刘兴兵等团队成员均获得国家项目,这都是在他带领指导下团队协作所取得的成绩。作为中西语言哲学研究会的发起人之一,作为该研究会第二、三任会长,王寅教授以高度责任感和严谨的治学态度,组织全国性公益学术培训班——"西方语言哲学夏日书院",已经开办了 14 期。王寅教授亲自义务讲习语言哲学,还邀请国内外著名语言学、语言哲学专家集中授课、开展学术沙龙,探索语言、世界、心灵与人的关系,培训青年教师学术创新能力,挖掘从语言入、从哲学出的科研素养,提高学术研究的质量,每年培训近 200 名青年学者。

王寅教授来川外后,不断推出新的研究成果,出版专著十余部,发表论文 200多篇,约 1 800 万字,获得国家项目 2 项,省级项目 2 项(含一项省级重点项目),获得省级社科一等奖一项,二等奖一项。目前他正在整理《王寅语言学》(共 20 卷),前六卷即将由高等教育出版社出版。他还不断组织国际学术会议和高层论坛,编著《语言哲学研究》集刊。

年近古稀的王寅教授仍然老当益壮,保持着旺盛的教学和学术精力。2020年,对王寅教授来说可谓双重喜庆,因为他将与川外同时迎来自己 70 华诞,我衷心祝福王寅教授:愿他继续为我国语言学的发展发挥引领作用!感谢他为四川外国语大学的学科建设、人才培养、科学研究所作出的举足轻重的贡献!我们为有王寅教授这样的学者、良师益友而深感荣幸!愿他在川外幸福安康度晚年!

2019 年 2 月

(作者:李克勇教授,四川外国语大学校长)

贺王寅教授七十寿诞

薛家宝

七十春秋岂等闲，
泛槎学海苦为甜。
绛帐高张五秩近，
兰蕙齐芬九畹妍。
学贯中西人皆誉，
著述等身笔犹酣。
称觞遥祝南山寿，
当信人生二百年。

（作者：薛家宝教授，盐城师范学院前校长；中国比较文学教学研究会副会长）

精深治学同大道，志顺道合谱芳华

——我与王寅先生的忘年之交

王铭玉

提起王寅老师，在国内外语言学界可谓大名鼎鼎！我与王寅先生结缘于20世纪末，一见如故！我们初识于文，后晤于面，再交于心，前后所历二十余载。他勤奋好学，笔耕不止，一直奋斗在教学和科研的第一线，为我国的语言学事业作出了重要的贡献。他自20世纪70年代从教，已近50载，可谓桃李满园，著作等身。欣闻他今年将迎来七十寿诞，着实人生大事也！几日来，我驻足于书房之中，把先生赠送给我的所有大作遍遍抚览，总感有话要说；况先生于我，志同道合，亦师亦友，脑海中"为人、为学、为师"之字眼总是萦绕不去，于是提笔撰文来祝贺他的"古稀之期"，以表学习与景仰之情！

一、先生为人：身正爱人，兼济同行

他曾告诉我，凡入室弟子，无论硕博，第一课必先记下一句话："做学问者先学做人。"这既是先生治学为人的箴言，也算是入王师门的"受戒"之语！做人就得修身，王先生的言行处处讲究"修身"，体现出"身正爱人，兼济同行"的高尚品格。

他一身正气，广施仁爱。正气有两个维度：一、有正确的人生价值取向、积极健康的生活趣味；二、有正直的行事风范，远离歪风邪气。王先生为人正直，待人厚道，忠于教育事业。他将自己的一生归为三件要事：读书、教书、写书，这才是天下读书人所循之道。他说，人生始自读书，弄懂来自教书，升华乃靠写书，经过这三个阶段的不断重复和循环，才有可能将一门学科吃透，也才能谈得上继承和超越。他还提出这三个阶段的具体要求,读书要读进去,教书要教精彩,写书要写流畅。他是这么说的,也是这样做的。书虽读了,若不得要领又何能很好地达到读书应达到的目的,何以能真正地充实自己;老师站在课堂上就当全身投入,吸引学生,才能达到较好的教学效果;书要写得条分缕析、深入浅出,自己的创新思想才能让人很好地理解。

众所周知,语言问题一直是亘古的哲学话题。哲学乃众学之源,也是语言学的摇篮,不少国外语言学家正是经过了哲学的早期训练,在以后的学术生涯中才原创不断。相比之下,国内语言学界在这方面就逊色不少。于是他与外语界著名语言哲学家钱冠连先生等学者一道,于 2005 年创建了"中西语言哲学研究会",每年举办"西方语言哲学夏日书院"讲学班,风雨十数载,从不间断。讲学班从不向学员收费,讲课人自己安排食宿,他们常戏称自己为"自带行李,自备干粮",为的是能让语言哲学在外语界得以普及,让哲学之光泽被"芸芸学者"。

在四川外国语大学的学科建设大潮中,先生高举理论旗帜,组建认知大团队。自 2015 年以来,他们每年在 11 月 11 日举行"认知(体认)团队"年会,并邀请校外专家代表与会交流。目前,这支学术团队得到了较快发展,可谓风生水起,很大程度是受王先生人格魅力的感召。王先生带领这个团队围绕"认知语言学、体认语言学"作出了很多深入的研究,特别是他们于 2016 年出版的《认知语言学分支学科建设》一书给我留下了深刻的印象。这个团队尝试将认知语言学的基本理论扩展到十几个分支学科的研究之中,在国内率先提出并论证了"认知音位学、认知词汇学、认知句法学、认知构式语法、新认知语用学、认知语篇学、认知修辞学、认知翻译学、认知社会语言学、认知历史语言学、神经认知语言学、应用认知语言学、认知诗学、认知对比语言学"等,这对于完整和系统地建构一门学科很有意义,对培养本土化语言学人才起到了重要的引领作用。

二、先生为学:积沙成塔,一丝不苟

自古有言,为文治学,难比蜀道,须日积月聚,正所谓"钝学累功,才致精熟"。先生出身于书香门第,自幼爱读书,且还奉行"取法乎上,与时俱进"的策略,倡导"不附中庸,拒做鹦鹉鸟,不做应声虫"的学术气节!

喜欢读书之人,必定会爱书藏书。他每遇善本,便爱不释卷。先生府上,四面墙垣，科橱交错，几案盈积、左图右书。且在所学经卷上，满是勾画圈点，上评下注，前证后疏，极为审慎严谨。

先生说，著书立说者，当谋求文字传世，才对得住青春韶华，才对得住后辈学人。动笔前先读书，要读进去，读懂，努力参悟其中的道理，然后才可铺纸作文，不可"以己昏昏使人昭昭"。先生是一个孜孜追求真理，敢于在是非面前较真的人。他于20世纪末所论述的"像似性理论"曾一度在国内引起学界热议，甚至在一段时间里他充当着"少数人"的角色，但随着认知语言学的普及和深入，现已被学界广泛接受，因为认知语言学就是要探索语言表达背后的认知理据性，且在其作用下如何像似于客观世界，这不仅在理论上是一次重大突破，使得人们深刻反思索绪尔流传了上百年的"语言任意说"，而且在教学上还具有深远的指导意义。我们在教授语言时，就是要讲清楚语言之所以这么说而不那样讲背后的道理，不仅知其然还要知其所以然。这就是我们当下所强调的"素质教育"，通过语言学习，揭示人是如何认识世界的，知晓组织语言的方式，这就是孔子所言"不仅授人以鱼，更要授人以渔"。

王先生于2007年出版的《认知语言学》是国内第一部较为全面论述认知语言学的教材。该书自问世以来，每年加印一次，直至现在已印刷了11次，堪称学术著作中的经典作品。可想而知，该书多达70万字，凝聚了作者的多少心血与汗水？据我所知，这是先生所承担的一项国家社科课题，也是与国外该领域权威学者长期互动的结果。书稿在21世纪初就已成型，先油印成册在苏州大学等高校试用，广泛听取意见，然后不断修改完善，最终才在上海外语教育出版社正式出版。

此后先生的佳作不断问世，鸿篇巨著接踵而来，《构式语法研究》《语言哲学研究——21世纪中国后语言哲学沉思录》，以及即将刊印的《认知翻译学》等都是上下卷，系统而又全面。在《构式语法研究》中，先生既介绍国内外学者的经典理论，评述其利弊，也抒发了自己的观点，提出许多补救方案。特别是在下卷中，运用上卷所论述的观点对比分析了英汉语中的"双宾构式、动结构式、动宾构式、明喻习语构式"等。他于2002年提出的"语言体验观"为学界输送了一个崭新观点，这十几年来又不断撰文加以系统论述。特别是2007年将其修补为"语言的体认观"，且在此基础上尝试建构"体认语言学"这一新学科，连续发表了30多篇论文进行了较为全面的论证,受到了国内外学者的高度关注。

逻辑学和哲学是两门既相互区别又紧密联系的学科,二者彼此相依,不可分离,对语言学的发展都有重要的指导作用。王先生在关注哲学的同时,还深入地学习了逻辑学,对形式逻辑有较深的造诣,他所撰写的《现代形式逻辑入门》即将面世。这是一本专为文科(特别是语言学专业)教学和研究工作者和学生编写的入门性小册子,旨在介绍现代形式逻辑的基本内容。这将有助于读者进一步深刻了解和有效掌握现代形式逻辑的基础理论:命题逻辑、谓词逻辑、内涵逻辑以及模态逻辑,使其知晓理想语言哲学派、形式语言学和形式语义学的运作原理,以期能弥补学科分类过细之不足。

先生对为学著书有如下总结:写好文章出好书,必须善纳前贤卓见,兼收并蓄,勤思善辩;谨记锐意创新,敢于亮"见"。当然,身为学者,必须坚守学术规范,正己尊人。他在自己的文章和专著中,但凡是学生有所贡献,无论大小,必引文作注,给予肯定。

先生不仅是中国内地的知名学者,而且还应邀去国外和境外讲学,如美国、日本、荷兰、中国香港等地作学术报告。2015年先生在加州克莱蒙大学作了关于中国后现代哲学、后语言哲学发展现状的精彩学术报告,受到约翰·柯布教授(Prof. John Cobb,美国著名哲学家,社会科学院院士)的高度评价,柯布教授还发出了"后语言哲学的希望在中国"的赞誉。

贤者用心,道法豁然。先生给我留下深刻印象的一件事值得提起:他于2010年就提出了"命名转喻观",后在游览江西九江的石钟山之后又获灵感,以此为理论基础反思了《石钟山记》中人们对该山的命名动因,运用"命名转喻观"合理地重新解读了"石钟山"因形得名说、因声得名说等,并统一归之为"以偏概全"的转喻观,即人们只能选择对象诸多特征中的一个来加以命名,而不可能将所有特征都融合在一起来命名,人类办不到,也不需要如此。他与青年才俊王天翼教授一起于2017年在《外语教学》上撰文,题为"命名转喻论——以石钟山命名为例",深得学界好评。这无论在语言学界还是哲学领域都掷地有声:同隐喻一样,转喻也是人类赖以生存的思维方式和认知手段。同时该观点也批判了"客观主义"思潮,因为人类在命名事物时不可避免地带有一些主观色彩,"抓住一点,不计其余"。

先生2007年在高等教育出版社所编辑的"中国外语知名学者文库"系列丛书

中出版了《中西语义理论对比研究初探》一书,同样令我印象深刻。外语界的学者一般忽略中国的训诂学,而中文界的学者一般也不重视西方的语义理论,而王先生凭其渊源的家学较为熟悉训诂学,20 世纪 80 年代中叶又留学英国学习了西方的语义学,他率先在这两个学科之间做了对比研究,在一定程度上填补了这一领域的空白。书名虽为"初探",但其中的论述十分精到,对我们当今努力倡导跨学科研究,乃至超学科研究,具有重要的意义。

光阴如箭飞逝过,弹指挥间又一春。我在川外审核评估期间了解到,刚刚过去的 2018 年对王先生而言是丰收的一年:一是获评"四川外国语大学资深教授";二是荣膺中国英汉语比较研究会首届"英华学术奖"一等奖;三是"认知翻译学"荣获国家社会科学基金后期资助项目;四是《语言哲学研究(上下卷)》喜获重庆市社会科学优秀成果二等奖;五是发表核心期刊论文 3 篇,出版了 3 本新著。目前,他手中业已写好即将付梓的学术著作达 5 部之多,我们为此而欢呼点赞。先生文兴正酣,不减当年。

三、先生为师:传道授业　诲人不倦

20 世纪 70 年代以来,王先生一直在三尺讲台上挥洒青春,传道授业。每每一进教室,他便激情四射、妙语连珠、旁征博引、侃侃而谈。弟子们听得全神贯注,热血沸腾。对研究生授课,先生要求非常严格,勉励学生要牢记"学问勤中得"的道理,为此他在课前经常检查学生的预习情况,并随机提问。有时为了防止思路中断,课间常不休息,而学生也并无枯燥疲惫之感。年年评教,先生都是川外最受欢迎的老师之一,2016 年高票当选为"四川外国语大学首届感动校园十大人物"。

先生虽为名师,但依旧勤奋。每次出外参加学术会议,都会利用旅途的时间读书或批改论文;会议期间自始至终从不缺席,且认真记笔记。他的勤快笔头给我们留下了深刻印象。每每有心得,总是马上写下来。他还以"好记性不如烂笔头"的古训来告诫同行和学生,一有想法就要赶快让它变成白纸黑字。他要求研究生除了写课程论文,还必须要写读书心得,长短不论,先生形象地称其为"豆腐干",每届学生都是如此,人人必交,且装订成册,编号存档,以此来督促他们读书写心得,养成良好的习惯。正如他所言,把自己的感想一吐为快,变成铅字,这才是读书人的乐趣。

王先生在指导学生的过程中还介绍了马克思的科研方法。他鼓励研究生们不仅要学习马克思主义的内容，还要学习他的研究方法，提倡"理论整合性"的创新。正因为如此，先生的弟子个个都是科研好手，他们紧扣前沿，狠抓理论整合，意在不断创新。他已经培养出了一百多名硕士博士（还包括博士后），分布在全国各地，很多人已成为高校的教学科研骨干，其中许多弟子获得了国家社科项目，在核心期刊不断发表论文，有的已经成长为教授、博导，这是王师门的荣耀。

王先生育人讲究大格局是出了名的。他积极倡导学生（尤其是嫡传弟子们）务必学好哲学，若文科研究没有哲学视野，很难上升到"一览众山小"的境界。他说，西方但凡成就较高的语言学家都有深厚的哲学功底，如英国的语言学家罗宾斯（R. H. Robins）所编纂的《语言学简史》（1967）就是依据哲学发展史来论述语言学的历史。索绪尔、乔姆斯基、韩礼德等的哲学功底都很深厚，这为他们的理论创新提供了坚实的理论基础。认知语言学和体认语言学是以"体验哲学"为理论基础的，试想若不能很好地理解体验哲学又何以能学好它们，而体验哲学又是在西方哲学基础上提出的，这就需要我们在哲学理论上一定要有所修养。只有站在这个制高点上才能"登高望远"。

近来，王先生又提出了"语言学与哲学互为摇篮"的论断，认为哲学不仅为语言学提供了理论基础，而且语言学也帮助哲学界解释了很多遗留难题，这在学界引起了很大反响，因此他是不折不扣的语言学科的跨界大家，是打通了语言学与哲学"任督二脉"的"武林宗师"。我想，一位语言学者有如此高深的哲学造诣，需要多少年的广积凝练啊！

关于师道，王先生的解释很独到："当今的为师之道应该是劳己筋骨，苦己心智，以解放学生为己任，以进入前沿为目标。"当今的外语老师应熟悉认知语言学和体认语言学，在追寻语言表达背后的理据性（即像似性）上狠下功夫，以减轻学生死记硬背的负担；只有导师处于学术前沿，才能将弟子们带上世界平台，真正推动我国的学术进步；只有自己不断创新，才能为后来者提供厚实的肩膀，让他们向上攀登。只有这样，中国的语言理论研究和教学水平才能与国际接轨，甚至让国外的理论与我们接轨，加强与国外同行对话，才可能实现"立民族之林"的中国梦。

先生对我，既是同道者，也是知心人。虽君南我北，秋山万重，然彼此"分形连气、心犀相通",但凡先生大作刊行,瞬息可知,心中无比感慨!既遐祝遥贺、心驰神往,亦盼藉交通之便,朝发夕至,面晤言欢,投壶相庆。可见,天地之远,其实非远也。志同道合者,便心心相印,这真是"相知无远近,万里尚为邻"。

祝王寅教授身体健康,全家幸福,也祝他的生命之树长绿,学术之花永开!

2018 年 12 月

(作者:王铭玉教授,博士生导师,天津外国语大学前副校长,著名语言符号学家)

一位博古通今、学贯中西、壮心不已的学者

——贺王寅先生七十寿诞

王文斌

2018 年 6 月中国英汉语比较研究会"首届英华学术／翻译奖"评奖揭晓,王寅先生荣获一等奖,是三位荣获一等奖者学者之一,既是实至名归,也是众望所归。研究会嘱我给王先生写几句颁奖词,要求简短,我欣然受命,写了以下几句话:

> 立足本职,深研认知语言学、语言哲学、符号学、语义学、英汉对比等,化西学为中学,于借鉴、内化和批判中阐述学理,常有创见,屡有精妙之论,国内后学频受启迪。其深邃、其广博、其宏论、其多产,为国内外语界所罕有。

这几句话,并非溢美,而是出自肺腑。

记得初见王寅先生,是 2001 年在上海外国语大学举办的第一届全国认知语言学研讨会上。当时他在苏州大学工作,任外国语学院院长。会议临近结束时,他为苏州大学申办第二届全国认知语言学研讨会而在会上向各位与会者陈述苏州大学办会的愿望和条件。会上申办者竞争激烈,可王寅先生力压群雄,以他特有的语言魅力和思想魅力折服了在场近乎所有人,我们自然纷纷把赞成票投向了苏州大学。

他的那次即席演讲,我至少留下两大印象:一是他倾心于认知语言学研究,热忱于推动苏州大学的学术发展;二是他做事充满激情,精力充沛,说话富有逻辑力和感染力,这是他内在心智和学术涵养的外在表现。

我刚才说 2001 年那次会上是初见，是指我第一次面对面地见到了真实的他，其实在学术思想上我早已知道他，并崇拜他。我曾拜读过他的许多论文以及专著，深为其深邃的见解、精到的阐述、有度的学理把握、独到的学术敏感力和捕捉力而叹服。自 2001 年以后，我们彼此的接触和交流日见频繁，而且曾多次在学术会议上相逢，每次都是透心的愉悦、学术思想上的大快朵颐。我曾邀请他到宁波大学做过讲座；承蒙他高看，也邀我去四川外国语大学讲过学。我们此后就认知语言学、语言哲学等方面多有交流，这些场景至今令我深为感动并历历在目，难以忘怀。

也自 2001 年以来，我依然常常捧读他的大作，每读一作，必有所思，更有所获。他治学广博，通览理论语言学、句法学、语义学、语用学、认知语言学、语言哲学、符号学、训诂学、传播学、逻辑学、英汉对比等。他谙古通今、学贯中西，屡屡能于细微处挖掘宏理，能于古今处搭建桥梁，能与中西处洞察连接，能于本土处弘扬国人的学术智慧，能于学科处参透学科之间的相通，常想前人所未想，发前人所未发，走前人所未走，时时能给读者带来影响其一辈子学术研究的思想启迪。

先生即便已过花甲之年，依然笔耕不辍，辛勤探研，成果丰硕，新见频出。今年他虽已至古稀之年，依然壮心不已，倾力于学术考究，尤其在语言哲学方面已富有建树，蜚声海内外，还胸装宏愿，孜孜不倦，激扬文字，立誓做大做强我国的语言哲学研究，为世界贡献中国人的智慧。

我衷心祝愿王寅先生神清气爽，健康长寿！但愿我们后学的祝福能添上他生日的烛光！能用我们的问候装点他甜蜜的笑容！

2019 年 3 月 7 日夜

（作者：王文斌教授，博士生导师；宁波大学前副校长，现任北京外国语大学校长助理）

友 情 篇

一位勇攀学术高峰的奇才

——贺王寅先生七十大寿

胡壮麟[*]

我闻王寅先生大名在先,相识在后。1993 年我买到他编著的《简明语义学辞典》,学习后心情十分激动,产生了种种联想。作为改革开放后第一代的外语教师,我一直满足于词汇学、句法学、语音学的教学,对语义学则敬而远之,力不从心。不仅是我们这些半路出家的语言学教师有如此想法,国际上一些著名的语言学权威也对语义学做了不同形式的公开表态,如著名的生成语言学家乔姆斯基宣称他的转换生成语言学只研究结构,即句法,不考虑语义学。我的老师,著名的系统功能语言学家韩礼德在 *An Introduction to Functional Grammar* 第二版的序言中承认把该书定名为功能语法,是因为在语义学方面他了解不多。其次,有关语义学的术语解释一般都收在语言学辞典中,作为其中的一个次范畴来处理。而我从未见过面的王寅先生居然能把语义学这一范畴的内容编著成一部辞典,说明他阅读了很多语义学的论著,研究颇为深入。我买了这部语义学辞典之后,对于我学习和教授语义学真是大有裨益。

1995 年在北京大学召开第一届全国系统功能语法大会,我曾期待他亲临指导,可遗憾的是他最后未能出现。从来自山东的与会者了解到他从政搞外事工作了。我还在惋惜一个搞语言学的优秀人才从此要离开外语界了,但令我欣慰的是,不久后他又去了苏州大学外国语学院。我和王寅先生在那段时间多次见面,此后我对他产生了亦喜亦忧的复杂心情。喜的是他能回到他的母校从事外语教

---

* 本书中胡壮麟、钱冠连、潘文国、王铭玉、刘玉梅等几位撰写的文章已刊发于《当代外语研究》2019 年 5 月第 03 期,特此说明。

学和学术研究,可更好地发挥他的作用,对我国的语言学事业必有推动;忧的是没多久听说他当上苏州大学外国语学院的院长,做行政工作必然会耽误学术研究,占掉不少时间,我深有体会,这不用说。关键是在于我观察到了,王寅还是一个搞"双肩挑"的理想教师,不仅为苏大外院获得了博士点,且自己还科研成果累累,为在我国认识和普及认知语言学作出了重要贡献。他后来又被四川外国语大学引进,为该校的科研和申报博士点再次发挥了重要作用。

多年来王寅先生共出版了30多本论著,发表论文200多篇,共有近1 800万字的成果,这确实在我国学界不多见,堪称奇才。我有幸应邀为其中的四部著作写过序:《语言理论与语言教学》(上海外语教育出版社,2001)、《认知语言学探索》(重庆出版社,2005)、《认知语言学》(上海外语教育出版社,2007)、《构式语法研究》(上海外语教育出版社,2011)。就我个人来说,我感到王寅先生治学的特色太多,值得自己学习。

(1) 理论功底深厚,一步一个脚印,不断扩宽视野,步步深入。他最初从研究语义学起家,后来进入到认知语言学、语言哲学、符号学、训诂学、传播学、翻译学、逻辑学等领域,涉足之广,令人敬佩。

(2) 掌握信息全面清晰,不拘泥于一派之见,擅长融会贯通。如在构式语法研究中比较了4种有关理论,论述到位,评价得当。在《语言哲学研究(上下卷)》中将西方哲学简史以及其他庞杂内容划表呈现,论述清晰。

(3) 对所研究的专题能进行深入而又全面的评论,一针见血地指出它们所存在的问题,并能提出自己的精辟想法和独到见解。他不仅对国外认知语言学作出了深入研究,且在此基础上加以发展,提出了具有本土化性质的体认语言学。

(4) 理论与实践紧密结合,中西融贯,古今打通。如其对构式语法和像似性等领域的研究在国内一直处于领先地位,将西方的像似性理论与我国的训诂学(音训、形训、义训)结合起来,既在理论上开辟出一个全新的研究方向,也对我国的语言教学具有很多指导意义。

(5) 基于国外学者所论述的"哲学是语言学的摇篮"观点,提出了具有历史意义的"哲学与语言学互为摇篮"新观,认为认知语言学和体认语言学也在帮助哲学界解决很多难题,这实在难能可贵,值得点赞!

(6) 努力实践和发展钱冠连先生提出的"中国后语言哲学"理论,他在论著中清晰梳理了西方哲学简史和语言哲学简史、主要内容和研究方法,且提出了很多新思想,这不仅对于国内语言学界(包括汉语界)具有指导意义,且对国外语言学界也有引领作用。

（7）以马克思主义的历史唯物论和辩证唯物论为理论基础,深入分析了当前国内外流行的种种语言学派。他认为认知语言学的历史意义在于:将马克思的"唯物论"和"人本观"引入到语言研究的殿堂,摆脱了索绪尔和乔姆斯基的唯心论哲学立场,这确实是一语惊人,惊醒学界不少梦中人。特别是他还能以马克思理论分析语言研究中的形式和意义、理论和应用、任意性与像似性、点性意义与线性意义等之间的对立统一关系。听说他在我国哲学界的核心期刊上还发表了十几篇论文,这恐怕在外语界是不多见的。

王寅先生乐于助人的优良品质,我深有感触。我本人在编写"英语语法及其发展史"(《北京第二外国语学院学报》,2017 年第五期)一文时,就英语语法与不同时期哲学思想的关系方面向他请教。他不但认真帮我进行了细致地梳理,并还提供很多最新信息。听学界的朋友提起,他乐于帮助一切向他求教的、肯学习的老师和学生,培养了一批语言研究和教学的后来者。特别是在川外所建立的认知语言学团队,可谓国内唯一,不仅在语言学领域树立起一面旗帜,而且还帮助传播学界建立了认知传播学,帮助汉语界建立了认知地名学,帮助翻译界建立了认知翻译学。特别是他带领自己的弟子出版了《认知语言学分支学科建设》(高等教育出版社,2016)一书,在国内外率先提出了对语言各层面进行系统性和全面性认知研究的理念,将认知语言学的基本原理几乎扩展到语言研究的各个层面。特别令人振奋的是,他近来还提出了具有我国特色的、前沿性的"体认语言学",当是对全世界范围内的语言学研究作出了开拓性的贡献,充分体现了中国学者的一份担当!

时光荏苒,当年的壮汉王寅同志居然亦将步入七十高龄,谨在此表示衷心祝贺,愿他在安度晚年的同时,为我国语言学的发展继续发挥引领作用。我也想利用这个机会,感谢四川外国语大学对王寅先生的关怀和支持! 也感谢苏州大学能培养出像王寅先生这样优秀的学者!

2018 年 8 月

（作者:胡壮麟教授,博士生导师,著名语言学家;工作单位:北京大学外国语学院)

论 王 寅 之 路

——贺王寅先生七秩寿辰

钱冠连

在当前国情下,大规模传授基础理论和技能,使得学生(学者亦如此)的知识水平普遍得以提高,但"方差"极小,简言之,两端的人少,就是出众者少,杰出人才少,拔尖创新人才少[1]。此情此景下,讨论王寅之路及其意义,既显得及时,又可得长远之效。

王寅先生,著名语言学家,语言哲学家,撰写与主编的专著和教材共达40多部;撰写的文献共达290余篇,达1 800万字。其中,5部专著获省市(重庆市由中央直辖)级奖项,其中有两部获省级和国家一级学会一等社科奖,各种科研立项12个。如斯作为,在外语界乃至整个语言学界,都不愧为量大质深、出类拔萃,大超"均值",且大及"方差",鲜有出其右者,笔者自愧弗如。

何谓王寅之路? 有何重要启示?

一、极早地具备打通哲学与语言学的自觉意识。这一点对我国的语言学研究意义尤深,王寅先生就是这样的学者。他是躺过两个"摇篮"的人——哲学摇篮与语言学摇篮,可以说,他具备了两个"童子功"。他少年时代起,亲受其父训诂学知识教导,积累了汉字的形、音、义来龙去脉等有关知识,再加上现当代语言学知识和哲学修养,使得他敢于向索绪尔的语言任意说发问,多次论证像似性,引起同行的广泛赞同与热烈讨论。他从青年时代起就对哲学感兴趣,仔细研读了希腊哲学史大师汪子嵩教授所撰写的《欧洲哲学史简编》,还读过中国哲学史,以至于近来提出了"哲学与语言学互为摇篮"[2]这些有广泛影响的命题。他之所以能提出这一观点与这两个"童子功"密切相关。

他七十岁前完成了国家社科基金项目《语言哲学研究——21世纪中国后语言哲学沉思录》绝非偶然所得,而是一生的积累,也是他打通哲学与语言学的标志性成果。此书中载有各种图表80余张,将各种复杂关系梳理得如此清晰实在难得,可见功力之深,花费心血之巨! 喜获重庆市社科优秀成果二等奖(这在语言学界是很难获得的),乃实至名归矣。

二、必须合拢两个"两张皮"。第一个分开的"两张皮"是语言学与哲学,王寅先生合拢了这两者。他的语言学知识得心应手地获得了哲学理论的支撑。他几乎在每个语言学派里都能找到哲学的根基,也能在每一个哲学流派中发现其对语言学的推动之处。他的研究成果之所以量大而质深,是因为他合拢了哲学和语言学这"两张皮"。

第二个分开的"两张皮"是汉语研究与外语研究常是泾渭分明,各顾各。对此,吕叔湘先生生前多有批评。汉语学者多不能直接阅览国外文献;外语学者多两不挨:第一不敢挨边古代汉语,二不敢深谈汉语语法。但在王寅先生这里,汉外两界合二而一。例如,他写成了《易经与认知语言学:语言体验观比较》[3]和《荀子论语言的认知辩证观——语言哲学再思考》[4],以及2007年高等教育出版社组织的"中国外语知名学者文库"系列丛书中收录的《中西语义理论对比研究初探——基于体验哲学和认知语言学的思考》,在学界产生了十分深远的影响。对待本土资源的态度,几乎从来都是考验外语学者是否有智慧的重要指标。王寅先生不仅有此信念,且还身体力行,利用本土资源,他反复强调,外语界语言学者的眼光不能仅盯住西方,而忘却宝贵的本土文化,这一教诲很有见地。

三、时刻不忘学术研究的着力点在于"创新"。考查一下王寅先生的全部专著和论文,不难发现新观点俯拾即是,到处闪烁着新思想及独特见解。仅以四川外国语大学的体认团队为例,尝试将业已成为主流的认知语言学本土化为体认语言学,且逐渐将其建成了一个体系相对完整的语言学分支学科,此为国内外语言学界之首创,难能可贵! 以王先生为首的川外体认团队提出了如下26个新观点

（文中 L 代表语言学，CL 代表认知语言学，ECL 代表体认语言学），令学界惊叹！
如此的成就需要惊人的努力和惊世的智慧。这 26 个新观点如下：

（1）率先提出了西方哲学的第四个转向；

（2）明确指出当前世界人文社科之前沿；

（3）提出并充实中国后语言哲学的理论；

（4）分析言语行为理论在后现代的发展；

（5）将 CL/ECL 视为西方的语哲之延续；

（6）尝试提出体验人本观和体认普遍性；

（7）确立了主客主多重互动的理解模型；

（8）尝试建"体认"及 AS 元认知机制；

（9）较为深入地剖析了人类的认知过程；

（10）据上细析了物质如何决定精神；

（11）基于经典/原型范畴提出图式范畴论；

（12）在学界提出哲学与语言学互为摇篮；

（13）尝试给认知/体认语言学下权宜定义；

（14）首先用国外 CL 建我国的认知翻译学；

（15）率先将国外 CL 引入我国翻译学界；

（16）基于 ECL 建构了我国的认知传播学。

（17）尝试运用 ECL 和后现代阐释修辞学；

（18）建构社会认知 L 和历史认知语言学；

（19）用体认语言学原理进行英汉语对比；

（20）将国外 ICM 发展为事件域认知模型；

（21）依据"部代整"原则提出命名转喻观；

（22）较系统对比论述中西学者的隐喻观；

（23）基于体认语言学对比中西语义理论；

（24）首倡构式本位观、构式程序分析法；

（25）数年前论述的像似性已被学界接受；

（26）尝试健全 ECL 及各分支学科的体系。

以上三个特点构建了王寅之路,它们同时集于一人之身实属罕见,这才成就了王寅式的了不起成就。这些对于青年学者是最具意义的借鉴。

打通哲学与你的专业,解除两个"两张皮"的分开之痛,不断尝试创造,你就不可能不冒尖,谓之"方差"之大。但你一心想着冒头,你多半冒不了尖。因为出类拔萃是个自然而然的过程,靠长期不懈的努力和磨炼。

从"平均值"转向"大方差",是杰出人才的必由之路。我们不缺优秀者,缺的是卓越人才,王寅之路教我们如何卓越。

参考文献:

[1] 钱颖一:中国教育好在哪里? 问题在哪里? 钱与西湖大学董事会主席的对话,见太平洋两端 5 月 10 日网上视频.

[2] 王寅.哲学与语言学互为摇篮[J].外语学刊,2017,(2):1 – 6.

[3] 王寅.《易经》与认知语言学:语言体验观比较——四论语言的体验性[J].外语教学与研究.2006,38(3):171 – 177.

[4] 王寅.荀子论语言的体验认知辩证观——语言哲学再思考:语言的体验性(之五)[J].外语学刊,2006,(5):1 – 8.

2018 年 10 月

(作者:钱冠连教授,著名语言学家;工作单位:广东外语外贸大学)

好学深思　终身以之

——贺王寅教授七十寿诞

潘文国

王寅教授是我相识相知多年的老友。当初认识的时候，从他的名字我就猜想他可能属虎。果不其然，他生于 1950 年，今年他虚岁整七十，谨以此文表示衷心祝贺！

就我所知，在中国外语界，王寅教授可算是著述最勤奋、成果最丰富的学者之一，也是知识面最广、最深的学者之一。就著述而言，他数十年来笔耕不辍，早已著作等身，近几年来犹如井喷，一部部动辄百万多字的巨著陆续问世，令人目不暇接。就知识面的广度和深度而言，他是外语界少见（我不知道是不是唯一）的对中国传统训诂学涉之颇深的学者，也是对中西哲学，尤其是语言哲学登堂入室且有所创见的为数不多的学者。正是由于他和钱冠连先生的不懈努力，特别是每年夏季的培训班，为我国语言哲学研究培养了一大批人才，而且他也成了这支队伍中当仁不让的和众望所归的领袖之一。两者结合，使他的研究成果涉及的范围相当之广，从语义学，到认知语言学、认知语法、构式语法，到语言哲学，再到认知翻译学和体认语言学。而且都领风气之先，在学界产生了广泛的影响，也为众人所折服。

我因兴趣关系，翻阅过他的大部分书，他最新的大作《认知翻译学》，我更是有幸在出版之前就已先睹为快，领略了风采。仔细读他的著作和书稿，我发现王寅教授在治学方法上有其特色，值得有志于著书立说的年轻学子们参考。这些特色中最主要的有三：

一、穷尽性的读书

要著书首先要会读书，或者说，只有会读书的才能著书。从事学术研究尤其不是偶尔翻到几本新书、脑袋一拍就能作出来的。杜甫说："读书破万卷，下笔如有神"，诗文创作尚且如此，何况学术研究？钱钟书写出《管锥编》皇皇四册，是建立在几百册、几万页的中外文读书笔记之上的。王寅教授也是如此。他之所以能够进入一个又一个领域，那是建立在一本本死啃相关领域且尽可能完备的重要原著的基础之上的。他也做笔记，他自己称之为"豆腐干"，一个领域就有数百块"豆腐干"。他说，这"既是他自己的科研经验，也是教授学生的学习方法"。这样一种踏踏实实的治学精神，是当今社会所特别欠缺的。什么时候学子们能够静下心来认认真真地读书，不依赖于手机或电脑上的碎片化知识，什么时候研究就会有起色。肯做"豆腐干"，更是现今年轻人不敢想象的，但我想即使科技发展了，把"豆腐干"做到电脑上去，也总是自己的东西。

二、善于梳理史料

读了书，特别是读了许多书以后，怎么才能变成自己的？我发现王寅教授特别善于归纳整理，将其做成醒目的表格。在他写的书里经常有许多图表，我印象特别深的是他对中国和西方哲学史、中国和西方的翻译理论发展史等做的归纳小结，且整理成表。在《认知翻译学》里，他甚至一口气整理出约 500 条关于翻译的隐喻。图表法是一种化繁为简的好方法，许多人可能也知道或听说过，但是不是爱用、会用、善用，却是很见功力的。我发现这已成了"王氏研究法"的一块招牌。

三、能从书缝间读出问题来

从字里行间读出问题才能提炼出自己的观点。同样读书，食之而化与食之不化的区别在于能不能钻进去之后再跳出来，发现前人的不足从而提出自己的主张。中国外语界学习研究外国理论的甚多，但真正能够进得去出得来的不多，多数是被外国理论牵着鼻子走，也就是吕叔湘说的"跟着转"。语言学从结构语言学、生成语言学、功能语言学到认知语言学，翻译学从语言学派、文化学派、后现代诸学派多是如此。而能不能在读书过程中有所发现、有所发明、有所前进的标志之一是能不能、敢不敢提出新的术语和主张。胡适提倡的学习方法就是要敢于"在无疑处生疑",王寅教授是深知个中三昧的一个,他也是外语界学习外国理论之后有所发现、有所突破的一个。我曾在他的《认知翻译学》总结过他的三点突破,这就是:

第一,在认知语言学领域

他基于自己对语言哲学和认知语言学的多年研究,提出并强调了"体认"的概念。这个词认知语言学界可能不少人在用,但可能没想到这是王寅的发明。所谓"体认"是"互动体验"和"认知加工"这八个字的简缩,但却是一个提高了的概念。多年前,有一次我与他谈起过语言世界观和认知语言学的异同问题。我们发现,语言世界观认为人通过语言认识世界,其顺序是"现实—语言—认识",而认知语言学认为人通过"认知"认识世界,然后用语言加以固化,其顺序是"现实—认知—语言",两者的第二、第三步次序正好相反,这问题怎么看? 其实两者都有不足。语言世界观认为人通过语言认识世界,好像这个语言是个现成的东西,却没有回答这语言本身是哪里来的;而且作为认识世界的工具,又把语言看作静态或固化的东西,这与语言世界观创始人洪堡特提出的"语言不是产品,而是活动"也不符合。

因此我在依据语言世界观给语言重新下定义的时候(见潘文国 2001)强调"语言是人类认知与表述世界的方式与过程",希望能有所弥补。另一方面,认知语言学认为语言是人通过认知产生的,讲了很多认知方式与语言产生的关系,但语言产生之后怎样,对认知有什么反哺,却语焉不详。王寅教授提出的体认观,把体验与认知结合起来,并且强调多重互动,实际上是从辩证法的角度赋予了西方认知语言学以新的生命力。说这个概念是王寅教授的独创,可从这个词("体认")无法翻译成英文看出来。英文有"体验"(experience 或 embodied),有"认知"(cognition),但没有"体认",这需要像德里达创造 differánce 那样来造一个。

第二,在翻译领域

王寅教授将他的体认语言观引入翻译,提出了翻译的一个新定义:"翻译是一种以体认为基础的、特殊的、多重互动的认知活动,译者在透彻理解源语语篇所表达的有关现实世界和认知世界中各类意义的基础上,将其映射进译语,再用创造性模仿机制将其建构和转述出来。"这里的"多重互动"就体现了他的体认新观,这个提法比较好地解释了翻译过程的最大特点,用当代翻译学前驱、荷兰学者霍姆斯的话来说,就是"翻译过程是个作决定的过程,一个决定接着一个决定"。或者借用严复的话来说,"一名之立,旬日踟蹰",旬日之间,一个词(也或者是一个短语、一个句子或者更多的内容)的译法在头脑里翻来覆去,不知要转过多少弯,这是任何现代仪器如眼动仪等都记录不下来的。"多重互动"(王寅教授指在"认知世界"和"现实世界"两个世界之间,当然也包括在两种语言之间)从理论上比较好地解释了这个现象。几年前我提出近几十年来翻译研究经历了几个转向,从"作者/原文"转向,到"读者/文化/目的语"转向,再到"译者"转向,21世纪起则产生了"翻译过程"转向。但翻译过程研究迄今仍未有很好的理论。王寅教授的书可说是个积极的尝试。

第三,对翻译行为的认识

他接受了以色列翻译学家图里的说法,用"映射"(mapping)一词来解释。这就突破了以往"直译、意译","归化、异化"以及"等值、等效"等狭隘和机械的观点,也跳出了"可译/不可译"的争论。事实上,根据认知语言学所基于的语言世界观,两种语言之间不论在哪个层面,是不可能完全一一对应的,只是差别的大小不同。翻译家所能做的,只是尽可能地找到合适的匹配而已。这个"匹配",王寅教授用认知语言学的术语叫作"映射",而我用的词是"合"(见潘文国2014),但我们选用的英文术语都是mapping,这也可说是不谋而合吧? 由于是mapping,因此两头都不可或缺,一头是原文,一头是译文,因此具体的翻译只能是"创造性模仿"或"仿创","仿"是针对原文的,说明翻译无论如何不能脱离原文;"创"是针对译文的,它是在译文语言里的运作,是在不脱离原文的情况下,最大限度地发挥译文的优势以做到最好的mapping。因此王寅教授的定义,可说是翻译过程研究中的一个新的且颇有说服力的成果。

但是翻译过程研究比我们想象的还要复杂得多。荷兰学者霍姆斯说:"翻译过程是个作决定的过程,一个决定接着一个决定,到了某个点以后,翻译就开始产生了自己的一套规则,有的决定已不需考虑就可作出,而且往往可以看出原来看不到的问题。因此不管翻译的结果怎么样,换一个人照样还可以翻译,不一定更好或更差,但肯定不同。其不同决定于翻译者本身的素养和最初的选择,以及两种语言彼此锁住(interlock)、翻译开始走自己的路的那些点。它既不在源语,也不在目的语,而在中间的那片灰色地带"(参见 Holmes 1988：59)。我最感兴趣的是最后那句话,即"两种语言彼此锁住(interlock)、翻译开始走自己的路的那些点。它既不在源语,也不在目的语,而在中间的那片灰色地带",我们做过具体翻译的都有过这样的体会,开始的时候是"人在做翻译",但做到后来,慢慢变成了"翻译做人",即不知不觉被自己的翻译牵着鼻子走。我认为这是研究翻译过程中最值得探讨也最引人入胜的问题,可以叫作"霍姆斯难题"。但迄今还没有人能对此作出令人满意的解释。期待王寅教授和他的团队,以及广大研究者能沿着这个思路再往前走一步!

　　在庆祝王寅教授七十寿诞的幸福时刻,我借机说了这么一番话,一是向他取得的成绩表示祝贺! 二是期望他在今后的日子里取得更大的成就! 最后赋诗一首以赠:

七　律
——王寅教授七十寿诞志贺
虎虎生威七十秋,川渝苏鲁一肩收。

笑持果羸谈时语,更引兰雷作诤俦。

思探幽微中外哲,情怀体认古今谋。

还期译道开新路,且缓逍遥北海游。

附注:

1. 川渝苏鲁:王寅教授曾先后在山东、江苏、重庆工作,并兼任川大博导,在四地均作出重要贡献。
2. 果羸:《果羸转语记》为清代程瑶田训诂名作,他对之研究有素,并全文译成现代汉语,亲以电子校定本相赠。
3. 体认:指他自创的"体认知语言学"术语。
4. 兰雷:兰纳格(R. Langacker)、雷柯夫(G. Lakoff),王寅教授的国外好友,国际认知语言学及认知语法的泰斗。
5. 译道:王寅新作《认知翻译学》不日问世。
6. 北海:广西北海,王寅教授在彼购房拟作为养老之地。

参考文献：

［1］潘文国.语言的定义［J］.华东师范大学学报,2001,（1）：97－108.

［2］潘文国.译文三合：义、体、气：文章学视角下的翻译研究［J］.吉林师范大学学报,2014,（6）：93－101.

［3］James Holmes. *Translated! Papers on Literary Translation and Translation studies*［M］. Amsterdam：Rodopi press. 1998：59.

（作者：潘文国教授,博士生导师,著名语言学家;工作单位：华东师范大学）

我所认识的王寅教授

王初明

在我所认识的学者当中,王寅教授是最勤于著述的人。如今他发表论著约1 800万字,在我国语言学界恐难找到第二人。仅以数量评判学术成果或许不是最佳标准,从公布的权威数据来看,他论著的引用率也名列前茅,这就说明问题了:他的学术成果不仅量大而且影响力不小!如此成就,真让同行们惊羡。按每天写两千字算,一年最多也就能完成70万字。这意味着,要发表近两千万字的学术论著,刨除耗在其他方面的时间,如修改、读书、思考、探究、上课、指导学生、处理行政事务,光写作就需要约30年。这亮眼的数字,让我多次陷入往事的回忆中,有些小事虽然发生在数十年前,却让我至今记忆犹新,有助于我们了解他的学术研究能力是如何打造出来,他的学术成就是如何取得的。

我初次认识王寅教授是在1980年暑假。那时我刚刚硕士研究生毕业,导师桂诗春先生安排我参加由教育部外语处组织的语言测试班,地点在山东烟台。参加培训班的学员都是在大学教英语的骨干老师,基本来自教育部所属高校,由于这个班是在山东举办的,就额外地给了山东两所普通高校机会,王寅教授参加了这个培训班。当时正值国家实行改革开放政策不久,引进和学习国外和境外大学的新理念成为教育界的一种新气象。上课老师来自中国香港,有香港考试局的英语命题专家 Rex King 和 Vincent Chang 给学员们讲解英语命题原则,指导命题操作,分析试题质量,调查和分析相关数据。讲课的还有香港中文大学的张日昇博士以及后来成为国际著名应用语言学家的英国文化委员会驻港负责人 Richard Young,由这两位给大家介绍外语教学新理念,讲解考试与外语教学的关系。上海交通大学的杨惠中教授专门作了一次统计学讲座。这些内容新颖的授课给我们留下了深刻印象。在听课的班上就有刚过而立之年的王寅老师,我们常坐在一起听课,不时交换看法,讨论问题。他求知欲强烈,学习格外认真,思想活跃,对新知识总是表现出好奇心,吸收快。我记得老师在课堂上借给他一个计算器,请他代为计算相关数据,他每次能既快又准地提供答案,授课老师很欣赏他,热情地称他为 Computer Man。

一天我见他手上拿着一本新印的学术期刊,我索来翻阅,发现载有他的文章。在我当时的心目中,发表论文一定需有学术功底,是给我上研究生课的那些老师才具备的能力。我虽为"文革"后的首批硕士毕业生,写过毕业论文,自我感觉良好,却从未正式发表过任何作品,心想王寅老师这么年轻就有论文发表了,出道这么早,真了不起!跟他相比,我顿感自己该努力了。我至今未问他那篇文章是他发表的第几篇,在那时,估计不是他发表的第一篇,也是他发表为数不多的论文之一。当我接过那本期刊并读了他的文章后,我发自内心的为他取得的成就鼓掌,不知道他当时的真实感受如何,也不知道他今天是否还记得,但我却忘不了。

学者们都有发表第一篇论文的喜悦体验,对一位年轻教师,发表首篇论文的重要性怎么强调都不为过。那是增强自信心的处女作,是走向学术成功道路的第一步。与他现今上千万字的成果相比,王寅老师的那篇论文可说是微不足道,而就是这个微小的成就却产生了蝴蝶效应,成为了他完成学术大部头和名刊论文的奠基石。当然,这种放大效应的产生还需其他条件配合,而持之以恒地学习是炼就优秀学者的必要条件。

在我看来,王寅教授的性格中有一个突出特点,一旦选定了自己的研究方向便咬住不放,坚持学习,勤奋耕耘,不断更新知识,几十年如一日,将自己热爱的事业持续推进。烟台相识之后,我们一直都有联系。过了几年,我收到王寅老师从英国寄来的明信片,得知他在英国进修。从他后来的著作中可以看出,那次进修,极大开阔了他的学术视野,令他聚焦于认知语言学,将他的科研能力推上了一个新的台阶,成为他学术生涯的新起点。他这段留学经历给有志于学术研究的青年教师一个重要启示:经过几年的教学工作,争取机会到高水平学校去访学,潜心学习,多听讲座,接触世界前沿研究成果,是实现学术生涯华丽转身的有效途径。王寅老师的访学经历就是我们学习的好榜样。

随着研究的深入,王寅老师进入收获期,成果速增,人气也随之跟涨。近年来,他应邀到国内外高校和科研单位开展学术交流多起来,常听说他外出讲学,或做学术会议主旨发言。这是学术生涯成功的一个标志,表明他的研究成果受到同行们的关注和认可。学术交流,如同纸币,流通才体现价值。在交流中传播自己的学术观点,须把观点讲得有条理,说得透,同时还从同行的提问中获得反馈,这些无疑有助于完善他自己的理论。这也是王寅老师的学术能力不断得到历练的重要原因之一。

近年来,我们见面的机会多起来,一谈到学术,他就有说不完的话。我们有时也趁着交流机会到一些景点参观,但一路谈的更多是学术问题,所有景物均为陪衬。他读书很多,了解国际研究前沿,他知道我对应用语言学感兴趣,便推荐新兴的研究方向"应用认知语言学",回去后又专门为我寄来了一本专著,让我开了眼界。记得有一次我们在交谈中讨论构式语法,很谈得来的。我关心语言习得过程中构式的功能,他更关注的是语法理论本身,古今中外,旁征博引,他对构式语法如此熟悉,如数家珍,令我颇感惊奇,当时并不知他在撰写专著。不久,我收到他寄来《构式语法研究》新作,厚厚的,分上下册,逾百万字。这要读多少书、思考多长时间才能写得出来,他却在几年时间里便悄然完成了。但这还不是他唯一的大部头,每隔几年他就有一本专著问世。

前些年,随着他学术视野的扩大和对语言认识的深化,他对语言哲学产生了浓厚兴趣,这是做学问追求深刻的归宿。不久后他又一部专著《语言哲学研究——21世纪中国后语言哲学沉思录》问世了,我有幸在书稿出版之前览阅,跟他的其他专著一样,这本著作涉及的内容十分丰富,是认真读书深刻思考的结晶,同行们给予了好评,并获得国家社科基金后期资助出版,还获得了重庆市社会科学研究成果二等奖。目前他担任我国中西语言哲学研究会会长,可谓实至名归。

目睹王寅教授的学术成就,回忆与他交往的点点滴滴,让我们从他的学术追求中获得启迪,了解一位成功学者是怎样成长起来的。虽然他已年近七十,但我相信他在学术道路上还会走得更远,走得更精彩。

(作者:王初明教授,博士生导师,著名语言学家;工作单位:广东外语外贸大学)

汇通中西、内外兼修、臻成大家

——贺王寅教授七十大寿

包通法

  王寅先生是我望其项背的学者和大咖。在我眼中,读书和思考是王寅先生的生存方式,学术是他的生命激情,"节外生新枝"(钱冠连先生语)是他的生命意义,而若谷化人是他的为人之品。

  虽早就耳闻神交认知语言学翘楚王寅先生的大名,但有缘亲眼目睹他的风采是在 2002 年大连英汉语比较与翻译的学术大会期间。说来也巧,在大连会议上主办方居然安排我与王寅先生同居一室。这是天赐良机让我除了聆听他"独步天下"的鼾声(玩笑),更是有机会近距离求教于他。他广博的知识、深厚的学养、独辟蹊径的思路和惠济化人的胸怀品格令我心生膜拜。记得那次我带去参会的文章是关于中国文化精神元典《论语》中核心术语"仁"的翻译问题,文章针对中华文化精神核心术语"仁"翻译多元乱象现象提出音译 Ren-ism 的单一性翻译观点,但心中尚感底气不足。先生首先肯定我的拙见,尤其他说了"至少不是炒别人的冷饭"给了我在会上公开自己观点的勇气。这件事虽过去已近二十年,但我每每想起先生给予我的指导,心中仍有余温。

  另外,体现王寅先生若谷化人的品格,有一事特别值得大书特书,就是他呕心沥血地为后学者绘制的西方语言哲学、语言学研究渊源、流派和师承关系总谱,这对于中国外语语言学后继研究者来讲,可谓功德无量。凡是听过他有关这方面讲座的后学们无不为之感动!

  说起王寅先生的博览群书、过目不忘在我们中西语言哲学研究会里,可以说无人不知、无人不晓。我等无不为之惊叹,不知先生是如何运用时间的! 时间对于地球上的所有人应该说都是相同的,遥看天河转,坐行八万里,可是王寅先生却能够做到博览古今中外群书,而且可以做到尽收囊中,汇通中外,运用起来挥发自如,如何做到这一点至今对于我等仍然是个谜。由此可见,王寅先生视读书为他的生活方式、生存的样态,非常人可以做到。

"节外生新枝"是王寅先生的生命意义。他是国内外认知语言学大咖,其创新成果无人不晓,用著作等身形容他的学术成就可谓恰如其分。尤其他在 2012 年提出中国后语哲与体验人本观这一思想,为语言哲学界研究中国后语哲学派发声,为中国后语哲学派立言,令人赞叹。

王寅先生在每年中西语言哲学研究会夏日书院的报告中,新思想、新观点迭出,尤其是"SOS"认知模式,可以说是化解了"唯心 VS 唯物"千年之争。除此之外,他对于翻译学的贡献亦是令人惊叹,他就翻译过程中认知与思维提出来一系列创新思想和真知灼见,如:他"根据体验哲学和认知语言学的基本观点,拟构了翻译的认知语言学模式:翻译是以对现实世界体验为背景的认知主体所参与的多重互动为认知基础的,译者在透彻理解源语言(含古代语言)语篇所表达出的各类意义的基础上,尽量将其在目标语中映射转述出来,在译文中应着力勾画出原作者所欲描写的现实世界和认知世界,须兼顾作者、文本、读者三个要素倡导和谐翻译"(王寅,2005,5:1)。这为翻译研究奠定了体验哲学的理论基础。王先生将 Langacker 的"意义概念化"修补为"体验性概念化",并以此为理论出发点分析了同一文本的不同英语译文所存在的同和异,论述了翻译的客观性和主观性,从理论上对翻译行为作出解释和框定,探索它们在翻译活动中的主要体现(王寅 2008,3:211)。先生于 2012 年基于 CL 核心原则、范畴化、突显原则、原型理论、隐喻转喻、参照点、翻译的构式单位、识解、基于用法模型、数法并用等,为翻译从认知角度研究翻译理论又注入新的活力(王寅 2012,4:12)。如此等等的"节外生新枝",恕不能一一列举。他所作出的贡献真正令我等专攻翻译研究的学者只有望其项背的份了。

王先生钟爱学术,视学术为生命,参加过中西语言哲学研究会和夏日书院的学者们(包括外语界、汉语界、哲学界等)感触良多,这里仅举一例。每年的夏哲院,王先生身为会长,既是组织者又是主讲者,多年来秉承钱冠连先生"自带干粮、裨益后学"的办会宗旨,身体力行,不辞劳苦。每次学术讲座都是将自己的学海精华和盘托出、毫无保留,为的就是福佑后学,用他自己的话说就是为了"将年轻学人带到学科前沿"。在讲学过程中,王先生旁征博引、信手拈来、精彩迭出,激情四射,真正是把讲学视为一种人生、一种最高享受!

以上所言,较之于王寅先生对中国外语教学与研究的贡献,可谓挂一漏万,只是为了在他七十寿诞喜庆之际,略表祝贺之意、感激之情而已!

参考文献:

[1] 王寅.认知语言学的翻译观[J].中国翻译,2005,(5):15.
[2] 王寅.认知语言学的"体验性概念化"对翻译主客观性的解释力——一项基于古诗《枫桥夜泊》40篇英语译文的研究[J].外语教学与研究,2008,(3):211.
[3] 王寅.认知翻译研究[J].中国翻译,2012,(4):17.

(作者:包通法教授;工作单位:无锡太湖学院)

我和王寅老师

贾冠杰

人这一辈子一定要相信缘分,我和王寅老师的相识就是缘分:那是 2003 年的一天,我在电话里认识了王寅老师,他那热情、真诚、亲切和动人的语言感动了我,使我有幸成为苏州大学外国语学院的一员。我在王寅院长的关心指导下,开始了新的工作,这就是缘分。

缘分是什么?"缘分是一杯清水,你表面上是不经意地端起喝下去了,其实,生命中你必须有这样的一杯水,或许你可以说没有这杯水我的命运也是如此,可是幸运的是说完这句话时,那杯水你已经喝过"(引自百度百科)。正是这份缘分把我们联系在一起。既然是缘分就要珍惜这份缘分,缘在天定,分靠人为,十几年来,我非常珍惜这份缘分,始终向王老师恭恭敬敬地学,老老实实地学,跟在王寅老师的后面求教寻知,漫步前行。

在向王寅老师学习的过程中,我逐步真正地认识了王寅老师。在我的心目中,王寅老师是位"超人"的学者,简直就是"神人",他的学术成果如此之多水平如此之高,使人难以置信,可以说他是一位伟大的语言学家、优秀的教育家、真正的成功者,又是一位兄长和好朋友。

1. 语言学家

什么是语言学家?"语言学家是指以人类语言为研究对象,探索范围包括语言的结构、语言的运用、语言的社会功能和历史发展,以及其他与语言有关的问题,并且在这些方面有一定造诣的学者。"根据百度百科的这个定义,语言学家是

"……有一定造诣的学者",王寅老师何止是有一定的造诣,而是有极高的造诣。

记得我初到苏州大学,第一次走进王寅老师的办公室,一眼看到的是一大堆外语类核心期刊,原以为他是在研究这些杂志,我翻开一看,才大开眼界,原来在几十本核心期刊里,每一本都有他的大作,我才恍然大悟,一个语言学界的大家就在眼前。

记得在一次外国语学院全体教工大会上,学院党委书记说,今天要公布一个大好消息,大家都在等待是什么样的特大喜讯,停了片刻后,书记接着说:"到今天为止,王寅院长在外语类期刊上已经正式发表了整整 100 篇高水平的学术论文,特向王院长表示祝贺,并希望全体教职工向他学习。"接下来是掌声一片。

又过了几年,在去四川外国语大学拜访王寅老师的时候,他告诉我他已经在外语类期刊上正式发表了第 200 篇学术论文。除外,王寅老师还出版了一大批学术专著,同时,他还主持国家级和省部级一批科研项目。可以说王老师在奋力地推动着这"三驾马车"(科研项目、科研论文和学术专著)满载前行在语言学界的康庄大道上。除外,他还兼任我国多个著名学术团体的要职,引领和指导我国的语言学研究。

2. 教育家

华东师范大学沈玉顺(2010)指出:"教育家是指通过亲力亲为的教育实践创造出重大教育业绩,对一定时期、一定范围内的教育思想和实践产生重要影响的优秀教育工作者,是一个用于描述高层次杰出教育人才的概念。"华东师范大学陈祥龙(2013)认为,"教育家是优秀教育文化传统的继承者,教育家是教育理论与实践的推进者,教育家是当时和后世教育活动的影响者,教育家应该是悲天悯人者,教育家应该是严谨执着者"。

王老师的一言一行都显示着教育家的风范,体现着教育家的素质,践行着教育家的诺言。他的研究领域开始只是漫步和遨游在西方语言学的圣堂里,后来又开阔了新的研究领域:汉语语言学、语言哲学、形式逻辑、传播学等,是位多语言、全方位的教育家。

几十年来,王寅老师为我国的教育事业培养教育了一大批优秀的博士研究生和高水平的硕士研究生,以及德才兼备的本科生。在整个教育过程中,他始终坚持高标准、严要求,教书育人,为人师表。在王寅"司令"的统帅指导下,"王家军团"里的每一位成员都是精兵强将,来者能战,战之能胜,他们战斗在不同的工作岗位上,兢兢业业、勤勤恳恳,发扬了"王家军"的奋斗精神,体现了"王家军"的高素质,为社会贡献着他们非凡的才能。

3. 大师

武汉大学原校长刘道玉(2008)在文章"什么样的人可以被称为大师"中说道:"大师被用于学术领域,最早出现在汉代。……《辞海》中对该词的解释是:'指有巨大成就而为人所宗仰的学者或艺术家。'这里的两个条件必不可少,一是'巨大成就',这显然不是指一两项发明或几本著作而言,非'著作等身'或'学富五车'的学者不能企及;二是学术成就经得起历史的检验,为人所宗仰,不是一部分人而是一代又一代的人所敬仰。"刘道玉校长接着提出了大师所具备的四个条件:(1)学术上博大精深,博古通今,是学术多面手,重要学术著作丰硕;(2)要作出创造性的贡献,其成果对科学技术发展具有革命性作用;(3)必须是一个学派的首领,桃李满天下,拥有众多的拥戴者;(4)作为大师不仅学问高深,而且道德、人品堪为人师,对后人具有楷模作用。从王寅老师高产出(量)和高水平(质)的总体学术成就来看,从他的总体素质来看,从他的总体成就来看,在相关领域可以说是独树一帜,无人超越。

学术研究是王寅老师的最大兴趣,学术研究是他生活中最重要的组成部分,学术研究是他的生命,一天不让他读书做研究,他就不知所措,如坐针毡,无法正常生活。

王寅老师思维敏捷,学思奔涌。他的研究成果从第一篇学术论文开始,就一发而不可收,高水平的批量产出,影响着中国,影响着世界。因此,无论对照《辞海》对"大师"定义的两条标准,还是刘道玉校长对"大师"定义的四条标准,王寅老师都是位名副其实的大师级教授。

4. 成功者

什么样的人算是成功者?由于人们的人生观和价值观不同,出发点不同,看问题的视角不同,对成功的理解当然就大相径庭。有些人认为财富满满,就是成功者;有些人认为,权力大了就是成功者;有些人认为,名声飞扬就是成功者;有些人认为,衣食无忧就是成功者。虽然大家对于成功者的理解是仁者见仁,智者见智,但是我个人认为,一个成功者需要具备两个条件:

(1) 个人事业的成功,体现了人生的自我实现价值;

(2) 家庭和美幸福,事业有后继者,才是真的幸福。

毋庸置疑,王寅老师的个人事业极为成功,不仅实现了自我价值,而且给他的家庭、他的学生、他的同事以及社会带来了无可估量的精神食粮。王寅老师的家庭十分幸福美满,有事业成功、贤惠明理的夫人作为伴侣,有事业蒸蒸日上、继承父业、非常孝顺的好儿子和好儿媳陪伴身旁,特别是有聪明的第三代给家庭带来了无尽的快乐。

王寅老师可真是享尽天伦之乐,令人羡慕不已啊!

5. 朋友

我和王寅老师之前本不相识,但由于工作关系,我们很快成为朋友。十多年来,我们虽然同事只有不到两年时间,但是我们的联系却多于同事,胜于同事,始终保持着密切的联系。每次我到重庆开会,必须要拜访的朋友就是王寅老师,我虽不是他家的常客,但也不间断地登门求教,始终保持着密切的朋友关系。无论是登门拜访王寅老师,还是电话和邮件打扰王寅老师,或者参加王寅老师的博士生论文答辩,不外乎以下目的:

(1) 想看望自己仰慕的好朋友以及他的家庭;

(2) 求教于王老师,寻找机会向他拜师学习;

(3) 顺便淘些宝,免费获得他的新佳作拜读。

愿我们的友谊长存,朋友永远。

2020 年是王寅老师的七十寿诞,对于他的学术生涯来说,才刚刚步入青年,他今后的科研成果一定会如大海奔流,滔滔不绝,王寅老师的未来一定会更加辉煌,更加美好。

最后真诚地祝愿我的好朋友王寅老师生日快乐,身体健康!

也衷心祝愿王寅老师全家平安吉祥,心想事成,幸福美满!

参考文献:

[1]陈祥龙.论教育家的界定与评价[J].教育导刊,2013,(3):8-10.

[2]刘道玉.什么样的人可以被称为大师[J].同舟共进,2008,(3):17-18.

[3]沈玉顺."教育家"评价标准建构及其内涵解析[J].上海教育科研,2010,(9):17-19.

(作者:贾冠杰教授,博士生导师;工作单位:苏州大学)

一代学者与教育大家

——贺王寅先生七十寿诞

成晓光

王寅先生七十寿诞。此时此刻,他可放眼回望自己栉风沐雨、筚路蓝缕的不凡历程,也可乐享枝头红艳艳、沉甸甸的丰硕成果,这实乃是人一生的至乐至福。

先生是我国著名认知语言学家和语言哲学家。他在寂寞的书斋里,热情写作,笔耕不辍,现已著作等身,走出了一条卓越的学术道路。几十年来,他一手科研,一手教学,在"读书—写书—教书"的三循环中从事语言研究、语言教育和教学,培育出诸多外语界的知名学者和继承人,终至"己立立人己达达人"的教育大家境界。

一支笔,一屋书,几十年来孜孜不倦,王寅先生游弋于中西方语言、哲学和文化,学术上求真、求精、求丰,教学上求新、求变、求乐,可谓"科研枝头结硕果,教育路上育英才",现已是外语界领军式的人物,成为国内认知语言学界和语言哲学界的一面旗帜。

一、科研枝头结硕果

语言是我们人类的家园(钱冠连先生语),更是王寅先生的存在方式。先生在思考和写作中"边积边发、积中有发、发中有积、以积带发、积发兼之",一辈子厚积薄发,终生以学者的姿势写作和生活,成为一位硕果累累的学术大家和教育大家。至今为止,他已经出版了40多本论著,发表论文200多篇,共有1 800万字的成果。文字是他一生的追求,也是他最大的成就和幸福。多数人做学问可能是不得已而为之,但先生是真心热爱读书与写作。他无时无刻不在读书和写作,哪怕是在外出讲学的间隙里,也常见他稳坐在房间内,俯首于键盘上。

热心研究,热爱写作,持续性的系列创作和创新,是王寅先生学术生涯的写真。他以语言为本位,以认知为基点,倾注了半生的时间,构建起了认知语言学的整座大厦。自 20 世纪 90 年代以来,他以像似性为锚点,历时三十余年,开创了认知音位学、认知语用学、认知语言学、认知翻译学、认知生态学、认知符号学、认知修辞学、认知传播学、认知文体学、认知叙事学等等,从而使认知语言学的各分支学科得以全面发展,实现了先生对认知语言学作为一门独立学科的基本构想,开拓了中国学者在认知领域的研究。近年来,先生又把认知语言学提升改造成为体认语言学,并从理论和应用两方面使之成为体系,从而建立起我国外语界自己的话语体系,树立了中国在世界认知语言学界的一席之地,此为先生对中国外语界的独特贡献,是此领域可载入史册的学术奠基人。

在几十年不断的钻研中,王寅先生打通了中西语言的壁垒,拢合了中英文的"两张皮",穿越于中西两种语言、两种哲学和两种文化,最后立于中国语言特有的"像似性"符号,以"体验"为关键词,提出了具有中国特色的语言哲学理论和范式,走出了"从语言到哲学,从哲学到语言"的语言研究新路,开创了中国语言学派的新气象。先生 2014 年出版的《语言哲学研究——21 世纪中国后语言哲学沉思录》上下卷是集大成的著作,开卷有启迪,处处有惊喜。读先生的著作与文章,和一般晦涩的学术文风不同,文字洗练流畅,逻辑清晰深入,旁征博引,让人不忍释卷。先生一生的学术生涯中,目看多元文化,耳听多路信息,眼观多方观点,不囿于一家之说的狭隘,博采众家之长,兼蓄多方言论,小口切入,最终让语言研究进入到多学科、跨学科研究的宽广之地。至此,实现了先生最初的设计和内心的远大抱负,可喜可贺!

二、教育路上育英才

"教而不研则浅,研而不教则空。"学术科研之外,教育教学一直是王寅先生的主阵地,他说自己首先是一名大学教师,说"到我目前为止上千万字的出版物中,教学经验总结和理论性论著约各占一半"。没有科研"翅膀"的教学是无法高飞的,有了丰厚的学术底蕴,先生栖居于自己的教室和课堂,传道授业解惑。每年年底评教,先生都是川外最受欢迎的老师之一,2016 年他更是以高票当选为"四川外国语大学首届感动校园十大人物"。

何为教育,教育何为? 是身为人师首先要问的问题。王寅先生发现对教育最有洞察力、最为中肯和精彩的话往往出于哲学家之口,如古希腊三贤,既是哲学家,也是教育大家。于是,先生在多年的大学语言教学中,将学生带回到哲学之家。他要求学生在外语学习中,探究西方哲学和语言哲学,因为哲学是心灵的学问,是洞悉人性的智慧,是一切学问的学问。

王寅先生是一名教育大家。普通教师和教育大家的区别在于普通教师的知识是点状的、无组织的,很难实现知识彼此之间的关联。而先生的知识是网状的,可以有组织有结构的多方关联。如果说普通教师的知识像"珍珠",他拥有的知识则是很多珍珠串起的"项链",他打通了语言学、哲学、心理学、认知学、教育学,用大概念将学生带到了学术的最前沿,让学生在课堂中有从知识到信息、到文化、到智慧的不同层级的建构,最终成长为更优秀的人。先生反感现在"机械、应试、碎化、竞争、无根"的教育方式,主张实施"有机、生态、容他、有根、整合、和谐、创新"的教育。先生的课有料、有趣、有变,别有洞天。他不只教教材,更是用教材去教学生,教理论,教方法,尤其注重培养外语系学生的高阶思维能力。他的课堂灵活、多变,经常有师生认知和情感的动态生成,师生总会充满了教与学的愉悦。教育中他不"抱着"学生走,不"背着"学生走,而是让学生学着自己走路,只在一旁小心扶持,但也不忘时时放手,因为他知道"教是为了不教"的教育目的。我曾在主持先生一次学术讲演后由衷地赞美"语言研究美不美,全靠先生一张嘴",听众报以热烈的掌声和笑声。

作为博士生导师和硕士生导师,先生主张关注相邻或相关学科的信息,既要"埋头拉车",也要"抬头看路",特别是在人文社科中若能"眼观四路、耳听八方",或许发现问题和解决问题的能力会进入别样境界。因此,他为学生设计出更为合理的知识结构。除了开设的课程之外,还要求弟子们学习西方哲学、形式逻辑、心理学、社会学、后现代哲学、语言哲学、中国语言学史、训诂学等,以期进一步打牢基础,拓宽学术视野。由此,他消解了语言课程设置的碎片化,消解了外语界中"语言—文学—翻译学"分离的现状,这对整个外语教学都有着广泛的借鉴意义和价值。

　　七十寿诞的王寅先生以书写的方式存在,以存在的方式书写,在语言的家园里一生劳作、栖居、创造,唱出了令人骄傲的人生之歌。回望先生的来路,好学、乐学、善学、治学,学而不厌,学术路上不断超越,教育事业上哺育英才。如今,七十岁的先生已在诸多领域游刃有余,我恭祝先生更有佳作频出,身体康健,幸福快乐!

2019 年 2 月

(作者:成晓光教授,博士生导师;工作单位:东北师范大学)

胸藏万汇凭吞吐，笔有千钧任翕张

——恭贺王寅教授七十大寿

王　宏

欣闻我极为仰慕和敬重的老领导、老院长王寅教授即将迎来人生的七十大寿，我非常高兴，想要说的话有很多！

王寅教授真的是我的老领导。身为苏大校友的他 2000 年重新回到母校工作，他当年回母校肩负的使命就是为苏大外院争取外国语言文学博士学位点，来后不久即被任命为苏州大学外国语学院院长。我记忆中的王寅院长为了实现苏大外院几代人的夙愿曾绞尽脑汁，内引外联，走南闯北，甚至在临近春节年关还出差在外，为苏大外院的学科建设四处奔走，寻求支援。正是由于他对工作的忘我投入和对学界朋友的热诚相待，一时间苏州大学外国语学院高朋满座，大咖云集，学术氛围空前良好，很快组建起一支令国内外语界同仁羡慕不已的学术队伍，并于 2003 年获批外国语言文学博士学位点。

时至今日，王寅教授以及和他一道来苏大外院工作的众多专家教授对苏大外院学科建设所作出的贡献，我和我的同事一直津津乐道，啧啧称赞。可以说，没有王教授当年所付出的努力和辛劳，就不会有苏大外院今天拥有的学术平台以及学术影响。

说到我与王寅教授的结识，这始于他尚未调入苏州大学之时。我原来对王寅教授并不十分熟悉，在得知他将调入苏大，这才开始关注他的学术履历和人生经历。王寅教授曾在苏大外院就读本科，后在山东财经大学任教，并长期担任外事处处长，时常有外出任务，因此也养成了开阔的国际视野；与此同时，他科研成果丰硕，尤其是在英汉对比、语义学和像似性研究等方面取得了令人瞩目的成就。调入苏州大学之后，他在担任繁重行政工作的同时，惜时如金，见缝插针，从不看电视，也没有其他娱乐爱好，所有的空余时间全都献给了他所热爱的科研工作，并取得了令人称羡的成绩。每年年底统计科研成果时，身为院长的他都是苏大外院的科研冠军。

后来，王寅教授离开他所钟爱的母校苏州大学，作为特聘教授被引进到四川外国语大学，并对川外成功获批博士点作出了重要贡献。来到重庆歌乐山下的他更加发奋图强，术有专攻，多点收获，在认知语言学、中西语言哲学对比研究等诸多领域都有了新的突破，取得了巨大的成就。王寅教授先后身兼数职，现任中西语言哲学研究会会长，曾任中国英汉语比较研究会副会长，全国语言符号学研究会副会长，中国认知语言学研究会副会长等职，已是国内外语界的泰斗式大师级人物。

我曾很好奇，王寅教授是如何取得如此量大质高的科研成就的。多年后，当我来到他在四川外国语大学的家中，身临堆满各类图书的书房兼会客室，目睹他在阅读一本本语言学和西方哲学原著时所写下的密密麻麻的批注和评语，后又有幸观瞻他尚待出版的书稿，以及电脑里储存的数十篇业已完成、尚未投寄发表的学术论文，我才找到了答案！

王寅教授是严于律己，勤勉好学，刻苦研读，"板凳甘坐十年冷，文章不写一句空"的真学者，是才思敏捷，敢于质疑，勇于创新，"惟进取也故日新"的大专家。正是对学术研究的痴迷和酷爱才造就了他今天在中西语言学、中西哲学、翻译学、传播学、修辞学、逻辑学、英汉对比研究等诸多领域所取得的非凡学术成就。

其实，王寅教授除了科研出类拔萃，其教学水平和领导能力也令我称羡。他出口成章，才高八斗，却不尚空谈；讲课总是精心准备，PPT 课件制作十分精彩，图文并茂，视频音频一应俱全，干货多多；讲课总是激情四射，总能把前沿科研成果与课堂教学紧密相连，教学效果奇好，深受学生好评。

2002 年，苏州大学外国语学院举办了一次全国典籍英译研讨会，我负责会务工作。身为院长的他身体力行，精心策划，全程参与，现场指导。其干练的作风和思维缜密、逻辑严谨的表达能力给我留下了深刻的印象。最后发表的会议纪要就是他的现场口授版，我几乎未做任何改动。

提及王寅教授对我的提携以及对苏大外院翻译学科的支持,我要说的话就更多了。我是经他提名担任苏大外院翻译研究所所长的,至今还担任此职。其实当时的我在翻译领域真是初出茅庐,虽饶有兴趣,但还刚刚入门。但王寅教授从来对我鼓励有加,只要有一点点成绩就大加赞许,这让我备受鼓舞。更为难得的是,经他安排和引荐,我先后结识了许多翻译界名家,如汪榕培教授、杨自俭教授、潘文国教授、王宏印教授、方梦之教授、许钧教授、张柏然教授、吕俊教授、杨晓荣教授等,得以有机会向他们学习请教,并获得宝贵的支持和帮助,让我迅速走进绚丽多彩的翻译世界,有所心得,有所斩获。

尤其值得一提的是,2003 年,原大连外国语学院院长、著名学者汪榕培教授来到苏大任教,王寅院长亲自任命我担任汪老师的助手。从此,我在这个岗位上一干就是 12 年,直到汪老师 2015 年在苏大正式荣休。正是由于王寅教授的这个特殊安排,我才有机会近距离接触汪老师,在他的带领下进入典籍英译领域并顺利晋升教授、博导。王寅教授调入四川外国语大学后,对我仍然十分关注,对苏大外院的学科建设和许多老师的科研进步仍挂念于心,并常常给予帮助。2017 年年初,王寅教授应邀回到阔别多年的母校,并在外院做了一场精彩的学术报告,受到全院师生的热烈欢迎,好评如潮。虽是多年未见,苏大外院的许多老师对王寅教授仍然十分感念和感谢。我们感谢他对母校作出的巨大贡献,同时也为苏大培养了这样一位学界杰出人才而由衷骄傲!

在即将结束本文之际,我脑海里浮现出的王寅教授是"胸藏万汇凭吞吐,笔有千钧任翕张"的大学者,"温文尔雅,乐于助人"的老领导,"幽默风趣,有情有义"的好朋友。千言万语,汇为一句话:能结识王寅教授这样的大学者、老领导、好朋友,我真是无上荣幸,无上荣光!

谨以此文恭贺王寅教授七十大寿! 遥祝王寅教授身体康健,龙马精神,继续引领我们阔步前进!

2019 年 2 月

(作者:王宏教授,博士生导师;工作单位:苏州大学)

语言理论和语言事实研究平衡的典范

——贺王寅老师七十寿诞

牛保义

徐烈炯（2008：177）在谈到怎样看待语言学理论与语言事实的关系时指出："每个从事研究的个人当然可以根据个人兴趣有所侧重，但一种不好的倾向是片面追求理论创新或者齐整，不愿花力气发掘事实，唯恐理论被推翻，对已经发现的反例视而不见，不予尊重。另一种不好的倾向是不掌握理论又不愿意去学，妄说搞理论是雕虫小技，唯有拿出事实才过硬。这两重倾向都应该反对。"理论和事实之间的确存在着张力，"如何在语言学自身发展的过程中不断缓解语言事实和语言理论之间的张力，在两者之间寻求平衡，对当前的语言学界来说，应该说已经成了件非得下力气谈论不可的事了。"（同上）我个人认为，徐先生的这段话对国内每一个从事语言学研究的个人来说，都具有重要的指导和借鉴意义。

如何按照徐先生所说的在语言理论和语言事实之间寻求平衡？四川外国语大学王寅先生走出了一条成功的道路：宽泛厚重的语言理论研究——扎实丰富的语言事实挖掘——大胆无畏的理论创新。

一、宽泛厚重的语言理论研究

（1）宽泛。王寅老师1999年出版了《论语言符号像似性》，2001年出版了《语义理论与语言教学》，2005年出版了《认知语言学探索》，2006年出版了《认知语法概论》，2007年出版了《认知语言学》，2011年出版了《构式语法研究》（上、下），

2014年出版了《语言哲学研究》(上、下),加上发表的百余篇论文,总计超千万字。这些著述,从传统的语义理论到隐喻认知理论的阐释,从语言符号像似性到范畴化和原型范畴理论的解析,从认知语言学理论到认知语言学哲学基础的探究,从认知语义学到认知语法和构式语法的理论上概括和总结,可以说对认知语言学的理论成果作出了全面的、精辟的评介和诠释。《语言哲学研究》上下两卷,近80万字,给我们清晰梳理了从古希腊的"毕因论"到后现代的"认知语言学"语言哲学研究的"四个转向"。在这里,我们不但可以读到苏格拉底、柏拉图、亚里士多德、维特根斯坦和奎因,还可以听到赫拉克里特、狄尔泰、布伦塔诺、冯特、弗洛伊德的声音,不仅可以读到乔姆斯基还可以读到莱考夫、乌尔曼和萨伊德,不仅可以看到弗雷格和罗素,还可以看到荀况、李兆同等等。可以说,国内拥有这样"宽泛"的语言学理论基础知识的学者可能不计其数,但能将其写出来,裨益读者的,可能不是很多。这样的"宽泛",就我们所知,来自王老师多年来"没有星期六和星期日,更没有寒假和暑假,晚上也很少看电视,埋头伏案"的艰辛。(王寅2005前言第1页)

(2)厚重。王寅老师的语言学理论研究不但涉猎宽泛,而且厚重,颇有深度。他的著述,归纳了形式主义转换生成语法理论的"五观",即天赋观、普遍观、自治观、模块观、形式观;将认知语义学的主要内容概括为"十二观",即体验观、互动观、百科观、原型观、意象图式观、隐喻观、寓比观、像似观、认知模型观、联想观、激活观、整合观;将隐喻的特点归纳为"十个性",即跨学科性与普遍性、体验性与无意识性、矛盾性与统一性、系统性与限制性、新奇性与生成性、创造新与开放性、程度性与模糊性、单向性与互动性、共时性与历时性、转换性和辩证性;他的语言哲学"意义大观园"列举了14个"论"和1个"观",即指称论、观念论、涵义论、命题论、摹状论、证实论、真知论、功用论、行为论、语境论、意向论、关系论、成分论、替代论和TG语义观(王寅2014);他的《语言哲学研究》(上、下)用了85个图表,概括语言哲学研究的思想和观点。这些比较全面的梳理、高度的概括和细致的归纳,是作者对理论精髓的深刻领悟,是对理论内涵的精辟阐释,是对理论要旨的准确把握。要作出这样厚重的梳理、概括和归纳,一方面是作者宽泛的语言学理论基础;另一方面是作者超人的概括能力和言简意赅的语言表达能力。

窃认为,如此宽厚的语言学理论基础确实令人惊叹不已。

二、扎实丰富的语言事实挖掘

"纸上得来终觉浅,绝知此事要躬行"(陆游)。凭借宽泛厚重的语言学理论基础,王寅老师躬身对英语双宾句、动结式、as … as 结构和汉语拷贝结构、动结式、副名结构等语言事实作出了扎扎实实、丰富多彩的描写和解释。

(1) 扎实。王寅老师的语言事实研究,常常是以第一手语料作为研究客体。比如,他对英语 AS X AS Y 构式的研究,搜集英语 as … as 用例 586 条;他研究汉语明喻,从 39 188 条成语中搜集到 969 条明喻例子;他对比英汉语双宾句,搜集双宾动词 843 个。有了实实在在的第一手语料,就有底气对语言事实作出充分的描写。比如,王寅老师将英语 AS X AS Y 构式的语义总结为生命、健康与疾病、动物、植物、建筑、建材和家具、机器和工具、游戏和体育活动等 18 种。另一方面,王老师的语言事实研究喜欢旁征博引,如他对英语 AS X AS Y 构式的认知方式研究引用了战国末年著名哲学家荀况在《正名篇》中提到的范畴观;他对双宾构式的分类研究,引用了 Pinker 和 Goldberg 等对英语双宾句的分类,还列举了赵元任、朱德熙、马庆株、李临定、徐盛桓等九位学者对汉语双宾句的分类;他的语言哲学研究(上、下)主要参考文献就有 21 页,约有 500 多条。这样引经据典,为做实语言事实研究奠定了牢靠的基础。如他对隐喻的分类研究,引用了亚里士多德的四种分类、Black 的三分法以及 Lakoff 和 Johnson 的三种分类,还引用了我国学者刘勰的比义和比类的分法、陈骙对比喻的分类等。在此基础上,王寅老师将这些隐喻分类研究清晰地梳理为从表现形式分类、从派生性角度分类、从相似性在认知中的作用分类等七种。可谓是:言之有据,言之有理。

(2) 丰富。王寅老师的语言事实研究另一特色是丰富多彩。具体表现为:① 研究内容不断拓宽。王寅老师的著述里,不仅有对英汉语言宏观结构对比的研究,还有对微观层面的英汉双宾句的认知研究;既有语法研究,又有语义、语用和语音研究;既有对词汇的研究,又有对短语、句子和语篇的研究;既有对语言的研究,还有对语言哲学的研究。在此基础上,他主张将认知语言学深入到"认知音位学、认知词汇序、认知词典学、认知语法学、认知语义学、认知语用学、认知语篇学、认知文体学、认知翻译学"等多个分分支学科(王寅 2007)。毫无疑问,这一主张大大拓宽了认知语言研究的疆域。② 研究视角的多样化。在王老师的著述里,有按照认知参照点原则的语篇连贯研究；有从语言的体验性视角解读语言形成的认知过程；有从构式视角对"吃他三个苹果"形成机制的分析；还有从概念化视角对翻译的主客观性的解释等等。不难看出，这些丰富多彩的视角，既体现了作者宽泛的语言理论基础和敏锐的观察能力，又为作者创新语言研究做好了铺垫。

王寅老师对语言事实既扎实又丰富的描写和解释，是他出色履行自己提出的"诚诚恳恳做人，认认真真治本，踏踏实实做事"人生宗旨的真实写照，按照他自己的话说，也是在尽情地享受"以书房为家，赖纸张为友，少闻窗外事，专心治本业"的人生乐趣！

三、大胆无畏的理论创新

王寅老师的语言事实研究，不但夯实了宽厚的语言理论基础，还对语言事实作出扎实而又丰富的描写和解释，更为重要的是，他善于创新和勇于创新自己的语言学研究。

（1）善于创新。王老师的语言研究擅长创新。① 善于在司空见惯的语言事实中挖掘出新事实。如当国内学界都在谈论 Goldberg 的"构式压制"时，他在分析和解释汉语副名结构等其他语言现象过程中发现了"词汇压制"和"惯性压制"的互动。又例如他运用构式程序分析图分析"吃他三个苹果"构式的形成机制，提出了"多重传承观"，即该构式传承了单宾构式、双宾构式、语气构式等多个构式的句法、语义和语用信息。② 善于发现不同的语言理论之间的契合点（王寅 2007）。他根据认知语法对"语法构式"的定义（象征单位的汇集）和构式语法对构式的认识（构式是语言研究的基本单位），把语言定义为"象征单位和构式的大仓库"。他的《语言哲学研究》认为，哲学和语言学是交织在一起的。哲学中"唯名论和唯实论"与语言学中"唯名论和唯实论"之间的密切相关（王寅 2014：3）。他还善于发现现有语言理论的不足和错谬。他在建构"事件域认知模型（ECM）"时认为，认知语言学家 Langacker，Talmy，Lakoff，Panther 和 Thornberg 以及计算机科学家 Schank 和 Abelson 提出的解释概念结构和句法构造的模型有三个问题：他们的分析一般是在单一层面进行，忽视事件内部要素之间的层级性；分析主要针对动态性场景，对静态性场景论述不详；他们的分析主要是在句法构造层面，对其他语言层面论述不足（王寅 2007：238－239）。他在研究英语动结构式时发现，乔姆斯基的 TG 句法理论忽视语义和事件结构；Rappaport 和 Levin 的事件结构模式过于微

观,未提体验性;Goldberg 的构式语法将动结构式视为使动构式的隐喻性衍生用法值得怀疑。(王寅 2011)

(2) 勇于创新。王寅老师的语言研究还具有如下特点:① 勇于修正和改造现成的语言理论。如他将认知语言学定义为:一门坚持体验哲学观,以身体经验和认知为出发点,以概念结构和意义研究为中心,着力寻求语言背后的认知方式,并通过认知方式和知识结构等对语言作出统一解释的、新兴的、跨领域的学科(王寅 2011 前言第 1 页)。最近又提出将认知语言学本土化为"体认语言学"。② 勇于创造新的概念。他对英语 AS X AS Y 构式的研究,提出"AS 认知方式",并认为该方式"比其他认知方式更为始源、更为简便、也更为普遍"(王寅 2011:454);他的《语言哲学研究》提出哲学的第四次转向"后现代主义",大致经历了"人本性和批判性、破坏性和结构性、建设性和体验性"三个阶段。此外,将古希腊哲学中的 being 翻译为"毕因论"来代替通常所说的"本体论"或"存在论"等,使人更好理解。③ 勇于提出新的观点或思想。如他提出的"事件域认知模型(ECM)"认为,一个基本事件域主要包括两大核心要素:行为和事体,行为由很多具体的子行为和动作构成;事体包括人或事物,也包括抽象或虚拟的概念,它们之间具有层级性关系。王寅老师认为,语言是人们在对现实世界进行"互动体验"和"认知加工"的基础上形成的。据此,他将乔姆斯基"认知—语言"的研究思路修改为"现实—认知—语言",这更有说服力。

王老师的语言研究,善于创新,勇于创新,实践了他自己提出的研究原则:"既有继承,也有发展,更有突破"。(王寅 2011)

王寅老师的语言研究,宽泛厚重的语言理论基础、扎实丰富的语言事实挖掘和大胆无畏的理论创新,按照徐烈炯先生的说法,是语言理论和语言事实研究平衡的典范,给我们树立了很好的榜样。王老师的成功之路"宽泛厚重的语言理论研究——扎实丰富的语言事实挖掘——大胆无畏的理论创新"给我们的启示是:

(1) 语言学研究,没有宽厚的语言理论基础,语言事实挖掘很难有新发现。如沈家煊凭借其宽厚的语言理论基础,发现汉语名词和动词之间存在着包含关系,提出"名动包含说";陆俭明凭借其对构式语法理论的深入探讨,将"一锅饭吃十个人"和"十个人吃一锅饭"解释为"容纳量与被容纳量的数量关系构式"。相反,也有一些研究凭借其对语言理论的一知半解或生吞活剥,强制性地给一些语言事实贴上理论标签的。

（2）语言学研究，没有扎实丰富的语言事实挖掘，就不会有胆量和勇气进行语言理论上的创新。众所周知，构式语法的创始人之一，Charles Fillmore 的构式语法理论是基于他及其同事对英语 let alone 和 WHAT'S X DOING Y 等事实的富有洞见的观察和分析。Croft 提出的激进构式语法理论涉及出自 100 多种语言的事实。

（3）语言理论创新是对现行理论的继承、发展和突破。Goldberg 的构式语法理论继承和发展了 Lakoff 的构式思想和 Pinker 等人的词汇语义原则；即使是引起语言学革命的乔姆斯基的转换生成语法理论，也是对他的老师 Zellig Harris 的转换生成思想的继承和发展。就像乔氏的理论不断得到修正、补充一样，创新理论不等于提出一种终极真理，任何创新都可能有这样那样的不足，都需要完善和丰富。我们要学习的首先是创新的勇气和胆量。我们应当采取一种科学的态度，一种包容的态度，张开双臂热烈拥抱语言学研究的创新。

四、良师益友

我和王寅老师是在 2000 年 4 月苏州大学外国语学院举办的全国第一期认知语言学讲习班上认识的。此后，我们一起参加了 2003 年举办的全国首届构式语法高层论坛、2004 年举办的全国第二届构式语法高层论坛……最近的全国首届认知语法高层论坛。王寅老师不愧为良师益友，给予了我诸多指导、帮助和支持，受益匪浅。

值此王寅老师七十寿诞之际，衷心祝愿王老师身体安康，生活愉快，语言研究再创新高！

参考文献：
［1］王寅.认知语言学［M］.上海：上海外语教育出版社,2007.
［2］王寅.构式语法研究（上／下卷）［M］.上海：上海外语教育出版社,2011.
［3］王寅.语言哲学研究（上／下卷）［M］.北京：北京大学出版社,2014.
［4］徐烈炯.中国语言学在十字路口［M］.上海：上海教育出版社,2008.
［5］王寅.认知语言学探索［M］.重庆：重庆出版社,2005.

（作者：牛保义教授，博士生导师；工作单位：河南大学）

抽象位移事件的体认性和语言编码

——以英语 idea 为例

张克定

一、引言

世界中的实体各式各样,既有物质实体,也有抽象实体。物质实体可以在空间中发生位置上的变化,形成现实位移事件。同样,在一定条件下,抽象实体也可以在抽象空间中发生位置变化,从而形成抽象位移事件(abstract motion event)。按照王寅教授(2014)提出的体认语言学(Embodied-Cognitive Linguistics)及其体认原则(Reality-Cognition-Language principle),抽象位移事件必然有其体认性基础。本文将在体认语言学框架内,以英语中的抽象实体 idea 为例,主要探讨三个问题:

① 抽象位移事件的形成机制是什么?

② 英语如何对抽象位移事件进行编码? 编码又有什么样的限制条件?

③ 英语对抽象位移事件的编码如何突显位移主体与路径之间的动态空间关系?

二、位移事件与抽象位移事件

要讨论抽象位移事件,就需要从位移事件谈起。在认知语言学界,首先提出并探讨位移事件的是 Leonard Talmy。他把含有运动(movement)或位移(motion)和持续处于某处的情景视为位移事件(Motion event)(Talmy 1985:60, 1991, 2002b:25, 2007:70),这一定义是比较宽泛的。在其后的研究中,Radden &

Dirven（2007）、Filipović（2007）、Filipović & Ibarretxe-Antuñano （2015）、范立珂（2015，2016）、Gaby & Sweetser（2017）等对位移事件给出了具体而明晰的定义。Radden & Dirven（2007：278）从位移图式的角度指出，"位移事件具有方向性，通常会激活'起点—路径—终点'意象图式（SOURCE-PATH-GOAL image schema），即物体或人从起点出发沿着路径到达终点的意象图式"。Filipović（2007：315）和Filipović & Ibarretxe-Antuñano （2015：528）认为，"位移事件是发生在一定时空场域中的一种事件，要对位移事件进行分类和描述就必须涉及空间特征和时间特征，据此，位移事件可定义为这样的一种位置变化：一个处于某一位置的实体在时点 A 开始移动，在时点 B 结束于另一位置"。Gaby & Sweetser 认为，"每一个位移事件都涉及位置变化与时间推移，如一列火车在时点 α 时处于位置 α，继而在时点 β 移动到了位置 β"。（Gaby & Sweetser 2017：635）范立珂（2015：2, 2016）将位移看作"事物处所的空间位置发生的相对改变"，她认为位移事件是"位移动体从起点开始到终点结束的一次位移运动"。

由上述可知，"位移事件是一种具有时空性、参照性和方向性的位移图式"，因此，位移事件可以视为"位移主体在一定的时空框架中，以参照实体为衬托，沿着一定的路径，从起点移动到终点的运动过程"。（张克定 2019a）在位移事件中，如果位移主体为可动的物质实体，并在时空框架中相对于参照实体发生了实际的位置变化，这样的位移事件就属于现实位移事件，如果位移主体为抽象实体，由认知主体依据其对客观事物的感知和体验，运用其认知想象能力将其构想为可动实体，使其在心理上发生了相对于参照实体的位置变化，那么，这样的位移事件就属于抽象位移事件。例如：

（1）The train runs westward from Altoona to Pittsburgh.

（2）This idea comes from the Clinton administration.

在例（1）中，the train 所指的实体是一个可动的物质实体，它作为位移主体以Altoona 和 Pittsburgh 为参照在空间中发生了实际的位置变化，即从 Altoona 移动到了 Pittsburgh，因此，例（1）描述的是一个现实位移事件。在例（2）中，this idea 所指的实体是一个抽象实体，通常是不会移动的，但在此例中，this idea 却被识解为一个可动的实体，并被描述为以 the Clinton administration 为参照发生了心理上的位置变化，因此，例（2）描述的是一个抽象位移事件。由此可以看出，抽象位移事件不同于现实位移事件,具有其独特的体认特征。下面就来探讨抽象位移事件的体认性质。

三、抽象位移事件的体认性

1. 体认语言学的体认原则

王寅教授(2014)指出,Lakoff 和 Johnson 等认知语言学家的论著中所说的"广义认知"虽已包含了"感知体验",但依旧袭用"认知"这一惯用术语,而忽视了"体验"的基础性,也未能体现第二代认知科学的要义,因为心智和语言除"认知加工"之外,更重要的还在于"互动体验"(interactive embodiment)这一基本要素。据此,他将"认知语言学"修补为"体认语言学"(Embodied-Cognitive Linguistics),并将体认语言学的核心原则归纳为如图 1 所示的"现实—认知—语言"原则,即体认原则。

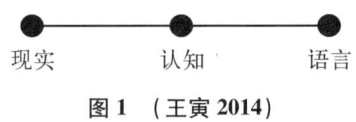

现实　　　　认知　　　　语言

图 1　(王寅 2014)

"现实—认知—语言"这一体认原则并不是 Lakoff 和 Johnson 等认知语言学家和体验哲学家提出的,而是王寅教授在其认知语言学研究中经过深入思考、概括提炼,理论升华后提出的(王寅 2007:6–8, 2009, 2011a:3, 2011b:3, 2011c, 2012, 2014, 2015a, 2015b, 2015c, 2018)。这一体认原则无疑很好地揭示了认知语言学理论的本质,阐明了现实、认知和语言三者之间的关系,但无法充分揭示体认语言学的真谛。

根据对王寅教授所提出的体认语言学的研读,我们认为,体认语言学的要旨是人本观、体认观和互动观。人本观意在突显人在观察世界,认识世界过程中的主体性作用,这完全符合普罗泰戈拉(Protagoras)"人是万物的尺度"的命题所彰显出的人本思想。体认观包括人对世界的互动体验和认知加工,因此人是认识世界,表达世界的体认者(Agent of Embodiment & Cognition, AEC)。互动观旨在强调现实、体认者和语言之间的互动性,这完全符合刘勰的"惟人参之"之说中人作为体认者在参与天地活动过程中是与天地互动的天人合一思想。据此来看"现实—

认知—语言"原则,其中只包含了体认语言学中"认知加工",而未能体现体认语言学中"互动体验",更没有包含体认语言学人本观中进行"互动体验"和"认知加工"的人,即体认者,若把该原则中"认知"替换为"体认者",就可以更好地揭示体认语言学的要旨——人本观、体认观和互动观。据此,"现实—认知—语言"原则就可以修补为"现实—体认者—语言"这一新的体认原则。这样,图1就可修改为图2(张克定 2019b, 2019c)。

现实　　体认者　　语言

图 2　体认语言学的体认原则

图2表明,现实、体认者和语言三者之间是一种相互作用、相互制约的互动关系,如双向箭头所示。图2还表明,语言与现实并非直接相连,只有在作为体认者的人的体认作用下,语言和现实才得以联系起来,这是因为,在现实、体认者和语言三者中,现实是客体,是体认者进行体认的基础,体认者是主体,是体验现实并对其进行认知加工的实施者,语言是体认者用以表达对现实之体认的手段和工具。然而,体认者虽然在体认与表达现实的过程中具有能动性和主体性,但作为客体的现实并不是完全被动地任由体认者体认,作为手段和工具的语言也不是绝对地任由体认者使用,现实和语言均会反作用于体认者。这就是说,现实、体认者和语言有着各自的特征和本性,体认者不能不顾现实和语言的特征与本性而随意地体认和表达,现实和语言也不能完全左右体认者的能动性和主体性,三者之间从而构成一种相互作用、相互制约的互动关系。(张克定 2019c)

2. 抽象位移事件的体认机制

根据上述"现实—体认者—语言"这一体认原则,现实位移事件是体认者对客观世界中可动物质实体在时空框架中相对于参照实体发生了实际位置变化的直接体验和认知加工的结果;而抽象位移事件则是体认者依据其对物质实体发生位移的感知和体验,运用其认知想象能力将抽象实体构想为可动的实体,通过能动的认知加工使其在心理上发生了相对于参照实体的位置变化。具体来讲,抽象位移事件是由抽象实体的物质实体化和可动化体认机制促成的。这一体认机制包括两个方面：

第一，体认者依据对物质实体的体验和认知加工，把物质实体的物质性投射到抽象实体之上，从而使抽象实体具有了物质性；

第二，体认者依据对可动物质实体的体验和认知加工，把可动物质实体的可动性赋予抽象实体，从而使抽象实体在获得物质性的基础上又具有了可动性。

这样，抽象实体就可以像可动物质实体那样发生心理上的位置变化。这一体认机制可图示为图3。

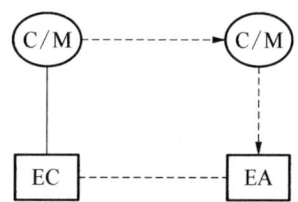

图3　抽象实体的物质实体化和可动化体认机制

从图3可以看出，可动物质实体（concrete entity，EC）具有物质性（concreteness，C）和可动性（movability，M）特征，物质性和可动性是可动物质实体的固有特征，如实线所示，抽象实体（abstract entity，EA）具有抽象性（abstractness，A），但不具备物质性和可动性，因此，可动物质实体和抽象实体是两类性质不同的实体，属于不同的范畴。这两类实体通常并无必然的联系，但是，当体认者把抽象实体构想为可以发生位移的实体时，就会运用图3所示的体认机制把可动物质实体的物质性特征和可动性特征赋予抽象实体，如虚线箭头所示，从而使抽象实体能够像可动物质实体那样发生位置变化。例如：

（3）The idea comes from Brazil.

（4）The idea came to Ms. Reep, a clinical social worker.

这两例描述的均为抽象位移事件。在例（3）和例（4）中，the idea 所指的实体本为抽象的"想法"或"观念"，是不会移动的抽象实体，却被描述为可以发生位置变化的实体，这是体认者依据对现实位移事件的感知和体验，运用抽象实体的物质实体化和可动化体认机制将可动物质实体的物质性和可动性特征投射到 the idea 之上，从而使其具有了物质性和可动性的结果。在例（3）中，位移主体 the idea 以 Brazil 为参照实体而发生心理上的位移，在例（4）中，位移主体 the idea 以

Ms. Reep, a clinical social worker 为参照实体而发生心理上的位置变化,这两例中的空间介词 from 和 to 表明,Brazil 是 the idea 发生心理上的位移起点,Ms. Reep, a clinical social worker 则是 the idea 发生心理上的位移终点。

从本质上讲,抽象实体的物质实体化和可动化体认机制是一种隐喻机制。Lakoff 和 Johnson (1980/2003:5) 指出,"隐喻的本质就是以一种事物来理解和体验另一种事物",而"每个隐喻都有一个源域 (source domain),一个目标域 (target domain) 和源域向目标域的映射 (mapping)" (Lakoff 1987:276)。那么,作为一种隐喻机制,抽象实体的物质实体化和可动化体认机制就是以可动物质实体来理解和体认抽象实体,并把可动物质实体这一源域的特征映射到抽象实体这一目标域之上。此外,还有三点需要说明。第一,抽象实体的物质实体化和可动化体认机制不仅涉及作为源域的可动物质实体和作为目标域的抽象实体,而且还涉及作为体认者的人。在这三者之中,体认者是关键,是实施这一体认机制的主体,可动物质实体和抽象实体是体认者进行体认的对象和基础,因此,只有在体认者的能动体验和认知加工作用下,可动物质实体的物质性和可动性才能够投射到抽象实体之上,体认者才能够在此基础上构想出抽象位移事件。

第二,隐喻本质上是两种事物之间的一种映射关系,即一种源域事物向目标域事物的映射关系。然而,这种映射关系具有不对称性 (asymmetric) 和非整体性 (partial)。(Lakoff 1993:245, 2007:309) 不对称性是指只有源域向目标域的映射,而没有目标域向源域的映射;非整体性是指源域向目标域的映射并不是源域的全部特征都映射到目标域之上,而只是源域的某一(些)特征映射到目标域之上。这就是说,"不是源域矩阵 (domain matrix) 的所有方面都被用于隐喻概念化",而是"只有源域矩阵的某些方面参与了源域概念和目标域概念之间的映射过程"。(Kövecses 2017:328) 因此,"当人们运用一种事物来理解和体验另一种事物时,并不是使用源域的所有特征来理解和体验目标域,而只是使用源域的某一(些)特征来理解和体验目标域"。(张克定 2018:601) 由此可知,在抽象实体的物质实体化和可动化体认机制中,体认者只是把可动物质实体的物质性和可动性这两个特征赋予抽象实体,而不是把可动物质实体的所有特征,如形状、质料、构造等,全部投射到抽象实体之上。

第三,抽象实体的物质实体化和可动化体认机制所涉及的目标域是显性的,而源域则是隐性的。这就是说,在体认者运用这一隐喻机制所构想出的抽象位移事件中,作为目标域的抽象实体是明确体现出来的,而作为源域的可动物质实体则未加体现。据此可以认为,在抽象实体被赋予物质性和可动性的过程中,体认者依据其已经拥有的关于客观世界中现实位移事件的感知与经验,尤其是对现实位移事件中作为位移主体的可动物质实体的体认,把可动物质实体这一范畴中的实体所共有的物质性特征和可动性特征赋予某一抽象实体。换句话说,在抽象位移事件中,作为目标域的抽象实体必须是一个明确的实体,而作为源域的可动物质实体则是存在于体认者大脑中的可动物质实体的整个范畴,而不是任何一个明确的可动物质实体,所以,在抽象位移事件中,抽象实体是显性的,可动物质实体则是隐性的。

四、抽象位移事件语言编码的限制条件与突显

1. 英语对抽象位移事件的编码及其限制条件

由上述讨论可知,抽象位移事件是体认者依据对现实位移事件的感知和体验,运用抽象实体的物质实体化和可动化体认机制将可动物质实体的物质性和可动性赋予某一抽象实体,并将其识解为相对于某一参照实体而发生移动的结果。不仅如此,体认者还能够运用语言来描述抽象位移事件,即能够对抽象位移事件进行语言编码。Talmy(1985:61,2002b:25,2007:70)认为,位移事件通常包括位移主体、参照实体、位移和路径四个基本要素。在抽象位移事件中,抽象实体是在时空框架中发生心理位置变化的位移主体,参照实体为衬托抽象实体发生位移的实体,通常可以是一个或一个以上的实体,位移是指抽象实体在参照实体的衬托下发生心理位移的过程,路径是指抽象实体发生心理位移所经过的线性位移轨迹。在英语对抽象位移事件的编码中,抽象实体作为位移主体由指称被体认为可动实体的抽象名词短语体现,位移由表示位置变化的位移动词体现,参照实体由指称衬托抽象实体发生心理位移之实体的名词短语体现,路径由空间介词体现,也可由含有路径义的位移动词直接体现。例如:

(5) The idea of a marathon race came from Michel Bréal.

(6) The idea comes to the service of power.

(7) The idea goes to the Food Network.

（8）Decades before the reawakening of the Olympic games in 1896, the idea reached North and South America.

这几例编码的均为抽象位移事件,其中的抽象实体 idea 为位移主体,Michel Bréal,the service of power,the Food Network 和 North and South America 分别为参照实体,位移由位移动词 come、go 和 reach 体现,例(5)—(7)中的路径分别由空间介词 from 和 to 体现,例(8)中的路径由含有路径义的动词 reach 直接体现。这几例所编码的抽象位移事件中位移主体移动的方向是不同的,在例(5)中,位移主体 the idea of a marathon race 以参照实体 Michel Bréal 为起点而发生位移,在例(6)—(8)中,位移主体 the idea 则分别以参照实体 the service of power,the Food Network 和 North and South America 为终点而发生位移。

从以上例子可以看出,英语对抽象位移事件的编码会受到一定的限制。

第一,英语对抽象位移事件的编码必须包括位移主体、参照实体、位移和路径这四个基本要素,缺一不可,否则就会构成不可接受的语言表达式。

第二,英语对抽象位移事件中位移的编码也要受到限制,可以用以编码位移要素的位移动词必须是具有方向性的位移动词。

我们在"美国当代英语语料库"(The Corpus of Contemporary American English)检索时,只检索到 come、go 和 reach 这三个具有方向性的位移动词可用以描述 idea 这一抽象实体发生位移的实例,而没有检索到其他位移动词用以描述 idea 发生位移的实例。

2. 英语对抽象位移事件编码中的路径突显

上一节讨论了英语对抽象位移事件的编码必须要把位移主体、参照实体、位移和路径四要素全都体现出来,但是,对其中路径要素的编码会有不同的处理方式。我们知道,位移事件通常会激活实体从起点出发沿着路径到达终点的"起点—路径—终点"意象图式,现实位移事件如此,抽象位移事件也是如此。体认者在编码抽象位移事件所激活的"起点—路径—终点"意象图式时,既可以对这种意象图式进行整体编码,也可以对其加以部分编码,即作为体认者的人对这种意象图式的语言编码,常常会对其进行整体编码或部分编码。也就是说,体认者既可以对抽象位移事件中的路径要素加以整体突显,也可以对其加以部分突显。下面就来运用 Talmy 提出的语言中的注意力窗口化(the windowing of attention)对此加以解释。

Talmy 指出,语言能够通过对某一连贯所指场景(coherent referent scene)的一部分加以显性提述(explicit mention),把该部分置于注意力的前景位置,该场景中的其余部分则被忽略、被置于注意力的背景位置。这一认知过程就是注意力窗口化。作为构成语言概念建构之认知系统的组成部分,注意力窗口化和注意层次、注意中心、注意范围、注意网络一起共同构成注意力分布(the distribution of attention)这一认知结构范畴。注意力窗口化赖以发生的连贯所指场景可称为事件框架(event frame)。事件框架中被囊括进来置于前景位置的部分经历了窗口化(windowing)过程,而被排除在外、置于背景位置的部分则经历了空白化(gapping)过程(Talmy 1996:235-236, 2002a:257-258)。抽象位移事件也可视为事件框架之一种,体认者也可以同样采用不同的方式来编码这种事件框架。当体认者的注意力集中在抽象位移事件框架所激活的"起点—路径—终点"意象图式时,既可以把注意力集中在这种意象图式的整体之上,也可以将注意力集中在这种意象图式的部分之上,这就是对路径意象图式的注意力窗口化。对抽象位移事件框架中路径意象图式的注意力窗口化,就是体认者把路径意象图式纳入感知域(scope of perception)的认知过程。在这一过程中,体认者如果把整个路径意象图式纳入其感知域,就是对路径意象图式的最大窗口化(maximal windowing),如果把部分路径意象图式纳入其感知域,就是对路径意象图式的部分窗口化(partial windowing)。路径意象图式的部分窗口化意味着路径意象图式的部分空白化。这就是说,当体认者对路径意象图式进行部分窗口化时,他会把部分路径置于感知域之内并将其窗口化,而把其余部分置于感知域之外,将其忽略和空白化。体认者在编码抽象位移事件框架中的路径意象图式时,既可以依据其注意力分布选择最大窗口化的方式,使整个路径意象图式得到突显,也可以采取部分窗口化的方式,使部分路径意象图式得到突显。前者突显的是位移主体和整个路径之间的动态空间位移关系,后者突显的是位移主体和部分路径之间的动态空间位移关系。这在语言编码中要用不同的语言形式加以体现。例如:

(9) Thirty years later, Grove's unlikely idea has gone from moonshot to miracle.

(10) The idea came from her friend, a bookstore owner and publisher, Lesley McKay.

（11）That idea came out of our group.

（12）The idea came to Daley Kushner.

（13）An idea comes into Liesel's mind.

（14）Every idea goes onto the compost heap.

在例（9）中,体认者选择使用了对路径意象图式的最大窗口化方式来突显整个路径意象图式,突显了位移主体与整个路径之间的动态空间位移关系,描述了位移主体 Grove's unlikely idea 从起点 moonshot 开始移动到达终点 miracle 的全位移过程。在例（10）—（14）中,体认者选择使用了对路径意象图式的部分窗口化方式来突显部分路径意象图式,突显了位移主体与路径意象图式不同部分之间的动态空间位移关系。例（10）—（11）突显的是起点部分,即对起点部分进行了窗口化,而对终点部分进行了空白化,例（12）—（14）突显的是终点部分,即对终点部分进行了窗口化,而对起点部分进行了空白化。因此,例（10）突显的是位移主体 the idea 与起点 her friend 之间的动态空间位移关系,例（11）突显的是位移主体 that idea 与起点 our group 之间的动态空间位移关系;在例（12）中,体认者突显的是位移主体 the idea 和终点 Daley Kushner 之间的动态空间位移关系,在例（13）中,体认者突显的是位移主体 an idea 和终点 Liesel's mind 之间的动态空间位移关系,例（14）突显的是位移主体 every idea 和终点 the compost heap 之间的动态空间位移关系。

从这几例可以看出,英语在编码抽象位移事件中的路径意象图式时通常要使用空间介词,空间介词与指称参照实体的名词短语一起构成表示路径的空间介词短语。由 from、out of 等引导的空间介词短语表达路径意象图式中的起点,由 to、into、onto 等引导的空间介词短语表达路径意象图式中的终点。前者可称为 FROM Path,即起点路径,后者可称为 TO Path,即终点路径,起点路径表示位移主体从作为起点的参照实体开始移动,终点路径表示位移主体移动到达作为终点的参照实体（Lakusta & Landau 2005）。由此可知,当体认者选择使用最大窗口化方式来突显整个路径意象图式时,就要同时使用起点路径和终点路径,如例（9）所示。当体认者选择使用部分窗口化方式来突显部分路径意象图式时,则要使用起点路径,如例（10）—（11）所示,或使用终点路径,如例（12）—（14）所示。

五、结语

　　王寅教授提出了体认语言学,其体认原则具有较大的理论价值和应用价值。我们拟将其修补为"现实—体认者—语言"则更为妥帖。体认者可以依据对物质实体发生位置变化的感知和体验,运用其认知想象能力将抽象实体构想为可动的实体,通过能动的认知加工使其相对于参照实体发生心理上的位置变化,从而构想出抽象位移事件。抽象位移事件形成的动因是抽象实体的物质实体化和可动化体认机制,即把可动物质实体的物质性特征和可动性特征投射到抽象实体之上。体认者不仅能够构想出抽象位移事件,而且能够使用语言对其进行编码。体认者使用英语对抽象位移事件的编码通常要包括位移主体、位移、路径和参照实体这四个要素。体认者在使用英语编码抽象位移事件所激活的"起点—路径—终点"意象图式时,可以采用最大窗口化或部分窗口化的方式,前者突显位移主体和整个路径之间的动态空间位移关系,后者突显位移主体与部分路径,即起点或终点之间的动态空间位移关系。我们从"美国当代英语语料库"检索到的实例显示,抽象位移事件中的参照实体具有不同于现实位移事件中的参照实体的性质,对此,我们将另文探讨。

参考文献:

[1] Filipović, L. On the nature of lexicalization patterns: A cross-linguistic inquiry [C]. Delbecque, N. & B. Cornillie. (Eds.). *On Interpreting Construction Schemas: From Action and Motion to Transitivity and Causality*. Berlin & New York: Mouton de Gruyter, 2007.

[2] Filipović, L. & I. Ibarretxe-Antuñano. Motion [C]. Dąbrowska, E. & D. Divjak. (eds.). *Handbook of Cognitive Linguistics*. Berlin & New York: De Gruyter Mouton, 2015.

[3] Gaby, A. & E. Sweetser. Space-time Mappings beyond Language [C]. Dancygier, B. (Ed.). *The Cambridge Handbook of Cognitive Linguistics*. Cambridge: Cambridge University Press, 2017.

[4] Kövecses, Z. Levels of metaphor[J]. *Cognitive Linguistics*, 2017, 28 (2): 321 – 347.

[5] Lakoff, G. *Women, Fire, and Dangerous Things: What Categories Reveal about the Mind* [M]. Chicago: University of Chicago Press, 1987.

[6] Lakoff, G. The contemporary theory of metaphor[C].Ortony, A. (Ed.). *Metaphor and Thought* (2nd ed.). Cambridge: Cambridge University Press, 1993.

[7] Lakoff, G. The contemporary theory of metaphor [C]. Evans, V., Bergen, B. & J. Zinken (Eds.). *The Cognitive Linguistics Reader*. London: Equinox Publishing Ltd, 2007.

［8］ Lakoff, G. & M. Johnson. *Metaphors We Live By*［M］. Chicago：University of Chicago Press, 1980/2003.

［9］ Lakusta, L. & B. Landau. Starting at the end：The importance of goals in spatial language ［J］. *Cognition*, 2005, 96（1）：1－33.

［10］ Radden, G. & R. Dirven. *Cognitive English grammar*［M］. Amsterdam：John Benjamins Publishing Company, 2007.

［11］ Talmy, L. Lexicalization patterns：Semantic structure in lexical forms［C］. Shopen, T. （Ed.）. *Language Typology and Syntactic Description V. III: Grammatical Categories and the Lexicon*. Cambridge：Cambridge University Press, 1985.

［12］ Talmy, L. Path to realization：A typology of event conflation［J］. *BLS*, 1991, 17：480－519.

［13］ Talmy, L. The windowing of attention in language［C］. Shibatani, M. & S. Thompson （Eds.）. *Grammatical Constructions: Their Form and Meaning*. Oxford：Clarendon Press, 1996.

［14］ Talmy, L. *Toward a Cognitive Semantics*, *Vol. I: Concept Structuring Systems*［M］. Cambridge, Mass：The MIT Press, 2002a.

［15］ Talmy, L. *Toward a Cognitive Semantics*, *Vol. II: Typology and Process in Concept Structuring*［M］. Cambridge, Mass：The MIT Press, 2002b.

［16］ Talmy, L. Lexical typology［C］. Shopen, T. （Ed.）. *Language Typology and Syntactic Description V. III: Grammatical Categories and the Lexicon*（2nd ed.）. Cambridge：Cambridge University Press, 2007.

［17］ 范立珂.位移事件的表达方式探究［M］.上海：复旦大学出版社,2015.

［18］ 范立珂.位移事件表达中各概念的组合方式研究［J］.海南师范大学学报（社会科学版）, 2016,（3）：130－138.

［19］ 王寅.认知语言学［M］.上海：上海外语教育出版社,2007.

［20］ 王寅.客主多重互动理解［J］.哲学动态,2009,（10）：84－89.

［21］ 王寅.构式语法研究（上卷）：理论思索［M］.上海：上海外语教育出版社,2011a.

［22］ 王寅.什么是认知语言学［M］.上海：上海外语教育出版社,2001b.

［23］ 王寅.意义的二元观、涵义观和体认观——基于体验哲学的"一物多名"新解［J］.解放军外国语学院学报,2011c,（5）：1－6.

［24］ 王寅.后现代哲学视野下的语言学前沿——体验人本观与认知语言学［J］.外国语,2012, （6）：17－26.

［25］ 王寅.后现代哲学视野下的体认语言学［J］.外国语文,2014,（6）：61－67.

［26］ 王寅.20世纪三场语言学革命——体认语言学之学术前沿［J］.外国语文研究,2015a,（1）： 2－11.

［27］ 王寅.后现代哲学视野下的认知语言学［J］.外文研究,2015b,（3）：7－10.

［28］ 王寅.体认一元观：理论探索与应用价值——心智哲学的新思考［J］.中国外语,2015c, （2）：24－31.

［29］ 王寅.认知生态语言学初探［J］.中国外语,2018,（2）：22－30.

［30］ 张克定.英语非现实空间位移关系构式的认知机制与限制条件［J］.现代外语,2018,（5）：

596－607.

[31] 张克定.非现实位移事件的编码与突显[J].外国语文,2019a,(6)：1－8.

[32] 张克定.体认语言学中体认者的主体性及其与现实和语言的互动性[J].外语教学与研究,待刊,2019b.

[33] 张克定.2019c.非现实空间位移关系构式的体认性与互动性[J].待刊,2019c.

（作者：张克定教授,博士生导师;工作单位：河南大学）

隐喻投射动因的平衡模式

——以汉语视觉动词的隐喻投射为例

覃修桂　帖　伊

摘　要：如何限制始源域向目标域投射的范围一直是隐喻研究的核心课题之一。本研究以汉语视觉动词隐喻投射为例,探析始源域隐喻投射范围的最佳动因模式。研究发现:始源域的原型特征为其意义聚焦的投射提供了理据,但无法说明其他投射;要充分揭示所有投射的理据,还须具体描写其非原型特征及文化特征;始源域的原型特征、非原型特征及文化特征一起为其投射提供理据,是为隐喻投射动因的平衡模式。该模式更能令人信服地厘清始源域特征与隐喻投射恒定原则之间的关系,增强了隐喻理论的解释力。

关键词:隐喻投射;动因;原型特征;平衡模式;视觉动词

一、引言

认知语言学认为,隐喻是以一个概念域来理解和认识另一个概念域,前一概念域称为始源域,后一概念域称为目标域。在始源域与目标域之间存在着一套系统的对应关系(Lakoff & Johnson 1980/2003; Kövecses 2010)。不过,始源域向目标域的投射并非任意的,而是要受到某些特定因素制约的。针对隐喻投射范围如何限制的问题,Sweetser(1990)和 Ibarretxe-Antuñano(1999)都做了比较具体的探讨。Sweetser(1990)以视觉动词隐喻投射为例,认为从始源域到目标域的投射主要基于它们之间的特征相似性。Ibarretxe-Antuñano(1999:34-40)则以嗅觉动词为例,进一步考察了限制隐喻投射范围的理据。他认为,目标域的语义扩展主要受到始源域原型特征(prototypical properties)的限制,隐喻投射就是目标域对始源域原型特征选择的结果。覃修桂(2008)进一步探讨英汉语嗅觉隐喻投射,运用Ibarretxe-Antuñano 的特征选择模式(Property Selection Processes,下文简称PSPs)较充分地解释了嗅觉域概念隐喻投射范围的理据。Sullivan(2013,2017)则主张从框架(frames)的角度探寻始源域与目标域的联系动机。他认为认知域可被视为一种由多个框架结合而成的"超框架(super frames)"(Materna 2010),因此可将框架纳入始源域和目标域的范畴。由此,隐喻投射过程中所遵循的恒定原则(Invariance Principle)不仅仅针对始源域及目标域的内部结构,还包括意象图式和框架结构的方方面面,从而为研究始源域与目标域之间的对应关系提供了一个新视角。

　　一个始源域的投射范围相当广泛,如视觉域的隐喻不仅能够映射到知识/智力域,还能映射到情感/态度等概念域,仅仅依靠原型特征(Sweetser 1990;Ibarretxe-Antuñano 1999;覃修桂 2008)实际上无法为所有的隐喻投射提供理据,而语义框架(Sullivan 2013,2017)并未触及始源域与目标域之间联系的理据。我们认为,要充分解释隐喻投射的范围,必须考虑多种因素。本文通过考察汉语视觉动词的隐喻投射,探析隐喻投射范围的最佳动因模式。具体探究的问题包括:(1)始源域原型特征在解释隐喻投射范围中的作用;(2)除了始源域原型特征外,隐喻投射还存在哪些动因;(3)是否存在一个隐喻投射范围的最佳动因模式。

二、视觉动词的隐喻投射

　　本节首先对视觉动词进行简要说明,然后分析其隐喻投射的范围。

1.视觉动词的选择

　　鉴于表达视觉概念的词语数量众多,我们难以对它们加以逐一考察,故本研究只聚焦于较为常见、组词能力较强的视觉行为动词"看、见、观",其中,"看"指使视线接触人或物,是否看到并不明确,强调的是动作;"见"指看见、看到,强调的是结果;"观"则指看、观看、观察,有时也带有欣赏之意。

2. 视觉动词的投射范围

通过语料分析,我们发现视觉动词的隐喻投射主要集中在知识/智力域、社会关系域、情感态度域以及其他概念域。

1) 知识/智力域

知识/智力主要表现为观察、判断、记忆、想象、思考等认知心理活动。本研究的语料显示,近半数和视觉动词"看、见、观"相关的隐喻投射分布在知识/智力域。

【看喻显得、好像】

人类认识事物一般都遵循由表及里、由浅入深的规律,多半都会依据事物外表给人的印象对其性质和特点进行判断。因此,"看"能用来喻指"显得、好像",如(1)两例中的"看来""看上去"均喻指"显得、好像":

(1) a. 这种做法表面**看来**似乎强调了教育无所不在的强大作用,实际上是忽视了教育作为有目的地培养人的社会活动的不可欠缺性。

   b. 地球上没有一个生物个体是单一的生命体,一个人,**看上去**是单一的,有独立的行为和思维,但在他的体内外,同时存在很多其他的生物个体或群体。

【看喻检查、诊治】

无论是要发现事物是否存在问题或是了解病人的健康状况都需要仔细察看或通过仪器进行检测才能判断。由此,"看"能用来喻指"检查、诊治"。如(2)a中的"查看"喻指程序员相互"检查"电子文件;而(2)b中的"看医生"则喻指"治病、就诊":

(2) a. 两名程序员可以彼此**查看**对方的结果文件,与自己的结果进行比对。

   b. 卢梭年轻时因用脑过度而严重失眠,常有亲朋好友劝他去**看医生**。

【看喻判断、看法】

人们只有认真察看,才能对事物形成认识,作出判断。因此,"看"能用来喻指"判断、看法"。如在(3)两例中,"我看"喻指"判断";"依我看"则喻指"我认为":

(3) a. 台湾的问题,其实并不单是国民党独裁的问题,**我看**资本主义的生产模式也是个问题。

　b. **依我看**,诗与联,不一定要流传千古,只要有点儿趣味、意味,也就够了。

【看喻听凭、取决于】

　特定事物或事件是否会出现或发生通常要看某些特定条件是否具备,由此"看"便能喻指"听凭、取决于"。如在(4)两例中,"银行的命运就看他的了"喻指"银行的命运全取决于他";"还得看'内因'"则指企业增加活力获得发展"还取决于'内因'":

(4) a. 没有人告诉他银行的命运就**看他的了**,没有人提醒他怎样做。

　b. 深化产权改革只是确保企业进一步发展的前提,企业能够最终增加活力获得发展**还得看**"内因"。

【看喻预示、提醒】

　人们往往通过观察周围的事物,来了解和发现其变化的迹象。因此,"看"便能喻指"预示、提醒"。在语言表达层面,"看"后面通常都要跟着表示变化的词语。如(5)中的"看俏""看淡"分别喻指口红销售"势头良好"、股市行情"将会出现不好的势头":

(5) a. 随着感恩节和圣诞节销售旺季的来临,各主要化妆品公司的口红行情**看俏**,而服装销路平平。

　b. 政策性股市使投资者的未来预期普遍**看淡**,破坏了股票市场在应有的反向预期机制。

【看喻审察】

　人们一般都要事先对相关情况察看一番,才会作出某种决定或采取某种行动。于是,"看"便能喻指对情势的"审察"。如(6)中的"看看风色""看风使舵"均喻指对情势的"审察",并依此作出应变:

(6) a. 我的家离这儿不远,我把你们接去住一段,**看看风色**再说。

　b. 敢于坚持实事求是的人受排斥打击,而一些**看风使舵**的人物却受到提拔重用。

【看喻了解、认识】

人们主要依靠眼睛察看周围环境来了解和认识外界事物,因此"看"就能用来喻指"了解、认识"。如在(7)两例中,"看穿""看破"都喻指对事物透彻地"了解、认识":

(7) a. 一双洞察秋毫、炯炯有神的眼睛,似能**看穿**一切隐藏的罪恶。

    b. 要想夜间没有乱梦,就须**看破**世间一切事物皆如梦幻泡影。

【见喻看法、认识】

人们一般只有看清外界事物,才能产生认知并形成看法。由此,"见"能用来喻指"看法、认识"。如(8)a 中的"见解"喻指对事物的"看法、认识",(8)b 中的"见仁见智"则喻指对同一问题,不同的人具有"不同的看法或认识,各有道理":

(8) a. 倘使我有权威性**见解**,又当别论,但我所知不如足下,装样不如藏拙,谅为足下谅解。

    b. **见仁见智**,会议气氛顿时活跃起来。

"见喻看法、认识"的表达还有很多,如"短见"(短浅的见解)、"管见"(浅陋的见识)、"远见"(远大的眼光)、"创见"(独到的见解)、"政见"(政治见解)、"主见"(对事情的确定的意见)等。

【见喻料想、设想】

在回忆过去或预料未来时,人们往往倾向于从视觉上想象过去或未来的情景,由此便产生了"见喻料想、设想"的投射。如在(9)两例中,"推见"喻指从方言"推想"出不同地域人民的性情风貌;"预见"则喻指对未来战争过程的"预料":

(9) a. 他还打算以它为基准进一步谱上全国各地的土音,由方言**推见**各地人民的性情风俗。

    b. 任何伟大的军事家都不敢夸口说,他能够在战前**预见**到战争过程将要发生的一切情况。

【见喻审察】

人们多半通过眼睛察看周围环境,看清楚后才能作出判断、采取行动,因此

"见"又能用来喻指对情势的"审察"。如(10)中的"见机行事""见风转篷"均喻指"审察时机或情势,依具体情况灵活处事":

(10) a. 一个人必须能够**见机行事**,懂得权变,因为处事并无固定法则,这些都取决于智慧。

　　b. 那也不是真心替我办事,还是**见风转篷**的自私。我有钱不给这等人!

【见喻获取知识】

一般说来,见得越多,对外界的了解和认识就越多。因此人们常用"见"来喻指"获取知识"。如(11)a 中的"见世面"喻指"获取广泛阅历,熟知世情";(11)b 中的"见闻"喻指"通过目睹耳闻所获得的知识":

(11) a. 青年干部到实际生产第一线经风雨,**见世面**,摔打磨炼,虽然要比坐机关多吃不少苦,但收获也是巨大的。

　　b. 徐霞客无论多么疲乏劳累,都坚持把每天**见闻**、研究心得记录下来。

【观喻见解、看法】

人们只有在观察事物的基础上,才能形成自己的认识和看法。因此,"观"能用来喻指"见解、看法"。如(12)a 中的"观念"喻指"具有主观能动性的思想和意识";(12)b 中的"人生观"喻指"对人类生存的价值和意义的看法":

(12) a. 在中国人的传统**观念**中,"国"是"家"的放大,而"家"则是"国"的缩影。

　　b. 艰苦奋斗是正确**人生观**、**价值观**的重要内核,是一笔巨大的精神财富。

"观喻见解、看法"的表达还有颇多,如"宇宙观、唯心史观、宗教观、艺术观、美学观、教育观、发展观、婚姻观"等。

【观喻审察】

"观"指仔细察看。人们通过联想,将视觉上的观察应用到对抽象事物和现象的考察,于是产生了"观喻审察"的投射。如在(13)两例中,"静观风向"指张学良冷静地"审察国内局势的发展态势";"整体观照"指"从整体上审视"古典文学的创作群体:

（13）a. 张学良在两派争相拉他联盟的情况下一直不表态，**静观风向**达半年之久。

b. 古典文学研究历来习惯于对个体作家的研究，很少对创作群体作**整体观照**和系统考察。

值得注意的是，"观喻审察"与前述的"见喻审察"和"看喻审察"是相互一致的。原因在于，"看""见""观"三者虽然存在细微的区别，但其行为都能起到观察环境的作用，因而都能喻指"审察"，且在表达上也非常接近，如"看风使舵""见风使舵"和"静观风向"等。

2）社会关系域

"看、见"的部分概念隐喻还能够投射到社会关系域。

【看喻照料、负责】

人们通常都要将对象置于自己的视觉范围之内，才有可能保证其安全或控制其行为。因此，"看"便能用来喻指"照料、照管"。如（14）两例中，"看机器"喻指"守护、照料"；"看守路道"则喻指"守卫、监管"：

（14）a. 可他为了得到玛丽亚娜的爱情，却不愿做个"**看机器**的普通工"，想要离开比奥纳去做经理。

b. 专用铁路和铁路专用线上的无人**看守**铁路道口，由专用铁路、铁路专用线产权单位负责监护。

类似的表达还有不少，如"看承"（照料）、"看顾"（照顾）、"看护"（护理）、"看押"（监管在押犯人）、"照看"（照料）等。

【看喻探望】

人们在探望亲友时多半都会友善地看着对方并与之交谈，因此"看"便被用来喻指"探望"。如（15）两例中的"看""看望"均喻指对朋友、老师的"探望"：

（15）a. 我拿时间来跑书店，进图书馆，也用来**看老朋友**，结识作家、学者。

b. 我每到一地，学生们便相邀结伴前来**看望**，问安视膳，关心备至。

【好看喻体面】

人类天性喜美恶丑,美观的事物叫好看,丑陋的事物叫不好看。人们通过联想,用美好事物的特征来理解人的身份、情面,于是便形成了"好看喻体面"的投射。如在(16)两例中"好看"分别喻指在处理人际关系时显得"体面"、能当人大代表让人觉得很"光彩":

(16) a. 要得!请我代理两个月,再教他辞职,有头有脸地走出去,面子上**好看**!

b. 由于人大代表光环很**好看**,许多各级领导都纷纷争当人大代表。

【不好看喻不体面】

与"好看喻体面"相反,"不好看"常被人们用来喻指身份、面子上的"不体面"。如(17)两例中的"不好看"都喻指"不体面、不光彩":

(17) a. 现在,不仅要稳,还得不断往前闯。不然,年中、年终一公布业绩,老总的面子就**不好看**了。

b. 心理咨询师楼明明建议,当孩子的成绩单**不好看时**,家长不妨先将目光从孩子的成绩单上移开,挖掘孩子其他方面的能力和特长,以此帮助他树立自信。

【见喻探望、会见】

社会交往过程中与人见面的目的有多种,其中包括探亲访友或礼节性的会面,由此,"见"常被用来喻指"探望、会见"。如(18)a里的"未能拜见"指"我未能有机会探望"慕将军;(18)b里的"接见"则指邓小平与来访的李嘉诚"会面":

(18) a. 两次入柴达木,两上青藏公路,我都未能**拜见**到慕将军。

b. 李嘉诚曾多次受到邓小平等国家领导人的**接见**,这是李传奇一生中不能不提的大事。

【见喻接触、遇到】

人们通过身体及其感觉与外界互动,眼睛在看到某物的同时也意味着与该物发生了接触。因此"见"能喻指"接触、遇到"。如在(19)两例中,"见光死"指产权改制方案"一经公开审查就以失败告终";"见利忘义"指淘金者"遇到金钱的诱惑就不顾违背道义和法律"：

（19）a. 几乎所有的产权改制方案都是"**见光死**"，没有几家企业经得起、法律及财务意义上的公开审查。

b. 那些**见利忘义**的人在金钱的诱惑下，无视法律这柄正义之剑，走上了"悬崖淘金，铤而走险"的罪恶之路。

【见喻受到】

人们在看到外界事物时便产生了种种感受，感受的不好便变成了一种心理承受。因此"见"常被用来喻指"受到"。在语言表达层面，"见"多用在动词前表示被动，如在（20）两例中，"见责"指"被责备"；"见怪"则指"被责怪"：

（20）a. 我深恐父亲**见责**，怪我一向诚挚，忽又有此不良之念。

b. 他一定不会**见怪**我旧事重提，因为历史发展本身已经答复了我们当时辩论的问题。

3）情感／态度域

视觉动词概念除了能够投射到知识／智力域和社会关系域外，还可以投射到情感／态度域。

【往上看喻赞赏、尊敬】

人们观察事物有多种角度，视角不同，态度也不相同。当人们认可或欣赏某事物时，通常会对之仰视，因此"往上看"能用来喻指"赞赏、尊敬"。如在（21）两例中，"高看"喻指人们对人格的"重视""看上"喻指"喜欢、感到满意"：

（21）a. 你是一个有骨气的中国人，即使你与他们在政治观点上有很大分歧，他们也会**高看**并钦佩你的人格。

b. 我说也真怪，你有钱有势的，想弄个黄花闺女还不能弄到手，怎么偏偏**看上**了这么个穷家的寡妇呢？

"往上看"之所以能喻指"赞赏、尊敬"，原因在于在人们的日常观念中，位于上方的事物多半都被认为是好的，由于美好的事物位于高处，人们敬仰它们自然就会往上看。

【往下看喻轻视】

与"往上看"相反,"往下看"常被人们用来喻指"轻视"。其主要原因是,在我们的概念系统中,位于下方的事物多半都被认为是不好的,既然不好的事物位于低处,人们鄙视它们自然就得往下看了。如在(22)两例里,"不敢低看"喻指"不敢轻视别人";"狗眼看人低"则喻指俞母"势利傲慢,瞧不起他人":

(22) a. 因为演出具有世界级水准,任何人都**不敢低看**,中国人脸上便有了光。

　　　b. "你没有资格再嫁给俊仁!"俞母一副**狗眼看人低**的神情。

【看喻对待】

除了上下角度外,观察事物还可以是平视或者没有明显的角度,因此汉语中存在着"看喻对待"的投射。如在(23)两例里,"看待""看成"分别喻指"对待"贫穷落后以及教育本质:

(23) a. 人们更不应该用一种歧视的思想**看待**他们的落后。

　　　b. 当今,越来越多的思想家和教育家都日益倾向于把教育**看成**是一个由科学教育和人文教育所构成的整体。

"看喻对待"的表达还有较多,如"看重"(重视)、"看轻"(轻视)、"看开"(不把不如意的事情放在心上)、"看死"(把人或事物看得一成不变)、"看中"(经过观察,觉得合意)、"刮目相看"(用新的眼光来看待)等。

【见喻对待】

人们在相互交往过程中的态度多半都会显现在人的眼神、面部表情以及肢体语言上。由此,"见"自然就被用来喻指"态度"。如在(24)两例中,"见外"指"当外人看待","推诚相见"指"用真心相待":

(24) a. 王丽丽瞄了一眼那只薄薄的信封,没好气地说:"这你就**见外**了吧,我们吃顿饭的钱还是有的。"

　　　b. 这是由于"十年浩劫",谎言假话成风,谁也不肯或不敢**推诚相见**。

【观喻态度】

在对待外界事物时,不同的眼神、表情及观察角度反映出观察者不同的态度。

由此,人们便用"观"来喻指"态度"。如在(25)两例中,"达观"喻指"对人生际遇看得开";"悲观"喻指"对人生世事缺乏信心":

（25）a. 淑华生性**达观**,琴看事比较透彻,又能自持,所以她们不曾淌一滴泪水。

b. 面对严酷的现实,她没有**悲观**沉沦,而是用自己的行动,向人们展示了残疾人也一样能为社会作出贡献。

类似的表达还有"观望"(怀着犹豫的心情观看事物的发展变化)、"主观"(考察事物时不依据实际情况,单凭个人偏见)、"等量齐观"(以同等的态度看待事物)、"袖手旁观"(置身事外,不协助别人)、"作壁上观"(坐观成败、不予帮助)等。

4）其他概念域

视觉动词部分隐喻投射的目标域比较分散,因此我们将其统一归入其他概念域。

【见喻经历、体验】

人们在看到某事物的同时也就对它获得了某种经历和体验,由此"见"便能用来喻指"经历、体验"。如在(26)两例中,"见证"分别喻指对普通商事规范的发展变化、西安历史变迁的"经历、体验":

（26）a. 历史是人类活动的一面镜子,商法发展史同样**见证**了普通商事规范的发展轨迹和趋势。

b. 渭河时清时浊,**见证**了西安古城的历史变迁。

【见喻显现】

事物只有显现在人的视野中时才能被看到;反过来,当人看到某事物的时候,该事物也就显现了,因此"见"能用来喻指"显现"。如在(27)中,"见长""见效"分别喻指祝希娟在扮演少女方面"显示出特长"、中外合资"显示出效果":

（27）a. 随着年龄的增长,以扮演少女**见长**的祝希娟在银幕的天地越来越小了。

b. 要想达到高速发展有多条途径选择,中外合资是投资省**见效**快的最好办法。

"见喻显现"的表达还有"见底"（显现出价格或经济跌至最低的趋势）、"见顶"（显现出价格或经济涨至最高的趋势）、"见老"（显得比以前老）、"见报"（在报纸上刊登出来）等。

【观喻样子、面貌】

"观"指细看、观察，观察的结果便是被观察的对象给观察者留下了印象，特别是外表的印象，因此，"观"便被人们用来喻指事物的"样子、面貌"。如(28)a 中的"蔚为大观"喻指妈祖文化展现出来的"丰富多彩的盛大景象"；(28)b 中的"改观"则喻指贫困地区"改变了原来的面貌"：

(28) a. 经过多年的发展，妈祖文化已**蔚为大观**，涉及民俗、宗教、航海、华侨、外交、历史、天文、文学艺术、建筑等各个方面。

    b. 为什么有些贫困地区经过改革后面貌**改观**，却在部分人中出现"端起碗来吃肉，放下筷子骂娘"的奇怪现象？

其他类似的表达还有"雅观"（衣着、举止文雅）、"外观"（物体表面的样子）、"旧观"（事物或情景原来的样子）、"奇观"（宏伟美丽的景物）、"美观"（事物的好看、漂亮）等。

为了便于整体的比较分析，我们将"看、见、观"投射的目标域分布归纳列表呈现如表 1 所示。

表 1　汉语视觉动词的隐喻投射分布

目 标 域	隐喻投射(共 28 个)	投射个数	占 比
知识/智力域	看喻显得、好像；看喻检查、诊治；看喻判断、看法；看喻听凭、取决于；看喻预示、显示；看喻审察；看喻了解、认识；见喻看法、认识；见喻料想、设想；见喻获取知识；见喻审察；观喻见解、看法；观喻审察。	13	46.43%
社会关系域	看喻照料、监管；看喻探望；好看喻体面；不好看喻不体面；见喻探望、会见；见喻接触、遇到；见喻受到。	7	25.00%
情感/态度域	往上看喻赞赏、尊敬；往下看喻轻视；看喻对待；见喻对待；观喻态度。	5	17.86%
其他概念域	见喻经历、体验；观喻样子、面貌；见喻显现。	3	10.71%

三、视觉动词隐喻投射的动因考察

表1显示,视觉动词的隐喻投射范围主要集中在知识/智力、社会关系、情感/态度等概念域。其中,知识/智力域占比最高;社会关系域和情感/态度域占比则分居第二、第三位;少部分投射的目标域比较分散,占比最少。其动因何在? 我们认为,隐喻投射归根究底是一个经由对自身体验组织的抽象理解而形成抽象概念的认知过程。对其动因的考察,必须结合生理心理学、文化心理学等学科的相关知识,用新的眼光予以观照。

1. 生理心理动因考察

生理心理体验是隐喻产生的首要认知基础。对始源域生理心理特征的描写,既可能是典型的,也可能是非典型的。

1) 原型特征解释

从生理心理学的角度,我们认为视觉具有如下几个原型特征:(1)外在性:视觉器官无须直接接触事物便能够在一定距离外接受该事物的刺激,属距离感觉;(2)聚焦性:眼球内固有的折光机制(即瞳孔反射和调节反射)能对落在视网膜上光线的多少以及对不同距离景物的注视进行调节,保证被感知的景物在视网膜上清晰成像;(3)灵活性:眼睛可以根据感知的需要,通过调节眼外肌肉进行水平运动、垂直运动和侧向运动;(4)辨认性:人们在看到某一事物时通常能很快辨认出该事物;(5)区分性:视觉的中枢神经赋予人类区别事物方位、距离、形状、颜色、明暗等细节的能力。

视觉的五个原型特征在很大程度上为其隐喻投射的产生提供了理据。视觉域之所以与知识/智力域有着密切的联系,首先是因为视觉具有远距离获取信息的能力,这种直接源于视觉的信息通常被认为是客观可靠的,汉语中有所谓"耳听为虚,眼见为实"等表达;而知识/智力一般也被认为是客观可靠的。视觉具有聚焦特定事物的能力,而知识/智力通常也被认为可以聚焦于特定的事物。视觉具有灵活性,而知识/智力也通常被认为具有灵活性。视觉能辨别事物,知识/智力同样需要辨别事物,以形成范畴或概念。视觉能区分事物的细节,知识/智力同样需要区分事物的特征。基于相似的客观性(外在性隐含客观性,客观性又隐含着可靠性)、聚焦性、灵活性、辨认性、区分性,汉语中存在着许多用视觉概念来表达知识/智力概念的词语,如"看法、查看、见地、见解、观点、观察"等。

2)非原型特征解释

视觉域概念除了能投射到知识/智力域,同时还能投射到社会关系、情感/态度等概念域。究其原因,我们认为原型特征只是始源域的显著特征,只能解释部分特别是意义聚焦的隐喻投射,而非全部。实际上,始源域还包括了诸多难以穷尽的非原型特征。隐喻是一种基于联想的认知机制,而联想既可能基于始源域的原型特征,也可能基于其非原型特征。由是,要充分解释隐喻投射的理据,就必须同时考虑原型特征和非原型特征。比如,视觉域的外在性等五个原型特征无法包含人们通过视觉交流所获得的互动性体验,因而无法解释视觉动词概念何以能投射到社会关系域,拓展出诸如"照料、监管""接触、遇到""探望、会见"等喻义。此外,生理与心理密切相关,视觉交流给人带来的愉悦或厌恶的体验自然会影响到人的情感态度,形成"高看一眼""不敢低看""见外""开诚相见""冷眼旁观"等隐喻性表达。

2. 文化心理动因考察

实际上,体验不仅仅包括生理心理的体验,同时还包括文化的体验。因此,我们认为除了生理心理体验外,文化体验在隐喻投射中也起到特定的作用。心理学的研究表明,人们的联想主要受到两方面因素的决定:一是事物之间联系的强度;二是人的定向、兴趣等文化心理状态。(邢福义 2000:517)因此,民族文化心理对于概念隐喻投射也起着重要的激发和引导作用。就视觉动词而言,如果不考虑汉语族群"面子文化"的体验,很难说明"好看"何以能喻指"体面""不好看"喻指"不体面"。面子,是独具中国特色的一种文化心理。"面子文化"的核心是"面"或"脸":"面"为人之颜前也;"脸"乃目下、额上也,或颊也,俗称颜面。(翟学伟 2008:133)在我国以人情社会为基础而构建起来的传统文化里,个人的面子不是由其行为决定的,而是由一段社会关系中的交往对象的态度或行为决定的;因而颜面的"好看"或"不好看"常被用来喻指身份、地位等的"体面"或"不体面"。

由此可见,汉语充分利用了视觉体验的方方面面,其中既包括其原型特征,也包括其非原型特征,同时还包括文化特征来理解不同的抽象概念,引申出多姿多彩的语言表达。

3. 隐喻投射动因的平衡模式

从前述的分析论证可看出,Ibarretxe-Antuñano(1999)的原型特征模式只解决了始源域部分投射,特别是意义聚焦的投射理据,但却未能对全部的隐喻投射给予令人信服的解释。

通过对汉语视觉动词的隐喻投射考察,我们认为要解释隐喻投射的动因,除了考虑始源域的原型特征外,还要考虑其非原型特征及文化特征。因此进一步将PSPs 修补为"隐喻投射动因的平衡模式",如下图所示。在图中,左侧圆圈由内至外分别代表始源域的若干原型特征、非原型特征及文化特征;右侧圆圈由内至外分别代表始源域向目标域的若干隐喻投射,其中居于中心位置的是意义聚焦的隐喻投射,越靠近外围的隐喻投射数量越少、占比越低,最外围的是独具文化特色的隐喻投射;特征与投射之间的理据关系用虚线表示。由下图可知,原型特征可以较好地为意义聚焦的隐喻投射提供理据,但却无法充分说明其他投射;非原型特征及文化特征在解释隐喻投射的动因时也发挥着重要作用。由此可见,生理心理和文化心理的体验都是隐喻投射的重要动因,它们一起为隐喻的投射提供理据。

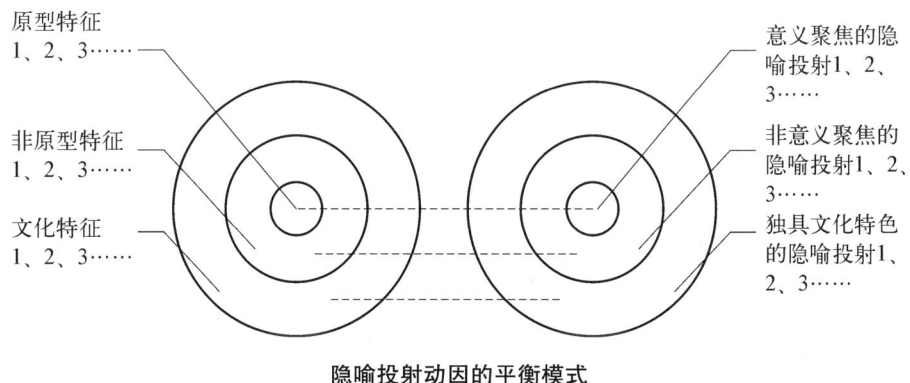

原型特征
1、2、3……

非原型特征
1、2、3……

文化特征
1、2、3……

意义聚焦的隐喻投射1、2、3……

非意义聚焦的隐喻投射1、2、3……

独具文化特色的隐喻投射1、2、3……

隐喻投射动因的平衡模式

四、结语

本研究从体验哲学和认知语言学的视角,对汉语视觉动词概念隐喻投射的动因进行考察,探析隐喻投射范围的最佳理据模式。结果表明:(1)始源域的原型特征为其意义聚焦的投射提供了理据,但无法说明其他投射;(2)要充分揭示隐喻投射的理据,必须同时考虑始源域的原型特征、非原型特征及文化特征;(3)隐喻作为一种联想的认知机制,原型特征、非原型特征以及文化特征一起为其投射提供理据,是为隐喻投射动因的平衡模式。本研究的发现不仅增进了我们对始源域原型特征及其投射范围的关系理解,同时还进一步厘清了隐喻投射范围的理据问题,更具体地解释了隐喻投射发生的机理。

附:王寅教授七十寿诞感言

我与王寅教授交往多年,结下了深厚的情谊。他不仅学问渊深、宏论高奇,而且视野开阔、乐于助人,对我为人治学诸多方面指教良多,并非三言两语可以道尽,我一直心存感念,没齿不忘。长期以来,读他的书,听他的讲座,受他的影响可谓至深。2019年,王寅教授迎来了他的七十寿诞,拿什么来为他庆贺呢? 我想最好的方式就是学习他矢志追求学问的精神,把自己的学问做得更好,产出更高水平的科研成果。(覃修桂)

参考文献:

[1] Ibarretxe-antuñano, I. Metaphorcal mappings in the sense of smell [C]. Gibbs, R. W. & G. J. Steen. *Metaphor in Cognitive Linguistics*. Amsterdam: John Benjamins, 1999.

[2] Johnson, M. *The Body in the Mind: The Bodily Basis of Meaning, Imagination, and Reason* [M]. Chicago: The University of Chicago Press, 1987.

[3] Johnson, E. D. *The Handbook of Good English: Revised and Updated* [M]. New York: Facts on File, 1991.

[4] Lakoff, G. & M. Johnson. *Metaphors We Live By* [M]. Chicago /London: The University of Chicago Press, 1980 /2003.

[5] Materna, J. Building framenet in Czech [D]. Brno: Masaryk University, 2010.

[6] Sullivan, K. *Frames and Constructions in Metaphoric Language* [M]. Amsterdam: Johnson Benjamins, 2013.

[7] Sullivan, K. Conceptual metaphor [C]. Dancygier, B. *The Cambridge Handbook of Cognitive Linguistics*. New York: Cambridge University Press, 2017.

[8] Sweetser, E. *From Etymology to Pragmatics* [M]. Cambridge: Cambridge University Press, 1990.

[9] 覃修桂.英汉语嗅觉隐喻及其投射范围[J].外语教学与研究,2008,(2):107–112.

［10］沈政,林庶芝.生理心理学(第二版)［M］.北京：北京大学出版社,2007.

［11］王寅.认知语言学［M］.上海：上海外语教育出版社,2007.

［12］邢福义.文化语言学［M］.武汉：湖北教育出版社,2000.

［13］翟学伟.人情、面子与权力的再产生［M］.北京,北京大学出版社,2008.

（作者：（1）覃修桂教授,博士生导师；工作单位：广西民族大学外国语学院。

（2）帖伊,广西民族大学外国语学院 2015 级博士生）

德高润物细无声　望重丹心沃新花

唐大明

　　王寅教授,是我在山东有幸认识的一位可爱可敬的同乡和长辈。古稀之年的他,几十年如一日,潜心研修、勤奋耕耘、传道授业、著书立说,以其语言学、语言哲学等领域的创新性研究誉美学界,享誉中外,奠定了国家级语言学泰斗级的学术地位。

　　他为人师表,平易近人,立德为范,不管就职于哪所高等院校,不管走到哪里,都留下深深的足迹,以其特有的学术魅力和人格魅力赢得桃李满天下。德高润物细无声,望重丹心沃新花。王寅教授既是山东的骄傲,也是江苏特别是家乡盐城人的自豪和学习的榜样!

（作者:唐大明,处级军转干部;工作单位:山东财经大学,现已退休）

"Learn, Relearn and Unlearn"串烧

——论谈王寅教授的体认语言观

毛继光　　杜天煦

王寅教授作为当代中国著名的语言教学与研究专家之一,为我国英语教学和研究作出了重大贡献,他的研究成果极大地推进了中国语言学研究和发展。其主要著作《语义理论和语言教学》(2001/2014)、《认知语言学》(2007/2013)、《构式语法研究》(上、下卷)(2011)、《语言哲学研究》(上、下卷)(2014)等都结合了国内外的相关研究,既有继承,更有创新,很多论述鞭辟入里,令人印象深刻。本文以"Learn""Relearn"到"Unlearn"为题贯通论述了王教授关于语言体认观的主要思想,以期能勾勒出体认观中的主要观点,以飨读者。

一、"Learn"——语言学习者的妙方

语言是人类交际的纽带,语言重塑了世界,人类借助语言构建了客观世界。客观世界通过语言折射进人类的心理认知,因此我们认为,语言规则是现实世界及规律在语言中的投影。赫尔德(Herder)早在 18 世纪就从人类的体验和认知角度,阐述了语言起源问题。(姚小平 1999:译序)语言不仅反映客观世界,更能帮助我们更好地范畴化世界并认识它。人类只有更好地理解语言,才能更好地认识自己。

"语音、词汇、语法"是构成语言的三大基本要素。它们都是体验和认知的结果。我们知道,掌握好一门语言首先需要掌握一定量的单词。(王寅,王天翼2018:1)语法翻译法、直接法、听说法和交际教学法等都离不开词汇学习这一基础

训练。随着当代认知语言学和体认语言学的发展,我们可另辟新径,英语词汇的认知学习法应运而生,可从"语音、词形、意义、语用"等方面来深化词汇的教和学。

1. 语音像似性,为词汇学习提供新思路

在语音方面,可以基于像似性原则建立语音和意义的有机联系来记忆单词。尽管语言中的音和义结合时有不少任意关系,但其中也存在很多的理据性,值得细细品味。

王寅教授将像似性定义为:符号在音、形或结构上与其所指(客观世界、概念结构和所表意义)之间存在映照性相似的现象。(王寅 2007:510)语言中,发音与其所指之间存在很多有机联系,在音和义之间存在着直接的联系,例如:

"gr-"表达了一种"压抑的声音",如:*groan*(呻吟)、*growl*(咆哮)、*gruff*(粗鲁地说)、*grumble*(嘟囔)、*grunt*(咕哝)……

"fl-"表达了一种"闪烁而不稳定的光":*flame*(光辉)、*flamboyant*(火焰似的)、*flare*(闪耀)、*flash*(使闪光)、*flicker*(闪烁)……

"sl-"表达一种"在表面平滑的运动":*slide*(滑动)、*sled*(用雪橇运)、*slope*(斜坡)、*slick*(光滑的)、*sly*(狡猾的)……

"-sh"表达了"贬损的意义"和"快速且突然移动的意思":*foolish*(愚蠢的)、*selfish*(自私的)、*childish*(孩子气的)、*mannish*(成人似的)、*womanish*(女孩子气的);*dash*(冲撞)、*rush*(冲进)、*crash*(擅自闯入)、*smash*(使猛撞)……

"-ump"表达一种"用力敲打":*bump*(撞击)、*clump*(以沉重的步子行走)、*dump*(突然跌倒或落下)、*lump*(笨重地移动)、*stump*(笨重地行走)、*thump*(用拳头打)……

所以,在"*groan*,*flame*,*slide*,*foolish*,*bump*"这类词汇的学习过程中,若能先了解"gr-,fl-,sl-,-sh,-ump"这些音所表达的一个意思,让学生们先自己念念这些音,然后谈谈感受,老师再引导一下,体验一下音与义之间的像似性理据,这会帮助学生培养语感,增强记忆效果。

2. 词形复合,建立词汇学习的意象观

象形文字,是人类文字最基本的形式,我们的祖先在造字构词之初,往往离不开这一体认初衷。而且象形构词法表达简便,以形指物,既逼真又形象,它确实给人们留下了深刻的直观印象。观其形,知其义,依靠像似性原理来记忆词形,这也是学习英语词汇的一种有效的技巧。英语中很多单词都蕴含这一原理,如:*T-shirt*（衬衫）,*V-belt*（三角皮带）,*orbit*（轨道）,*oral*（口头的）,*mountain*（山）,*wave*（波浪）……

英语常用词缀法来派生出其他单词,即在词干上加上前缀或后缀而形成新词。例如前缀 micro-,意思是"非常小的",用它可构成 microcomputer（微型计算机）、micrometer（微米）、microbiology（微生物学）、microwave（微波）……英语可用"-ed, -ful, -ish, -less, -able 和-ive……"等后缀派生出形容词,用"-ly, -wards……"等后缀派生出副词,用"-ate, -en, -ize, -fy……"等后缀派生出动词。昔日的英语教学,对这些后缀只是顺便提提,而今天我们认为,应当系统学习它们,迅速扩大词汇量。

英语还有很多复合词,如"flower pot（花盆）、washing machine（洗衣机）、dumb show（哑剧）、moon walk（月球漫步）、air condition（空调机）、birth control（节制生育）……"。我们当激发学生的想象力,尽量让他们自己来揣测词义。有些复合词的词义不能轻易地从构成成分中推断出来,如"green hand（生手）、black tea（红茶）、red meat（生肉）……"此时可用认知语言学的"概念整合论（1+1>2）"作出合理解释,以此可批判传统的"组合论（1+1=2）"。

3. 原型范畴论,合理解释多义词的密钥

语言中普遍存在一词多义现象,即一个词条下会有好几个意思,多则几十个、上百个,而且这些意义都是相互关联的。认知语言学所大力倡导的"原型范畴论"可很好地解释这一现象。该理论将一个多义词视为一个范畴,其中有一个中心意义（又叫核心意义,或原型意义）,它最具有代表性,然后可通过隐喻或转喻衍生出其他若干意义,从而可帮助我们更好地记住它们。如"term"就有好几个意义,主要意义如下:

(i) (*especially in Britain*) *one of the three periods in the year during which classes are held in schools, universities, etc.*（学期,尤其用于英国,学校一年分三个学期）;

(ii) *the end of a period of time, especially one for which an agreement, etc. lasts*（到期,期满）;

(iii) *a period of time for which something lasts; a fixed or limited time.*（期,期限）。"term"一词,其词项意义间存在一些关系。

我们可发现,这几个词义之间是有联系的。

原型范畴论既能从理论上为一词多义提供了一个较为完美的理论解释,也大大有助于我们理解词义发展规律,提高记忆能力。

英语词汇认知教学法将有效地弥补传统词汇教学之不足,开辟了一个记忆英语词汇的新视角,将会有效地帮助学习者扩大词汇量。我们认为,在"Learn(学习)"层面上具有基础性功能,意义重大。从认知的角度,抓住"learn"的认知意义,才能过渡到"relearn",再跃进到终极的"unlearn",做到英语学习"游刃有余"。

二、"Relearn"——语言教师的责任

认知语言学和体认语言学认为,人类的概念最初来源于"身体""空间"及"自然环境"的互动,通过"感觉—知觉—表象"过程逐步建立起若干基本的意象图式,如:"上下、前后、左右、内外、容器";"偏正、始末、进退、动静";"线性、部整(部分与整体)";"大小、连接、平衡"等等,从而获得了人类的初始概念。再运用其他认知方式(如隐喻、转喻、概念整合等)扩大,不断地从具象概念延伸至抽象领域,逐步形成了人类的概念系统。(王寅 2014:542)既然人类的范畴、概念、推理、心智等都是基于体验的。语言也是如此,它遵循着"现实—认知—语言"的进程。如此说来,语言就是有理有据的,(王寅 2005:37–41)它像似于认知方式,且在其影响下一定程度地像似于客观外界。(王寅 2014:487)如此说来,我们不必用乔姆斯基所倡导的心智中的"普遍语法"来解释人类语言之间的同,这种普遍性也是来自体验,因为全人类共同居住在同一个地球上,生活在同一片蓝天下,以同样的方式生存着,这就决定了我们的语言会拥有部分相同的概念系统和认知方式。

作为语言教师,我们的任务就是要发现语言现象背后的认知方式,且将它们传授给学生,这就需要在教学过程中应充分调动学生们对认知方式的领悟和理解,帮助他们探究语言背后的规律,以便能更好地掌握语言,这就是本文所说的"Relearn",即认识到语言表达背后的认知机制。

教师在经过这个漫长的"Relearn"(再学习)过程和积累之后,不断重新加工、加码、锻打、成形,并达至理性理解状态。这就涉及量变与质变的相互渗透,量变中有部分质变,质变中有量的扩张。外语教师正是在这个过程中,不断增加量的积累,也注重质的转变。在"Relearn"过程中系统化整理所学内容,不断加大学习

量，以期达到对所学内容融会贯通，烂熟于心的境界。

1. "SOS 理解模式"的广泛性

王教授曾经反思了单向运思模式、主客互动模式和主主互动模式的优缺点，适时地提出了 SOS 理解模型。他（2014：542）指出，在人们的理解和翻译过程中既有"主客互动"，又有"主主互动"，更重要的是"两者结合"。……在所建构的"SOS 理解模型"中，将 O 置于两个 S 之间，（两个 S 为"Subject 主体"，O 为"Object 客体"），即两个不同的主体（包括同一语言社团和不同语言社团）所面对的是同一个客体，这就决定了生活于同一个地球上的人必然有部分共同的概念和思想，否则人类就无法沟通。在 SOS 理解模型中虽只提及了三个要素，但更重要的是它包含了"多重互动（Multi-interaction）"的含义，因为在认识和理解过程中不仅是"主体"和"客体"这两个要素，特别从理解的语言性角度出发，在语言交际或跨语言交际时，相互作用的要素就不能仅凭两个要素来解释，它可包括五重互动关系：1）主客互动；2）主主互动；3）人语互动；4）客语互动；5）语语互动。

我们认为，该模型同样适用于语言教学。人类在认识、学习和理解语言的过程中同样也涉及"主体""客体"和"语言"，它们之间具有多重互动的关系。这就是说，语言教学不仅涉及教师和学生之间的互动，还包括教师与客观外界、学生与客观外界的互动，教师和学生与语言的互动，语言与客观外界在人作用下的互动，以及在跨语言交际过程中两种语言之间的互动。因此，语言学习也是一个"多重互动"的过程，具有动态多变性。

而且人的认知能力在不同年龄段也不尽相同，这就对外语教师提出了更高的要求：教师在进行教学实践的同时，也要不断更新所学知识，力求与时俱进，还要关注不同学生之间的个体差异，包括性别、年龄、学习能力、认知能力等。更重要的是，实践是检验真理的唯一标准，每一套教学法都必须得到教师和学生的共同检验，并在实践中不断完善。

可见，教师就是在 relearn 的过程不断得到提高、充实，也在不断检验和反思，这个过程并不是单向式向前发展的，而是贯穿于教学过程的各个环节，这就要求教师敏锐感知、时刻关注和及时反应。王教授认为："在社会发展的各个历史阶段及其对应的哲学转向期间，教育思想和策略也该随之发生变化。"（赵永峰 2017：41-47）在新时代条件下，语言教师更应紧跟时代步伐，不断创新，探索和总结出符合当代学生特点的认知教学法。

2. 介词教学的认知支点

对于中国广大英语学习者而言,介词的学习无疑是一大难点。过去大多数教师停留在让学生背诵动词(名词、形容词)与介词的搭配使用,照本宣科,效果不佳。王教授基于认知语言学的隐喻理论提出了"AT－ON－IN 隐喻微系统",认为这三个介词从表示空间的"点—面—体"扩展到表示"时间、动作、结果、抽象"等概念域时,其间也大致遵循着"点—面—体"的规律,这对于介词教学具有重要的参考价值。例如:

(1) At: 表示地点时指"较小的地点",或"将某处视为一点"。当它用于表示动作或抽象概念时,也多表示"短暂的动作",如"at first / once"。当它接在"动作概念"之后时,强调动作能量的汇集点,如"shoot / shout / laugh / stare at …"

(2) On: 表示地点时指: 在某物体的上面,具有二维性;在与"身体部位"概念连用时也含有"面、上"的隐喻性含义,如"on one's head / on the one hand, on the other hand"等。在与抽象概念共现时,也可含有"面面俱到地说"之义,这就有了"论谈、关于"等义,如"On Beauty"。与表示"动作、行为、思辨"等概念连用时可隐喻为"工作面",如"on a visit / mission / duty / contemplation …"。

(3) In: 表示地点时指: 处于三维空间之中,具有"体"的三维性,例如: at the desk(在桌子边某一点)、on the desk(在桌面上)、in the desk(在桌子里)。后接表示动作、抽象概念等词语时,则表义为"在……里面","为……所包围",隐喻为处于某种状态、情景、心境,如"in danger / a mess / rain / jeopardy …"。(王寅 2014: 458－465)

如上所示,"AT－ON－IN 隐喻微系统"这一认知分析方法不仅为学生指明了一套较好地学习介词的方法,而且也适用于其他词类,或不同的语言层面,确实具有较强的解释力,促进理解,帮助记忆,便于应用。

三、"Unlearn"——语言研究者的担当

王教授结合生活中的体验与认知,创新性地提出了"体认语言学",使他成为国内外最早提出"语言体验观"的学者,并发表了系列论文对其进行较为全面的论证,为语言研究和教学开创了一个崭新的路向,值得我们认真学习和深入思考,也

为我们迈向"Unlearn"奠定了基础。

1. 构式研究"步步深入"

王教授在其《构式语法研究》中总结了"基于用法模型"的六大特征，区分了四种自治观，系统梳理了"互动""传承""压制"等新观点，论述到位；而且还阐发了若干创新观点：角色互动、多重传承、词汇压制、惯性压制等。他还将语言的体认观贯穿到语言的各个层面，如：音义层面、词汇层面、构词层面、词法层面、句法层面、语篇层面等。

他指出，现实中存在的物理现象，在特定的认知方式映射下会在头脑中形成心智现象，反映到语言中就有对应的语言表达，这就是他所说的"体认决定语言，语言可反作用于体认"。在《构式语法研究》中，王教授通过对特殊构式的研究，证明了抽象构式义的存在。如英语中有很多动词用于相似的句型中，其句型意义却大有不同，例如：

（1）Bill loaded the truck into the ship.

（2）Bill loaded the truck with the ship.（王寅 2011：342）

这两句话同用一个动词"load"，从表面上看句型没什么不同，都是"SVO+PP"句型，且 SVO 部分完全相同，差别仅在于它们用了不同的介词短语，TG 学派多从"转换"的角度来解释这一现象。但根据构式语法观点，即使这两个构式有一定的相似之处，但它们之间并不存在转换关系。两句话的语义完全不同，这是由构式义所致：例（1）意为"将卡车装到船上"；而例（2）则意为"将船装到卡车上"。

2. 概念整合"层出不穷"

当我们要表达较为复杂的思想时，就要将概念单位并置组配使用，才能比较完整地表达思想。认知语言学认为，语言成分在组配过程中，存在"组合性"vs"整合性"两种情况，且后者居多。所谓"整合"，就是指语词在组配运用时其整体意义不能从组成部分中预测出来。（王寅 2011：134)例如汉语中的"吃他三个苹果"就不单单是靠词汇组合就能作出合理解释的，表面上组合成了一个双宾构式，但实际上不是。

该表达曾引发国内外学者的热烈讨论，而王教授对"吃他三个苹果"构式做了较为深入的研究和全新解释(见《构式语法研究(下卷)：126，316－330》)。他认为"吃他三个苹果"属于特殊表达，首先可采用构式程序分析方法来分段作出解读：

（我）	吃（了）	他／它	三个	苹果
① 可省	② 有无"了"	④ 仅单数第三称	⑩ 必有数量	⑬ 可省
	③ 搭配不合理	⑤ 实指／虚指、轻声	⑪ 从无界到有界	
		⑥ 位置确定	⑫ 概数	
		⑦ 语气词／宣泄		
		⑧ 意愿／随意／异常／难得／计划		
		⑨ 口语化	（王寅 2011：126）	

这样的总结归纳，条理清楚，好学好记，也便于理解，如上所示，该构式可用 13 个特征就可表述清楚。他进而认为，句中的"他"可作虚化处理，与"三个苹果"并没有直接的语义关系。更为高明的是，他用构式语法中的"多重传承"来合理地解释了该构式的认知成因，即同时传承和整合了"单宾构式""双宾构式""语气构式""双音构式"等。这一分析方法为句法研究打开了全新的研究视角。

3. "ECM"模型"魅力四射"

实践是检验真理的唯一标准。一个理论模型的价值在提出之初往往是模糊粗犷的，只有在实际应用过程中其价值才越加突显。王老师在 2005 年分析了先前事件模型之不足，提出了 ECM（事件域认知模型），主要包括行为（Action）和事体（Being）两大核心要素，它们是任何事件的基本成分。也就是说，一个基本事件可分解为"行为和事体"两大主体，即 E＝A＋B。一个行为还既可是动态的，也可是静态的，还由许多子行为（A_1，A_2，… A_n）构成。一个事体也可由多个相关事体构成（B_1，B_2，… B_n），既可是实体，也可是抽象或虚拟的概念。（王寅 2005）该模型受到国内学者的广泛重视，据说已被引用了 1 000 多次，得到了广泛的应用。

万物简为美，"简"乃大智。ECM 模型好就好在简练上，可十分方便地用于解释若干语言现象和成因，这比起乔姆斯基用复杂的数学运算来演绎句法成因来说，更具操作性。该模型凝聚着王老师对前人理论的认真钻研与深刻反思，正体现了王教授这些年所坚守的科研信念："既有继承，更有发展，重在创新，意在应用"。（刘玉梅等 2015：6）

4. 体认语言学"任重道远"

王教授在一次访谈中述及了培养学术创新能力时提出了几点思考。首先，他

反复强调哲学的重要性,并认为:"作为建设性后现代思想,其中心内容之一就是'体验、人本'。"(刘玉梅等 2015:5)

在人与世界的相互关系上,王老师指出,人是以身体通过互动的形式对空间进行"感知体验"与"认知加工",前四个字可归结为"体",后四个字可概括为"认",这就是他近年来提出的"体认语言学"。"体"突显了语言研究中的唯物论,"认"强调了语言研究中的"人本性"。这完全符合我们讲了多年的"实践出真知"的基本原则,据此便可批判索绪尔和乔姆斯基基于唯心论所建立起来的语言理论。

他认为,语言之所以"同",是因为我们所面对相同的客观世界相同,且人体结构和各部位功能相同;语言之所以"异",是因为人在认识世界的过程中发挥着主体性作用,会产生不同的认识。因此语言研究,必须抓住两个基本点,"体验"和"认知",这就王教授的"体认语言学"。

从体验角度来看,语言是人类自身同外界进行互动体验的产物,体验的普遍性决定了人类认知方式与思维规律的普遍性和相通性,它反映在语言里就表现在音的相似性、形的相似性、意的相似性等方面,这便是"体验性普遍观"的基本内涵。

从认知角度来看,语言是人类的创造物,乃"惟人参之"的结果,若不从人本角度来研究语言,注定是行不通的。有了"人本"这一要素,就可解释为何语言是"折射"外界现象的哈哈镜。(王寅 2014,593-594)

体认语言学这一全新的研究思路,给我们指明了语言研究的新方向,而且也对教学实践具有重要的指导意义,可帮助追梦者实现自己的理想,完成纵横开拓、共同担当的使命,任重而道远。

四、结语

本文结合语言教学与科研,串烧了"学习、再学习、去学习"的过程和规律,综观了王教授提出的体认语言学,研读了他的语言体认观,据此可展现语言研究的广阔前景,我们永远走在"理论探索与实践研究"的路途之中,可借助王教授的理论思路和研究方向,走得更远、更好!

参考文献:

[1] Aitchison, J. *The Seeds of Speech: Language Origin and Evolution*[M]. Cambridge: Cambridge

University Press, 1996.

［2］Lakoff, G. & M. Johnson. *Metaphors We Live By*［M］. Chicago：The University of Chicago Press, 1980.

［3］Lakoff, G. *Women, Fire, and Dangerous Things: What Categories Reveal about the Mind*［M］. Chicago：University of Chicago Press, 1987.

［4］Langacker, R. W. *Concept, Image and Symbol: The Cognitive Basis of Grammar*［M］. Berlin：Mouton de Gruyter, 1991/2002.

［5］Talmy, L. Force Dynamics in Language and Thought［C］. *Papers from the Parasession on Causatives and Agentivity*. Eilfort, W., Kroeber, P. & K. Peterson（Ed.）. Chicago：Chicago Linguistic Society, 1985.

［6］Schank, R. C. & R. P. Abelson. *Script, Plans, Goals, and Understanding*［M］. Hillsdale, N.J.：Lawrence Erlbaum Associates, 1977.

［7］Talmy, L. Force Dynamics in Language and Cognition［J］. *Cognitive Science*, 1988,（12）.

［8］黄家裕.实践身体与认知可塑性——实践唯物主义认知观［M］.北京：中国社会科学出版社,2017.

［9］吕新炎.语言及意识探究［M］.上海：上海三联书店,2015.

［10］刘玉梅,杨义,万帮华,胡国瑞.学术创新能力培养的几点思考——王寅教授访谈录［J］.山东外语教学,2015,（6）：3-10.

［11］王天翼,王寅.从"意义用法论"到"基于用法的模型"［J］.外语教学,2010,46（6）：6-9.

［12］王寅.事件域认知模型及其解释力［J］.现代外语,2005,（1）：17-26.

［13］王寅.语言的体验性——从体验哲学和认知语言学看语言体验观［J］.外语教学与研究,2005,（1）：37-43.

［14］王寅.认知语言学［M］.上海：上海外语教育出版社,2007.

［15］王寅.主客主多重互动理解［J］.哲学动态,2009,（10）：84-89.

［16］王寅.构式语法研究（上卷）［M］：理论探索.上海：上海外语教育出版社,2011.

［17］王寅.构式语法研究（下卷）［M］：分析应用.上海：上海外语教育出版社,2011.

［18］王寅.语义理论与语言教学［M］.上海：上海外语教育出版社,2014.

［19］王寅.语言哲学研究——21世纪中国后语言哲学沉思录（上／下卷）［M］.北京：北京大学出版社,2014.

［20］王寅,王天翼.英语词汇认知学习法［M］.北京：高等教育出版社,2018.

［21］姚小平.论语言的起源［M］.北京：商务印书馆,1999.

［22］赵永峰.继承、发展与创新——王寅教授访谈录［J］.英语研究,2017,（2）,41-47.

基金项目：浙江省哲学社会科学规划项目（18NDJC121YB）阶段性成果之一。

（作者：（1）毛继光副教授；工作单位：温州大学文学院。（2）杜天煦,温州大学文学院硕士研究生）

诗　两　首

侯国金

1. Ode to Wangacker Yinkoff

by Guojin Hou

Look at him, Yinkoff of west China, nay, Wangacker,

often makes turmoil by coughing cognitive coughs.

The big guy from Suzhou quarreled with S for two quarters

of a century about arbitrariness that is not arbitrary

and is now one of the iconicity school's godfathers.

W delights a good deal in bringing minds together,

to many a Linguistique son marrying his Semantique daughter.

W laughs like a jerk on his own when left alone,

beside a Yijiangcheng dustbin, at the sight of a Wenchuan quake

of L-thoughts and C-meditations among his countrymen.

Now armed with an embodiment U-bomb from Taylor

and construction missiles from Goldberg that is queen of CG,

W is more proudly felt than any moment before,

than his snoring seconds shared in a double room.

（初稿发表于侯国金，2014，《侯国金诗萃》，北京：国防工业出版社，12 页）

2. Dots Very Thin

by Guojin Hou

The debt I owe you sir is COLOSSAL

that I do not believe I can pay off

in one lifetime or two or longer

for the sunshine you shine still

upon my cerebral cells and knots

and hair — bloodless, colourless —

makes them grow so in a wilderness

in a scathing sweeping manner

in its wake producing an ugly waterfall

like ink from the topless top of a low hill

on a wasteland where are seen

ugly starry flowers, dots very thin.

（初稿发表于侯国金,2014,《侯国金诗萃》,北京：国防工业出版社,11 页）

（作者：侯国金教授,博士;工作单位：华侨大学）

世纪之交的王寅现象初考

李洪儒

提　要：20 世纪与 21 世纪之交，中国语言学界出现了王寅现象。这一现象昭示一条通往国际学术巅峰的治学之路，宣告现代语言学、语言哲学没有中国学者贡献的时代已经结束。文章从认知语言学的学科基础和学科定位，体验哲学和认知语言学的解释力（从理论到实践）、中西合璧、创新性，认知语言学的学科体系的建构，后现代视野中认知语言学的再建构，中国后语哲与语言学互为摇篮等 8 个维度出发，来考察和分析王寅先生 1998—2018 年在《外语学刊》发表的 18 篇文章和 1 篇"主持人话语"，初步诠释和勾勒王寅现象。

关键词：像似性*；体验性；人本主义；创新；王寅现象

1. 引言

在 20 世纪与 21 世纪的交叉点上，我们的祖国发生了历史性变化：（1）GDP 快速攀升，中国成为世界第二大经济体；（2）我国科学家的研究视域延伸到月球背面；（3）"一带一路"倡议的提出与落实，国家开始由大国变为强国，然而，我国的人文社会科学研究却存在一些不足：（1）囿于现行教育体制，高校培养出来的学者的知识结构存在缺陷：精文科不一定懂理工，熟理工不一定精文科，国学与西洋文化往往不能贯通；（2）受制于"乾嘉学派"的影响，语言学界多痴迷于具体、个

---

* 应王寅教授要求，本书中"象似性"统一以"像似性"替换，个别地方因历史原因作保留。编者注

别语言现象的搜集、整理与分析,忽视理论反思、创新与体系建构;(3)往往痴迷于西方理论与研究方法,而忽视研究的根本任务是创新;(4)自闭于某一学科甚至分支学科领域,孤芳自赏,难以突破学科壁垒,更勿论跨学科的宏大视域;(5)基于自然科学的语料库和大数据分析"热闹非凡",人本主义的研究与教育一度被边缘化。

要知道,语言是人的语言,通过语言研究的世界必定是人的世界,所以以语言为研究对象的语言学、语言哲学等不能满足于绝对客观的所谓科学分析,人本主义诠释是不可忽视的基础和前提。

令人惊喜的是,中国语言学界出现了王寅现象。本文以王寅先生 1998—2018 年在《外语学刊》发表的 18 篇学术文章和 1 篇"主持人话语"为分析对象,初步诠释并勾勒这一现象,探索王先生的学术轨迹和治学之路。

2. 王寅的学术思想

2.1　认知语言学的学科基础

早在 20 世纪末,王寅先生就发表《标记象似性》(王寅 1998:51-56)和《滤减象似性与语言符号象似性》(王寅 1999:14-19)两篇文章。先生从诠释语言符号的像似性出发,提出语言像似性,立足语言学,着眼哲学,论证语言结构(符号、句法、话语和语篇)与人的经验结构之间的像似关系,为认知语言学这一学科奠定了基础。

前一篇文章的基本内容与观点:语言符号能指与所指之间的关系是语言系统得以建立的基石。对此,有两种观点:约定俗成和有理据性,即任意性和像似性。

(1)王寅先生基于 C. S. 皮尔斯符号三分法(icon, index, symbol)和学术界使用的 iconisity(像似性)以及 20 世纪后期国外语言学家和哲学家的相关研究成果,发现"语言结构与人的经验结构之间存在许多像似关系"(王寅 1998:51)。

(2)他在沈家煊先生总结出的距离像似性、顺序像似性和数量像似性 3 条句法像似原则的基础上,创造性地发现 3 条崭新的像似原则:"标记像似性、话题像似性、句式像似性"。

(3)系统研究标记像似性原则,进一步佐证上述两项基本内容与观点。

后一篇文章的基本内容与观点:以"多元世界观"为基础,主要探讨:

（1）滤减像似性。语言世界观多元论认为,现实、思维、语言、文化4要素融为一体,相互作用,这就是语言符号像似性的哲学基础。现实决定思维,思维决定语言;语言反映思维,思维反映现实,这种"决定"和"反映"的过程,就必然要产生像似现象,语言符号像似性就是这种"反映"的结果。

但是在从现实到思维的第一次反映过程中,以及从思维到语言的第二次反映过程中,存在着"减弱现象"。由于它的存在,才使得语言符号的像似程度也得到衰减。因此,语言符号既有像似性的一面,又有非像似性的一面。语言符号像似性既有必然性,又有局限性。

（2）滤减像似性与哲学观。语言世界观多元论中的滤减像似性,在漫长的哲学史中一直存在着很多争论,不同哲学流派的代表人物对此都有不同的看法,包括:天赋观念说、不可认知说、绝对像似说、唯物主义反映论等。王先生赞同吉冯的观点:"人类语言是个语码,有一定程度的非任意性,即像似性",认为"这一表述还是比较恰如其分的。"

（3）从5个方面论证滤减像似性在语言哲学上的解释性。

（4）从滤减像似性出发,提出语言符号像似性的定义:"符号在音、形或结构上与其所指之间映照性相似的现象",并且揭示该定义可以概括的3层意思:1）在语音层面上,能念出来的语言符号有一部分与其所指之间存在像似性;2）在形式层面上,很多非语言符号与所指之间存在像似性(如交通标志等)。很多语言符号,特别是在象形文字和表意文字中,与所指之间有像似性关系。其实在拼音文字中的形与义之间也有不少像似性的现象;3）在结构层面上,符号,包括单个符号和符号串(句法),在结构和关系上会与所指的结构和关系存在许多像似性现象。

2.2 认知语言学的学科定位

王寅先生站在哲学的高度,立足语言学,引进并详述了认知语言学的哲学理论基础。先生（2002：9–14）早年引进了Lakoff和Johnson关于两代认知科学的学科观,夯实了认知语言学的哲学基础,开始为该学科在现代学科体系中寻找位置。先生率先得出结论:认知语言学是当代语言研究中最前沿的学科。要知道,融入现有学科体系,是任何学科得以存在的重要前提。其开展的基本工作与主要思路如下:

（1）介绍 Lakoff 和 Johnson 的下述观点：将认知科学分为第一代认知科学（基于英美分析哲学和先验哲学）和第二代认知科学（基于体验哲学，强调心智的体验性、认知的无意识性、思维的隐喻性），阐述两代认知科学各自的特征以及两者之间的差异，并坚定地认为认知语言学是基于第二代认知科学理论之上的，是对结构主义和生成学派的一次反动。

（2）从"什么是认知科学"开始，详述了 Lakoff 和 Johnson 对两代认知科学的划分，且得出结论：认知语言学基于第二代认知科学。

（3）先生强调指出：认知语言学的哲学基础既不是经验主义，也不是理性主义，而是另外一种全新的哲学理论——体验哲学；将认知语言学划归为第二代认知科学的一部分，它是以体验哲学为基础，对结构主义和生成语法的一次反动，其研究成果也是对第二代认知科学的发展。

（4）他还指出：第二代认知科学从最广阔的范围内审视了语言，包括学习外语时所涉及诸多方面，如语义、语用、言语行为结构、加工限制以及语法化、语言变化的机制等，因此第二代认知科学所研究的内容比乔姆斯基语言学所研究的范围要宽广得多。

（5）既然认知语言学属于第二代认知科学，又以新近的体验哲学（属于后现代哲学）为基础，第二代认知科学就是当今最前沿的研究，因此认知语言学也是当代语言研究中最前沿的学科。

2.3　体验哲学和认知语言学的解释力（从理论到实践）

完成理论的初步建构（给认知语言学找到哲学基础，通过梳理认知语言学与两代认知科学之间的关系，将前者纳入现有学科体系）之后，王先生没有停下自己的研究脚步，开始将体验哲学和认知语言学的理论运用于分析语言现象的实践活动之中，也就是说开始他理论建构之后的第二环节——运用理论指导语言分析实践。他主要分析的语言现象有句法成因、词汇和词法成因、语篇连贯等。

王先生在《体验哲学和认知语言学对句法成因的解释》（王寅 2003：20‑25）主要论述如下观点：

（1）体验哲学是认知语言学的哲学基础，主要提出心智的体验性、认知的无意识性和思维的隐喻性 3 条基本原则。

（2）认知语言学的基本理论对于语言的成因具有较强的解释力,因此重点论述体验哲学和认知语言学对于句法成因的解释力。

（3）结论:1) 不同语言社团中的句法不一定具有普遍性,在这一点上认知语言学家与乔氏理论之间存在较大的差异;2) 尽管认知语言学家在论述角度和分析细度上存在一定差异,但一致认为句法结构来源于人类对现实世界的体验;3) 如果将 Lakoff、Langacker 和 Turner 的相应观点与原型范畴理论结合起来,则具有更强的解释力,可以更为有效地、更为圆满地解释语言的句法结构。他们的共通之处在于:"人类在对现实世界体验的基础上通过认知加工而逐步形成了句法,它是主客观互动的结果。也就是说,'现实—认知—语言'这一模式对句法具有强大的解释力。若句法结构真的是建立在与其同构的空间意象图式、概念结构、故事结构之上,那么就能批倒天赋说,有助于回答语言学家着迷了几十年的问题:儿童为什么能在有限的时间内和条件下把语言掌握得那么好!"

王先生在《体验哲学和认知语言学对词汇和词法成因的解释》(王寅 2004:1-6,92)中主要论述了如下观点:

（1）体验哲学的 3 条基本原则,尤其是心智的体验性,对语言的成因具有较强的解释力。

（2）以词汇建构和词法范畴两者的体验性为对象,系统论述体验哲学和认知语言学在词汇层面(词汇建构和词法范畴)上的解释力。

（3）结论:1) 人类初民体验和认识世界的一些基本方式自然被运用到语言的表达形式中,可见语言不可能自治;2) 体验哲学和认知语言学可以"揭示多义词各义项之间隐喻性的内在联系";3) "词法形成的体验和认知理据有利于启发我们的思路,提高分析和解释语言的能力,发现更多的理据性规律,减少'惯用法'所带来的学习外语之窘境,从而达到拓宽视野,发展思维,较大幅度地提高素质能力这一教学目的。"

王先生在《语篇连贯的认知世界分析方法——体验哲学和认知语言学对语篇连贯性的解释》(王寅 2005:16-23)中指出:

（1）基于 Lakoff 提出的体验哲学和 ICM 理论以及 Langacker 的动态分析方法,结合认知语言学在词、句分析层面使用的基本认知方式(如体验、激活、突显、原型等),提出语篇连贯性的认知世界分析方法。

（2）认知世界指内化于人们心智中的各种知识及其结构,可分为 ICM 和背景知识。

（3）一个语篇提供的信息能在我们的心智中形成一个统一的认知世界,交际者就可以认为这个语篇具有连贯性。从根本上说,认知世界源自人们对现实世界的感知和认识。因此,体验和认知决定了语篇的连贯性,体验哲学对语篇连贯性分析同样具有解释力,这样就进一步完善了认知语言学期望为分析语言各层面建立统一模式的构思。

2.4　中西合璧：体验性、认知性

如果说上面呈现出王先生引进、诠释与发展西方相关理论和研究方法的学术兴趣,那么他从 21 世纪伊始,就开始了"洋为中用"的探索以及中西合璧式的建构历程。（王寅 2006：1－7）

他在《荀子论语言的体验认知辩证观——语言哲学再思考：语言的体验性（之五）》（王寅 2006：1－7）一文中指出：

（1）重点从"约定俗成"不等于"任意性",不可断章取义地引用,荀子对体验认知辩证观的探讨,荀子对名实关系的论述,荀子与易经、老子、孔子的观点对比,倚实准确定位历史人物等 6 个方面解读荀子的整体语言观。

（2）结论：1）荀子不能算作唯名论者,相反,他的论述具有明显的体验性、认知性和辩证性,更接近于唯实论者。当今国内外认知语言学中的一些基本观点与荀子的论述有很多相似之处。2）尽管荀子的语言体验认知辩证观与体验哲学和 CL 出自不同的历史背景,时间也相差 2 300 多年,立论基础和论述内容也有很多不同之处,但对语言本质的基本观点却有不少相似之处。

先生在该论文中昭示我们：1）以像似性、体验性为基础的认知语言学理论和方法不仅适用于栖息于西方文明的英语、法语、德语等,而且也适用于以中华文明为基础的汉语,具有普遍性,是人类文明的共同财富。2）认知语言学与语言哲学尽管属于两个独立学科,但具有内在契合性。

2.5　语言学创新

完成认知语言学的学科基础、学科定位、体验哲学和认知语言学对语言的解

释力、中西合璧等 4 项研究以后,王寅先生又开始了"语言学研究真正增长点"的系列研究。就语言学创新这一论题来说,他在《外语学刊》发表了 5 篇文章,包括学科创新的价值以及体验哲学的超越性、后语言哲学、语言像似性、中国后语哲与体验人本观对语言学创新的可能性和价值。整个研究具有多维度、层层推进以及视域越来越广、思想越来越深刻等特点。笔者概述如下:

先生在《"创新"是语言学研究真正的增长点》(王寅 2007:30‒34)一文中主要论述了如下观点:

(1)围绕"四个扩大"和"四个缩小",结合认知语言学的创新点,提出语言学研究真正创新的路径与方法。

(2)扩大学科视野,密切关注与语言有关的成果,缩小关门独户研究的负面效应;增大前进步伐,尽快进入前沿,努力缩小与国内外学科前沿的差距;扩大理论应用面和应用语言学视野,缩小引进与消化、理论与实践的脱节程度;扩大出版物与废书收购站之间的距离,减少低层次重复,树立精品意识。

(3)结论:1)每个时代都有属于自己的学术,每种学术也都属于每个时代。同样,每个时代都有属于自己的语言学理论,每种语言学理论也都属于各自的时代。2)21 世纪头几十年里认知语言学必将得到迅速发展和壮大,而且贯彻"两条腿走路"的原则,将能使我们尽快走进闪光的研究大殿堂。

先生在《既超越又不超越的回归——兼谈体验哲学的超越性和语言学研究的新增长点》(王寅 2008a:6‒13)一文中指出:

(1)各种语言学理论都是建立在不同哲学观之上的,因此西方哲学界经常论述的"既超越又不超越的回归"进路也适用于解释语言学的发展历史。

(2)基于西方哲学研究中"超越"和"回归",论述相关语言理论的发展,重点论述体验哲学对传统客观主义哲学理论、认知语言学对传统语言理论的超越和回归。

(3)论述王寅先生自己近年来对体验哲学和认知语言学的反思,如对体验哲学进行溯源分析,提出"主—客—主多重互动理解模式"。该模式"强调在'主客互动'和'主主互动'过程中如何能够保障人们达到相互理解的体验性基础和互动性过程,对传统认识论的不足之处实施纠正和发展","以能消解后现代理论因过于强调主体间性(哈贝马斯)、意义不确定性(德里达)、读者反应论(费什)、接受理论(伊泽尔)等所产生的理解片面性。"

先生在《语言研究新增长点思考之四：后语言哲学探索——语言哲学、后语言哲学与体验哲学》(王寅 2008b：2‑10)一文中主要论述了如下观点：

(1)"哲学是语言学的摇篮……语言哲学曾为语言学提供了丰富的营养(如语义学和语用学就出自于此)，西方近来有式微之趋势。钱冠连教授据此提出'后语言哲学'，并将其视为一种在中国可能的发展之路，我们认为不仅可行，而且意义重大。"

(2)"体验哲学是对传统哲学(包括语言哲学)的批判和发展，将其视为'后语言哲学'顺理成章。"

(3)我们可重点研究：1)溯源体验哲学；2)建立主客主多重互动理解模式；3)尝试回答物质如何决定精神；4)提出语言世界观多元论；5)详论语言的体验性。

(4)结论："这些当可归属于中国后语言哲学的研究之列。"

先生在《从后现代哲学的人本观看语言象似性——语言学研究新增长点之六：象似性的哲学基础与教学应用》(王寅 2009：32‑37)一文中指出：

(1)语言与哲学密切相关，不同时期的哲学理论都直接影响着语言研究的发展方向，特别是后现代哲学所强调的人本主义，为文学和翻译研究开辟了一片新天地，而语言学则深受结构主义和 TG 理论的影响，对其反应略显迟缓。认知语言学(CL)正是在这样一个时代背景下应运而生的。

(2)他坚决认为，语言是在人的体验和认知作用下形成的，必须依据"现实—认知—语言"的人本性原理来研究，这就是他近年来在学界率先提出的"体认语言学"，致力于寻求语言表达背后的人性化体验方式和认知机制，在此理论框架中必然要得出"语言体验性"和"语言像似性"的论断。语言基于互动体验和认知加工而形成，语言表达像似于人的认知方式，也在其作用下某方面和某程度上像似于现实世界，这充分体现了后现代哲学的人本主义精神。

(3)主张以此为基础深入分析语言表达之所以然的原因和机制，特别是像似性机制，这不仅是后现代人本观的一个发展，也为理论语言学开辟了新空间，同时对应用语言学也具有直接的指导意义。

先生在《中国后语哲与体验人本观——十一论语言学研究新增长点》(王寅

2012：3－8)中主要论述了如下观点：

（1）简述哲学和语言哲学的定义，详细解读钱冠连先生的"中国后语哲"思想，且将其总结为"四项原则"：创新性、分析性、多样性和合璧性。（王寅 2012：5）

（2）基于该思想以及 Lakoff & Johnson 的体验哲学提出"体验人本观"，旨在反思西方后现代哲学中的"激进人本观"，主张在"有一百人读哈姆雷特就有一百个哈姆雷特"之后再加上半句"但他们仍然是哈姆雷特"来体现该观点。

（3）结论：当前国内外学者热衷的体验哲学和认知语言学正是"中国后语哲"的一项主要内容。

2.6　认知语言学的学科体系建构

坚实的基础、广阔的视野和不懈的追求为王寅先生超越同时代学者提供了可能。他一反学术界抓点放面、重局部轻整体的研究特点，于 2010 年率领自己的团队，开启了认知语言学的体系化进程。应《外语学刊》之约，就认知语言学的学科体系建构，先后主持了两期 9 篇论文。他不仅为栏目作序，而且亲自撰写《认知语法》一文。

先生在《认知语言学的学科体系建构（1）（主持人话语）》（王寅 2010：20）中指出：

（1）经过努力，我们在逐步建立 CL 学科体系方面有了阶段性成果。本栏目既有对国内外最新动态的回顾与展望，也有建构各分支学科的具体设想；既有理论框架建构，还有具体个案分析，更有自己的创新和发展……认知符号学、认知音位学、认知词汇学、认知辞书学、认知句法学、认知构式语法、认知语篇学、认知语用学和认知叙事学共同构拟出认知语言学的分支体系。

（2）我们认为，任何一个学科要走向成熟，必须走系统化、精细化之路。这 5 篇文章和下期将要发表的 4 篇文章基本上勾勒出 CL 的各个分支，对我们进一步认清其系统框架很有裨益。

他还指出，我们期望同行们能为 CL 这座大厦继续增砖添瓦，使它的各个分支得以协调发展、茁壮成长，进一步促进 CL 在 21 世纪的全面发展。

王寅先生应邀主持了"认知语言学的学科体系建构（2）"，同时也发表了自己的论文《认知构式语法》，（王寅 2011：28－34）他在文中指出：

（1）本文基于狭义认知语言学的权宜性定义，论述构式语法的基本理论架构以及两者与乔氏理论之根本差异所在，进而阐发（认知）构式语法的核心观点、基本思路和主要内容。

（2）简要回顾了国内外这一领域的研究现状，初步展望认知构式语法作为一门语言学学科在我国未来可能的发展方向和研究内容：1）继续引进和阐发国外相关理论，且注意努力将其本土化；2）结合理论进行个案分析，且将其与汉语研究、教学实践紧密结合起来。

综观国内、国际认知语言学界，王寅先生的学科体系化建设，无疑遥遥领先于广大同行，值得学习和效仿。

2.7　后现代视野中的认知语言学再建构

王寅先生继承前人的研究成果——将西方哲学史划分为毕因论（本体论）、认识论和语言论 3 个阶段之后，创造性地再分出后现代这一最新阶段，形成西方哲学史的“四分法”。他在此基础上还探索了后现代哲学与认知语言学之间的契合点，旨在运用后现代哲学的合理成分，进一步建构认知语言学和体认语言学。其主要工作和研究成果见《后现代哲学视野中的认知语言学——哲学第四转向后的语言学新论（上、下）》。

先生在《后现代哲学视野中的认知语言学——哲学第四转向后的语言学新论（上）》（王寅 2013：1－7）中指出：

（1）西方哲学经历了毕因论（本体论）、认识论和语言论转向后，于 20 世纪50—60 年代又出现了第四次转向“后现代思潮”，这既为人类理解世界、认知自身、建构哲学开启了一个全新的窗口，也为语言学研究指明了一个全新的方向。

（2）外国语言文学主要有 3 大方向：文学、翻译学、语言学。值得深思的是，前两个学科早已开始运用后现代理论进行相关研究，而语言学界却迟迟未能前行，基本还停留在传统的客观主义形而上哲学阶段，主要原因在于索绪尔和乔姆斯基理论的影响过大，无视人本精神和实际运用，一味追寻语言的绝对本质，从而制约了语言学理论前进的步伐。

（3）体验哲学和认知语言学正好顺应这一时代潮流，将后现代哲学的有关观点引入语言理论，大力倡导研究中的人本精神，竭力主张从体认角度阐释语言的成因,深刻揭示语言表达背后的认知方式,这为全世界语言理论和教学实践打开了一个全新的窗口。这一理念也与钱冠连先生所创立的"中国后语言哲学"完全吻合,或者说,我国关于后现代哲学、体验哲学、认知语言学等方面的研究成果,都可以归入中国后语言哲学之中。

(4)认知语言学的 3 个基本原理或研究方法:去中心论、体验人本观、原型范畴论。

(5)身处 21 世纪的今天,我们要努力从"西哲第四转向"的角度出发,跳出客观主义形而上学的窠臼,迅速用后现代哲学观武装自己,熟悉体验哲学和认知语言学的要义,迎头赶上文学和翻译学的理论步伐,复兴语言学曾作为一门领先学科的辉煌,汇入当下全世界整个人文学科研究的大潮!

先生在《后现代哲学视野中的认知语言学——哲学第四转向后的语言学新论(下)》(王寅 2015;58 - 64)中指出:

(1)语言学理论在西方哲学第四转向(即后现代思潮)的影响下,终于摆脱了基于客观主义形而上学的索氏理论和 TG 学派的束缚,进入到"认知语言学"的新时代。这既描述了认知语言学的学科定位,也指出了当前语言学研究的最前沿。

(2)体验哲学和认知语言学是建设性后现代哲学的产物,为人类理解世界、认知自身、研究语言开启一个全新的窗口。

(3)认知语言学的 6 个基本原理和研究方法:SOS 建构论、识解多元化、语义模糊性、表达差异性、隐喻认知论和新创结构说。

2.8 中国后语哲与语言学互为摇篮

我国著名学者、中西语言哲学研究会的创建者暨首任会长——钱冠连先生等许多学者提出并论证"哲学是语言学的摇篮"。钱先生还率先创造性地提出"后语哲"思想。王寅先生作为钱先生的继任者和好友,在以下三个方面作出了重要贡献:

(1)把"中国后语哲"作为中西语言哲学研究会的战略任务并加以完成;

(2)率先垂范,将后现代哲学与认知语言学、后语哲结合起来,系统发展后语哲、认知语言学;

(3)提出自己的观点:"中国后语哲与语言学互为摇篮"。

先生在《哲学与语言学互为摇篮》（王寅 2017：1－6）一文中更有闪亮的新观点：

（1）我国语言学界长期以来缺少学派意识，更无自己的理论体系，难以在世界学术舞台进行平等对话，这已成为很多有识之士的一块心病。中西语言哲学研究会经多年思考，建议将"中国后语言哲学"作为我国语言学界的本土理论加以打造，以期经过一段时间的努力，将国内相关成果整合为有我国特色的语言理论，以便能尽快去掉这块心病。

（2）有部分学者不免会问，语言研究为何一定要与哲学纠缠在一起。这可用 Robins 的一句名言作答："哲学是语言学的摇篮"。本文继而认为，是哲学的，定能为语言研究所用；是语言的，必然关涉哲学理论。因此，这两个学科唇齿相依，同生共长，它们具有"互为摇篮"的紧密关系。

（3）继王天翼等所论述的"认知语言学对西方哲学的贡献"，再次分析了概念整合论对哲学和逻辑学的推进作用。"互为摇篮观"也可视为中国后语言哲学和第二次启蒙的内容之一。

《外语学刊》自 2017 年开辟了国内语言哲学研究最新成果简介这一栏目，我们于 2018 年约稿王先生，他撰写了"《语言哲学研究——21 世纪中国后语言哲学沉思录》简介"一文，在文中主要论述了：

（1）该书的研究目的：1）梳理清楚西方哲学和语言哲学的发展简史、主要内容和研究方法，便于'语言哲学'这门课程的教学及其相关研究；2）中国学者当自强，经这么多年来的学习、研究和沉思之后应有我国自己的理论，不必总是"跟着说、照着说"，也不必总为老外忙乎！

（2）该书的研究重点：1）从后现代哲学的角度论述了语言哲学的发展；2）体验哲学和认知语言学为语哲之延续；3）中国后语言哲学的方法论；4）中国后语哲与笔者的心得；5）后语哲视野下的 SOS 理解模型；6）基于该理解模型的意义体认观；7）中国后语哲视野下的语言学研究等，这是我国学者对西方语言哲学这门学科的一点贡献。

（3）启发：我们当可进一步厘清西语哲之要旨，尽快进入具有后现代特征的中国后语哲，确立继承与创新的理念，灵活运用"分析"的原则，不断开发有我国自己特色的科研创新之路，以期能为我国人文科研提供一种新的运思方案。另外，本书为能将有关观点陈述清楚,便于教学,以飨读者,作者在行文中注重落实以下3大方法:1)图表梳理、论述系统;2)学会方法、传承发展;3)表达清晰、语句流畅。

3. 结语

我们安排了大量篇幅,主要按照时间顺序,依据王寅先生1998年以来在《外语学刊》发表的文章,简要呈现其科研工作和主要思想。本文可能挂一漏万,而且按照当今中国学术界流行的"查重"做法判断肯定超标,但是与写作本文的旨趣相比,我们毅然选取:立足王先生本人的研究成果甚至表述,初步解读王寅现象如下:

(1)突破习惯的桎梏,跨学科实现学术视野的拓展。习惯固然分好坏,但是它却让人在不知不觉中陷入因循守旧的"泥潭"。比如,当今中国语言学界的习惯做法:努力成为某一特定学科领域的专家,并且陶醉于其中。王寅先生却在语言学(语音学、词汇学、语法学、语义学、语用学)、译学、哲学(哲学史、本体论、认识论、语言论,分析哲学、现象学、后现代哲学,西方哲学、中国哲学)、外语教学等学科领域"纵横驰骋",从而形成其广阔的学术视野。

(2)正确处理引进与创新的关系:综观当今人类文明,无疑,以古希腊为源头的文明独领风骚。于是,自《马氏文通》问世以来,国内不乏孜孜不倦的引进者。可是,不能为引进而引进,引进的目的是为了创新。王寅先生将创新视为"生命",不仅从理论上、方法论上探索创新,而且通过具体语言现象和语言学范畴的分析昭示创新,其十几篇以语言学新增长点为论题的系列文章可以作证。

(3)突出研究的系统性:学术界针对某一研究对象或者研究对象的局部,展开细致入微研究的学者,大有人在。王寅先生的高人之处就在于,他在学术界率先提出认知语言学的学科体系建构,组织9位学者撰写专题文章,在《外语学刊》分两期发表:认知符号学(胡壮麟)、认知音位学(赵永峰)、认知词汇学(刘玉梅、沈志和)、认知辞书学(王仁强)、认知句法学(郭霞、崔鉴)、认知构式语法(王寅)、认知语篇学(朱长河、朱永生)、新认知语用学(陈新仁)、认知叙事学(刘世生、庞玉厚)。显然,王先生的认知语言学学科体系几乎涵盖了语言的各个层面,如语音、词素、词汇、句法、句法、语篇等。认知语言学学科体系构建思想的提出和相应工作的开展,将王寅先生推向了国际认知语言学界的学术巅峰。

(4) 走出一条属于自己的学术之路:1998 年至 2018 年这 20 年间,王寅先生的科研工作涉及符号学、认知语言学、结构主义语言学、转换生成语法、词汇学、译学、外语教学、中国古代哲学以及西方自古希腊以来的众多哲学学派,并且不断提出与学术界通行观点不同的洞见。所以,从表面上看其成果有两个特点:一是不容易一看就懂,二是有点杂。其实,前者正是由于其学术思想不随大流、富含自己独到见解所致。后者的情况复杂一些,须要多说几句。

所谓"杂",是因为王寅先生的学术研究关涉的时间跨度大(从古至今,从外到中),关涉的学科众多(见上文)。仔细阅读,慢慢梳理,我们发现,先生始终在自己的学术道路上前行,从未偏离:

1) 他研究符号学,仅仅抓住语言系统的基元——语言符号,驳斥其任意性,论证其像似性,并且发现、论证像似性不仅是符号(词)而且是整个语言(语音、词、句子、语篇)的标志性特征,从而为人之体验的研究奠定基础;

2) 将认知语言学与两代认知科学中的第二代对应,实现了两个目的:一、确立认知语言学的前沿性,二、正式开始体验性研究;

3) 从哲学高度夯实认知语言学的学科基础;

4) 通过《周易》和荀子等的语言观研究,消减了认知语言学理论和方法的西式特点,在该学科普遍化的道路上迈出了坚实的一步;

5) 运用认知语言学的理论分析词汇和词法成因、句法成因、语篇连贯,既把理论与语言分析实践相结合,又在分析中实现了新的理论突破;

6) 探索语言研究或者语言学创新的可能路径;

7) 借助后现代哲学,推动认知语言学、体认语言学、语言哲学的发展;

8) 发现认知语言学、后语哲、后现代之间的契合点,将认知语言学和体验哲学纳入后语哲(王寅 2012,2018),创立王氏的人本语言观。

尽管我们考察的仅仅是王寅先生 1998—2018 年在《外语学刊》发表的文章,但依然有比较充分的理据证明:(1) 突破学科壁垒,实现跨学科整合;(2) 引进与创新相结合,引进为创新服务,创新是科学研究的核心;(3) 二十年如一日,挥洒汗水,奉献智慧,有效发展认知语言学和后语哲两个学科;(4) 抢占国际学术制高点,争夺国际学术话语权("后语言哲学的希望在中国"——John Cobb 语)。以上

4 点从 4 个不同侧面初步勾画出 20 世纪与 21 世纪之交的王寅现象。

我们对世纪之交的王寅现象的勾画或者解读难免粗放甚至肤浅,但不可否认的是:今后相当长的历史时期内,中国需要王寅现象,世界同样需要王寅现象!

参考文献:

[1] 王寅.标记象似性[J].外语学刊,1998,(3):51-56.

[2] 王寅.滤减象似性与语言符号象似性[J].外语学刊,1999,(2):14-19.

[3] 王寅.认知语言学与两代认知科学[J].外语学刊,2002,(1):9-14.

[4] 王寅,李弘.体验哲学和认知语言学对句法成因的解释[J].外语学刊,2003,(1):20-25.

[5] 王寅,李弘.体验哲学和认知语言学对词汇和词法成因的解释[J].外语学刊,2004,(2):1-6.

[6] 王寅.语篇连贯的认知世界分析方法——体验哲学和认知语言学对语篇连贯性的解释[J].外语学刊,2005,(4):16-23.

[7] 王寅.荀子论语言的体验认知辩证观——语言哲学再思考:语言的体验性(之五)[J].外语学刊,2006,(5):1-8.

[8] 王寅."创新"是语言学研究真正的增长点[J].外语学刊,2007,(1):30-34.

[9] 王寅.既超越又不超越的回归——兼谈体验哲学的超越性和语言学研究的新增长点[J].外语学刊,2008a,(1):6-13.

[10] 王寅.语言研究新增长点思考之四:后语言哲学探索——语言哲学、后语言哲学与体验哲学[J].外语学刊,2008b,(4):2-10.

[11] 王寅.从后现代哲学的人本观看语言象似性——语言学研究新增长点之六:象似性的哲学基础与教学应用[J].外语学刊,2009,(6):32-37.

[12] 王寅.认知语言学的学科体系建构(1)(主持人话语)[Z].外语学刊,2010,(5):20.

[13] 王寅.认知构式语法[J].外语学刊,2011,(2):28-34.

[14] 王寅.中国后语哲与体验人本观——十一论语言学研究新增长点[J].外语学刊,2012,(4):3-8.

[15] 王寅.后现代哲学视野中的认知语言学——哲学第四转向后的语言学新论(上)[J].外语学刊,2013,(5):1-7.

[16] 王寅.后现代哲学视野中的认知语言学——哲学第四转向后的语言学新论(下)[J].外语学刊,2015,(4):58-64.

[17] 王寅.哲学与语言学互为摇篮[J].外语学刊,2017,(2):1-6.

[18] 王寅."语言哲学研究——21 世纪中国后语言哲学沉思录"简介[J].外语学刊,2018,(5):封三

(作者:李洪儒教授,博士生导师;工作单位:黑龙江大学)

我所认识的王寅教授

魏在江

我所认识的王寅教授：2001年9月，我刚进入华东师范大学师从潘文国教授攻读英汉对比研究方向博士生，听说上海外国语大学束定芳教授要搞一个全国首届认知语言学学术研讨会，我们三位同门博士生师兄弟到上外蹭会，就在那次会上，我第一次见到了心目中久仰的王寅教授。尽管我和他"距离"很远，他在会议上口若悬河、滔滔不绝、如数家珍，给我很大的震撼，留下了极其深刻的印象。我当时在心里暗暗念想，做学者就要像王寅教授那样，既能写，更能说。王寅教授是中国英汉语比较研究会、中国认知语言学研究会、中西语言哲学研究会等学会的负责人之一，他经常在学术会议上发表高见，传播认知语言学、语言哲学、英汉对比等学术思想。通过参加学术会议，我和他就慢慢熟悉起来，他对我厚爱有加，多方面提携我、帮助我、指导我。我在西安外国语大学学报工作期间，他好几次无私地为《外语教学》期刊贡献他的论文，提升了期刊的影响力。他的博士生论文开题、答辩也邀请我去学习。2018年7月我在广外获得广东省认知语言学暑期学校项目，我邀请他来讲学，他欣然应允来做开讲嘉宾，为学员授课并赠送书籍，他的敬业精神、授课风格给学员们留下了终生难忘的印象。

王寅教授是我国认知语言学、语言哲学、英汉对比领域的开拓者之一，在多个领域都作出了非常重要的贡献，他现为中西语言哲学研究会会长，中国英汉语比较研究会、中国语言符号学研究会、中国认知语言学研究会等多个学会的副会长。他倡导既要引进，更要创新，坚持"两条腿"走路，走中西合璧式创新之路的学术思想，给后辈指明了学术方向。他为人谦和，没有大学者的架子，提携后学，在学术界有口皆碑,值得中青年学者学习和效仿。更让我佩服的是,王寅教授一直笔耕不辍,坚持不懈地在学术领域辛勤耕耘,几十年来他写出了洋洋洒洒近 2 000 万字的论文和专著,这是学术界大多数人无法企及的,吾辈只能望其项背,他给我们树立了一个无法超越的榜样。今值王寅教授 70 华诞,谨向他表示衷心的祝福,祝他身体健康,学术之树常青!

(作者:魏在江教授,博士生导师;工作单位:广东外语外贸大学)

和王寅教授喝下午茶

林克勤

　　重庆的冬天难得看到太阳，有点阳光就兴奋得不得了，呼朋唤友，推车牵狗，欢庆这稀罕的冬日暖阳。我等也未能免俗，约上二三同好、几个研究生，与王寅教授对坐于咖啡馆中。

　　中国是职称大国，每个大学动辄成百上千教授、博士，出去介绍递上 Business Card，一大串的头衔乌七八黑地趴在上面，中间闪闪发亮的自然是教授、博士、博导，简称"三合一"人才。不像国外，教授是稀奇动物，到公共汽车上都有人让座。英国大学按惯例每学科只有一位教授，以保障其教学学术权威的地位。所以，在国外大学里我们常看到许多五六十岁的老教师只是 Senior Reader、Reader，甚至是 Senior Lecturer、Lecturer。如果听到有人问这样的问题，"你们系里有多少教授？"不用看，一定是国内的同胞。盖因中国是人口大国，按比例，教授、博士也势必多也。

　　每学期要给研究生做讲座，一次看大屏幕，本人大名赫然在目，更让我惭愧的是，贱名后面照例加上了"教授""博士"这样的后缀，虽然事实如此，可你我心里都明白，而今之教授、博士含金量可大不如前了。向讲座举办方提了几次建议，能否把"教授""博士"去掉，只叫"老师"即可。我们重庆人管谁都叫"老师"，因此称为"老师"绝无高高在上的意思。举办方就是不同意，说是如不加上教授职称、博士头衔，听者便寥寥无几，反响不好云云。举办方的良苦用心我理解，可在这样一个时代，说自己是教授、是博士、是博导，是需要几分勇气的。在我辈心中，教授的群体应该包含陈寅恪、傅斯年、李济、赵元任、钱钟书、李四光、吴宓、钱穆、胡适……

这些响当当的名字,具有了以上这些人的学术水平和精神气节好像才足以称"教授",绝不是网络上成天骂街、丑事不断的"叫兽"。

太平天国金田起义时只有六个"王":天王、东王、南王、西王、北王、翼王,到末期时竟有六千多个"王",连给洪秀全抬轿子的轿夫、端尿盆的太监皆得封王。"王爷"做到这个份上,也够可怜的。人可以欺天、欺人,却骗不了自己,除非是患上精神分裂症的阿Q,成天价哼唱"我手执钢鞭将你打"。

不过,王寅教授是真教授,非假教授,是名教授。王教授可称得上教授中的名教授。盖因其受教于严父,家学渊源,从训诂、辞章到欧美哲学皆打下了坚实基础,后又负笈西渡,留学于不列颠岛,并与语言学大师雷可夫、蓝纳格、泰勒等相识,遂成就其学问体系。而今提起认知语言学、后语哲,谁不知钱冠连、王寅之双峰并峙,南北呼应。

王教授是洋派人士,用大玻璃杯喝英伦红茶,吃奶酪布丁;兄弟我是穿西装戴瓜皮帽的"土火",用紫玉金砂呷永川秀芽,嗑花生、瓜子。不过我们这一中一西的摆杂却不互相冲突,而能和平共处,享冬日之暖阳,谈语言与传播,因为我们的思想是相通的,学术上的知音有时比现实生活中的伴侣还要难得。与王寅教授一席谈,绝不仅仅是胜过十年苦读,而是有夜不能寐,醍醐灌顶的殊胜。与研究生们听王寅讲授传道,真正有"夫子步亦步,夫子趋亦趋,夫子驰亦驰;夫子奔逸绝尘,而回瞪若乎后矣!"的感受。

与王教授谈西方哲学的四个转向,谈现实—认知—语言的关系,谈主客主多重互动,谈维特根斯坦、阿多诺、哈贝马斯,谈后现代哲学思潮……这些枯燥的内容在王教授的讲述下竟然成了一个个鲜活的景象,深奥的哲学走下了神坛,成为日常生活中的游戏。不知不觉3个小时过去了,我们依然意犹未尽,思想的余温尚在,咖啡壶中的热水却已尽倾。

每天读50页专业书,这是王教授对研究生的要求,乍一听起来就像是一项impossible mission,但王教授不仅身体力行,而且他身边的一些年轻教师、研究生也都做到了。这在当今麻坛、歌坛、酒坛大行其道的浑浑噩噩的环境中,犹如照进了一缕清新的阳光,向我们提示着这些学者、名师的成功之道。

"语言就是生产力",王寅教授断言。我们没有那么大的抱负,正如培根讲知识就是力量,我却独中意于他的后一句话:知识培养气质。总觉得豪言壮语没有接地气的实在话可靠,能说好语言,用好语言我们就心满意足了,不指望它给我们带来什么财富,创造什么机遇。

英国女王伊丽莎白一世谈吐不俗,隽语不少;她不赞成神职人员结婚,有一天接见坎特伯雷大主教的夫人,开口就说,"Madam, I may not call you; mistress I am ashamed to call you; and so I know not what to call you; but however I thank you."

话讲到这个分上,夫复何求?

走出咖啡室,与王寅教授挥手告别。这时候太阳又躲进了云层,天空暗淡了下来,好像要下小雨了。我竖起大衣的领子,小跑着回家,心里却一直回荡着一个声音:"川外,你要善待这个人!"

（原稿载 2015 年 3 月 30 日《四川外国语大学报》,
2016 年获第十九届重庆新闻奖三等奖）

（作者：林克勤教授;工作单位：四川外国语大学）

漫步在思想高原的旅人

——王寅先生学术画像

林克勤

（一）

初识王寅先生，是在烟波浩渺的太湖之滨，彼时我随学校领导赴苏大商谈引进先生一事；再晤王寅先生，已是在他安居小苑书香充栋的家里，端坐于满壁书柜的客厅，一边饮着李弘老师泡的香茶，一边听先生讲罗素，论康德，议后语哲，谈生态马克思主义……在繁冗的行政事务之余，得闻先生宏论明理，真的是如醍醐灌顶，心生莲花。

王寅先生知识渊博，凡是英文叫得出名字的知名学者没有他不知道的。我们真难以想象，在这个七十老人的大脑中竟然潜藏着那么多繁杂精密、无穷无尽的思想题域，说他是一棵行走的"知识之树"也不为过。王寅先生多次说过，他这一辈子没有别的爱好，就是喜欢读书；在他的生活中，他坦承除了读书，他也想不出别的什么消遣之道。Samuel Jonson 有名言如斯，"When a man is tired of London, he's tired of life; for there's in London all that life can afford." 对于王寅先生来说，则是，如果你厌倦了读书，你就厌倦了生活。读书已经成为他生活中最大的乐趣、最高的精神寄托。每天 50 页专业书，这是王寅先生对自己和博士生的要求，读无尽之书，遣有涯之生，早已固化为王寅先生几十年不变的生活内容。

（二）

王寅先生是国内认知语言学界的领军人物，从功能语言学到认知语言学、体认语言学，从语言哲学到后语哲，王寅先生始终站在国际学术的前沿，以知识更新的强大动力持续推出新概念、建构新体系、发掘新领域，所以国内语言学界盛赞他与钱冠连先生引领双峰对峙、二水分流之格局。

"指向高处"一直是中国哲学思想中的一个核心概念，王寅先生率先提出了"语言学与哲学互为摇篮"的定论，这不仅鲜活阐释了哲学走下神坛向日常生活靠近的当代意义，用语言学的最新研究成果来推动哲学探索的不断转向，而且寄望于用哲学这一强大思想武器反思和批判语言学的变异与发展，这是对毛泽东同志所言"哲学是自然科学和社会科学的最高理论总结"的实践智慧的永恒回归。

（三）

作为中西文化的摆渡者，王寅先生一直坚守"穿越西方、回到当代"的总体知识生产理路，不仅把语言学海的泛舟上升到哲学层面的玄思，更利用语言作为人类交往最直接媒介的便利条件，把语言学研究开放到了更为横向、多维的广袤谱系。举凡人文学科的各门各类，王寅先生都停留驻足、流连忘返，其精神回路覆盖社会学、心理学、逻辑学、人类学、文化学、政治学、统计学、传播学、科学技术哲学、认知诗学、翻译学、认知神经学、话语研究等不同的学科。

钱钟书先生早就强调，他的研究方法是"打通"，即突破古今中外的文化藩篱和限制，将它们融会贯通，提出自己的独到见解，即拈出"新意"。他指出，"人文学科的各个对象彼此系连，交互映发，不但跨越国界，衔接时代，而且贯穿着不同的学科……吾辈穷气尽力，欲使小说、诗歌、戏剧，与哲学、历史、社会学等为一家。"

爱德华·威尔逊说得更明确，21 世纪势必寻求知识的融通，这种融通不仅将重整日渐瓦解的人文学科，重新掀起人们对于非功利性的艺术、人文、道德的热情，而且也将唤醒日渐机械化、技术工具化的科学活力。事实上，无论是环保问题、区域贫困、人口增长并因此带来的资源短缺乃至地缘冲突、种族纠纷、意识形态纠葛，都需要自然科学知识与社会科学、人文知识的融通，才有可能寻求有意义的解决方案。

王寅先生形象地把这种知识的融通称之为"Duang"，并举出一个经典的事例来说明其意义。马克思博览群书、广泛涉猎，不仅深入了解和研究哲学社会科学各个学科知识，而且深入了解和研究各种自然科学知识，努力从人类创造的一切文明成果中汲取养料。马克思正是把费尔巴哈的唯物主义和黑格尔的辩证法有机结合在一起,创立了马克思主义哲学,与政治经济学、科学社会主义一起构成了人类历史上最为博大精深的理论体系,照亮了世界文明前行的道路。

(四)

怀特海说过,学者的责任就是在生活中唤起智慧和美,假如没有学者那种神奇的力量,智慧和美还湮没在往日的岁月中。王寅先生对学界、社会最大的贡献,并不表征在他的著作等身,而是他对后辈的倾力提携、对学生的尽心培养。目前,王寅先生的学生不少都已成为国内外知名的博导、专家、院长,在各自的专业领域崭露头角,凡和他有过接触的学者无不坦承"受益匪浅"。所以,王寅先生不仅是学界标杆,他还是一只会生蛋的老母鸡,可以源源不断地产生出新的思想和精神复合体。

人怕老,文怕嫩,论怕浅。每次接到王寅先生学术沙龙的邀请,我们几个后辈都心中打鼓、惴惴不安,生怕他拷问最近要求我们读的几本书中的知识点,像什么"流浪者思维""后现代是现代性的一部分""脱域机制的影响""指称描述论""地图—系统理论""经验功能主义"等等。于是,一个个都熬夜读书、穷极思考、耗尽心力,以如履薄冰、战战兢兢的心境去迎接沙龙上的大考。说也奇怪,汗湿重衣、备受诘难之后竟有一种说不出的轻松与愉悦,而且多数人都能写出 1—2 篇 C 刊论文或申报成功各种课题,这不能不说是王寅先生独特的培养方式。

佛曰:爱如一炬之火,万火引之,其火如故。其大意是:一火燃起,虽引燃万炬,其火之光明,未曾消退。好比是星星之火可以燎原,燎原之时,虽具传播之功,自身未损丝毫。据说,吴宓在指导齐邦媛写毕业论文时也为她写下了这一句话。齐邦媛说,"(吴宓老师)告诉我,要朝一种超越尘世之爱去想,去爱世上的人,同情,悲悯,爱不是一两人的事。"正是在这种"觉而有情"的高尚逻辑指引下,王寅老师常常把自己的研究心得、选题结论无偿地提供给学界后辈和学生,让他们撰写文章、申报课题,真正力行了其"万火引之,其火如故"的生命体悟。

(五)

德勒兹以"千高原"比喻后现代繁复的知识生产进路,并把"游牧之思"树立为历史唯物主义精神分析病学的终极表现。王寅先生正是这么一位在千座思想高原上漫步的智者，他以哲学之镜观照世间的万象百态，大袖潇洒，神情出尘，其学术人生中表露的那一份自信与优雅令我们钦羡不已。

　　还是那句老话，"所有高尚的心灵都是相通的。"

　　谨以此小文致贺王寅先生古稀福寿！

（作者：林克勤教授；工作单位：四川外国语大学）

后现代哲学视野下
认知语言学研究的新增长点

廖巧云　高梦婷

摘　要：因受到后现代哲学思潮的影响和推动，认知语言学以体验哲学为基础，强调人本精神，为语言研究打开了一扇全新的窗口。近年来，国内基于体验哲学的语言研究发展迅猛，成果丰硕，为认知语言学的发展带来了许多新的增长点。本文在简要回顾语言学特别是认知语言学发展历程的基础上，对王寅教授在体验哲学和认知语言学研究方面提出的新见解新观点进行梳理和总结，以期对认知语言学的未来发展方向提供新思路。

关键词：后现代哲学思潮；体认语言学；新增长点

一、引言

受到后现代人本主义哲学思潮的影响和推动，针对西方哲学中客观主义哲学传统排除人本因素的问题，体验哲学（Embodied Philosophy）于 20 世纪末应运而生，并作为第一代和第二代认知科学的分水岭。Lakoff 和 Johnson 创建的体验哲学（Lakoff，Johnson 1980，1999）论述了三大原则，即心智的体验性、认知的无意识性和思维的隐喻性，是对西方传统客观主义思想和理论的批判与超越。不同于坚持客观主义立场，"关起门来打语言"的结构主义（Structuralist Linguistics）和转换生成学派（Transformational Generative Linguistics）、认知语言学（Cognitive Linguistics）以体验哲学为其哲学基础，强调身体经验，尤其是感觉运动系统，在概念、范畴、推理和心智形成中的重要作用,并认为语言是认知主体在与外在现实客观世界的体验互动中,经过认知主体的一系列认知加工的基础上形成的。推理的最基本形式大多依赖空间关系和身体部位,认知和意义是基于身体经验的。(魏在江,2016)

同时,认知语言学所倡导的基本原理和研究方法,即去中心论、体验人本观、原型范畴论、识解多元化、SOS 建构论、隐喻认知论、表达差异性、新创结构说等理论和观点,(王寅,2013d,2015b)都体现了后现代哲学中的主要特征。因此,认知语言学为人类理解自身,认知世界,研究语言打开了一扇全新的窗口。作为当前语言研究的前沿,国内一批学者已经作出卓有成效的探索,已相继发表系列论文和专著探讨体验哲学和认知语言学,进行理论修正与创新。王寅教授既是国内关于体验哲学研究的先行者,也是践行者。王寅教授在积极引介国外体验哲学相关成果的同时,不断提出新见解、新观点,对体验哲学的应用和发展作出了极大贡献。本文拟对王寅教授在体验哲学和认知语言学研究方面的主要贡献进行综述,以期为认知语言学的后续研究提供参考。

二、认知语言学的发展演变

回顾整个语言学理论发展史,语言学理论主要经历了传统语文学、历史比较语言学、结构主义语言学、系统功能语言学、生成语言学、认知语言学等。它们所产生的年代、所受学科影响、主要特征等也极为不同。(王寅,2013a:25)

区别于着重描写和分析语言文字或书面材料来考证文字、音韵、训诂、校勘,没有形成完整语言理论体系的传统语文学,盛行于 18—19 世纪的历史比较语言学致力于对比分析不同语言,寻求其历史根源和语言各层面演变规律,建构语言类型和家族谱系关系。而进入 20 世纪,语言学主要经历了三场革命,这就是索绪尔的"关门打语言"的结构主义语言学、乔姆斯基的转换生成理论以及当前成为研究主流的认知语言学。这三大主要语言学流派是在批判与继承、创新与发展的过程中建构的,主要体现为语言研究的"本体转向"(结构主义语言学)、"认知转向"(转换生成语法)和"人本转向"(认知语言学)。20 世纪初,索绪尔主张用归纳描写的方法关门为语言"号脉",实现了语言研究的"本体转向(即以语言为本体)"。(岑麒祥,2008:218)基于这一点,他通过一系列的"二分"和"关门立场",大力倡导从共时角度分析语言系统内部要素的横组合和纵聚合关系。(王寅,2013c)这就是索绪尔的语言自足观,这场革命是对历史比较语言学的革命,触及了语言的本质和确定了现代语言学的研究方向。

20世纪下半叶,以乔氏(1957;1965)为代表的转换生成语法学的崛起才打破结构主义语言学的一统天下的局面,从而使语言从描写转向解释,引发了语言学界的又一场革命。(王寅,2002)乔姆斯基主张从心智角度研究语言,强调语言的先天性、自治性、心智性和生成性,以认知—语言为对象,实现了语言研究的"认知转向",但忽略了语义的重要作用。与乔氏理论的"天赋性、普遍性、自治性、模块性、形式化"不同,认知语言学以体验哲学为哲学基础,强调人与现实世界的互动体验,人的认知是来源于对外在世界的感知体验,从人的体验角度来认识和解读语言。认知语言学坚持语言的多元本质论,体认性、像似性、构式性、用法性、整合性,理据性等特征。(王寅,2005)批判了20世纪索绪尔和乔姆斯基在语言研究中所坚守的客观主义立场,也突显了后现代哲学中的人本精神,反映了哲学的后现代主义第四转向,(王寅,2012)使体认认知语言学站在时代前沿,成为研究主流。

三、国内认知语言学研究的新增长点

基于后现代体验哲学和认知语言学,王寅教授开启了一系列创新性研究。他从英汉语语言实际出发,结合后现代哲学视域下的体验哲学和认知语言学,对体验哲学基本原则及起源进行探析,结合认知语言学理论追溯语言各层面现象成因,从语言具体构式和隐喻探讨语言的体验性,提出体验人本观,并以此为基础探讨认知传播学及认知符号学。此外,王寅教授还对后现代哲学视域下语言哲学和语言研究新增长点进行理论创新,开拓性地对中西学者对体验哲学的论述进行对比,开创性地提出"体认语言学"(Embodied-Cognitive Linguistics)、"体验性概念化"(Embodied Conceptualization)、"事件域认知模型"(Event-domain Cognitive Model)、"命名转喻论"(Metonymy View for Naming)和"新认知语用学"(Neo-cognitive Pragmatics),为中国后语哲语言研究提供了一种"体验"与"认知"相结合地新的研究方法。

1. 体认语言学

针对认知语言学中"认知"二字界定不明,用法含糊,理解多样,易使人们混淆其理论方向和具体研究内容,且为了突出该学科的实践性和体验性的精髓,王寅教授(2014b)主张将其修正为"体认语言学",区别于客观主义身心二元论,索氏的语言系统先验观乔氏的语言天赋论。以"现实—认知—语言"为其核心原则,"体认语言学"强调"人的认知"决定了语言成因,是语言学研究的重要出发点,并认为,心智和语言是人们在对现实进行互动体验(体)和认知加工(认)的基础上形成的。(王寅,2015a)遵循着这一基本进展程序,区别于传统人本观、近现代人本观、激进人本观和悲观人本观(后人道主义),"体认语言学"意在突出人本精神,强调从人本的角来解释各种语言现象,充分体现了后现代哲学中的体验人本观。(王寅,2009a,2014b)

2. 体验性概念化

体验哲学认为,概念和意义主要基于人类在与客观世界的互动体验和对其进行认知加工的过程中形成的。(王寅,2008a)"体(互动体验)"和"认(认知加工)"既体现了人类对客观世界体验的客观性,同时又表明了人类对客观世界理解的主观性,正是因为人类对世界的体验及认知识解方式导致了人类语言表达的异同。与体验哲学相通,Langacker(1987)所提出的意义概念化理论突出了语义的动态性、人本性、主观性、识解性,(王寅,2008b)但却忽略了意义的体验性及多重互动性。针对这一不足,王寅教授(2008a)基于体验哲学对概念和意义的观点将意义概念化理论修补为"体验性概念化(Embodied Conceptualization)",强调意义和概念形成的体验性及主客体的多重互动性,弥补了以往理论中忽略客观性和语义模糊性的缺陷。以此为理论出发点,通过透析40篇《枫桥夜泊》英语译文,王寅教授详细探讨了不同译文的异与同,揭示了体验性和主客观性在翻译认知活动中的体现,为翻译研究提供了新的研究思路。

3. 体验哲学中西对比

中西方学者都曾对体验哲学和认知语言学中的"现实""认知"和"语言"三者之间的关系进行过论述,但我国古代学者宝贵的语言理论经常被忽视。王寅教授(2004)就曾对中西学者对体验哲学认识进行了初步对比。西方学者提出了体验哲学,从体验和认知角度强调语言和心智的体验性。我国古代哲人也曾对语言的体验性和认知性进行论述,与西方的语言体验观存在共通之处。公孙龙在《名实论》中就提出需要以"认知"为中介考察名实关系,而荀况在《正名》中的论述反映出感官与心智的关系,是当代认知语言学基本思想的先声。荀子持唯名论观点,认为事物的名称是人们共同"约定俗成"的,并把主观与客观结合起来论述了语言的来源。此外,中国古代哲人还对命名及其理据性,概念形成,词义引申,体验的内容与方法进行了探析。针对语言的隐喻性,王寅教授(同上)将我国古代隐喻研究区分为六个时期,论述了我国古代学者对隐喻对于语言表达的重要性及隐喻与思维的关系的思考。这一中西对比研究表明,我国古代哲人早就意识到语言与体验之间的关系以及隐喻与思维之间的联系,进一步使国内学者不再仅仅着眼于西方理论和著作上,对我国本土文化的发声起了推动作用。

4. 事件域认知模型

为了解释概念结构和句法构造的成因,许多认知语言学家和计算机科学家建构了许多理论模型,如 Langacker(1991,2002)的弹子球模型(Billiard-ball Model)和舞台模型(Stage Model)、Talmy(1985,1988)的力量动态模型(Force-Dynamic Model),Lakoff(1987)的形式空间化假设(Spatialization of Form Hypothesis)、Schank 和 Abelson(1975)的脚本理论、Panther 和 Thornberg(1999)的言语行为动态性分析方案。王寅教授(2005)通过提出事件域认知模型(the Event-domain Cognitive Model,简称 ECM)(图1),以符合人们正确认知规律的"事件域"为单位,兼顾线性与层级,动态与静态的认知分析方法来对语言的各层级现象作出统一解释,弥补了以往理论模型的单层面性,忽视静态性,主要针对句法成因阐释的不足之处。"行为(Action)"和"事体(being)"是一个基本事件域的两大核心要素,其中一个行为包括由很多子动作组成的($A_1,A_2\cdots A_n$)动态性和静态性行为,一个事体由很多个体组成($B_1,B_2\cdots B_n$),既涵盖实体概念也涉及抽象或虚拟概念。(王寅,2013a:240)一个动作或事体都会带有很多典型特征或分类信息 D 或 C。这样,这些要素之间构成层级性关系。基于此模型,王寅教授等(王寅,2013b;王寅、王天翼,2015)解释了语义和交际层面的诸多现象,如词汇化、词法、句法、语义、交际、词义变化、隐喻和转喻等。姚振军(2013)通过分析三则房地产广告,得出 ECM 是一个能解释复杂概念结构,高度统一的认知模型,有助于阐释复杂的交际语境。

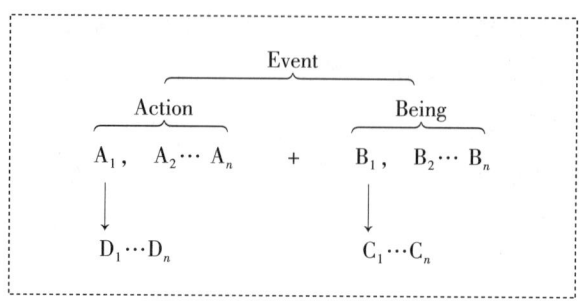

图1 （王寅,2013a：240）

5. 命名转喻论

人如何用语言与世界相关联,用词语挂钩事物一直是哲学探讨的重要话题。作为直接反映人与世界关联的重要方式,指称论是 20 世纪语言哲学争论的核心议题。以摹状论和因果论为指称论的两大阵营,前者认为专有名词既有内涵也有外延,属于语义学范畴,后者认为专有名词只有外延无内涵,属于语用学范畴。虽然两者对于探讨人与现实的关系都具有重要指导意义,但都存在明显的不足与缺陷。两大阵营都只涉及人类活动的不同阶段,尝试运用"部分代整体"原则,即"转喻机制"。(魏在江,2007,2010)通过分析两个理论,王寅教授(2012)认为名称主要涉及两个方面：初始阶段和传承过程,其中命名初始阶段,人类会运用理性思维寻找名称的理据性摹状语,而在传承阶段,因名称和所指对象之间的指称关系已在某一语言社团中进行传承,其内涵义往往会在实际交际过程中被忽略。因此,基于体验哲学和认知语言学的理论框架,王寅教授(2012,2014a)提出"命名转喻论(Theory of Metonymy of Naming)"弥补之前的不足,为人类命名做统一解释。根据命名转喻论,人类不可能把一实物全部特征涵盖进其名称下,只能选择部分特征,以转喻的机制来对一事物或人进行命名,即命名转喻。

6. 新认知语用学

随着认知语用学的正式创立,语用学家开始从认知机制角度阐释言语交际过程。之后通过在认知语用学基础上考虑社会因素,即运用"社会认知方法"(Socio-cognitive Approach)来探讨语用学,(Kecskes,2010)视言语交际过程为"社会"和

"认知"两因素互动的过程,(王寅,2013c)为语用学理论的发展提供了研究方向。从这一研究思路出发,以及根据社会认知方法中"意向性"和"注意力"这两个认知方式解释言语交际和会话含意存在的问题,基于体验哲学,王寅教授(2013b)提出新认知语用学,将认知语言学的核心原则(现实—认知—语言)修补为循环式原则,主张运用认知语言学的数种认知方式,如互动体验、范畴化、概念化、意象图式、认知模型(包括CM、ICM、ECM、概念整合)、识解(图形—背景、突显、视角等)、隐转喻、关联等来分析言语交际和会话含意,将语用学理论研究带入后现代哲学时期。之后,王寅教授(2015c)还简述了哈贝马斯的"普遍语用学"和"新认知语用学"的基本内容,使后现代哲学时期语用学的理论研究得以向前推进。

7. 研究意义

后现代哲学视域下的语言研究是一项符合当前研究前沿的探索,这一探索是基于体验哲学和认知语言学的基本原理和研究方法,以"体验"和"认知"为立足点,结合语言现象各层面实际情况,强调语言的体验性和人本观进行理论创新的重要成果。它打破了国内学者主要追随西方研究成果的尴尬局面,向世人彰显我国古代学者的智慧结晶,也反映了后现代人本精神,突显了我国后语哲语言研究。这些语言研究新增点可用来研究语言各层面,如词法、句法、语义,语篇,转喻,言语交际,翻译,以及跨学科研究领域等,具有普适性,为语言研究提供了新思路。

四、我国未来认知语言学研究的思考和展望

后现代哲学视域下基于体验哲学和认知语言学的语言研究虽然已成为学术研究主流,且取得了丰硕成果,但语言研究的新增长点还处于初步探索阶段,还有很大的探索空间。

首先,针对语言的"体认性"的理论探索需要进一步拓展。语言的"体认性"反映了人类对于客观世界体验的客观性及认知的主观性,可与哲学中的许多议题相结合,如"思维与存在的关系""主观性与客观性的关系"等,并用来探讨语言的各类现象。"体认"语言学的提出具有开拓性,但有些观点及理论模型的具体内容仍需仔细推敲,进一步完善。

其次,应重视中西学者在体验哲学语言研究,特别是语义研究方面的对比,需

要更多关注我国本土文化。虽然当前学界不断运用国外理论研究汉语语言现象,拓展了研究新视角和新领域,发表了许多带有汉语民族特色的研究成果,但国内学者对我国文化的研究意识仍需增强,以使中外优势互补,平衡发展,以提升中国学术的国际话语权。

最后,随着当前认知神经学科的发展,语言理论研究应结合实证研究加以论证。语言研究理论的创新和理论模式的建构,都是基于学者的主观性思辨,缺乏实证数据的支撑。因此,借助当前认知神经科学实验技术手段,如行为实验,事件相关电位(ERPs)技术和功能性核磁共振成像(FMRI)技术,探索语言现象背后的神经生理基础,揭露其心理现实性。关于这一点,国内语言学界已有不少学者进行过研究和探索。(王小潞,2009;张辉,2016;廖巧云等,2018)该领域的研究具有极大的发展空间。

五、结语

西方哲学在先后经历了本体论、认识论和语言论转向后,已发生第四次转向,即以人本精神为核心的后现代哲学。后现代哲学视野下认知语言学语言研究的新增长点是王寅教授基于体验哲学和认知语言学的基本原则"现实—认知—语言",以及语言和心智的"体认性",对比及结合以往理论所作出的修正及探索。这一探索具有开拓性,符合人类理解自身,认知世界的思维模式,能用来解释许多语言现象并进行跨学科研究,但其理论内容仍需深化,凸显我国文化特色,重视理论与实证的结合,开辟一条中西优势互补,平衡发展的学术道路。

参考文献:

[1] Chomsky, N. *Syntactic Structures*[M]. The Hague:Mouton, 1957.

[2] Chomsky, N. *Aspects of the Theory of Syntax*[M]. Cambridge, Mass.:MIT Press., 1965.

[3] Kecskes, I. Socio-cognitive approach to pragmatics[J]. 外国语, 2010, (5):2 - 20.

[4] Lakoff, G. & M. Johnson. *Philosophy in the Flesh-The Embodied Mind and Its Challenge to Western Thought*[M]. New York:Basic Books, 1999.

[5] Lakoff, G. *Women, Fire and Dangerous Things: What Categories Reveal about the Mind*[M]. Chicago:The University of Chicago Press, 1987.

[6] Lakoff, G. & M. Johnson. *Metaphors We Live by*[M]. Chicago and London:University of Chicago Press, 1980.

[7] Langacker, R. W. *Foundations of Cognitive Grammar. vol. II: Descriptive Application*[M]. Stanford, California:Stanford University Press, 1991.

［8］ Langacker, R. W. *Concept, Image and Symbol: The Cognitive Basis of Grammar*［M］. Berlin：Mounton de Gruyter, 1991/2002.

［9］ Klaus-Uwe, P. & L. Thornberg. *The Potentiality for Actuality Metonymy in English and Hungarian*［C］. *Panther & Radden（Eds.）. Metonymy in Language and Thought*［M］. Amsterdam：John Benjamin, 1999.

［10］ Schank, R. C. & R. P. Abelson. *Scripts, Plans, and Knowledge. Proceedings of the Fourth International Joint Conference on Artificial Intelligence. Tbilisi, USSR*［C］. Johndon-Laird, P. N. & P. C. Wason.（Eds.）. Thinking：Readings in Cognitive Science, CUP, 1977.

［11］ Talmy, L. *Force Dynamics in language and Thought*［C］. Eilfort, W. H., Kroeber, P. & K. Peterson（Eds.）. *Papers from the Parasession on Causatives and Agentivity*［M］. Chicago：Chicago Linguistic Society, 1985.

［12］ Talmy, L. Force Dynamics in Language and Cognition［J］. *Cognitive Science*, 1988,（12）.

［13］ 岑麒祥.语言学史概要［M］.北京：世界图书出版公司,2008.

［14］ 王寅.认知语言学的哲学基础：体验哲学［J］.外语教学与研究,2002,（2）：82－89.

［15］ 王寅.中西学者对体验哲学的论述对比初探［J］.外语与外语教学,2004,（10）：35－40.

［16］ 王寅.事件域认知模型及其解释力［J］.现代外语,2005,（1）：17726.

［17］ 王寅.认知语言学的"体验性概念化"对翻译主客观性的解释力——项基于古诗《枫桥夜泊》40篇英语译文的研究［J］.外语教学与研究,2008a,（3）：211－217.

［18］ 王寅.认知语言学的意义新观：体验性概念化——十三论语言体验性［J］.解放军外国语学院学报,2008b,（4）：1－6.

［19］ 王寅.主客主多重互动理解［J］.《哲学动态》,2009a,（10）：84－89.

［20］ 王寅.指称论新观：命名转喻论——从摹状论、因果论到转喻论［J］.外语教学,2012,（6）：1－5.

［21］ 王寅.认知语言学［M］.上海：上海外语教育出版社,2013a.

［22］ 王寅.新认知语用学——语言的认知—社会研究取向［J］.外语与外语教学,2013b,（1）：1－4.

［23］ 王寅.体验哲学和认知语言学为语言哲学之延续——二十九论语言的体认性［J］.中国外语,2013c,（1）：18－25.

［24］ 王寅.后现代哲学视野中的认知语言学——哲学第四转向后的语言学新论（上）［J］.外语学刊,2013d,（5）：1－7.

［25］ 王寅.指称之争新解读：转喻论［J］.外语教学与研究,2014a,（9）：711－722.

［26］ 王寅.后现代哲学视野下的体认语言学［J］.外国语文,2014b,（6）：61－67.

［27］ 王寅.体认一元观：理论探索与应用价值——心智哲学的新思考［J］.中国外语,2015a,（2）：24－31.

［28］ 王寅.后现代哲学视野中的认知语言学——哲学第四转向后的语言学新论（下）［J］.外语学刊,2015b,（4）：58－64.

［29］ 王寅.语用学之理论前沿——简论普遍语用学和新认知语用学［J］.外国语文,2015c,（5）：52－57.

［30］ 王寅,王天翼.认知语言学对西方哲学的贡献.浙江大学学报（人文社会科学版）［J］.2015,

(4)：52－61.

［31］魏在江.语篇转喻综观［J］.外语学刊,2007,(3)：32－37.

［32］魏在江.概念转喻与语篇连贯——认知与语篇的界面研究［J］.外国语文,2010,(2)：57－61.

［33］魏在江.概念转喻的体验哲学观［J］.现代外语,2016,(6)：358－368.

［34］姚振军."语用学的社会认知分析法"视角下的交际语境的事件域认知模型解读［J］.外语与外语教学,2013,(1)：10－13.

［35］王小潞.汉语隐喻认知与 ERP 神经成像［M］.北京：高等教育出版社.2009.

［36］张辉.熟语表征与加工的神经认知研究［M］.上海：上海外语教育出版社,2016.

［37］廖巧云,胡权,潘翔,邱晋,姜孟.隐喻识解过程中可能性特征提取的心理现实性：来自 ERPs 的证据［C］.英语研究(第七辑),董洪川主编.上海：上海交通大学出版社,2018,77－90.

感言：

王寅教授是学术研究的常春藤。王寅教授知识渊博、视野宽广、眼光敏锐,几十年如一日,在学术的殿堂里耕耘,为中国的学术界作出了榜样。迄今为止,王寅教授已出版学术专著和教材 40 余部,发表论文近 300 篇,主持国家社科基金项目 3 项,一直是国内高被引学者之一。

他曾说过："如果一天没有看书写作,就会觉得是虚度。"这句话深深映入我的脑海,至今言犹在耳。近二十年来,王寅教授不仅从后现代哲学思想吸取学术营养,将体验哲学和认知语言学发扬光大,而且还将认知语言学的养分带入到外语教学、翻译学、传播学等领域,为我国认知语言学的发展作出了巨大贡献,在该领域享有极高的知名度和影响力。

王寅教授是众多学人的良师益友,对后辈的提携不遗余力。无论是教学还是大型讲座,王寅教授永远充满了活力与激情,他其实是用生命在教学。王寅教授不仅指导自己的学生不遗余力,对任何与其交流交往的后学的帮助也是同样不遗余力。王寅教授总是充满对后学的勉励和希冀,希望将自己所长传授给每一位听众,总是令大家受到触动和感召。本人曾有幸与王寅教授共事多年,在许多方面得到了王寅教授的帮助和指导。(廖巧云)

(作者：(1)廖巧云教授,博士生导师;工作单位：上海外国语大学。(2)高梦婷,工作单位：上海交大昂立教育集团)

评价语词的厚薄纷争[①]

王爱华

摘　要： 评价语词在人类语言中普遍存在，是对人、事、物、行为等表明情感和态度，以期影响他人态度和行为的语词。本文试图梳理哲学界对评价语词的各种概念分析，并在指出各种观点不足的基础上，从事件域认知模型视角分析评价语词的逻辑结构，由此揭示各种观点不足的症结。

关键词： 评价；描述；事件域认知模型

一、引言

由于语言学"人文主义"的复苏（沈家煊 2001），评价语言已成为当今语言学界研究的热点，相关的理论探讨有系统功能语言学、Hunston（1994）的状态—价值—关联框架、在系统功能语言学下发展起来的 Martin & White（2005）的评价理论等。国内主要是对评价理论进行引介（如张德禄和刘世铸 2006）和述评（如刘世铸 2010），也有对该理论做发展、补充和修正的。（王振华 2001；刘世铸 2007；等）由于这些理论是在集中关注语法的前提下展开的，在系统和功能关照下的词汇研究始终是一个弱项（彭宣维 2017），对评价语词的内在概念结构的关注更是少见。鉴于此，本文试图梳理哲学界对评价语词的各种概念分析，并在指出各种观点不足的基础上，从事件域认知模型视角分析评价语词的逻辑结构，以此引起

① 本文是教育部一般社科项目"汉语评价语词的理论阐释模型研究"（19YJA740052）的部分研究成果。

语言学界的关注。

二、评价语词的厚薄之分

评价语词在人类语言中普遍存在,是对人、事、物、行为等表明情感和态度,以期影响他人态度和行为的语词。西方哲学界对评价语词的概念分析,起源于Aristotle,后来有Hume、Kant等,以及分析哲学家Dewey、Moore、Hare等。20世纪下半叶,随着伦理学的复兴,Williams(1985)、Väyrynen(2016)、Kyle(2016)等哲学家把道德伦理问题归结为评价语词问题。他们根据是否包含描述内容从直觉上将评价语词分为厚薄两类。薄评价语词(thin evaluative terms)是没有描述内容的评价语词,如"好",或英文good。厚评价语词(thick evaluative terms),不但有评价义,还有描述义,如"诚实",其描述义为:"说真话",其评价义为"好"或"值得赞赏",由此,"诚实"的语义,就是"说真话,这是好的,或值得赞赏"。

三、厚薄差异的类型辨析

评价语词的这种厚薄划分,预设了一个实质性的主张:存在评价概念与描述概念的区分。由于厚评价语词包含了这两类概念,Williams(1985)等哲学家认为,该类评价语词是我们理解语言与世界、伦理和心智等关系的重要媒介。由此,西方哲学家们纷纷关注厚评价语词的概念结构分析,从而产生了大量的论著,其关注的焦点有三个:1)厚语词与薄语词的区分问题;2)描述义与评价义的关系问题;3)评价义的理论定位问题。由于篇幅所限,本文只讨论第一问题:厚语词与薄语词的区分纷争。这个纷争的核心问题是:厚薄评价语词的差异是什么类型?围绕此问题,大致有三类观点:种类差异观、程度差异观和牢固黏附观。

3.1 种类差异观
厚薄评价语词的种类差异,可以从语词的功能、概念结构和语用视角考察。

3.1.1 功能观
从语词的功能上看,Williams首次提出,评价语词有厚薄种类差异。厚语词有两个功能,即受世界引导(guided by the world)和行为指引(action-guiding)。受世界引导,是指厚语词的使用,由世界的样态确定,受事实限制,也就是,它们的正确使用需要一定的真值条件。而行为指引，是指厚语词给行为提供理由，与行为理性相关。而薄语词只有行为指引性，不受世界引导。（Williams 1985：152）例如，厚评价语词"诚实"的正确使用，需要一个真值条件，即"说真话"这个事实要为真，同时，"诚实"的使用，也具有行为指引性，即提倡人们说真话，因为说真话是好的行为。

为什么"诚实"受世界引导，而"好"却没有呢？Williams 的回答是，人们首先用各种不同的厚评价语词对所周遭的人、行为和事物进行理解和范畴化，然后抽象出什么是"诚实"，并在此基础上进一步抽象，将所有指向正面评价方向的范畴归为一类，从此获得"好"这个概念。由此，薄语词"好"是在抽象的较高阶段形成的，是派生的，与厚语词相比，它们没有真正地抓住事物。薄语词不受世界引导，仅仅因为它们是派生的，是通过对事物的具体细节的描述中被理解的。厚语词直接地连接社会、世界之物，是对事物的直接分类，在此意义上，它们比薄语词更重要，更能给予人们道德行为上的信心。

Williams 的一个困难是，薄语词和厚语词之间没有一个可证明的确定性界线。到底要经过多少阶段的抽象之后，一个概念才不受世界指引？更抽象的概念与世界真的无关吗？

多数学者认为，薄语词同样受世界的指引。我们在使用"好"和"坏"等薄语词时，总是隐含了一定的世界信息，（Dancy 2013；Julia 2016；朱志方 2017）例如，"好"，表达的是事件与个人需要之间的一种关系。（朱志方，2017：75）我们说"酸奶是好的"，与我们说"雪是白色的"不一样，尽管二者都有相同的语法结构，但它们的逻辑结构却完全不同。"白色的"是一个物理概念，是否有人观察，都是白色的，但酸奶只有与人有关系时，"酸奶是好的"方能说得通，没有了人，好或坏便无从说起。"X 是好的"只不过是以一种简化的方式说"对于某个人 P，X 满足 P 的需要 N"。（朱志方，2017：77）而人的需要也是属于事实领域。Julia（2016）指出，good 在日常使用中，还隐含一些社会事实，比如我们要求小孩 be good，这个命令就是要求小孩按照社会所规定的方法或规则行事，所以薄语词仍然受世界引导。

3.1.2　概念结构观

在 Williams 的基础上，有学者认为，厚薄语词具有种类差异，在于它们有不同的概念结构。薄语词只表达评价概念，厚语词表达的概念既有评价又有描述。这种概念结构划分前设了还原观（a Reductive View），即厚概念可以还原为评价义和描述义两个成分，而这是一个相当有争议的问题。它的另一个潜在的困难是，薄概念是否只有评价义，很有争议。例如，薄概念 ought 在概念上或分析上隐含了 can，也就是，它的应用将受到一个非评价条件的限制，即主体能够实施这个行为。（Varynen 2013：7）掌握 ought 的能力，需要这个条件：如果我们认为你应该做某事，我们得认为你是能做的。由此，ought 并不比通常所说的厚语词在描述上薄。但是 Dancy（2013：49）指出：一个概念蕴含另一个概念，这个单一的事实并不能证明，后面这个概念就是前面那个概念的一个构成成分，例如，cow 隐含了 not-a-horse，但是 cow 和 not-a-horse 并不是彼此的构成成分。

　　Williams 的功能观与概念结构观，有一个共同的潜在问题，那就是，许多评价语词，难以区分为厚薄类。例如，"just""fair""impartial""rights""autonomy"和"consent"，对于这些概念来说，受世界引导或描述义是一个程度问题，将它们二分为厚或薄，是过度简化（considerable oversimplification）。（Scheffler 1987：417－418）

　　后来，Williams 回应 Scheffler，赞同"厚"具有程度性，他说："在厚概念和薄概念之间存在一个重要的概念类"。（Williams 1995：234）这个回应并不蕴含 Williams 必须拒绝他早期的功能观。如果薄度和厚度都具有程度性，并且薄概念和厚概念都没有穷尽所有的评价概念。这两个主张并不说明，厚薄之间的差异只是一个程度问题。这可以用一个类比加以说明：相信 P 与不相信 P 是相互排斥的范畴，二者都具有程度性，都不能穷尽所有的信念状态，因为判断的搁置（suspension of judgment）也是可能存在的。但是相信 P 与不相信 P 之间的差异不仅是程度问题。两种信念具有种类差异，前一个信念是对 P 的肯定，后一个信念是对 P 的否定。同理，厚薄概念也具有种类差异，即使它们是相互排斥的程度范畴，没有穷尽所有的评价概念。因此，Scheffler 的观点以及 Williams 的让步，并不说明 Williams 早期的功能观是错的。

3.1.3　语用观

　　关于厚薄语词的种类差异，除了功能观和概念结构观外，还有语用观。根据语用观，（Varynen 2013）厚语词的评价义不具有真值条件，只是在使用中才有评价义，而薄概念的评价义具有真值条件。厚语词的评价义不具有真值条件，是因为它们被看作语用前提,(Gibard 1992;Cepollaro & Stojanovic 2016)规约隐含(Hare 1952;Hare 1981)或会话隐含。(Blackburn 1992, 1998;Zangwill 1995)语用前提,规约隐含或会话隐含随着语境发生改变,但不影响其所在话语的真值。

我们先看语用前提。语用前提是说话人说一句话时的背景或认为想当然的命题,属于会话的共同基础。例如,

(1)张三是**慷慨的**。

前设了

(2)张三的行为**好**。

作为语用前提,(2)可以随语境变化被撤销,但不影响(1)的真值。例如在一个需要节俭的环境里,(1)就不前设(2),而前设了

(3)张三的行为**不好**。

语用前提观的一个困难是,它不能解释反感评价语词。如果一个人对慷慨行为很反感,那么他不会与人共享"慷慨"所传递的评价义,而前提为会话**双方所共享**。

如果将厚语词的评价义看作规约**隐含**,它同样不是具有真值条件。根据 Grice(1975:25),规约隐含由句中的某些语词生成,但不是话语真值条件内容。例如,

(4)李四矮小但力气大。

这句话的规约隐含是:李四的矮小与他的大力气不相称。

显然,这个规约隐含不是(4)的真值条件,而是由"但"的恒常意义所产生的。这种隐含与话语具有可拆分性(detachable)。(Grice,1975:39)而厚语词的评价义就是在这个意义上具有可拆开性。如果带有厚语词的话语通常所传递的评价是规约隐含,那么厚语词在意义上具有内在的评价义,但不是真值条件。但规约隐含观面临这样的困难:归约隐含通常不会像带有厚语词的话语所传递的评价那样容易被撤销。例如,如果我们说,"不管李四的矮小是否与他的大力气不相称,李四矮小但力气大",就显得怪异。但如果我们说,"不管张三的行为是否为好,他是慷慨的",这是可接受的语言表达。

如将厚语词的评价看作会话隐含,它也不是话语真值条件的一部分。即使会话隐含为假,话语的真值不会改变。这种隐含具有会话性质,是因为其推理需要说话人的话语,并依赖于语境观察和合作交流规则,如合作原则的四个准则。会

话隐含可以被强化,也可以被撤销,比如:

(5) 一些老师来了。

会话隐含了:

(6) 不是所有的老师都来了。

这个会话隐含可以被强化为

(6a) 一些老师来了,但不是所有老师。

会话隐含(6),也可以被撤销,如

(6b) 一些老师来了,事实上,所有的老师都来了。

(6a)和(6b)都很自然,不让人觉得奇怪。而含有厚评价语词的评价义是不能被强化或取消的。如果我们给予如下强化或撤销,就显得奇怪或笨拙,如:

(2a) ＊ 张三是**慷慨的**,并且他的行为**好**。

(2b) ？ 张三是**慷慨的**,事实上,他的行为**不好**。

(2a)和(2b)是不恰当,甚至不合法的使用,所以我们不能用会话隐含来解释评价义所有语用观面临的一个共同困难是,他们必须解释:为什么(7)中的薄语词"好的"的评价义具有真值条件,而(8)中的厚语词"慷慨"的评价义却没有真值条件?

(7) 茶是**好的**。

(8) 张三是**慷慨的**。

语用观认为(7)具有真假值,是因为断定茶是好的,总是相对于某个人的需要,而人的需要属于事实领域,说茶好,只不过是陈述世界中的一个事实,(朱志方,2017:46)对事实的陈述,就具有真假值。

然而,在逻辑实证主义看来,(7)中的评价义"好的"和(8)中的评价义"好的"同样不具有真值条件,因为它们传递的是没有事实基础的感觉、情绪或价值。感觉、情绪或价值因人而异,"人们只是持有某种价值观,或相信某种价值观,或不相信(People simply held certain values or believed in certain values or did not)",(House 2001:313)因而,无所谓真假。

Putnam(1981)拒绝认为(7)之类的陈述无真假值,因为他把真看作在理想条件下的一致理性可接受性或辨明性("convergent" rational acceptability or justifiability under ideal conditions)。可接受性或可辨明性,依赖于认识价值

（epistemic values），如一致性、简洁性、工具有效性等。这等于主张：真值的赋予等同于评价陈述。如果真值归因是评价性的，那么我们需要假定，至少有些陈述（包含评价陈述）具有真假值，不然，具有真假值的陈述与不具有真假值的陈述之间的区分就垮掉了。

既然评价义是否具有真假值，并无定论，那么以评价义有无真假值来区分厚薄语词，也无定论，由此，语用观难以成立。

3.2　程度差异观

既然持守厚薄语词的种类差异，有如上所述的诸多疑难，我们是否应该赞同上文提到的 Scheffler 的程度差异观呢？

根据 Scheffler 的研究，厚薄语词只有程度差异，没有种类差异。他认为，评价语词是一个描述厚度或详略度连续统（a continuum of descriptive thickness or specificity），厚薄语词位于连续统的两端，两者之间没有绝对的分界线。例如，"好"或"坏"，位于薄语词一端，描述厚度或详略度最低，使用范围最广，kind、compassionate 和 cruel 位于厚语词一端，描述厚度或详略度最高，使用范围最窄。非归约理论者一般不聚焦于厚语词的详略度，而归约理论者用语词拥有多少描述内容作为其成分，来解释厚语词的详略度。一般来说，一个语词必须拥有足够的详略度或足够的描述内容，才可靠近连续统的厚语词一端。

支持连续统或程度差异，有以下三个理由（Kyle 2016：1）有些薄语词，比其他薄语词的使用范围窄。比如，good 可以用于行为、人、食物、汽车等，而 right 对这些范围不能全部适用。这表明，评价语词存在薄度。2）有些薄语词蕴含描述内容，例如，薄语词 ought 蕴含了 can 这个描述内容。即使 can 不是 ought 的成分，这个蕴含至少缩小了 ought 的使用范围，使其靠近厚语词一端，尽管它还是相当的薄。3）在厚薄语词之间，似乎有一个模糊区域，例如，just 是否有足够的详略度或足够的描述内容被算为厚语词，并不清楚，但也难以将其划为薄语词。因此或许 just 是厚薄语词之间的一个临界个案。

然而，这三个考虑并不能严格地证明厚薄语词不具有类型差异。Kyle（2016）以相信和不信为类比。有些信念比其他信念的使用范围窄，例如，数学信念（mathematical beliefs）和感知信念（perceptual beliefs），感知信念可以适用于所有动物,但兔子却没有复杂的数学信念。在相信和不信之间也有一个模糊区域,如半信半疑的状态。然而,两个信念状态之间却具有种类差异。因此上述三个理由似乎只支持连续统观,但没有办法拒绝种类差异。但是 Hare 提出牢固黏附观可以逃避这一个问题。

3.3　牢固黏附观

Hare(1963;1989)的牢固黏附观(firm attachment view)认为,厚薄语词都包含了评价和非评价信息。它们之间的不同在于,薄语词更牢固地黏附(more firmly attached)了评价义,而不是描述义,而厚语词更牢固地黏附了描述义,而不是评价义(Hare,1963:24-25;Hare,1952:121-122)。所谓"更牢固地黏附",就是,在使用中,不易发生改变。例如,如果你用"it is good to kill"来表达"it is bad to kill",这是对 good 的错误理解或误用,但如果你用 good 来描述撒谎、失信、杀人、折磨等行为,有可能被接受,例如,我们可以说 That's a good lie。这说明,good 的评价义比它的描述义更黏附在语词上。但是,对厚语词来说,情况相反。如果我们用 selfish 来正面评价行为,不会被误解,但是如果我们用 selfish 来描述慷慨行为,就会被误解,或被指控为误用了 selfish。这说明 selfish 的描述义比它的评价义更牢固地沾着在语词上。(Hare,1989:125)

Hare 的牢固黏附观似乎是对种类差异观和程度差异观的综合,既有程度的前设,又隐含了种类差异。厚薄语词的区分,以评价义和描述义黏附如何紧密为标准,这似乎是个程度问题。Hare(1989:125)自己也承认,牢固黏附"只是一个概率和程度问题"。然而,Väyrynen(2016)认为,如果以语义和说话人意义为标准,又是一个种类差异。如果厚语词的描述义是语义,它们的评价义是说话人意义,对于薄语词来说,刚好相反,即其评价义是语义,其描述义因其随语境变化而成为说话人意义。那么,Hare 的关于哪种意义更紧密地黏附在语词上的提议,呈现了种类差异。Kyle(2016)从另一个视角论证,其术语"more firmly attached"标出了一个种类差异。他给出的是一个类比理由:一个对母亲比对父亲更依恋的孩子与一个对父亲比对母亲更依恋的孩子在本质上是不同的。而这两类孩子在性质上都不同于对父母都同样依恋的孩子。同理,Hare 的表述,实际上,隐含了评价语词的三种类型:厚语词、薄语词、既不薄又不厚的语词。Hare 从未提过第三种类型,但从他的论证思路,可以推导出 Scheffler 所说的一类潜在的不厚不薄的评价语词。

然而,Hare 的牢固黏附观需要对以下极具争议的问题给出合理的解释。

第一,薄语词是否有描述义?并没有定论。而牢固黏附观事实上否认薄语词是纯评价概念;认为薄语词(如 good)的实际使用,总是负载有某种描述义。但这并不能说服其对立面,即薄语词没有描述义。

第二,Hare 用评价义和描述义来框定厚薄语词的区分,这承诺了极具争议的分离观(Väyrynen 2016)或还原观(Kyle 2016),即厚语词可以分离或还原为评价义和描述义两个成分。但如果我们将评价语词看作用来做两类言语行为,即描述和评价,似乎可以避免这种承诺,(Väyrynen 2016;Kyle 2016)因为从言语行为的角度看,Hare 所说的改变,不是意义的改变,而是行为的改变。例如,尽管我们通常用generous 做正面评价的言语行为,说话人用其做负面评价,这仍然是可以被理解的。由此,评价义和描述义不被看作语词意义,而是将黏附不紧密的意义看作说话人意义。于是,厚语词的说话人意义只是评价义,而薄语词的说话人意义只是描述义。这正好与语用观不谋而合:语用观将厚语词所传递的评价义看作由会话机制所解释的说话人意义。然而,语用观,如前所述,也并不具有说服力。

四、从事件域视角解释评价语词的厚薄差异

以上三种观点,即种类差异观、程度差异观和牢固黏附观,从不同侧面解释了评价语词厚薄差异类型。如果我们以评价语词是否具有实质性描述内容来判断其厚薄性,那么这三种观点都似乎赞同:薄语词是没有实质性描述内容的评价语词,厚语词具有实质性描述内容。三种观点不同的是:对于种类差异观来说,Williams 的功能观中,实质性描述就是受世界引导;概念结构观中,实质性描述就是厚语词概念结构中的要素;语用观中,实质性描述就是语词具有的真值条件内容。对于程度差异观来说,实质性描述,就是拥有足够的详略度或足够的描述内容。而 Hare 的牢固黏附观,其实质性描述,就是其描述义比评价义更牢固地黏附于评价语词。但我们看到,每种观点都有来自其对立面的挑战,比如,有学者反对薄语词没有实质性描述内容的观点,坚持认为薄语词也有描述内容;薄语词也受世界引导;评价义是否具有真值条件内容,也没有定论;程度差异观的主张并不能排斥评价语词具有种类差异,并且描述厚度或详略度连续统并不是一个容易解释

和操作的概念;牢固黏附观对程度差异观和种类差异观都有隐性承诺,因而面临着程度差异观和种类差异观的所有困难。

这些纷争的症结有二:1)没有理清评价语词的逻辑结构;由此导致2)即没有弄清评价语词的厚薄差异是在哪个层次:语义,语用还是语词形式? 为了解决这两个困难,我们引入事件域认知模型这个概念。

4.1　事件域认知模型

Davidson(1967)最早用事件概念研究自然语言的逻辑结构。之后出现了大量有关事件概念的语言研究(Vendler 1967;Talmy 1985;等等),着重建构以动词为中心的事件语义学。王寅(2005)在前人研究的基础上提出了事件域认知模型(ECM),如图1所示:

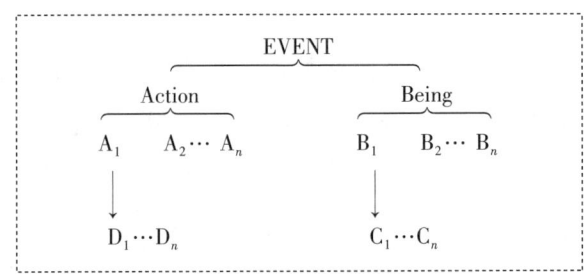

图1　事件域认知模型(王寅,2005:18)

图1表明,一个基本事件域(EVENT)主要包括行为(Action)和事体(Being)两大核心要素。一个行为可以由多个具体的子行为或子动作(如图中的 A_1, A_2… A_n)构成。事体指人、事物、工具等实体,也可包含抽象或虚拟的概念。一个事体可以包括多个成员(如图中的 B_1, B_2… B_n)。事件域的两大要素都具有层级性,体现为一个动作或一个事体可分别具有很多典型的特征性或分类性信息(由 D 和 C 表示)。

4.2　评语词的逻辑结构

ECM 模型可用于解释评价语词的内在逻辑结构。评价语词涉及评价事件。根据 ECM 模型,评价事件的逻辑结构是:评价行为+事体(评价主体、评价对象、评价标准)。该逻辑结构为所有评价语词(不论厚薄)拥有,也就是,厚薄评价语词有相同的逻辑结构,一个评价事件必须包含评价行为、评价主体、评价对象、评价标准成分,缺一不可。但,这四个成分在语词中的地位各不相同:评价行为和评价对象是选择性的,可以同时出现,如恶习(评价行为+评价对象),也可单独出现或不出现,如"好",只出现评价行为,没有评价对象;而"草包",只出现评价对象,看不到评价行为。前者的评价对象和后者的评价行为,在语境中可以具体确定。例如:

(9)他是一个**好学**生。

(10)这个**草包**,不能用在重要的职位上。

在(9)中,"好"的评价对象是学生,而在(10)中,一个无价值的东西"草包",被用以指称某个人,而成为评价对象,由此引申出一个评价行为,即"该人无使用价值"。这犹如"薛定谔的猫",在没有被放在实际语境中观测之前,其生或死是不能确定的,但猫的生死叠加态(量子叠加态)本身就在生命过程中存在着,且是生物生存不可缺少的。(尹章琦 2012)同理,"好"的评价对象和"草包"的评价行为有多种可能,是不能确定的,但是评价对象和评价行为是评价事件成为评价事件不可缺少的。从词形上看,如果评价行为和评价对象同时出现,就是学者们所说的厚语词,如果语词中只有评价行为出现,就是学者们所说的薄语词,而只有评价对象出现的情形,学界没有将其归入任何类,本文认为,相对"恶习"这样的厚语词而言,可将其归入薄语词。另外两个成分,即评价标准和评价主体,几乎不出现在评价语词中。尽管它们在评价语词中隐而不见,却是一个评价事件中同等重要的成分,不可或缺。

从上面的分析来看,学界所说的评价语词的厚与薄,不是语义的或功能的,也不是概念结构的,更不是语用的,而只是语词形态结构上的特征,鉴于此,讨论其类型差异,就没有多大的意义。

通常情况下,语言形式具有介质性,(Li 1999;王爱华 2014,2017)即一个语言形式,应该被看作意义空的物质材料,可以承载任何意义。人们可以在语境中对其进行各种语法的、语用的、认知的或修辞的操弄,这些操弄可以是理性或非理性的,也可以是科学的或艺术的。由于篇幅所限,关于这些操弄的讨论,留待另文。

参考文献:

[1] Blackburn, S. Through Thick and Thin[J]. *Proceedings of the Aristotelian Society*, 1992, 66:

284 - 299.

[2] Blackburn, S. *Ruling Passions*[M]. Oxford: Oxford University Press, 1998.

[3] Cepollaro, B. & I. Stojanovic. Hybrid Evaluatives: In Defense of a Presuppositional Account [J]. *Grazer Philosophische Studien*, 2016, 93(3).

[4] Dancy, J. "Practical Concepts," in S. Kirchin (Ed.) *Thick Concepts*. Oxford: Oxford University Press, 2013.

[5] Davidson, D. Truth and meaning[C]. Davidson, D. *Inquiries into Truth and Interpretation* (Second Edition). Oxford: Clarendon Press, 1967.

[6] Gibbard. Thick Concepts and Warrant for Feelings. *Proceedings of the Aristotelian Society*, supplementary Vol. 66: 267 - 283. Grice, H. P. 1975. Logic and Conversation. in Grice 1989. *Studies in the Way of Words* (22 - 40)[M]. Cambridge, MA: Harvard University Press, 1992.

[7] Julia, A. Learning virtue rules: the issue of thick concepts[C]. Julia, J. Narvaez, D. & E. Nancy. Snow (Eds.) *Developing the Virtues: Integrating Perspectives* (pp. 224 - 234). New York: Oxford University Press, 2016.

[8] Hare, R. M. *The Language of Morals*[M]. Oxford: Oxford University Press, 1952.

[9] Hare, R. M. *Freedom and Reason*[M]. Oxford: Clarendon Press, 1963.

[10] Hare, R. M. *Moral Thinking*. Oxford: Clarendon Press, 1981.

[11] Hare, R. M. *Essays in Ethical Theory*. Oxford: Oxford University Press, 1989.

[12] House, E. R. Unfinished Business: Causes and Values. *American Journal of Evaluation*, 2001, 22 (3).

[13] Hunston, S. Evaluation and Organization in a Sample of Written Academic Discourse[C]. M. Coulthard (Ed.), *Advances in Written Text Analysis* (pp. 191 - 218). London: Routledge, 1994.

[14] Kyle, B. G. Thick concepts [J/OL]. *The Internet Encyclopedia of Philosophy*, 2016. http: // www.iep.utm.edu/thick.co/.

[15] Li, Youzheng. Verbal Medium and Constitution of Meaning[J]. *International Journal of Applied Semiotics*, 1999, 1(1): 59 - 82.

[16] Martin, J. R. & P. R. R. White. *The Language of Evaluation: Appraisal in English*[M]. London: Palgrave, 2005.

[17] Putnam, H. *Reason, Truth, and History*[M]. Cambridge: Cambridge University Press, 1981.

[18] Scheffler, S. Morality Through Thick and Thin: a Critical Notice of *Ethics and the Limits of Philosophy*[Williams 1985][J]. *Philosophical Review*, 1987, 96 (3).

[19] Talmy, L. Lexicalization patterns: semantic structure in lexical forms[C]. Timothy, S. (Ed.) *Language Typology and Syntactic Description*. Vol. 3: 57 - 149. Cambridge: Cambridge University Press, 1985.

[20] Wang, Aihua. A semiotic understanding of thick terms[C]. Yi Jiang & E. Lepore (Eds.). *Language and Value. ProtoSociology*, 2014.

[21] Väyrynen, P. *The Lewd, the Rude and the Nasty* [M]. New York: Oxford University

Press，2013.

［22］Väyrynen，P. Thick Ethical Concepts［J／OL］. *The Stanford Encyclopedia of Philosophy*，Edward N. Zalta（Ed.）.［2016］http：∥plato.stanford.edu／archives／win2016／entries／thick-ethical-concepts／.

［23］Vendler，Z. *Linguistics in Philosophy*［M］. Ithaca，NY：Cornell University Press，1967.

［24］Williams，B. *Ethics and the Limits of Philosophy*［M］. Cambridge，MA：Harvard University Press，1985.

［25］Williams，B. Truth in Ethics［J］. *Ratio*，1995，8(3)：227–242.

［26］Zangwill，N. The Beautiful，the Dainty and the Dumpy［J］. *British Journal of Aesthetics*，1995，35 (4)：317–329.

［27］刘世铸.评价的语言学特征［J］.山东外语教学，2007，(3)：11–16.

［28］刘世铸.评价理论在中国的发展［J］.外语与外语教学，2010，(5)：33–37.

［29］彭宣维.系统功能语言学的学理及发展走向［J］.中国外语，2017，(1)：10–14.

［30］沈家煊.当代国外语言学与应用语言学文库总序之一［J］.外语教学与研究，2001，(5)：385–386.

［31］王爱华.对负荷语词的符号学解释［M］.载于江怡，厄内斯特·勒坡［美］.语言与价值.北京：中国社会科学出版社，2017.

［32］王寅.事件域认知模型及其解释力［J］.现代外语，2005，(1)：17–26.

［33］王振华.评价系统及其运作——系统功能语言学的新发展［J］.外国语，2001，(6)：13–20.

［34］尹章琦.我们都是薛定谔的猫［J／OL］.［2012］http：∥tech.ifeng.com／discovery／special／guokr–2012–8／detail_2012_08／30／17214151_0.shtml.

［35］张德禄，刘世铸.形式与意义的范畴化——兼评《评价语言：英语的评价系统》［J］.外语教学与研究，2006，(6)：423–427.

［36］朱志方.价值还原为事实：无谬误的自然主义.载于江怡，厄内斯特·勒坡［美］.语言与价值［M］.北京：中国社会科学出版社，2017.

感言：

王先生对我的帮助、提携与影响是多方面的。记得第一次跟王先生近距离接触，是在广外读博期间聆听他的讲座，映入脑海的是他那理性中交融着的激情。我虽然不是他门下的弟子，却曾有机会直接登堂聆听王先生授业。大概是 2007 年夏，王先生给川大博士生上认知语言学课，他欣然应允我旁听。此后，几乎每年都能在中西语言哲学研究会的年会和夏日书院，享受王先生所带来的学术美餐，每餐都是激情、理性、博识和创新的大荟萃。他的课堂和讲座，总是纲举目张（他每次上课或讲座都有一个逻辑非常清楚的纲目。他常说："手中有个纲，心中就不慌"），旁征博引，理性中洋溢着激情与执着，让人醍醐灌顶，又催人奋进。正是通过这些课堂和讲座的聆听和学习,使我对认知语言学有大致的了解,并产生了浓厚的兴趣,我正在研究的汉语评价语词项目,就有一部分专门用认知语言学的构式观来阐释汉语评价语词的认知理据。这里的文章,也受到王先生的"ECM"模型的启示。他的许多创新思想,是我对研究生必讲的主题,如他从单向的毕因论、认识论和语言论,到双向的后现代人本观,汇聚出多向的体验人本性,即SOS的主客主多重互动模式;在批判和继承Langacher、Lakoff、Talmy等学者提出的概念结构和句法构造理论的基础上,提出的事件域认知模型ECM;在国外认知语言学的基础上,提炼出本土化的"体认语言学";根据现实—认知—语言的体认原则,提出的命名转喻观,等等。类似创新,在王先生的著述中,随处可见。作为我的博士论文答辩会委员,王先生给我的论文提出了行家的批判和建议。王先生曾不厌其烦地反复修改我的论文"引语的不确定性",然后推荐发表。王先生十分关心我的学术成长,曾推荐我读张克定先生的博士后,后又费很多周折,打算调我到川外刚成立的语言哲学研究所,两件事虽因各种原因没能顺遂,我却深深感受到了王先生对我这个后学的关爱和所寄予的厚望,这常激励我在感恩中努力前行。吾将永远感念这位我尊敬的前辈的多方帮助提携和关爱。在王先生70寿辰之际,谨此祝王先生健康长寿、福乐无尽、新著连连!

(作者:王爱华教授;工作单位:电子科技大学)

"常识演绎"和"格高致远"

席留生

王寅先生是中国语言学界广为人知的大学者。他学贯中西,醉心学术,乐此不疲,同时享受着学术研究带给他的无穷乐趣;他学术视野开阔,巨笔如椽,著作等身,在语言哲学、认知语言学、语义学、对比语言学等领域著述丰厚。王先生的学术成就不仅令人高山仰止,也令人充满好奇。在认知语言学界和语言哲学领域,王先生用力尤勤,笔者拟从"常识演绎"和"格高致远"两个方面来管窥一下他的为学之道。

王先生在学界有两个让人耳熟能详的观点:一个是认知语言学的核心原则;另一个是体验哲学。前者已成常识,后者亦众所周知。先从前者说起,他为认知语言学下的定义如下:

> 坚持体验哲学观,以身体经验和认知为出发点,以概念结构和意义为研究中心,着力寻求语言事实背后的认知方式,并通过认知方式和知识结构等对语言作出统一解释的新兴的、跨领域的学科。

该定义被先生进一步概括为:现实—认知—语言,称之为认知语言学的核心原则。随着越来越多的人投身该领域,这条原则早已成为关于认知语言学的一个常识。以该常识为前提,王先生通过大量具体的语言研究,将之演绎得丰富多彩,精彩纷呈。

在任意说大行其道之时,先生就在认知语言学的框架中论述了像似性,引起了学界的密切关注。索绪尔主要依据词层面尤其是单词素词认为语言具有任意性，即使拟声词的存在似乎也不能否定该原则。今天人们认为，语言中的单词素词数量较少，大多由多词素构成，如派生词、复合词等，它们多是有理据的。而且语言除了词层面之外，还有词组层面、句子层面、篇章层面，我们不可一叶障目，不见泰山，不能仅以一个层面的部分现象来概说语言整体的性质。今天学界基本接受了像似性理论，先生功不可没。

在"体验哲学和认知语言学对词法和词汇成因的解释"（王寅、李弘 2004）一文中，他们指出，人类概念的形成始于对空间和自身的认识，然后通过隐喻策略得以扩展成概念系统，该观点同样适用于词汇和词法的形成。一个词语起初有一个中心意义（又叫基本意义），然后通过隐喻机制扩展出若干其他意义。词法中的词性分类也可据此作出合理解释。Langacker 依据生活中的凸显（profile）原则把主要的词类范畴先分为两大类：事物（thing）和关系（relation），名词被定义为事物，动词和其他词类被定义为关系。然后，人们再根据构想时间（conceived time），运用隐喻机制将关系分为"时间性关系（temporal relation）"和"非时间性关系（atemporal relation）"，前者就是过程，对应于动词；后者对应于介词、连词、形容词、副词。然后，再根据射体（tr）和界标的隐现情况继续作出区分。

在《认知语言学》（王寅 2007）一书中，王先生提出了事件域认知模型（ECM），且运用它对词义变化的方式和反义同词的现象给出了令人耳目一新的解释。如对善恶同词的解释，王先生引入了对立统一的辩证法思想：不同的人对同一事体从不同的角度会作出相反的判断。例如，英语单词 sanction 既有"批准、支持"的意思，又有"禁止、制裁"的意思，因为获利的一方无疑会支持，而受损的一方肯定会禁止。

在短语结构层面，王先生的研究对象包括成语、副名构式、汉语动名构式与英语 VN 构式的对比，等等。"汉语'副名构造'的认知构造语法分析"（王寅 2009）一文基于该结构的特殊性句法、语义、语用特征，提出了词汇压制的观点，认为结构中的名词在副词的压制下，指称功能减退，内涵意义凸显；该构式在其他"正常构式"的压制下获得合法性，是为惯性压制。如在"他举止很轻盈、很文雅，也很淑女"中，前面两个正常构式的压制使得"很淑女"也变得"顺理成章"。该研究提出的词汇压制观和惯性压制观修补了 Goldberg 单一的构式压制观。关于词汇压制的研究思路也见于王先生的"'新被字构式'的词汇压制解析"（王寅 2011）一文中。该文运用词汇压制的方法，分析了"被就业"等构式表达的句法、语义和语用特性。

句子层面的构式分析是王先生着力较多的领域，尤为赫然的也许是对英汉语中的双宾构式和动结构式的研究。《构式语法研究（下卷）：分析应用》（王寅 2012）前两章研究了英语的双宾构式，第三章研究了汉语的双宾构式。第一章引入了"构式程序分析图"，点线分明地分析了该构式的原型意义和扩展用法，让人一目了然。第二章提出了"映合原则"，以补充 Lakoff 和 Johnson 隐喻认知理论中"不变原则"之不足；在对双宾动词的分类上采用了五分法，形成了关于英语双宾动词的连续体：显性传递—潜性传递—零传递—阻断传递—负传递。第三章把汉语的双宾构式的语义分为正传递和负传递，指出 Langacker 双宾构式两段论分析之不足，提出了"三段论"的解读方案。

语篇分析是认知语言学的新领域，Langacker（2008）将之界定为前沿（frontier）。王先生是认知语言学应用于语篇分析的先行者，成果主要见于"认知语言学与语篇分析"（2003）、"认知语言学与语篇连贯研究"（2006）、"修补的认知参照点原则与语篇建构机制"（2011）等文。

从认知语言学的核心原则看，翻译的本质不在于语际转换，而是认知方式的转化，这无疑又指出了翻译研究的一个新方向。所谓"对等"，只不过是如何将认知方式从一个民族尽可能较好地转换为最为妥当的另一种民族的认知方式。王先生已写成《认知翻译学》一书，作为国家社科基金后期资助项目，我们期待着该书早日与我们谋面。此外，王先生有一篇题为"认知语言学的'体验性概念化'对翻译中主客观性的解释力"（2008）的文章，以其摘引率高而为人熟知和称道。该文基于"枫桥夜泊"一诗的 40 个英文译本，详解了翻译中的客观性和主观性，为翻译鉴赏和翻译实践提供了范例和框架。

以上算是"常识演绎"。值得指出的是，这些研究虽然涉及语言的不同层面，介入不同的语言现象和事实，但有一点是共通的，他们都是从不同的角度和侧面诠释"现实、认知、语言"三者之间的关系，体现语言是人对现实世界的互动体验和认知加工的结果——这一王先生倡导的体认语言观。

下面谈体验哲学。它诠释的是格高致远。欲了解体验哲学，必须了解王先生的语言哲学研究。我们知道,他在世纪之交开始从语义学研究进入语言哲学研究,十年磨剑,我们看到了两卷本的《语言哲学研究》(2014)。

在这两本书中,王先生清晰流畅地梳理了西方哲学和语言哲学的历史、主要内容和研究方法,明确了主要语言学流派的哲学基础,发展了中国后语言哲学理论。

我们知道,西方哲学经历了三次转向:古希腊哲学的毕因论转向(过去多译为本体论),近代哲学的认识论转向,现代哲学的语言论转向。在此基础上,王先生提出了哲学的第四转向——后现代主义。我们现在就处在后现代哲学时期。他认为,后现代哲学的发展又大致分为三个时期:(王寅,2014:442)

第一期:从海德格尔、伽达默尔的人本哲学到法兰克福的批判学派,主要特征为"人本性、批判性"。

第二期:12位法国后现代哲学家及奥美意学者,主要特征为反传统、超基础、去中心、非理性、后人道、多元化、破坏性、解构性。

第三期:建设性后现代主义,以英美学者为主,也包括中国学者。主要特征为"建设性、体认性"。

中国后语言哲学是在西方分析哲学式微之时出场的,是西方不亮的时候在东方点亮的一盏语言哲学的明灯,是立足本土、洋为中用的语言哲学,是后现代哲学大潮中的弄潮儿。它属于后现代哲学的第三期。

钱冠连先生(2015:247-248)所提出的"中国后语言哲学"定义了三个方面的涵义:一、继承和发掘分析哲学中的营养和智慧;二、不炒作西哲的老问题,而是"节外生新枝";三、新枝(新理论)要落实在于现代语言研究相关的所有领域内。王先生认为,钱先生的中国后语哲主要包括四项原则:

一、创新性。就是要吸取西方语言哲学,主要指20世纪英美分析哲学和欧陆人本哲学中的丰富营养,学会其分析问题的方法,而不去炒作它的老问题。

二、分析性。就是要通过从日常社会生活中寻找具体的语言问题,从词语分析找入口,从"世界与人"的哲学大道理上找出口,在理论上做升华处理,管好入口与出口。

三、多样性。选题与风格要多样化，大力倡导各路学者(哲学界、语言学界、逻辑学界、心理学界、人工智能学界等)携手合作，扬各家所长，营造一个"百花齐放，百家争鸣"的新局面。

四、合璧性。就是中国后语哲研究要走"洋为中用，中西合璧"之路，既要阅读西方学者的学术论著，也要重视我国先哲的有关文献，大力开发汉语语境下的语哲研究新方向，努力实现西语哲的本土化。(王寅 2014：485)

王先生提出的 SOS 理解模型、体验性人本观、事件域认知模型、体认语言学等既是西方理论本土化的研究结果，也是中国后语言哲学的重要组成部分，是我国语言学界重要的推动力量，也代表了学界的长足发展。

作为认知语言学的哲学基础，体验哲学倡导语言体认观，"体"是互动体验，"认"是认知加工，互动体验是客观的，认知加工是主观的，语言是对基于人们对现实世界互动体验的认知加工的表征。体认语言学的核心原则正是体验哲学和中国后语哲语言观的体现。在语言和现实之间，认知是中介，是桥梁。但何为认知，如何认知，要给出满意的答案并非易事，王先生通过细化认知过程给出了答案。该认知过程为：(王寅 2014：526‐528)

首先在主客互动体验的过程中通过感觉、知觉、意象建立了意象图式；基于此构建出范畴和概念，同时形成意义；当人们用语言形式将这一思想揿住，这就是词汇化和语法化，以便形成表达和交流。

人类通过对现实世界的互动体验形成了基本的意象图式，据此也就形成了"认知模型(cognitive model，简称 CM)"。若干个 CM 之和可构成一个"理想化认知模型(ICM)"，它主要运用四种原则建构而成：命题结构原则、意象图式原则、隐喻映射原则、转喻映射原则。后两种原则的运作机制也以意象图式为基础。

面对该过程的解析，我们似能对常识如何能得以丰富性演绎产生一些感悟。

认知语言学和体认语言学是在后现代哲学思潮中发展起来的，像每一种语言学理论都带着时代哲学的烙印一样，它们更是打上了体验哲学的烙印，是在后现代哲学基础上产生和发展起来的。王先生及其团队所大力倡导的认知语言学和体认语言学都是在后现代哲学（包括体验哲学、语言哲学新发展、中国后语哲）的统摄下展开的。

在此思路下，王先生及其团队既研究语言现象，又致力于认知语言学和体认语言学的学科建设。到目前为止，关于语言体验性的文章已发表 200 多篇，基本上囊括了该学科的所有分支，包括认知音系学、认知句法学、认知构式语法、认知翻译学、认知社会语言学、历史认知语言学、新认知语用学等。

对于国外的认知语言学理论，王先生的研究实践很好地诠释了继承、发展和创新的关系，做到了既能入乎其内，又能出乎其外；既能换理论为方法，又能创新理论。这里略举两例。一是在 Goldberg 提出构式压制的基础上，提出了词汇压制，词汇压制和构式压制互动，这方面的研究如"构式压制和词汇压制的互动及其转喻机制"（王寅 2013），"汉语'副名构造'的认知构造语法分析"（王寅 2009）等。二是"认知语言学的'体验性概念化'对翻译中主客观性的解释力"（2008）一文。在该文中，王先生运用了 Langacker 提出的识解，但不是为别人做注脚，而是反客为主，将之化为自己 SOS 理解模型。

体验哲学是王先生审问各种语言学理论尤其是认知语言学等的理论基础，是他审视语言现象和问题的独到视角，是他研究语言问题的方法论，也是化理论为方法的工具，在他手里成为亦道亦术的东西。是为道，格固高；道术一体，故能致远。站在哲学的制高点上，鸟瞰各种语言学理论和语言现象，不仅见得广远，识得明白，而且能看到研究不完的问题，并且总能为所研究的问题找到适切的方法。这就是王先生的为学之道吧。

最后，以王先生的三句话与诸君共勉：

第一句话送给语言学方向的硕士生和博士生：你们选择语言学作为专业目标，本身就站在了时代的最前沿，肩负着时代的重任，实属"上对花轿嫁对郎"之举。这一事业值得我们将终身托付给它！

第二句话送给外语界和中文界的同行：认清形势，把握机遇，尽快进入语言学理论前沿，迅速融入世界人文学术大潮之中，努力掌握西方语言哲学以及中国后语哲的理论和方法，不负自己的光荣使命！

第三句话送给我国综合性院校的校领导们：倘若心中有丝毫让"外国语

学院"边缘化的念头,将其置于"不为"之列,那都是人文素质较差之体现,终将会被淹没在后现代人文大潮之中!

时值王先生七十寿诞即将到来之际,在此赋诗一首,由衷心祝福先生寿比南山,学术之树常青。

视通万里眼界宽,
思接千载事事兼。
语言体认为鸟瞰,
俯首问学耕耘勉。

著作等身鲜比肩,
大义文书播微言。
情怀殷殷诚可盼,
语学明朝春盎然。

参考文献:

[1] 钱冠连.后语言哲学之路[M].北京:外语教学与研究出版社,2015.

[2] 王寅.认知语言学分支学科建设[M].北京:高等教育出版社,2016.

[3] 王寅.语言哲学研究(上/下卷)[M].北京:北京大学出版社,2014.

[4] 王寅.构式压制和词汇压制的互动及其转喻机制[J].外语教学与研究,2013,(5):657-668.

[5] 王寅.构式语法研究(上/下卷)[M].北京:外语教学与研究出版社,2012.

[6] 王寅."新被字构式"的词汇压制解析——对"被自愿"一类新表达的认知构式语法研究[J].外国语,2011,(4):13-20.

[7] 王寅.修补的认知参照点原则与语篇建构机制[J].外语与外语教学,2011,(2):6-10.

[8] 王寅.汉语"副名构造"的认知构造语法分析法——基于"压制、突显、传承、整合"的角度[J].外国语文,2009,(4):1-8.

[9] 王寅.认知语言学的"体验性概念化"对翻译主客观性的解释力——一项基于古诗《枫桥夜泊》40篇英语译文的研究[J].外语教学与研究,2008,(3):211-217.

[10] 王寅.认知语言学[M].北京:外语教学与研究出版社,2007.

[11] 王寅.认知语言学与语篇连贯研究——八论语言的体验性:语篇连贯的认知基础[J].外语研究,2006,(6):6-12.

[12] 王寅,李弘.体验哲学和认知语言学对词法和词汇成因的解释[J].外语学刊,2004,(2)：1－6,92.

[13] 王寅.认知语言学与语篇分析——Langacker 的语篇分析观[J].外语教学与研究,2003,(2)：83－88.

（作者：席留生副教授；工作单位：温州大学）

"认知体验观"的旁门"佐"道

——记于王寅先生古稀寿辰之际

彭　昕

一、前言

王寅先生是我国著名的语言学家及语言哲学家,他的"认知体验观"理论不仅在国内外语言学领域获得重要学术地位,更在哲学、逻辑学、翻译学、传播学、符号学等学科得到广泛关注与适用,由此将语言学以及相关学科研究带入了一个更为广阔的境域。更为有趣的是,该理论对于实践操作性极强的体育学原理研究也产生了指"道"意义,开启了"王门旁听生"探索"体育"本源及其哲理的心念。

初识先生是在 2004 年暑假里的"四川外语学院中青年骨干教师培训课"上,非英文科班的我第一次现场聆听先生生动解析英文构词法与记忆法,震撼不能自已,原来枯燥莫名的英语单词还存在这样的认知角度,突然觉得大学数千四、六级单词的死记硬背法多么愚钝;后来断断续续地跟着先生在语言沙龙活动中将了几遍西方哲学史,从此改变了对"哲学就是两片嘴、你说他说都很对"的看法,明白了哲学是一种思维方式、哲学也是洞察问题的角度;再后来也涉及了后现代各家流派,虽然对"后现代状态"不甚了了,但是却触动了本文对产生于近现代的体育现象的思考兴趣:体育到底是什么以及它对人类存在何种意义。

二、体育概念的认知辨析

迄今为止,国内体育理论界对于"体育"这一范畴的内涵认知仍然存在较大分歧(国际上也与此类似),坊间虽有多种观点不同的"体育"定义,但对其外延的界定似乎渐趋一致。经归纳,趋同的原因有二:1)约定俗成。据现有资料,"体育"一词于1897年自日本引进,至今已有一百多年的历史[1],在此过程中,"体育"的外延表现形式呈多样化发展。自二次世界大战以来,尤其是近30年,国内外不仅学校体育飞速发展,而且大众体育也风生水起,竞技体育更是突飞猛进。这些变化使得"体育"一词出现语义延展(semantic extension),体育的外延已远超其初始含义,但是人们却仍然能用"体育"二字涵括这些新旧现象;2)国家认定。1992年11月,国家技术监督局公布国家标准《学科分类与代码》,把"体育科学"列为"人文与社会科学"门类下的一级学科,其下列出12个二级学科;1998年国务院学位委员会、国家教育委员会颁布修订的《学科、专业目录》,体育学被作为"学科门类:教育学"之下的一个一级学科,下设四个二级学科:体育人文社会学、运动人体科学、体育教育训练学、民族传统体育学。由此可见,体育作为一类概念,作为一个学科的总称已经得到公认。那么又是什么原因让体育理论专家、学者们对"体育是什么"犯困呢?究其根源乃在于对"体育"的本质或内涵把握不清,仁者见仁、智者见智,因而意见无法统一到体育科学真理上去。体育学作为一门一级学科,其特定的研究对象自然是体育现象及与此有关的一切联系,那么只有廓清体育现象中"体育"的本质及内涵,才能明确体育学的研究对象同一性,如此才能确保该学科的生存地位和发展前景。

1. 体育内涵认知混乱的原因

依据认知科学理论,表达式"现实—认知—语言"意为客观现实经过体验和认知加工而逐步形成了语言[2],"体育"一词即是人们对体育客观世界经过认知体验以后进行抽象思维加工而成的语言表述,是中文动词"育"和名词"体"的有机结合。一直以来由于体育客观世界变动不居,因此与之对应的"体育"概念的内涵和外延也处于嬗变之中,这种状况增加了对"体育"定义的难度。

1)语言译介致因

"体育"在我国属舶来品。据考证,"体育"一词直接源自日本(只是日文和中文的发音有异),与之对应的英文词为"Physical Education",最初日本文字直译之为"身体教育""体育教育""有关身体的教育",1883年被近藤镇三简化为"体育"。1897 年上海大同译书局出版了康有为收集并编撰的《日本书目志》"第五册·教育门",其中有日本两名学者所著的《体育学》；此后，1922 年随着美国实用主义教育学说和体育理论的传入，我国的"体操"课也改为"体育"课，课的内容由先前的普通体操、兵式体操改为田径、球类、徒手操、技巧运动和游戏等。这种变化可在官方于 1923 年公布的中小学《课程纲要草案》中得到确认[3]。

据现有资料，"体育"（Physical Education）概念肇始于法国。在 18 世纪 60 年代有关儿童教育的著作中已经有法语（educatiou physipue）一词；此后在德国、英国也有了"体育"和"属于教育的身体练习"等类似用语。"体育"一词的产生和应用直接源于当时教育学说的发展，启蒙时代的许多教育家和社会学家都主张应当从道德、知识、身体三个方面对儿童、青少年实施教育。即是说，Physical Education 一词最早是从教育学的角度提出来的，按照我国的语言认知习惯应当与中文的"学校体育"相对应；随后基于体育现象的扩展，体育不再局限于学校教育领域，体育内容也增加了俄国的"卫生保健"、德国的"身体养护、锻炼身体、促进健康和增强体力的身体运动体系"、法国的"锻炼身体的规律"等含义，欧洲各国于是又出现了社会学上的广义"体育"（Physical Culture），日本将之直译为"肉体文化""身体文化"或"体育文化"，而在我国语境中应当与"社会体育"对应。目前，在英语中还存在另一个"体育"（Sport）概念，含义有二：1）体育运动；2）体育项目，该词经历了一个复杂的演变过程，由最初的动词"使自己快乐"到名词"各种体育运动及竞赛、游戏、娱乐"再到后来的"竞技运动、户外活动和保健活动"。20 世纪 80 年代以来，"体育"（Sport）在欧洲普遍用作广义体育的概念来使用，并派生出了 sport for all（大众体育）、top sport（竞技体育）、lifetime sport（终身体育）等[4]，我国也接受了这一观点，如《体育科学》杂志译为 sport science，体育学院及国家体育总局的英文翻译也是使用 Sport。本文认为，"体育"（Sport）正是从体育学的角度提出来的，它的出现定会促进体育学理论的进一步发展。

毋庸置疑，近现代体育是由西方国家所主导，对体育概念的界定自然也受其国家语言文化的影响，每个词语含义的形成都存在其历史文化渊源，我国在引入相关术语时一定要分析其语言文化背景，以便尽量明确术语所对应的客观实际。英语单词或词组 gymnastics, athletics, sport, physical education, physical culture, physical training, physical exercises 等在近现代汉语中常用"体育"一词来译介，这样中文的"体育"概念就被赋予了多重含义,但是通过语义延展,"体育"一词在汉语中确实已经能够表达广义体育(Sport)的含义。但是要探究这么多的各种体育概念所对应的体育现象的共同内涵其难度可想而知。

2)外延广阔致因

概念的外延是指具有概念所反映的本质属性的对象类,即是概念的使用范围。内涵是概念的质,说明概念所反映的对象是什么;外延是概念的量,说明概念所反映的对象有哪些。二者又具有反变的关系:内涵越多,外延越少;内涵越小,外延越大[5]。目前在体育学理论界之所以对体育的定义仍然处于混乱状态,就是因为其外延太大而致其内涵太小,所以需要高度抽象思维能力才能寻获其共同本质属性。

由前文分析可知,体育概念一直处于变动之中,并且还可以清晰发现:其外延在渐次增大、扩张,而迫使其内涵减小、压缩。最初的"体育"对应的是"Physical Education",此时它所反应的客观现实应当是教育学语境下的与德育、智育并行的学校教育的组成部分,其实施主体是学校体育教师,客体是学生,内容是身体活动,目的在于促进学生身体或体格、体型发育和保护,现在已延展为体育教育;在体育概念出现之前的学校体育活动用 gymnastics(体操)表达,该词产生于古希腊,含义相当于现在的学校体育和军事体育概念,但主体是奴隶主贵族;athletics(竞技、田径运动)的产生比 gymnastics(体操)更早些,竞争比赛的意味较重,相当于现在的部分竞技体育特征;"Physical Culture"体育是社会学语境下的概念,主体是大众,主要是工人当中的大批体育爱好者,客体是自身身体,内容是身体活动,目的在于保护身体、提高机体的适应能力、健康水平和生产劳动能力,它属于社会文化的范畴;physical training(身体训练、尚武教育)、physical exercises(身体活动、身体练习)强调各种体育活动中的身体动作,在特定语境中也用"体育"一词来指称[6];另外从体育史学的角度看,原始社会就已经有了体育的萌芽,如原始社会中对青少年的生活能力、采摘技巧、渔猎技艺的培训,需要提高他们的身体素质、狩猎武器操作技能等;随后世界各个民族(部落)都创造了具有自身特色的用于祭祀、防身、娱乐、休闲、保健、生产、战斗、教育、竞技等身体练习手段,近现代体育也大量借鉴这些身体动作元素,有的甚至直接作为体育运动项目;同时身体的军事训练更是贯穿了人类的整部历史[7]。由此可见广义体育就包括了原始社会体育、民族

（民俗）体育、军事体育、学校体育、大众体育、竞技体育、职业体育等体育形态。由于体育外延不断扩展，体现体育的本质属性的内涵受到持续挤压，从而导致了人们更难以把握其共性，混乱与困惑也就在所难免。

3）逻辑方法致因

揭示概念内涵的逻辑方法称为定义，通过定义去找出概念所反映的事物的本质属性使某一事物区别于他事物。依据形式逻辑，定义是由被定义项、定义项与定义联项共三个部分构成，以《中国大百科全书·体育》中对体育的定义加以分析，"体育是人们锻炼身体、增强体质、延长生命的重要方法；是与德育、智育、美育等相配合的整个教育的组成部分；它以竞技的形式，成为人们文化生活的内容和各国人民之间加强联系的纽带。"在此项定义中，"体育"是被定义项，"是"为定义联项，"人们锻炼身体、增强体质、延长生命的重要方法；与德育、智育、美育等相配合的整个教育的组成部分"是定义项，余下的部分"它以竞技的形式，成为人们文化生活的内容和各国人民之间加强联系的纽带"不属于定义项的内容，只是用来补充描述了体育的社会地位与功能。从形式逻辑学看，定义项是用于揭示被定义项的内涵的概念，它通常包括两个部分：一是邻近的属概念；一是种差。即是说，被定义项＝定义项（种差＋邻近的属概念）。邻近的属概念是指被定义项的上一层次的概念，在上例中就是指体育的上一层次概念，种差是指定义项中除了邻近的属概念以外的其他部分，种差说明的是被定义项与其同层次的其他种概念的区别（属概念包括多个种概念，被定义项只是种概念之一），这需要运用辩证逻辑的方法找出属概念与种概念、种概念与种概念之间的联系与区别。但是在上述定义中，定义项是模糊不清的，我们既看不到体育（种概念）的上一层次概念，也不清楚种差为何，我们仅仅看到了体育对人身体的价值和教育地位的说明。

一直以来，国内外关于体育概念几无严格的定义，多数跟上例一样以对体育总体认识的表述来替代逻辑意义上的界定，不是找不准体育的属概念，就是道不明体育与同层次的种概念之间的差异，因此对体育内涵的把握还需进一步的探索。

2. 体育内涵认知的方法

方法是解决具体问题的门路和程序。在探讨体育内涵时应当找对方向与切入点,再按照科学的逻辑要求进行求证,否则不是事倍功半就是不得要领。

1) 体育内涵认知的视角选择

由体育史学研究可知,按照出现时间早晚为序,体育现象发展路径应当是这样一种排定:原始社会体育→民族(民俗)体育→军事体育→学校体育→大众体育→竞技体育→职业体育。如今体育学已经成为国家一级学科,它自然应当承担研究一切体育现象及与之有关的联系的任务,这就要求体育理论工作者应当从纵向与横向的立体视角综合探索体育的客观规律。纵向体现体育发展水平与深度;横向揭示体育发展规模与视域。因此,在试图廓清体育内涵的摸索中就需要从体育学整体的角度出发,借鉴系统论的方法寻找各种体育现象的共性。下边对现有的多个体育定义进行分析就会明了视角选择的意义。

《美国百科全书》中的"sport"(体育)是"泛指一切非生产性的体力活动,即从兴趣出发,以竞技为目的的和以强健身体为目的的体力活动"。该定义的前半部分采用否定方式仅仅从劳动与休闲的角度划清了体育与生产劳动的界限,界定太窄,因为人的体力活动除了体育与劳动外还有军事、祭祀、表演等等消耗体力的活动,而后半部分却以运动的动机着眼并列举了两个目的来加以限定,可是人们从事体育运动的动机千差万别,并且其目的又何止两点呢;另外将体育等同于一系列的体力活动显得视野欠阔,体力活动显然不是体育的属概念,因此该定义根本涵盖不了体育的全部内容。来自《苏联百科全书》的"体育"是"社会总文化的一部分,是为了增进健康,发展人的身体能力,并为适应社会实践需要而利用这些能力的一个社会活动领域"。此定义显然比美式体育定义稍胜一筹,它至少从整体上认识到体育是一个社会文化活动领域,遗憾的是文化学的视角选择使该定义偏离了体育的真正本质;另外它也犯了与美式体育定义同样的错误,就是为体育定了一个"增进健康"的目的去发展人的身体能力,要知道,体育的目的不可能只是增进健康的;最后,"为适应社会实践需要而利用这些身体能力"的表述仍然在试图进一步描绘体育的功用。因此苏式体育定义同样存在较大漏洞。1992 年,《新欧洲体育运动宪章》认为"sport"是自由轻松地参加有组织的以提高体力获得精神上的满足感、形成社会关系或者以追求提高不同水平的运动成绩为目的的身体活动的总称。此定义同样描述性地列举了三个目的最后落脚在身体活动上,与美式定义有相似之处。

国内关于体育的定义多数跟欧美类似,只是增加了更多的目的或功能叙述,试图描绘得更完整、更全面、更清晰;要不就是从学校体育或大众体育或竞技体育中选择一个角度来界定体育,不知不觉中犯了片面性的错误。具有较高理论价值的定义是《体育基本理论教材》(周西宽,2004)给出的:"体育是人类为适应自然和社会以身体练习为基本手段而自觉的改造自我身心和开发自身潜能的社会实践活动",因为该定义把握住了体育的属概念即社会实践活动。目前有论者反对"体育是社会实践活动"的观点,反对者认为"实践"是人们改造自然和改造社会的有意识的活动,因此上述定义限制外延没有达到限制内涵的目的。本文认为,人(人的身心)是体育的客体,而人既是自然生产物具有自然属性,同时又是社会构成要素具有社会属性,因此认为体育是一种社会实践活动正好契合反对者所说的"实践"的定义,社会实践活动正是体育的属概念。只是该定义在用内涵去把握体育的本质时仍然有一些偏差:"为适应自然和社会"这个目的可以不须叙述,因为人的一切社会实践活动都是为了满足这个需要;另外"以身体练习为基本手段"也无必要表述于定义中,因为这应当不属于种差的范围,不能凭此将体育与其他社会实践活动厘清,比如杂技、舞蹈表演、军警格斗等也需要"以身体练习为基本手段"。如果我们明白了用于劳动、军事、祭祀、教育、艺术、保健、旅游等的身体活动其实正是运用了体育的身体活动与身体训练元素,那么就会厘清体育与劳动、军事、祭祀、教育、艺术、保健、旅游等社会实践活动的本质区别。

2)体育认知本体论

本体论又名存在论,该理论致力于探讨世界上存在的一切是否在背后都有一个抽象的、不依赖于现实世界的基础,即本质。要达到这个目的,就必须探讨本质与现象、共相与殊相、一般与个别等的关系[8]。就体育领域而言,从本体论视角考察体育概念就是从客观存在的体育诸多现象中归纳推理得出体育的共性,即体育现象背后的本质。由于体育的外延太大并且处于不断变迁之中,要具体罗列出所有体育现象太难;另外更难以把握的是人的形式多样的身体活动,要清晰区别纯粹体育身体活动与用于祭祀、防身、娱乐、休闲、保健、生产、战斗等身体活动的界限同样太难。正是体育现象与体育形式的复杂与多变导致了各种版本的体育本质的出现。

一直以来,由于种种原因导致我国体育基本理论研究较之于实践处于滞后状态,这可能主要与体育学属于操作性较强的学科性质有关,相比于理论探索人们更乐于从事运动项目实践的研究。目前在我国体育学科体系中,理论研究方面走在前列的依次应当是竞技体育理论、学校体育理论、体育史;而体育基本理论研究最为薄弱,具体表现在:首先,现行体育理论不能从体育学的角度整体研究体育现象,从而也就不能把握体育的本质,"体育"一词始终无法得到统一界定,随后体育理论研究也就无法展开;其次,缺乏自身的理论方法突破与创新,运用哲学理论分析体育现象的力度又不够,因此找不准体育的一般规律,弄不明体育内部各构成要素之间的普遍联系;再次,由于理论与方法的局限,无法得出有价值的结论,现行体育基本理论往往是体育史与竞技体育理论、学校体育理论的糅合。造成这种现象的原因在于投入资源不够:比如全国博士、硕士招生未设体育学理论专业、甚至连研究方向都未被列入,体育理论仅属于一门本科课程,一学期的内容;相应的其他资源也不足,比如期刊栏目设置、学术会议研讨、科研任务立项等等,因而造成了我国体育理论研究水平持续低下。因此我们建议在体育学的现有专业设置外再增加体育学基本理论,该专业理应包括体育哲学、体育史学、体育理论学、体育制度学、竞技体育学、学校体育学、大众体育学、军事体育学等,这样可以突出体育本体学科理论相关研究,又可以不再与体育人文学科纠缠不清,比如许多体育院校现有的社会体育(大众体育)专业一定不同于体育社会学。

那么借鉴竞技体育理论、学校体育理论、体育史的丰富研究成果,运用本体论的思维方式去认知体育存在,我们能否发现体育现象背后的本质到底是什么呢?

自古至今,体育存在形式大致可分为原始社会体育、民族(民俗)体育、军事体育、学校体育、大众体育、竞技体育、职业体育等。原始社会体育形式表现在疾走、奔跑、跳跃、攀援、投掷,这些形式与狩猎、养殖、耕种、采摘等劳动形式交织在一起,用以提高劳动成效,此外将体育形式与劳动形式结合表现为原始舞蹈、艺术、竞技用于祭祀或娱乐游戏;又由于部落组织之间的冲突和械斗日益频繁,为满足侦查、偷袭、伏击、追击、格斗等作战能力的需要,原始社会体育形式如疾走、奔跑、跳跃、攀援、投掷、射箭等又成为军事体育形式而得到进一步的发展与提高。民族(民俗)体育存在形式更是多种多样,目的在于休闲、健身、娱乐,如摔跤、射箭、骑马、攀岩、越野、狩猎,游泳、划船、钓鱼,气功、瑜伽、武术等等不胜枚举。学校体育存在形式有游戏、跑步、跳跃、投掷、拳术、兵操以及各项现代户外运动,作为教育元素为培养全面发展的社会人服务。大众体育存在形式更是丰富多彩,如保健操、健美操、民间舞、现代舞、拉丁舞、气功、太极、民族传统体育项目、极限运动及各项现代户外运动等等。竞技体育存在形式是纯粹的体育存在,因为它有自身存在的运动竞赛规则,其得到广泛承认的项目有田径、体操、球类运动、水上运动、冰雪运动、重竞技运动、自行车、击剑等。

这些多种多样的体育存在形式似乎与劳动、军事、祭祀、教育、艺术、保健、旅游等互为依存而边界不清,其实体育存在形式完全可以独立于后者,而这种独立的体育存在形式能够自成体系,比如现今的高水平职业体育就是体育的一种纯粹存在形式。一直以来人类为了满足劳动、军事、祭祀、教育、艺术、保健、旅游等领域的实际需要而运用身体训练元素,同时也发展丰富了体育的存在形式,明确这一点将有助于我们更加深入地探讨体育的本质,有助于构建独立的体育科学体系。

3)体育内涵认知的逻辑

形式逻辑研究思维的形式,辩证逻辑侧重思维的内容与规律。欲寻求体育现象的本质需借助形式逻辑与辩证逻辑的方法,而体育概念的内涵正是体育存在本质的逻辑语言表达。由形式逻辑可知,定义是由被定义项、定义项与定义联项共三个部分构成,而定义项由种差加属概念构成,要探寻体育的内涵既要搞清楚属概念更要明了种差。目前有关体育的属概念有以下几种:社会活动领域说、体力活动说、身体活动说、文化活动说、社会实践活动说、社会活动说等,关于体育存在形式可以明显看出体育是人类的一种操作性的实践活动,这种实践活动的对象正是既属于自然又属于社会的人,另据上文分析认为,社会实践活动正是体育的属概念,二者属于包含与被包含关系。

那么体育与劳动、军事、祭祀、教育、艺术、保健、旅游等实践活动的本质区别究竟是什么呢?尽管劳动、军事、祭祀、教育、艺术、保健、旅游等社会实践活动中都有以身体活动或体力活动为基础或手段的因素,都会通过身体练习或身体训练来发展身体能力,都具有体育的基本特征,尽管它们的主体都是人,但是它们的直接目的和间接目的都不一样,从而它们存在的价值和意义也就不同:劳动的身体训练直接目的在于提高劳动者的劳动工具操控能力与劳动技能,而间接目的在于提高劳动效率;军事身体训练直接目的在于提高士兵的武器操控能力与军事技能,而间接目的在于克敌制胜、保护生命;同样,对于祭祀、教育、艺术、保健和旅游等实践活动进行身体训练也都是为了提高各自训练主体的祭祀操作技能、人的素质全面发展能力、艺术表现能力和身体健康活力等；而体育身体训练的直接目的在于培育人类自我身心的操控能力，并在此基础上进一步提高这种操控能力以表现出"更快、更高、更强"，成绩、名次、胜负等结果仅仅是这种能力的外在体现，正是因为人类自我身心操控能力的培育与构建过程而达到了身体训练的间接目的即体育的目的：增强体质、增进健康、提高技能、愉悦身心、休闲娱乐等等。从上面的分析我们似乎发现：体育与其他社会实践活动的差异是当其他社会实践活动的人体自我身心操控能力达到一定水平能够满足需要时就不再努力提高，而体育却永不满足于既得的人体自我身心操控能力水平，并且体育正是专门提高这种人体自我身心操控能力的，因而在此意义上其他社会实践活动的人体自我身心操控能力的构建是具有体育属性的。"任何运动形式，其内部都包含着本身特殊的矛盾。这种特殊的矛盾，就构成某一事物区别于他事物的特殊的本质"。（毛泽东语）体育的特殊矛盾就在于人体自我身心操控能力（具有生理心理惰性）与身体心智训练（具有生理心理促动性）的矛盾，据此可将体育与劳动、军事、祭祀、教育、艺术、保健、旅游等社会实践活动区别开来。

　　随着人类科技水平的进步，在日常生活或各社会实践领域工作中，智力因素占据越来越重要的地位，相应地，体力因素在渐次降低，导致身体训练的需求也逐渐减弱。当身体训练不再像原始社会体育和军事体育那样关涉人类的生存与死亡时，体育就成为鸡肋，然而当"文明病"危害人类健康时，人类又被迫明白必须通过身体训练、通过体育提高生活质量，于是现代体育勃兴。现代体育正是从劳动、军事、祭祀、教育、艺术、保健、旅游等社会实践活动中吸收身体训练元素并加以规范发展为运动项目，从而使体育以科学健身性、趣味娱乐性融入到人类生活之中。显然地，在现代体育诞生之前，人类的自我身心操控能力达到了最低水准，没有压力就缺乏动力（心理惰性）。我国目前体育整体发展水平极不均衡甚至成颠倒态势，竞技体育发展最快而一枝独大，大众体育基于生活质量压力仍显荧荧之光，学校体育因压力虚置几乎停止脚步。然而就体育的本质和发展规律以及体育对于人类的功用而论，学校体育才是重中之重的。

　　4）人本主义的体育概念

　　综上，体育内涵呼之欲出。本文认为，**体育是人类专门致力于构建自我身心**

操控能力水平的社会实践活动。如此,在劳动、军事、祭祀、教育、艺术、保健、旅游等社会实践活动中的专门用于构建自我身心操控能力水平的身体活动当然地属于体育的范畴。由此定义出发,将颇具争议本属于文化活动的棋牌类项目认定为体育运动也并无不妥。如此体育的外延相当宽泛,也存在多种多样的分类。以体育依存的群体来划分,目前体育现象大致可分为学校体育、社会体育、军事体育、竞技体育,学校体育是在校学生参与学校组织的身体活动以专门构建其身心操控能力水平的教育活动;军事体育是在役军人从事部队组织的身体活动以专门构建其身心操控能力水平的军事活动;竞技体育(包括职业竞技体育和业余竞技体育)是体育的高级形态,它是通过专门构建运动员的最高身心操控能力水平并在激烈的竞赛中再现这种水平去追求优异运动成绩的实践活动;社会体育(又可称为大众体育或群众体育)是人们(非学生非军人非运动员身份)在业余时间自愿参与各种身体活动以专门构建其身心操控能力水平的休闲活动。总之,体育是以人为本的,并依存于人体而存在的,是以服务于人体身心操控能力构建为其最终目的的。

从上述各种体育形态分析:尽管每种体育形态秉持不同的价值理念、包含不同的内容与手段选择、具备不同的目的与功能,但是在它们背后一直存在共同的本质,即通过身体动作练习对人类生物体身心操控能力进行培育。根据操控对象和操控方式的不同人类生物体的操控能力可以分为四类:1)对"人自体"本身操控能力的培育如走、跑、跳、攀爬、兵操、拳术、广播体操等徒手动作;2)对"体外物"操控能力的培育如投掷、抛甩、擒拿、摔跤、格斗、部分球类运动(篮球、排球等);3)对"体外物"+"人自体"操控能力的培育如骑马、划船、驾驶、跳伞、自摇跳绳、撑竿跳高、深潜等等;4)"人自体"通过"体外物"对"体外物"进行操控的能力培育,如射箭、射击、网球、羽毛球等运动。然而人类生物体的操控能力与其他动物操控能力一样需要习得,只有通过大量的身体动作练习才能得到提高,因此动作才是体育学的研究对象,如此体育学也才具备真正的学科意义,才能挖掘出自己的理论用以指导人类其他的身体实践活动。从该角度审视,广义体育应当是以包括《动作学》在内的人类生物体的操控能力培育为研究内容,而狭义体育则是指以现有运动项目进行人类生物体的操控能力培育为研究内容。

一直以来人类为了满足劳动、军事、祭祀、教育、艺术、保健、旅游等领域的实际需求而创造了各种身体动作元素,其本身也发展和丰富了体育的存在形态,明确这一点将有助于我们更加深入地探讨体育的本质,有助于构建独立的体育科学体系。由以上可以推知,体育正是人类专门致力于构建自我身心操控能力水平的社会实践活动[9]。如此,在劳动、军事、祭祀、教育、艺术、保健、旅游等社会实践活动中具有共性的、关联性的、专门用于构建自我身心操控能力水平的身体动作形式当然地属于体育的范畴,比如:劳动和军事中的走、跑、跳、攀、掷、射、狩猎、采摘、迁徙等正是现代户外运动与民族体育的主要内容;祭祀与艺术活动中的跳跃、翻腾、旋转等动作孕育了现代体育舞蹈等等。

3. "三生"体育理念及其内涵

人类社会演进史依次经历了原始采集模式、农业革命、工业革命和科学革命与信息革命,其生存、生活、生命的环境在逐渐变化,人的身体结构与功能也在适应这种社会环境的变革。从体育学观之,每一次的社会变迁都会大大减少并固化人类躯干与肢体活动,总体趋势是由大肌肉群活动逐渐转向小肌肉群活动,反向而论,人类大肌肉群的操控能力却在逐渐退化,即使是人类军事格斗演化也不例外。

从人类身心发展总体上看,肢体活动与心智活动的对立统一表现如下:1)人类生物体的活动由肢体活动为主转向以心智活动为主,到现代信息社会,心智活动已经占据了绝对优势,毕竟仅凭心智活动现代人就能生活得安全与愉悦;2)人类肢体运动活动减少,其器官、系统、组织、细胞的运动功能逐渐弱化,但是大脑的心智能力却得到大大提升,借助工具创新和非肌肉动力人类仍然可以傲视生物圈并改进自身生存、生活、生命环境,因此心智能力得到了极高的重视;3)心智活动代替肢体活动能够满足人类基本的生存需求,专门的肢体运动活动就成为人类可以随意选择与放弃的休闲娱乐方式之一;4)人类生物体仍然遵循并受制于"用进废退"原则,肢体运动活动的弱化逐渐销蚀生物体的身心操控能力,比如曾经的原始环境中的引体向上能力、纵跳腾跃能力、攀爬翻滚能力等;5)人类生物体已经不再遵循和受制于残酷的"自然选择"规律,体质羸弱与病残者也能正常生存、生活并传宗接代的现象促使人类生物体的生命质量下降。

面对以上复杂局面,人类作出了应然反应,上文中体育形态发展演进就与人类社会生活演变息息相关:1)社会分工出现使得体育主体多样化,导致体育形态多极化;2)人类征服自然领域活动能力增加,手段与工具创新,体育的内容与方式也在革新;3)体育的功能与价值得到重新认识,强身、健体、教育、娱乐、休闲、保健、竞技、职业体育逐一出现;4)原始的自然体育向创新的人文体育转向,体育运动规则化和项目化;5)体育成为有效维持与提高人类身心操控能力水平的唯一选择。

遵照"身心操控能力构建论"的体育概念,人类的劳动、军事、祭祀、教育、艺术、保健、旅游、游戏、竞技等社会实践活动必然依存和依赖于"人自体"肌肉运动这一共同的物质基础,体育正是人类对"人自体"肌细胞这一物质基础进行塑造的特殊社会实践活动,它通过多次的自身动作练习来改造与重构自身的身心操控能力(这种能力能够被改造、被重构、被储藏,也会自行退化与消减但是不会消失,因为还需要维持最基本的日常生活动作),以便"人自体"在不同的时空条件下能够有效作出所需要的操控动作。所以通过身体练习促使人体身心操控能力得到提升就能进一步改善人类的劳动、军事、祭祀、教育、艺术、保健、旅游、游戏、竞技等社会实践活动效能。

由此,基于人本主义观及其体育的本质提出体育学基本理论:"三生"体育观理念(生存体育观、生活体育观、生命体育观)。

所谓"三生"体育观之"生存体育观"是指"人自体"在面临生死存亡威胁时所体现出的身心操控能力价值:人类早期的采集与捕猎以及逃脱野兽的猎食、士兵与敌人的进攻与防御、现代日常生活中应对突发的自然灾害与人为侵害或意外危险等,前两者受到了人类足够的重视和训练从而能够表现出较高的身心操控能力,而对于后者由于发生概率较小因此往往有所忽略更没有进行专门的避险训练而仅凭本能在面临危险时作出应激反应,如地震避难、水灾避困、车祸避险、外在攻击等。

"生活体育观"是指"人自体"在追求精神愉悦时所体现出的身心操控能力价值:"人自体"在紧张劳动和工作之余往往会通过躯干肢体活动来寻求精神上的放松、欢愉、享乐与慰藉,比如原始部族的祭祀欢庆仪式、民族节庆活动、村落社区游戏、现代户外运动、旅游登山玩水、身心艺术表演等,尤其是在现代社会,人类肢体肌肉活动严重缺乏而余暇时间增多,有规律的身体动作练习能够提高身心操控能力以便人们能够顺利完成所感兴趣的运动项目动作及日常生活动作促使身体分

167

泌多巴胺与肾上腺素等兴奋因子从而增强身心愉悦感、提高人们的生活品质。

"生命体育观"是指提高身心操控能力在"人自体"有效存续时间和空间上的扩展价值：1）体育活动会促使婴幼儿身心操控能力提前达到生存与生活所需水平程度、会促使青少年身心操控能力跃升至更高层次水平、也会延缓中老年人的身心操控能力下降速度,这正是"生命在于运动"的最好诠释：**体育运动不一定能够增加绝对生命时长,但一定能够拓展有效生命维度**;2）增强生命体细胞、组织、器官、系统的质量与功能,提高人种学意义上的生命体品质,"发展体育运动,增强人民体质"中"体质"的生物学涵义是指"人自体"在遗传性与获得性基础上表现出的体格、体能和适应能力,在体育学意义上它既是"人自体"身心操控能力的基础,也是其获得性结果;体育运动仅仅是所有增强体质的外部获得性因素之一,是增强体质的有效手段但绝不是唯一手段。

三、结语

在王寅先生的语言"体验认知观"理论照引下,着重阐释了已有的体育概念定义,分析了古今中外的体育现象构成要素,并抽象出各种体育形态的共有特征,对体育概念进行了消解与重构,顺势提出"三生体育观"理论,明确"育""体"的终极追求在于提升人类生存、生活、生命的身心操控能力。感谢王寅先生指导我走上学术之路,让我体验到了学术之乐,祝愿先生生命之树常青。

参考文献：

[1] 叶加宝,苏连勇.体育概论[M].北京：北京体育大学出版社,2005.
[2] 王寅.认知语言学[M].上海：上海外语教育出版社,2007.
[3] 叶加宝,苏连勇.体育概论[M].北京：北京体育大学出版社,2005.
[4] 周西宽.体育基本理论教程[M].北京：人民体育出版社,2003.
[5] 徐锦中.逻辑学[M].天津：天津大学出版社,2004.
[6] 谭华.体育史[M].北京：高等教育出版社,2009.
[7] 郝勤.体育史[M].北京：人民体育出版社,2006.
[8] 陈波.逻辑哲学[M].北京：北京大学出版社,2005.
[9] 彭昕.体育概念的后现代认知与重构[J].运动,2015,(20)：121 - 122.

（作者：彭昕教授;工作单位：西南政法大学体育法研究中心）

语言像似论及其在中国的传播与接受

——谨以此文敬贺王寅先生 70 华诞

李二占

摘　要：语言像似论于 20 世纪 80 年代逐渐成型并对索绪尔任意说提出挑战，从而受到国际语言学界普遍关注。通过王寅先生的大力引介、深化与发展，像似论和我国原生的理据源流或互补或融合，取得了颇具中国特色的成果。目前随着王寅先生所倡导的语言研究后现代转向，人们认为像似性与任意性形成"中道式"的轫生关系，而不再像过去那样拘泥于"二者择一"的矛盾斗争思维。中国的语言像似论不但与国际趋势同步，甚至在某些领域取得领先地位。

关键词：像似性；理据；语言符号

一、引言：何谓语言像似论？

语言像似性（iconicity）研究，又叫音义学或语言理据学，是围绕词语的音（或形）义结合的过程、性质、变化、影响等方面而进行溯源性综合研究的、隶属认知功能语言学并且处于现在进行时阶段的一门新学科。它存在的理由主要有：首先在理论上，人们突破语言是封闭结构的认识藩篱，坚持"现实—认知—语言"的体认语言学原则，认为语言像似理据虽然争议不断，以致几乎演变为一种"难以证明（unprovable）"的研究"信仰（faith）"（Joseph，2012：88），但只要时机成熟，关于像似性这一自古存在的学理，必将完善为具备当代语言学气质的新理论。再次是实践上，目前已产生了大批的研究成果，其中既有语料的厚积，更有拓展与应用。例

169

如出于词语层面的像似性研究,目前已扩张至形态、句法、语篇、文体等多个层面,还与教学实践相结合,从而形成了既有理论也有实践的语言像似方法论。

二、国外语言像似性研究述略

语言符号与所指意义之间关系的讨论,从古希腊时期至 19 世纪末,总体上形成任意说(唯名论、约定论、习惯派)和像似说(唯实论、本质论、自然派)的相持阶段(王寅,2007:512)。现代语言学之父索绪尔,首次系统地著作化、学科化、现代化语言任意性研究,从而暂时压制了像似性范式。然而另一方面,索绪尔及其《教程》也开启了像似性(索绪尔使用的是"motivation/motive"术语,虽被汉译为"可论证性""理据性"等,但也可理解为"像似性")研究的现代化之路,因为索绪尔讨论语符性质时,始终沿着明暗两条线索。明线自是任意性,暗线则为像似性(或理据性)。像似性有时充当任意性的参照点,有时作为任意性的否定面,有时是无法避开的衍生物,有时为有意涉及的研究体,虽然总体上被索绪尔纳入"负向(negative)"的论证范畴(Keller,1998:132-133),但这条暗线一直在场亦出场,只是与明线相比,不被人重视而已。

更重要的是,索绪尔提出的"(motivation/motive)"概念,有幸被他之后的语言学界认同、继承、发展,并日益成长为当代语言学的核心术语。例如 Haiman(2009)扩展索绪尔的这一观念,奠基了当代句法像似学。何南林等(2013:4)认为"像似性"概念就出自索氏本人,只是没有使用这一术语而已。Joseph(2015)探究索绪尔语言学著作中的像似性思想,认为它与语符的任意性并不矛盾。Kowalewski(2016:xiii)说索绪尔的理据研究贡献被人有所遗忘,但其曾对语言理据课题提供了颇有价值的见地。可见,索氏既从反面指出像似理据研究的局限,更从正面触发其研究的可能。20 世纪 50 年代起,Bolinger(1949)、Ullmann(1962)、Jakobson(1965)、Simone(1995)、Lakoff & Johnson(1999)、Panther & Radden(2011)、Joseph(2015)等语言功能论者,借鉴皮尔斯(Peirce)像似符号观来修正任意论的不足,又重新解释并扩展索绪尔的"motivation/motive"思想,认为像似性与理据性都指语符的非任意性特征。

当前,国外像似性研究最有影响的是题为"语言文学中的像似性(Iconicity in language & literature)"系列国际会议及其文集(1983—2017),各路学者多角度解释语音、语义、语法、语篇中的拟像理据。以不久前出版的 *Iconicity: East Meets West* 为例,它包括像似性研究总论、音义像似性、文学语言像似性、语法像似性等。这是首次在亚洲举行像似性国际研讨会而编辑成的文集,也是首次将视角转向亚洲语言以及东西方像似性研究的对话与交流,编者 Hiraga 等特别指出:中国、韩国、日本等使用的像似文字系统可能非常有助于澄清像似性研究中的一些重要问题(2015:ii‒iii),他们还引用了胡壮麟关于汉字意象像似性的观点。国外理据研究最有影响的是三部文集和一部专著,即 *Motivation in Language*(Cuyckens,2003)、*Studies in Linguistic Motivation*(Radden & Panther,2004)、*Motivation in Grammar and the Lexicon*(Panther & Radden,2011)以及 *Motivating the Symbolic*(Kowalewski,2016)。众多研究者讨论了词义理据、语法理据、交际理据等概念及其整合应用。以后一部文集为例,中国学者陈融的论文排在第二位,说明我国学者的研究在走向国际前沿。甚至有学者根据语言理据论,重新设定当代三足鼎立的生成语言学、认知语言学、功能语言学的研究任务:前者在生物语言学视角下寻找像似,后两者从人的具体认知能力中探求动因。

三、国内语言像似性研究简评

中国传统语言学尤其是训诂部分,与生俱来地富有造词动因分析,形成深厚的词源研究范型并延续至今。西方语言学影响下的中国现代语言学时期,索绪尔任意论全面引入,原有的语言训释传统受到影响,但词源论与任意论的碰撞交锋,从正反两面酝酿生成新的探究领域。20 世纪 80 年代起,随着国内语言学的发展和国外语言学的引介,词源议题与语言像似性及理据性得以整合研究,取得了系统的成果。首先是语料积累初具规模,例如《汉语理据词典》(1995/2014)、《声韵语源字典》(1997)、《汉语语源义研究》(2017)等。其次是学科意识逐渐突显,例如《论语言符号像似性》(王寅,1999)、《语言理据研究》(王艾录、司富珍,2002)等,初步构想语言像似学或理据语言学架构。最后是研究方法趋于系统,例如关键词素探源法、复合词分解综合式考证法、语用原则像似性分析法等。

如今,我国原生的理据源流与西方任意性范式及其衍题像似论,正处于多元共存的新常态阶段。它包括两条主线:一是从传统语文学到汉语词源学再到汉语音义学直至词语理据学,代表作有《汉语语源学》(任继昉,2004)、《汉语音义学论稿》(万献初,2012)、《汉字的国学理据》(王艾录、李二占,2015)等。二是外语像似性研究及其与汉语对比,涵盖语法、语义、语篇等层面的像似理据探索,代表作有《汉英像似性对比研究》(何南林等,2013)、《英汉词汇理据对比研究》(赵宏,2013)以及《形式对意义的模仿:语言文学中的像似性现象》(侯斌等,2015)。

四、王寅先生对语言像似论在中国传播与接受作出的重要贡献

王寅先生精通英语、中文、哲学等诸多学科,是国内语言像似性研究的发轫者和领军者。他对语言像似性研究的重大贡献主要有五方面。

1. 首次定义了"iconicity"

据《中国知网》,先生是国内第四位开始发表像似性研究论文的学者,但他是定义"iconicity"的第一人。先生1999年发表于《中国翻译》的"Iconicity的译名与定义",首次系统分析了将icon、iconicity分别译为"象似符""像似性"的理据,随后给出后者的科学定义:符号在音、形或结构上与其所指之间映照性相似的现象。该定义是迄今为止国内相关研究中的唯一定义,被学界广泛引用和接受。

2. 研究像似性最系统、最持久且发文最多

先生的像似性研究,涉及英汉话题、语言符号、社会语言学、文体特征、认知语义学、语用学、语言成因、语篇连贯、词汇习得、中国后语哲、认知修辞学、认知符号学、隐喻、认知语言学、体验哲学、心智哲学、认知翻译学、构式语法、命名转喻、语言哲学等多方面,蔚然自成体系。先生的第一篇像似性研究专文发表于1998年,最近的则是2019年1月发表于《当代外语研究》的"像似性十辩",时间跨度达20多年。先生专论像似性的文章,仅《中国知网》上就有近20篇之多,若算上涉及像似性研究的,数量更多。这些论文大多已是像似性研究领域的经典文献。

3. 出版第一部像似性研究专著

先生的《论语言符号像似性——对索绪尔任意说的挑战与补充》1999年由新华出版社发行。作品首先厘清像似性与任意性对立统一的学理辩证关系,然后讨论像似性的汉语译名、定义、理据和性质,接着分析了6条句法像似性原则:距离、

数量、顺序、标记、话题和句式,最后是像似性原则在文体学中的应用问题。作为国内第一部专论语言像似性的著作,仅《中国知网》查到的引用率便达 1 300 条,是像似性研究的核心文献;大作出版后引发国内像似性研究热潮,尤其是以郭鸿为主的语言任意论者和以先生为首的像似论者,进行了旷日持久的论战。此外,与汉语界的《语言理据研究》(2002)也形成一定呼应。

4. 首次将像似性研究置于中西结合视角、体认语言学、后语言哲学等背景

像似性现象不是孤立的存在,而是语音、语义、语法、文字等语言各层面的交汇点,也是中西语言类型的对比点,还是语言学、符号学、哲学等的交叉点。先生以像似性研究为起跑线,逐步扩散,将之置于中西结合视角、体认语言学、后语言哲学等宏大背景,例如先后出版《语义理论与语言教学》《认知语言学》《中西语义理论对比研究初探》《构式语法研究》《语言哲学研究》等系列著作,同时构建认知语言学分支学科、后语言哲学、体认语言学等理论体系。有了这样的学科理论平台,像似性研究才有适宜安居之所,从而成为语言学家族里的新分支和元理论。根据体认语言学的核心原则"现实—认知—语言",现实决定认知,认知决定语言,语言是对现实进行互动体验(体)和认知加工(认)的结果。据此,像似性可理解为事物或世界的特征通过认知机制而出场,并将其映射于语言符号,它是语言符号的体认动因。

值得注意的是,先生近来又在后现代哲学视野下,基于体认语言学的基本原理,强调语言研究的人本观,主张将"象似性"修补为"像似性",在"象"字上加上一个"亻"旁,以能突显"像似"皆因人而生,因为事物间的"像"与"不像",都是因人而起的,客观事物之间不存在什么像不像的问题。加上一个"亻"旁,可谓神来之笔,也正迎合了语言研究中的人本立场,这是对像似性研究的又一理论提升。根据体认语言学的核心原则又有提出了像似性的第二个定义:"语言像似于认知方式,且在其作用下一定程度地像似于现实"。如果说在上文论述的第一个定义强调了语符像似性普遍存在于音、形、结构等各层面,这一定义突显了语言像似性研究中的人本观和认知观。

5. 同步进而领先国际像似性研究

国际上的语言像似性研究,常以 Haiman(1983)主编的 *Iconicity in Syntax:*

Proceedings of a Symposium on Iconicity in Syntax 为标志,但这只是一部论文集;他随后出版专著 *Natural Syntax: Iconicity and Erosion*(1984)。1999 年,像似性研究再启热潮,例如 *Form Miming Meaning: Iconicity in Language and Literature*、*Iconicity—A Fundamental Problem in Semiotics* 等文集的编纂发行。先生的像似性研究及其专著《论语言符号像似性》,仅比 Haiman 等学者晚十多年。须知国际领域的第二部像似性专著 *Creative Dynamics: Diagrammatic Strategies in Narrative*(Ljungberg,2012),也要比先生晚十多年。有理由说,先生的研究早期同步而后却领先国际像似性研究。如果考虑到像似性研究与语义理论、构式语法、体认语言学、后语言哲学等领域的结合,则先生更是领先于国际同行。当然,先生的贡献绝不限此五点,例如他还主编了国内第一部《中国语言像似性研究论文精选》(2009)。凡此种种,不一而足;限于篇幅,留待后述。

五、结语

国外语言像似性研究,以 *Natural Syntax: Iconicity and Erosion*(Haiman,1985/2009)为标志,迄今已走过了 35 个年头。国内该领域的研究,自先生出版《论语言符号像似性》(1999)始,亦已 20 个年头。如今的国内外有关像似性的研究硕果累累,学界亦已坦然接受这门学科的存在与发展。

令人高兴的是,像似论被及时引入国内学界,实现和国际主流同步甚至部分的超越,这要归功于王寅先生的学术勇气和责任担当。须知,在结构主义语言学尤其是索绪尔任意论影响下的中国学界,提出"像似性辩证说优于任意性支配说"的观点,不啻石破天惊,更有砸某些人"学术饭碗"之嫌,遇到的反弹和压力可想而知。然而先生秉承"苟利语言生死以,岂因艰难避趋之"的无畏精神,由像似性研究走向更前沿愈宏阔的认知语言学、中国后语哲、体认语言学、心智哲学……在此,作为多年来受教于先生像似性研究的晚辈后学,向先生致以崇高的敬意和诚挚的祝福!天不生仲尼,万古如长夜,此先生之谓欤?

参考文献:

[1] Haiman, J. *Natural Syntax: Iconicity and Erosion* [M]. Beijing: World Publishing Corporation, 1985/2009.

［2］ Hiraga, M. K. et al. *Iconicity: East Meets West*［C］. Amsterdam：John Benjamins Publishing Company，2015.

［3］ Joseph, J. E. *Saussure*［M］. Oxford：Oxford University Press，2012.

［4］ Joseph, J. E. Iconicity in Saussure's Linguistic Work，and why it does not contradict the arbitrariness of the sign［J］. *Historiographia Linguistica*，2015，(1)：85－105.

［5］ Keller, R. *A Theory of Linguistic Signs*［M］. Oxford：Oxford University Press，1998.

［6］ Kowalewski，H. *Motivating the Symbolic: Towards a Cognitive Theory of the Linguistic Sign*［M］. Peter Lang GmbH，2016.

［7］ 何南林.汉英像似性对比研究［M］.镇江：江苏大学出版社,2013.

［8］ 王寅.Iconicity 的译名与定义［J］.中国翻译,1999,(2)：48－50.

［9］ 王寅.认知语言学［M］.上海：上海外语教育出版社,2007.

［10］王寅.像似性十辩：体认语言学的像似观新解［J］.当代外语研究,2019,(1)：57－66.

（作者：李二占教授；工作单位：盐城师范学院）

贺王寅教授古稀

冯 彦

时光荏苒七旬翁，
德艺双馨硕果丰。
而立之年虎添翼，
伉俪情深木子弘。
学如东海长流水，
术似南山不老松。
第四转折后现代，
深入浅出语哲融。
去繁化简恍然悟，
体认语言法学通。
飘香桃李遍天下，
常见恩师在梦中。

2019 年 3 月 10 日
于长春

（作者：冯彦教授；工作单位：吉林大学）

师　生　篇

为学之道　为师之器

——写在王寅先生七十寿诞

刘玉梅

摘　要：王寅先生是我国著名的语言学家和语言哲学家。他以语言学为原点，打通了其与哲学、逻辑学、翻译学、训诂学、传播学、符号学等的研究通道，建立了独特的学术生态体系，尤其在语言学和哲学领域论著颇丰，见解精到，影响广泛，形成了独树一帜的为学之道。同时，他以研促教，本着严谨务实的精神在施教和树人等方面形成了独具特色的为师之器，培养和影响了一批人，成为学生爱戴的师长，同事尊敬的友人。道器同根共长，让王寅学术精神在读书、教书、写书的道路上延绵流长，成为一棵常青树。

关键词：王寅；道；器

一、引言

　　"读书、教书、写书"是王寅先生 2013 年在《当代外语研究》发表的一文，这六个字也是他对自己一生的概括。先生说，"人生始自读书，弄懂来自教书，升华乃靠写书，经过这三阶段的不断重复和循环，才有可能将一门学科吃透，也才能谈得上继承和超越。"这正是他叩问学术，践行"既有继承，更有发展，重在创新，意在应用"的教研用一体化思路的人生写照。

　　我追随先生十多年，作为他的学生和同事，常受益于他的教诲，有感于他将读书、教书、写书融为一体的愉悦和幸福。他在洋洋洒洒的 1 800 多万字的论著中和几十年如一日的三尺讲台上,始终秉持哲学之道、史学之道和系统之道,努力在"传承中发展,创新中应用",并以真读书、善读书,重求真、珍做人,崇创新、强应用的为师之器律己树人。道器共生互根,让王寅学术精神在读书、教书、写书的道路上延绵流长,成为一棵常青树。

二、学术之道

1. 哲学之道

哲学是一扇窗。打开它,面对着广阔的世界,我们才明白了自己的无知,不免一问"我能做什么?";由此开启对世界的审视,不免二问"我应该做什么?";随渐认识自我,不免三问"我希望做什么?"[①]。就这样,人在"知、意、情"的追问中靠向"真、善、美",成为追逐智慧之人。这可能就是人们常说"哲学就是爱智慧"吧!

王寅先生将读书、教学和写书融为一体的学术之路大概皆因其执着于这样的叩问,即我(在这个领域)能做什么? 我(在这个领域)应该做什么? 我希望(在这个领域)做些什么?

先生学术之路的第一叩问是从语言教学开始的:作为一名外语教育者,我在这些领域能做什么? 于是,他从语言教学研究启程,开始了语义学领域的探索,1983年出版过《英语词性词义辨析》,并将这一理论分析应用到词汇教学中,1988年出版了《英语词素分析及练习》,还发表了相关学术论文十多篇。

在语义学研究的过程中,他并未满足于服务于外语教学的语言本体中的语义分析,开始了语义学叩问:我在语义学领域应该做什么? 这第二个叩问促成了他之后交叉发展的学术脉络,产生了三个连带结果:走上了语义学理论研究、与国际语言学前沿研究合流、开启了外语界语言哲学研究之路。

第一个结果是,在语义学研究中,先生顺藤摸瓜摸到了语义学的发源地——哲学和语言哲学,为语义学研究溯本清源,先后发表了这一叩问的代表作:1988年的文章"命题、句子和话语及其意义初探",1989年的文章"语义表达的逻辑表达式",1993年的著作《简明语义学词典》。他敏锐地注意到,"当代语言学的研究大有语义化之趋向",并对这门横跨多个学科,深幻莫测的领域深入探索,近十年

---

① 此处三问的启发来自康德的《纯粹理性批判》。

磨成一剑,2001 年出版了《语义理论与语言教学》。这本书既有理论阐释,又有英语教学的实际操作,"勾勒出了 21 世纪语义学研究的发展方向及应用心得"。用胡壮麟先生(2001)的话说,这本书的价值是具有划时代意义的。该书一经上海外语教育出版社出版,就先后加印了 4 次,2014 年又出了第二版,现也已加印了 2 次。

第二个结果是,语义学的叩问让他顺藤摸瓜摸到了认知语义学,与 20 世纪 80 年代兴起的国际语言学前沿——认知语言学大潮合流。他于 1988 年发表了代表作《论像似性与语言世界观》,从体验哲学角度反思索绪尔的任意说,其后一直倡导将语言现象置于"现实—认知—语言"的三元关系中去考察,早期代表作为 1998 年发表的《'现实—认知—语言'三因素间的反映与对应滤减现象》,随后在系列文章中提出了"体验人本观""体认普遍性""AS 元认知机制""事件域认知模型"等核心观点,分别于 2005 年出版了《认知语言学探索》,2007 年出版了《认知语言学》。之后五年,将认知语言学研究推向构式语法研究,于 2011 年的《构式语法研究(上下卷)》。《认知语言学》和《构式语法研究》分别得到 2002 年和 2014 年国家社科基金资助,一经出版,几乎每年加印一次,到 2018 年前者已经是第 11 次印刷,后者已是第 5 次印刷。他们被誉为语言学研究的"黄皮书"和"蓝皮书"。2012 年,先生又带领我们团队在这个领域深入探索,在国内率先将认知语言学、构式语法等研究推向会话分析,开展认知对话句法研究。

第三个结果是,通过语言现象的哲学分析,拷问人与世界、心灵的关系,走上了体验哲学和后语言哲学研究的智慧之路,最终出版了《语言哲学研究:21 世纪中国后语言哲学沉思录(上下卷)》。钱冠连(2014:序 1-6)在给王先生该书所作的序中指出,"王寅之路"乃是"王寅将语言学与哲学打通的研究之路","他(王寅)是躺过两个摇篮的人——哲学摇篮与语言学摇篮,可以说,他具备了两个童子功。"《语言哲学研究》是一位躺过语言学和哲学两个摇篮的学者的产物。该书"精辟、精准、精简"(陈嘉映,2014),勾画出了西方哲学和语言哲学发展的线路图,提出了哲学的"第四转向""SOS 理解模型""意义体认观""命名转喻观"等具有创造性的学术观点,推动了中国后语言哲学的发展。这本书成为外语界教授语言哲学的基础教材。

王寅先生的第二个叩问所带来的三个结果不是孤立的,而是交叉发展、相互影响、相互依存的。毫无疑问,他的学术成就正是在哲学和语言学的互摇中产生、形成和发展的。他自己强烈地认识到:哲学与语言学同生共长,互为摇篮,原本一家,并于2017年发表文章"哲学与语言学互为摇篮"阐发这一观点,以飨学人。

如果说语言教学叩问的是一位外语教育工作者求真求知之心所使然,那么语义学叩问是一位学者隐柔①之意所使然,而第三叩问:我希望(在我的学术领域)做些什么? 则是一位有博大情怀的学者求美之情所使然了,并始终贯彻于他的学术生涯中。这就是他在"尝遍读书之乐、享尽教书之乐、倍感写书之乐"之时,不断思考着语言的价值,并提出了对语言的新认识,即"语言是社会生产力,语言是民族凝聚剂,语言是知识储备库,语言是存在的家园";思考着语言学工作者的价值,即如何探索"我是谁?""人何以为人?"的老问题。他还从三个方面勾画了学者生存的愿景——"以书为媒,努力传承和发展前沿理论;以笔为友,必当坚守应用创新之原则;以人为本,山高人为峰,水深人知渊",倡导为了人类的理想,立德修身,树立终身学习之理;以教为本,甘为人梯,塑造人才。

毋庸置疑,哲学思考是重要的,因为我们是人,我们不但"在活着",而且"愿意活着",更"希望好好活着";因为我们是人,我们叩问生存的方式和生活的意义,我们不但"能做",而且"应该做",更"希望做"。王寅的三个叩问构成了其学术发展的哲学之道。在读书、教书和写书的过程中,他打开了哲学之窗,思考着能做什么,也脚踏实地做成了;思考着应该做什么,也坚持不懈实践着;思考着希望做什么,也孜孜不倦推动着。他的学术叩问似乎永远在路上,至少向三个目标趋近:一是发挥自己作为学者和师者的价值,二是推动外语界的语言哲学和语言学学术共同体的发展,三是尝试构建中国理论流派,让中国学派的思想在世界的舞台上发声,为世界文明做一点点力所能及的贡献。

2. 史学之道

治史的目的在于鉴古知今,继往开来;治纲的目的在于梳理线索,得其纲目,以便纲举目张。治学先治史,因为对历史的把握可帮助我们系统地看待一个学科的脉络和问题出现的背景和原因,从而把握学术发展总体趋势,历其阶而生。其

---

① "隐柔",引自钱冠连教授语。他认为,"一书一文,慢慢地、渐渐地、静静地、不急不躁地去雕琢、打磨,火候到了,效果就出来了"。

次,治学还要有治纲的本领,分门别类,范畴化管理,才能提纲挈领,得其要领。王寅先生具备了这一史学之道也。

王寅史学之道,一方面体现在他对西方哲学史、西方语言学史、中国语言学史、传播学史、逻辑学史、心理学史、翻译学史等学科史的考据和梳理。他常言,"如何学好一个理论,讲好一个观点,必须要有条理,一定要说明白其来龙去脉,它是针对何种观点提出的,解决了什么问题,留下什么遗憾,各路学者是如何发展的。"每每涉足一个感兴趣的领域,先生必先系统梳理学科史、专题研究史,由此切中要害,提出新观。譬如,在西方哲学史的考据和梳理中,他抓住西方哲学的核心"形而上学",沿着"感性"和"理性"两大主线,考察西方哲学追问终极真理、本质、本原、毕因的历史,通过"横三线、竖两线",首次将"感性 vs 理性"和"哲学三转向"结合起来,较好地廓清了西方哲学发展的历程以及西方几十位哲学家的主要立场、贡献和理论的传承关系。为了"好学、便记、易查",他还常用简明扼要、清晰明了的表格图形来呈现史纲。他在 2014 年出版的《语言哲学研究(上下卷)》中就不辞辛劳地精心画出 85 个史纲表,用简单易懂的方式把读者带入哲学发展史和不同观点、流派中。他以科学的态度考据出的西方哲学史及相关简表,很多乃是首创。他以严谨的态度画出的哲人思想发展线路图,让读者一目了然,总有一种"啊哈"的效应。但是,这些考据和梳理花费了作者大量的时间、心血和精力。史学家范文澜曾言,"治学要天圆地方。"即治学者要头脑灵活,耳听六路,眼看八方,要坐得住。治学必须"板凳要坐十年冷,文章不写一句空。"面对迷宫一般庞杂的西方哲学大厦,先生却能耐得住寂寞、坐得住冷板凳,通过注疏考证将其条分缕析,勾画出探索这个迷宫的线路图。就一个西方哲学史简表,从初表到讨论、增减,最终定格在《语言哲学研究》上下卷中,至少也有 10 年时间。我记得,传播学界成立"认知传播学学会"之际,邀请先生和我们认知研究团队写一篇相关的文章。先生说,不了解这个学科发展的历史,不看相关的书籍,我怎么敢动笔呢? 接下来两三年时间,我总见先生抱着传播学的书在钻研,还不定期组织我们认知研究团队讨论。最后,先生较为系统地梳理出西方传播学历史发展的脉络、先驱人物及其代表思想,从后现代哲学的角度考察了客观真实论、平等交往论和多元自由论,并从"非客观主义哲学"视角提出了基于体认原则构建认知传播学的可行性。他在传播学领域先后发文交流思想,如 2015 年发表在《现代传播学》的《基于建设性后现代哲学视野下的认知传播学初探》、2016 年发表在《编辑之友》的《再议认知传播学》等,为认知传播学的发展提供了理论支撑。

先生的史学之道,还体现在他对专题研究史的审查和把握。梁启超(2010:9)倡导"荟萃而比观"的治史方法,并指出"有许多历史上的事情,原来是一件件的分开着,看不出什么道理;若是一件件的排比起来,意义就很大了。"先生在学科史梳理的基础上,善用"荟萃比观法"进行专题史的梳理,对同一问题的不同观点进行客观全面的研究,而非凭个人好恶任意取舍,以偏概全。在探索学科史的某些专题现象时,他不是孤立静止地看待某一观点,而是将它放在渐进的、动态的发展系统中予以关照,强调在继承中发展,在创新中应用,给读者以深刻启迪。譬如,在"后现代哲学视野下的语言学前沿——体验人本观与认知语言学"一文中,先生对"人本观"进行了专题研究,系统反思了传统人本观、近现代人本观、激进人本观和悲观人本观(后人道主义)之不足,并基于后现代哲学中的知觉现象学、建构互动论、内部实在论、体验哲学等提出了具有建设性特征的"体验人本观",指出语言学研究的前沿问题,为体认语言学的构建做了铺垫。而体认语言学的构想又为哲学思考带来了新视角。譬如,王先生历时地考察了指称论这个专题,客观系统地梳理了弗雷格的涵义论、罗素的摹状论、维特根斯坦和塞尔的簇摹状论和克里普克的因果论等主要观点及其存在的不足,独创性地画出了发展脉络图。但他并不满足于此,而是基于问题,从体认语言学反观摹状论和因果论,创造性地提出了对指称论之争的修补解决方案——"命名转喻观",连发多篇文章从理论和实践层面阐述该理论的可操作性。这种坚持"见从史出、独立思考、勇于创新、敢于批判"的精神始终贯穿于他的著书论作中。

3. 系统之道

20 世纪中叶以后,科学技术迅猛发展,社会不断进步,新兴学科、交叉学科不断出现,各学科间日益相互渗透,知识体系逐渐形成越来越密集的网络结构(刘玉梅,2018)。多学科的交叉性、融合性、复杂性、层次性和整体性构成系统科学的特征。霍金于 2000 年就宣称,"我认为,下个世纪将是复杂性的世纪。"从系统论的角度观之,学科也是由复杂系统构成。复杂的学科系统会有若干不同的子系统,它们各有自己的不同结构、功能和行为,但却相互依存,相互影响,并作为一个有组织的整体运作。苏东坡在描绘庐山的诗中写道,"横看成岭侧成峰,远近高低各不同。不识庐山真面目,只缘身在此山中。"学术研究中,我们不但要关照系统内部要素之间的关系,还要关照系统、要素、环境三者之间的相互关系和变动的特点和规律,并利用这些特点和规律去把握、甚至改造系统。

先生善于用系统论的方法寻找和解决学术问题。他不仅从一个系统的内部观察这个系统,就系统内部的某个问题进行深入持久的探索,还善于站在这个系统之外观察这个系统,从超系统的角度深究学术问题,催生学术增长点。他以语言学为原点,打通了其与哲学、逻辑学、翻译学、训诂学、传播学、符号学等的研究通道,建立了独特的学术生态体系。

首先,善于在系统内部挖掘新增长点。在语言学和语言哲学研究中,先生善于在这些学科内部挖掘学术研究对象和方法,并有一股"咬定青山不放松"的钻研精神。譬如,他先后发文十多篇,以隐喻为研究对象,较为系统地阐释了隐喻认知的特点及其五位一体认知机制,又以英语"AS X AS Y 构式"和"汉语明喻成语"为研究对象,探索隐喻和明喻的关系,提出了"AS 认知方式"作为人类赖以生存的最根本的元认知策略的可能性。他将命名的起点、传播过程、终点置于命名系统中去考察,将命名视为一个连续的系统,克服了摹状论、因果论等不能解释的命名在特定阶段的认知运作,从而提出了"命名转喻观",并系统性地用于语言问题分析。

其次,善于在系统之间寻找新增长点。事实上,当一个学科止步于学科内部时,有可能它的生气就会逐渐丧失,于是当其命运完结时,最好的方法就是打开学科系统的大门,吐故纳新,寻找新方向。Johnston(1998)认为,从不同的学科和广泛的知识背景出发,在知识和范式之间建立起联系,同时打破原有知识体系的僵化分割,可为新学科的成长和知识的应用提供交汇点。先生对语言学新增长点的系列思考,将体认语言学推展到翻译学、传播学等领域,建构认知翻译学、认知传播学等新兴学科的尝试,便是打破系统,站在系统之间作出的尝试和考察。这需要的是一种超学科的眼光和胸怀,突破学科知识的边界和壁垒,拓展认知层面,在超学科向量推动下形成开放的知识构架,很有可能会孕育新学科的产生,使学科发展成为一种可持续性过程(刘玉梅,2018)。

再者,善于在自己研究的基础上建立学术生态体系。先生常说,作为高校教师,一定要有自己的发展规划,"自我设计",尽早定位,并通过读书、教书和写书的探索过程逐渐形成自己的研究体系。譬如,他在构式语法研究中,首次提出"构式程序分析法",并将其用于英汉双宾构式、英汉动结构式、汉语拷贝构式等系列研究中,构成了具有系统的构式语法研究系列成果。他率先在国内提出了语言的体认观,并从不同角度发表了论文30多篇构建理论,探索实践,构成了其独特的体认观研究系统。

可见,王寅先生的学术思想体现了哲学之道、史学之道和系统之道。贯穿"三道"的便是他的创新精神和实践精神。一方面,在哲学运思和史料考证的基础上,以系统化的理论去分析语言现象和哲学问题及其所蕴含的理论问题;另一方面,在分析的过程中去修补和更新已有的理论,使其理论系统得以应用、拓展和深化。

三、为师之器

古人云,师者,传道授业解惑也。传道者自己首先要有"道"。即一方面,将国家和民族放在心中,并引导学生肩负国家使命和社会责任;另一方面,在相关领域要形成自己的"道"。先生常说,语言学是一项伟大的事业,我们应肩负时代的重任,挖掘语言中蕴藏的无穷奥秘。传道者光自己有"道"还不行,还要有善于引导学生之器。

以身垂范,真读书,善读书。先生在谈到教育教学改革时常说,"劳己筋骨,苦己心智,解放学生"。教学生读书,首先自己要真读书。"授人一瓢,自有一潭"。朱熹曾这样描绘读书的状态,"读书须是身心都入在这一段里面,更不问外面有何事,方见得一番道理。关了门,闭了户,断了回头路,此正是读书之时也"。先生虽不至于像朱熹所描绘的那样关门闭户,谢客苦读,但也却特别善于闹中取静,无论在多吵闹的环境,他只要随即坐下,稍加调息,就能进入读书思考的境界。他曾诙谐地说,"教授的生活方式"就是平均每天读50页专业书。只有自己与时俱进,才能引导学生进入前沿阵地。教学生读书,还要自己善读书。他常和青年人交流的一个方法就是"豆腐干法"和"边积边发法",前者是说,读书时要多写,将灵感和想法记下来,分类存放;后者是说,"读时便写,边读边写,以读代写,以写促读,读写兼顾"。这样才能培养自己的学术能力,有效完成"学海探珠"。有趣的是,先生的书架都是分门别类,井然有序。每每在他家中开展学术沙龙,若提到某人某观点,争论不休,他都能瞬间寻书取下,翻给学生细读、消化、讨论。有些书卷缝隙间满满的批注,把他在不同思想对话中的灵感串成了有价值的珍珠。

理论为先,重思考,崇创新。近 40 年来,他在哲学和语言学的互摇中提出了"体验人本观""体认普遍性""AS 元认知机制""事件域认知模型""构式程序分析法""图式范畴理论""命名转喻观""隐喻认知观""后现代哲学第四转向""SOS 多重互动理解模型"等诸多富有生命力的学术新观。近几年,他又系统反思了"传统人本观""激进人本观""悲观人本观",将"体验人本观"修补为"体认观",阐述语言的体验性和人本性,终而提出了"体认语言学"的构想,并力图用体认语言学理论对不同层面的语言现象作出统一解释。

以教为本,重实践,善应用。我们注意到,王寅的叩问不是"空问其道"。他的叩问从问教开始,每每叩问的结果都会自然地回归到教上,回归到教师的身份,让其叩问之果带来诸多实践价值。在论著和课堂教学中,他非常重视"化理论为智慧,化理论为方法,化理论为应用",培养学生融会贯通,知行合一,转知为智为法为用的能力,带领学生学会思维,善于应用,享受思辨和操作的愉悦和快乐。先生经常教导我们:"当今的为师之道应该是劳己筋骨,苦己心智,以解放学生为己任,以进入前沿为目标。"他在学术问道的路上,总会不忘初心,从一个教育者的角度尝试为中国外语教育的理论和应用顽疾提出解决方案,为创新人才培养提出建议。

以德施教,注重求真。他在谈到读书、教书和写书时说,"读书时要读进去,教书时要教明白,写书时要写深刻,这样才能真正体会到一种快乐。"先生在教书育人的过程中,还非常珍视做人。他常说,要做学问,先学好做人,学问不是"拍脑袋"拍出来的,也不是"闭门造车"造出来的,而是在求真求实的过程中显现的。这样的体会与他重视在哲学、史学和系统中求智求真求新的精神分不开。先生在教书育人过程中,非常重视学生理论素质以及学术创新与应用能力的培养。要引导学生"照着说""接着说"的能力。譬如,在哲学讨论中,他会带领学生去挖掘不同观点所映射出来的运思智慧,并引导学生独立思考。

团队精神,学派意识。王寅先生认为,科研是一项集体性活动。他非常强调团队合作精神,在课堂上或科研沙龙中,经常鼓励参与者"通过讨论相互启发,借助对话激活思路,通过批评拓宽思路,运用交往共同进步"。他通过学术沙龙、专题研讨、国际会议等活动,带领体认研究团队开展研究,将体认语言学理论拓展到了"翻译学、语篇学、英汉比较研究、辞书学、修辞学、社会语言学、地名学、传播学、政治学"等领域,致力于打造"一点多翼,超学科聚合"特色的认知研究团队,推动我国语言学及其相关学科的发展。

21世纪初,王先生与从语用学摸到语言哲学的钱冠连先生一道,成立了中西语言哲学研究会(现为全国英汉比较研究会中西语言哲学专委会),在中国外语界大力倡导语言学同仁学习语言哲学,并推动和发展了"中国后语言哲学"。钱冠连先生(2014)说道:"王寅教授,作为著名语言学家和语言哲学家,对中国后语言哲学的支持与参与,使事实上存在着的中国后语言哲学的溪流,形成了公开的潮流与趋势。"

四、结语

人们常常认为"人生苦短",王寅先生却认为,以书为伴的人生是快乐的人生,读书、教书和写书已经成了他的快乐生存方式。先生在此生存方式中,逐步形成了具有王氏特色的为学之道,努力践行"传承中发展,创新中应用"的学术精神,并将自己的学术之道演化为施教树人之器,引导青年人向学、好学、求真、创新、实践、协作。这种为学之道和为师之器值得我们后辈学习!

参考文献:

［1］Johnston, R. The university of the future: Boyer revisited［J］. *Higher Education*, 1998,(36):253–272.

［2］陈嘉映.语言哲学研究序二.语言哲学研究［M］(王寅著),北京:北京大学出版社,2014.

［3］梁启超.中国历史研究法补编［M］.北京:中华书局,2010.

［4］刘玉梅.外语学科专业建设的反思与超学科前瞻［J］.中国外语,2018,(3):4–11.

［5］钱冠连.语言哲学研究序一.语言哲学研究［M］(王寅著),北京:北京大学出版社,2014.

(作者:刘玉梅教授,博士生导师;工作单位:四川外国语大学)

人生是一艘永不停息的航船

——贺王寅先生 70 寿辰

赵永峰

　　小时候,不知曾经何时听到"人生是一艘永不停息的航船"这句话,那时候根本没有意识到此表达是一条隐喻,更没有想到这条隐喻使得我与王寅先生结下了深厚的师生缘、不竭的师生情。

　　2004 年 4 月,我参加西南大学召开的第三届全国认知语言学研讨会,第一次聆听王寅先生的讲座,记得先生的大会主旨报告题目是"认知语言学视野下的语篇研究"。现在回想起来,当时听到先生讲解 Lakoff & Johnson 的《我们赖以生存的隐喻》(*Metaphors We Live By*),我连懵懵懂懂都谈不上,因为那个时候学校鲜有认知语言学讲座,更谈不上开设认知语言学课程了。当先生在大会上讲到"LOVE IS A JOURNEY"时,我当时似乎明白了一点儿什么叫隐喻。会后那天晚上,我有幸在重庆"两江游船"上再次请教先生,他举例说"人生就是一条航船/LIFE IS A SAILING SHIP",并形象地做了讲解:船要航行,船需要水路,船需要动力,船需要方向……人生也需要前进,人类社会才会生生不息,前进时也需要道路和方向,人生也需要奋斗的动力……此刻我才貌似恍然大悟了隐喻是什么!

　　在那艘航船上,先生还谈到了我国古代的训诂学,以及孔颖达、黄侃、陆宗达、钱穆等老一辈学者的隐喻思想。先生信手拈来,讲到西方哲学家苏格拉底、柏拉图、亚里士多德、康德、罗素、弗雷格、维特根斯坦等伟大学者的观点。当时我就被先生学贯中西,通晓古今的学术素养和研究视野所折服,但我也只能快速地记下这些学者的名字而已,无法深层理解!我当时冒昧地探问先生能否留下他的联系电话,以便日后叨扰请教,没想到先生爽快地留下了他的电话,并留存了我的电话号码。记得那天我只是傻傻地开心,并没有意识到这次游船之旅会成为我与先生深深师生情的开始,也从此改变了我的命运和人生航行轨迹。

对于"LIFE IS A SAILING SHIP"的理解,随着先生的提携和教导,也慢慢在我的认知中不断加深,就像一坛老酒,越存越发醇香,鞭策和激励着我努力向前!2004年9月17日上午,我突然接到先生的电话,他告诉我他到川外了,我以为是我听错了电话呢,当我跑到外国语言研究中心的时候,我才意识到先生真来川外了,他告诉我,他的工作关系已调动到川外,当时我真不敢相信这是真的!

我就这样又一次开始了"LIFE IS A SAILING SHIP"之旅,先生给我开列了必读书单,在他不厌其烦地指导下,我鼓足勇气慢慢像"老鼠啃干馍馍"一样坚持啃下去,慢慢领悟着学者们对语言和人类知识的精辟思考!

"LIFE IS A SAILING SHIP"中的 LIFE 来自人们基于社会化的体验,自有深层哲学内涵。体验哲学开启了我哲学思考的大门,先生指导我学习了德国生物学家乌克威尔、英国生物进化论者达尔文、格式塔心理学派的韦特海默、发展心理学家皮亚杰、社会历史学家维果斯基、认知心理学家巴特莱特以及哲学家杜威、梅洛庞蒂、阿多诺、哈贝马斯、德里达、福柯、约翰逊,以及语言学家布龙菲尔德、费尔默、莱考夫、兰盖克等伟大学者的经典著作,他们都论及了认知的体验性和社会性。这使得我除了在学术思考方面获得一点点小小的感悟之外,更让我洞悉语言来自体验,来自社会互动,来自主体的认知加工,也让我更加深刻地理解"LIFE IS A SAILING SHIP"的深刻哲学内涵。与此同时,我这艘小小的舢板也在先生的鞭策和激励下,开始努力向前!

此刻,"LIFE IS A SAILING SHIP"的内涵随着我人生阅历的增长而不断增加,我对此的感悟也越发深刻,此处该隐喻表达至少拥有两层涵义:

第一,人生是一艘正在航行的船,sailing 表示正在航行,寓意着:先生年近七旬,在教育战线上辛勤耕耘了几十载,可执着依然,追求不断,热情不减;他是一位资深老教授,教学科研成绩突出,却始终读书学习,其精神影响着一代一代的年轻人,形成了一种难忘、一种参照、一股力量、一种激励、一种精神,推动着学术的建设与发展、辉煌与闻名。

第二,人生是一艘帆船,它需要动力,我的人生动力就来自先生,来自先生谆谆教诲,来自先生启发和鞭策……

此刻,我想说我将沿着先生开创的这条学术道路扬帆起航……定将与先生和同门弟子教书育人,反哺社会;定将为先生开创的学术研究和学术精神发扬光大尽自己绵薄之力。最后附上一首小诗和一首小词,表达对先生的深切敬仰和七十寿诞的美好祝福!

恩　师　缘

日暮歌乐雾缭绕,星夜嘉陵思绪愁;

子夜北国梦怀念,清晨痴人望天际。

午时桥都遇恩师,申酉童心尽徘徊;

戌亥认知共缠绵,白字墨板解疑难。

夜空玉盘共见证,披戴星月过五更;

认知体验齐登场,先生不喧自成蹊。

航船离岸永不息,绵绵不绝向远方;

亦师亦父孺子牛,王门桃李芳天下。

诉衷情·师缘

清晨雾都卷轻霜,

子夜梦北方。

离乡自有彷徨,

他邦缘系西席。

共认知,

解疑难,

齐见证。

学术启航,

绵延远方,

桃李天下。

(作者:赵永峰教授,硕士生导师;工作单位:四川外国语大学)

点　滴

李　瑛

2018 年 1 月 27 日,临近春节,成都迎来了多年久违的瑞雪。窗外雪花纷飞,
室内腊梅飘香,天气虽然寒冷,我内心却涌动着一股暖流,充满喜悦。电话里听到
王寅老师对博士论文的初步评价:"写得挺好的!",挂在心上的那块石头终于落地
了! 这是我一生中收到的最好的新年祝福! 谢谢恩师王老师!

在论文完成之时,回望 6 年的读博经历,既有学习的快乐,也有生病的难受,
更有研究过程中经历的挫折、沮丧和喜悦。一路走来,一波三折,两次严重的肝损
伤住院治疗,主治医生再三警告:"一定要严格休息,否则难以恢复!"自己也数度
产生想中断学业回归平静的想法。在王老师的关怀、鼓励和亲自指导下,我终于
走到今天,感激感恩感谢是我唯一的语言!

我工作以来首次参加的学术研讨会便是 2002 年 11 月在苏州大学举办的"第
二届全国认知语言学研讨会",在会上幸识王寅先生。在那次会上获得了先生的
专著《语义理论与语言教学》。我回来后便认真拜读,仔细琢磨,因为我也教过语
义学,很容易理解这本书的奥妙。我也被浅显易懂的语言表达和广博精深的内容
所吸引,开始关注、研读先生的其他论著,聆听先生的系列讲座以及当面教诲。自
此便与先生结下了不解之缘,走上了学术研究的征途。

16 年来,作为一个学术"菜鸟",在先生的领飞和悉心指导下,我从隐喻的懵
懂,飞到了认知的天空,又走到了构式语法的世界,最终得以完成博士论文。读博
期间,从选题、开题、到论文写作方面我都得到先生的精心指导。特别是 2017 年 7
月在青海西宁"夏哲院"会议期间,先生十分担心我的身体状况,担心我难以完成

博士研究的重任。但与先生几次交谈后，我一扫心中阴霾，在 2017 年接下来的时间里比较顺利地完成论文写作并受到先生的基本认可。现在回想起来，很多场景仍历历在目，感谢二字已难表心中之情！

在苏州会议期间的交流中，先生告诉我们，他花了近半年的时间研读 Lakoff 的 *Women*, *Fire*, *and Dangerous Things*，让我大为惊叹！先生之所以能有这么多的著述和成就，与他长期的坚持不懈和认真求索是分不开的，听说他很快就要正是出版《王寅语言学文集》(20 卷)，这是何等的成就啊！

我师从先生后的最大的收获就是：不是学术做不好，而是自己努力不够。先生的学术成就不仅体现在其著作等身的学术论著中，还体现在他一系列生动精彩、功力深厚的学术讲座中。2009 年 6 月先生应邀到我校作了讲座"认知语言学十讲"。讲座的内容极其丰富，涉及面十分广泛，不仅囊括了认知语言学的基础理论，而且还从哲学层面分析了理论的来源。先生的讲解风趣幽默，常常使用一些时代感强、通俗易懂的流行语言，把枯燥的语言学讲座变得生动起来，更加"语言"化。语言学中的一些难以理解的概念，在先生的旁征博引、举重若轻、化繁为简的演讲中都得到了轻松化解，给年轻的学子们留下了深刻的印象。多年以后，我曾带过的研究生，在谈到这系列讲座时，对先生当年神采飞扬的讲座依然念念不忘，且一直激励着他们在学术的道路上坚定不移地走下去，这正如先生自己所言："我就是学术的播种机！"

先生不仅是学术的播种机，而且还是学术的创新者和领头羊。他总是引领着我们在学术的草原上奔跑，不断前行，扩展视野，寻觅最新鲜的养料，他不断带领我们进入新的研究领域。给我印象深刻的是先生对认知翻译学的研究以及提出的体认语言学理论。2018 年 5 月，喜闻先生的《认知翻译学》获得了全国社科后期资助项目，同年 9 月，我有幸翻阅了他尚未出版的这项成果。先生为此阅读了翻译学方面的一百多本专著，并将其与认知语言学有机结合起来，为翻译学理论注入了新的活力，推动了翻译学理论的发展。

2018 年 12 月先生应邀到我校作了题为"体认语言学视野下的翻译——以《红楼梦》300 条成语英译为例"的讲座，该讲座以先生提出的体认语言学理论为基础，从"现实""认知"和"语言"三个方面分析了不同译者翻译《红楼梦》中 300 条成语的不同译法，为翻译研究提供了全新的研究方法。

　　在先生的学术生涯中,我有一点深刻的体会,每当我们还在一个狭小的地方徘徊的时候,先生总是又在开辟新的方向,很多人以为路子走得太宽、不专一,其实这是不懂得什么叫大海的缘故。先生虽然在各个方面有很广博的涉猎,但始终抓住了认知语言学这条主线,所有新的探讨都没有离开这个本体,因此总能在他所研究的范围内有大视野,常常独辟蹊径,往往令我倍感惊叹！正是这"海纳百川,有容乃大"的气度,使先生成为语言学界公认的一棵不老松。

　　先生七十大寿在即,回想近 20 年与先生的交道,写下点滴,庆幸自己遇到了一位的良师,收获太多,成就太小,总觉有些愧对先生的教诲！

　　王老师,生日快乐！

（作者：李瑛教授;工作单位：西华大学）

汉语"老"意义延伸的认知机制研究

——谨以此文贺王寅先生七十寿诞

董成如

摘　要：汉语"老"的基本意义是从过去某一时间到参照点时刻，某人活的年纪超过某一常规或比较标准，即其年纪大。通过隐喻和转喻，从"老"的基本意义又延伸出过去的关系、超过某一合适时机、时间长、经验丰富、程度深、频率高、感情深、死、陈旧、老人等意义，从而形成一个辐射范畴。

关键词："老"；隐喻；转喻；辐射范畴

一、引言

"老"是汉语的常用词之一，主要用作形容词，也可用作动词、副词和词缀。除了表示年岁大之外，"老"还有经验丰富、时间长，程度深，频率高及褒义或贬义的情感意义等。颜力涛、柳英绿(2013)简要探讨了"老"的各种隐喻意义，但没有探讨各种隐喻意义的形成机制。毛继光、潘其(2014)从视角、详略度、背景、辖域和突显的角度探讨"老 X"的意义，但还要探讨"老"用作形容词和副词的意义。马真(1991)发现"老"修饰形容词时一般是往大里说，而不往小里说。例如，可以说"老远""老高"，而不说"老近""老矮"，但要分析其中的缘故。本文将以 Lakoff(1987)提出的辐射范畴理论为框架，探讨"老"的各项引申意义产生的认知机制。

二、辐射范畴理论

Lakoff(1987)认为词的各项引申意义都是以其基本意义为基础，通过隐喻和转喻产生像太阳光一样的辐射范畴(radial category)。隐喻不仅是一种语言现象,而且是人类的基本思维方式,是将始源域的概念映射到目标域中相应的概念上(Lakoff and Johnson 1980)。隐喻映射的基础除了相似性之外,还包括概念之间的相关性(correlation)(Grady 1997)。例如,向容器里倒进更多的液体,液体的高度将会上升,即液体的数量与其在容器里的高度呈相关性。所以,可以用表示高度上升的词语表示数量的增加,如:

(1) The number of books printed each year keeps going up.

转喻也不仅仅是一种修辞现象,而是和隐喻一样是人类基本的认知能力之一,甚至比隐喻更为基本。转喻是将同一认知域内的始源概念映射到目标概念上,映射的基础是概念之间的相邻性(Lakoff and Johnson 1980; Radden and Kovecses 1999)。例如,人们可用部分转指整体,生产者转指其产品,地点转指地点上的机构或发生的事件,或用容器转指容器内容等。(2)a 是用 legs 转指运动员,而(2)b 是用看得见水壶转指水壶里的水。

(2) a The coach is going to put some fresh legs in the game.

　　b The kettle is boiling.

三、"老"的基本意义

词项的意义可分为基本意义和引申意义。词项基本意义是词最早表示、使用频率最高、儿童最早习得、并体现在其他引申意义中的意义(Lakoff 1987, Tyler and Evans 2001)。"老"的使用最广、儿童最早接触到、人们不依靠任何语境提示就能想到的意义,即其基本意义是表达人的年纪大。因此,《现代汉语词典》(第5版)对"老"的定义是"年岁大"。我们认为这一定义还不完全准确,对揭示"老"的各种引申意义的认知机制作用不大。

和"高、大、干净"等词语一样,"老"是一个刻度(scalar)形容词,必须依靠某一比较标准或语言社团的常规(norm)进行定义。根据 Taylor(1992)对英语 old 的定语,"老"的基本意义可表达为:从过去某一时间到参照点时刻,某人活的岁数超过某一常规或比较标准,从而说明某人活的时间长。例如,70年前中国人认为超过60岁就算老,年纪大,目前一般认为活到70岁或80岁才算老。下文的分析表明"老"的基本意义中的"过去""超过某一常规"等概念是"老"的各项引申意义产生的基础。

四、"老"的引申意义分析

任何词项经过频繁使用之后几乎总是多义的(Langacker 1997：37)。通过隐喻和转喻,从"老"的基本意义可以延伸出多种意义:

"老"1：过去的关系

因"老"的基本意义含有从过去某一时间到参照点时间的成分,可凸显过去的意义,并通过隐喻表达其他包括过去意义的实体或关系,特别是过去曾担任过职务,从而使"老"带有表示过去关系的意义。在(3)中,"老"都是表示过去的关系。

(3) a 近日,徐德明亲切看望慰问了局离休老领导李青。

　　b 75 岁老院长办 42 周年婚庆。

"老"2：超过某一合适时机

"老"的基本意义含有年纪超过某一常规的成分。任何在时机上超过某一常规或合适时机的现象都与年纪上超过某一常规具有相似性。因此,"老"可以通过隐喻表示其他超过某一合适时机的现象,从而带有超过某一合适时机的意义。(4)中,"老"都是表示超过适口时机的意义。

(4) a 韭菜长得太老了,不好吃。

　　b 鸡蛋煮得太老了。

"老"3：时间长

由于"老"含有某人活的时间长的意义,可以突显其时间长的意义,从而通过隐喻用来表示其他时间长的关系。(5)中,"老"分别表示搭档和朋友关系的时间长。

(5) a 葛菲和顾俊是一对羽毛球老搭档。

　　b 小王和小李是一对老朋友。

"老"4：频率高

时间长和频率高在程度上具有相似性。因此,"老"进一步可以表示频率高,即经常的意义,如:

(6) 他最近老来找我。

"老"5：过去的频率高

《现代汉语词典》(第五版)和郑怀德、孟庆海(2010)编写的《汉语形容词用法词典》都表示"老"有"原来"的意义。我们认为这一观点不完全准确。由于"老"

含有过去的意义,同时又有频率高的意义,两种情况结合起来,"老"可以表示过去的频率高,或过去某人经常做某事。例(7)表示"我们"在过去经常在某一时间和某一处所的地方见面。

(7) 我们老地方、老时间见面。

"老"6:死

人老的自然结果是死亡。"老"与"死"是相邻的两个概念或实体。因此,"老"可以通过转喻,表示"死"(同时也因为人惧怕死亡的缘故),如:

(8) 他家老了人。

"老"7:经验丰富

默认情况下,随着年龄的增长,人经历了解的事情越多,经验也就越丰富,即年龄的增长与经验的丰富呈相关性。因此,"老"可以表示经验丰富,如"老练、老成,老手"等。

"老"8:程度深

时间长与程度深具有相似性。因此,"老"可以用来表示程度深,如:

(9) a 太阳升得老高了,他还不起床。

　　b 他老远地跑过来看望我。

刻度形容词构成的反义词中,一个往往是无标记,一个有标记。例如,在"高与矮、长与短、远与近、厚与薄、大与小"等反义词中,前者为无标记的,而后者是有标记的。一般可以问一间房子有多高,但不问房子有多矮。同样,"老与新"或"老与年轻"构成的反义词中,"老"也是无标记的。无标记与无标记的词项搭配。所以,"老"可以修饰"长、高、远、厚"等无标记的形容词,表示程度深,或马真(1991)所说的"老"一般往大里说,而不修饰有标记的"短、矮、近、薄"等形容词。

"老"9:感情深

一般情况下,一个人越老(即随着年纪的增加),与他人的交往也会增加,同时感情也会增加。所以,"老"与感情的深厚呈相关性。因而"老"表达感情深,如正面的"老兄,老弟",或负面厌恶的感情,如"老不死"等。

"老"10:旧

事物存放或使用的时间越长,越容易变旧,即时间长与事物旧的程度具有相关性。因此,"老"可以用来表示"旧"的意义,特别是陈旧的意义,如:

（10）这房子太老了。

"老"11：老人

一种转喻是用某种特征转指具有该特征的拥有者。同样，也可用"活的年岁大"的特征转指"活得年岁大的人"，即"老"可以用作名词，转指老人。在"尊老爱幼、扶老携幼、男女老少、一家老小、上有老、下有小"中，"老"都是转指老人。

认知语言学遭受的一个指责是对词项意义的分析过于细致，导致词项意义的泛滥。鉴于此，本文主要分析了《现代汉语词典》（第五版）中列举的关于"老"的主要意义。"老"还有表示尊敬的意思、同辈的排行等就不作分析了。

五、"老"的辐射范畴

如前文所述，词的各项引申意义形成以基本意义为中心的辐射范畴。Langacker（1997：37）认为词的有些延伸意义又可以成为图式（schema），延伸出其他意义。在我们上面对"老"的各项引申意义的分析中，我们发现"老"的时间长的意义虽然是从其基本意义产生的，但又是频率高、程度深等意义产生的基础。根据上面的分析，"老"的各项意义形成的辐射范畴可图示如下：

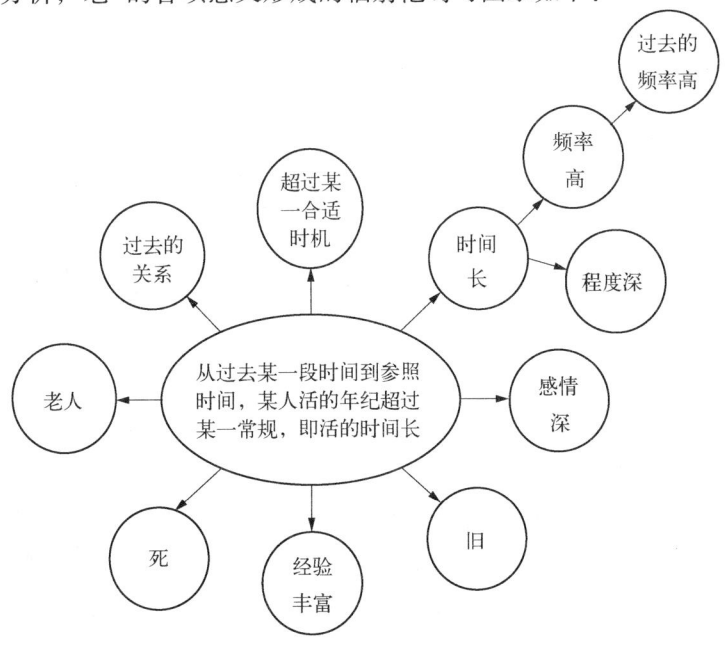

"老"的各项意义的辐射范畴

六、结语

本文以 Lakoff(1987)的辐射范畴理论为框架,探析了汉语常用词"老"的基本意义和各项引申意义。分析表明"老"的各项引申意义的产生的基础是引申意义与基本意义之间的相似性、相关性和邻近性。本文的分析对研究其他词项的各项意义之间的关系具有一定的借鉴作用。

参考文献:

[1] Grady, J. *Foundations of Meaning: Primary Metaphors and Primary Scenes*[M]. Unpublished doctoral dissertation, University of California, Berkeley, 1997.

[2] Lakoff, G. *Women, Fire and Dangerous Things: What Categories Reveal about the Mind* [M]. Chicago/London: University of Chicago Press, 1987.

[3] Lakoff, G. & M. Johnson. *Metaphors We Live By*[M]. Chicago/London: University of Chicago Press, 1980.

[4] Langacker, R. *Cognitive Grammar: A Basic Introduction* [M]. Oxford: Oxford University Press, 1997.

[5] Radden, G. & Z. Kovecses. Towards a theory of metonymy[C]. Klaus P. & G. Radden. (Eds): *Metonymy in Language and Thought*. Amsterdam/Phildalphia: John Benjamins, 1999.

[6] Taylor, J. Old Problems: Adjectives in Cognitive Grammar[J]. *Cognitive Linguistics*, 1992, (1): 1‒35.

[7] Tyler, A. & V. Evans. Reconsidering prepositional polysemy networks: The case of "*over*" [J]. *Language*, 2001, 77 (4): 724‒765.

[8] 马真.普通话里的程度副词"很、挺、怪、老"[J].汉语学习,1991,(2): 8‒13.

[9] 毛继光,潘其."老 X"构式义的认知识解[J].哈尔滨师范大学社会科学学报,2014,(1): 78‒80.

[10] 颜力涛,柳英绿."老"的认知隐喻分析——汉语文化—隐喻语法体系建构的尝试[J].长春大学学报,2013,(5): 561‒563.

感言:

王寅老师虽然不是将认知语言学引进国内的第一人,却是全面将认知语言学介绍到国内的第一人。虽然 Lakoff、Langacker、Taylor 等国际认知语言学大家多次到国内讲学,但第一次邀请他们到国内讲学的却是王寅老师。王寅老师不仅从事认知语言学的本体研究,而且将认知语言学与翻译、传播学、哲学和外语教学等结合起来进行研究。王老师的科研成果不仅在外语界,而且在汉语界和哲学界也产生了重要的影响。

苏州大学文学院曹炜教授将我介绍给陆俭明、江蓝生、袁毓林等汉语界学者时，总要带上一句——这是王寅老师的博士生。可见王寅老师在学界的影响之大。

腹有诗书气自华。与王老师交谈如沐春风。听王老师的讲座，听众会屏住呼吸，倾心聆听，最后报以雷鸣般的掌声，折服于王老师渊博的知识、宽广的学术视野、敏锐的学术眼光和胆识。此外，王老师还能把外国学者吸引住。2009 年春，浙江大学语言与认知研究中心和荷兰乌特勒支大学语言学系联合举办研讨会。作为中方发言代表，王老师以充分的准备、精美的 PPT、缜密的论证和旁征博引一下子把外方学者"征服"了。会议休息期间，外方学者主动与王老师交流，并向王老师赠书。另一方面，读王老师的著作和论文，读者会被他流畅的文笔所吸引，而一般不会碰到拗口的语句和生僻的术语。王老师可谓国内少有的口才和文笔俱佳的学者。

到目前为止，王寅老师已出版 40 多部学术专著和教材，发表 290 多篇论文，主持 3 项国家社科基金项目，成为国内引用率最高的学者之一。究其原因，除了钱冠连先生所说的哲学和汉语功底，与坚持创新之外，我认为还与其异乎寻常的勤奋和对学术的酷爱有关。在山东和江苏担任行政职务时，王老师的办公桌上总是摆满了学术书籍和论文。到国外出差，王老师总忘不了拜访 Lakoff、Langacker、Taylor 等学者，总要到 John Benjamins 等出版社购买书籍。在机场候机之际，王老师总要打开电脑，记下所思所想。夏天学术会议期间，王老师 5 点半左右，就在户外看书写作。在四川外国语大学工作期间，王老师继续坚持在教学科研的第一线，一心一意埋头于学术。不搞学术的人和王老师接触后，都会被王老师的学术热情所感染，开始看书写作。

犹记得 2002 年秋，第一次拜访王寅老师时，他第一本介绍给我的书就是 Lakoff 与 Johnson 于 1980 年合写的认知语言学的奠基之作——"*Metaphors We Live By*"。正是两位学者对概念隐喻的研究促进了认知语言学界最初对 over、out 等词的多义研究。

现谨写此短文祝贺王寅老师 70 华诞，衷心感谢王老师把我引进认知语言学的大门，悉心指导我一步一步地完成博士学业。若没有王寅老师的指导，我至今还不知道在哪条学术道路上徘徊，更不用说能写点东西发表了。

（作者：董成如教授，硕士生导师；工作单位：苏州大学）

不对称与增长主义的认知生态语言学研究

朱长河

摘　要：增长主义是垂直思维定势作用下形成的信仰复合体，广泛影响着我们对事物和事态的判断，进而指导着我们的社会实践和生产实践。韩礼德将其列为危害生态环境健康发展的主要思维方式之一，是形成当前全球生态危机的一种认知模式。本文从认知生态语言的角度，分析了语言通过不对称形成体现增长主义的各种表现形式，及其对生态环境健康发展的危害。

关键词：增长主义；认知；生态语言学

一、引言

认知生态语言学（Cognitive Ecolinguistics）以 Lakoff 和 Johnson 的体验哲学为哲学基础，秉承 Fill 传统的生态语言学旨，即"研究语言在生态环境问题的产生中所扮演的角色，以及运用语言解决这些问题的可能途径"（Fill，2014）。其中，微观认知生态语言学的任务之一是通过批评性分析，揭示"隐藏在各语言层面不利于生态环境健康发展的思想"（朱长河，2015）。增长主义便是这样的一种思想。

二、增长主义的认知基础及其生态危害

1. 增长主义

增长主义（growthism）是一个集经济、社会和宗教为一体的"信仰复合体"

（http：//www.growthism.com/）。在这一信仰复合体的作用下，人们对事物的发展趋势作出偏见性评价，即将增势视为积极，将减势视为消极，如"多比少好、更多比更少好、大比小好、增长比萎缩好、向上比向下好"（Halliday，1990）。简言之，增长主义的口号是："一切增长都是积极的"（Halliday，1993）。

增长主义对我们的思维具有普遍的影响。例如，日常生活中，我们希望挣更多的钱、住更宽敞的房子、享受更高水平的生活。工作中，我们希望取得更大成就、得到更快升迁、拥有更大的权力。商业活动中，我们希望销售额不断提高、占有的市场份额不断扩大、获得的利润不断增加。经济活动中，生产力水平必须提高几乎已成为我们的共识，GDP增速放缓会令我们不安，股市、房市疲软就得想方设法救市。

2. 增长主义的认知基础

增长主义源自一种垂直思维定势，即"向上为好—向下为坏"。该思维定势形成于人类的世界经验，尤其是关于生存的经验。就个体发生而言，孩子们小的时候便发现，成人掌握着他们所需要的东西，控制着他们的行动。而与此相对应的是，成人的块头比他们大、个子比他们高、力气比大。于是，在孩子们的思维中，"更大""更多"等增长概念，便与"更好"等积极意义联系在一起，逐渐形成Lakoff & Johnson（1980：22）所说的"更多意味着更好""更大意味着更好"等我们社会中一些最为根本的价值观。此后，增长的概念进一步隐喻化为"上—下"方位。其中，增长为"上"，减少为"下"。这是因为，"变大的事物，如孩子和树木，都是向上长而不是向下"（Halliday，1990）。对经验的这些认知逐步隐喻化为"向上为好—向下为坏"的垂直思维定势。

就种系发生而言，在最初生产力水平低下、生存环境恶劣、生活资料匮乏的时代，人类需要更多的生活资料以确保温饱，需要更多的人口以提高在与环境斗争中生存和繁衍的几率。简言之，经验告诉人们，增长才是硬道理。工业革命后，尽管生产力水平得到了极大的提高，但随之而来的资本主义以追逐利润为目标。为实现这一目标，资本家们采取了一切可能的手段。除发展科技、扩大生产规模、降低成本外，一个重要的手段就是运用各种媒体，向全社会宣传消费主义。而消费主义以社会财富的不断增长为前提。因此，对消费主义的宣传进一步强化了增长主义，使其成为当今"资本主义的一大主题"（Halliday，1990）。

3. 增长主义的生态危害

增长主义的认知基础表明,这一思维模式"在我们历史上的某些时刻曾是积极的、建设性的"(Halliday,1990)。然而,增长主义在指引人类渡过难关的同时,也刺激了各种欲望的膨胀,尤其是物欲、占有欲和征服欲。满足这些欲望需要以牺牲环境为代价,如捕杀动物、砍伐森林、毁坏山川湖泊等。

在生产力低下、人口规模相对较小的时代,这些破坏尚在环境能够承受的范围之内。然而,现代科技带来的工业化大生产,伴随着人口的膨胀,人类的活动已造成环境急剧恶化。Warner(2006)指出,人口、经济等的过度增长可能引发的问题包括"交通堵塞、空气和水污染、植物蔓生、空地、野生动物栖息地和湿地等的损失、社团特色或'地位'感的失去"。

环境恶化不仅会造成大量野生生物的灭绝与自然系统的退化,"还将引起整个地球生命支持系统的退化与破坏,危及人类的生存与发展"(戈峰等,2002:407-408)。因此,增长主义很可能会导致"环境的最终灾难"(http://www.growthism.com/)。揭示和矫正这种思维模式因而成为生态语言学的重要课题之一。

三、不对称与语言中的增长主义

认知语言学认为,"现实—认知—语言"形成三元互动(王寅,2018)。因此,作为一种思维模式,增长主义势必在语言中有所体现。语言中的不对称便是体现这一思维模式的特征之一。

1. 语言中的不对称

不对称与对称相对,"最初是日常生活中的概念"(沈家煊,1999:1):

> 凡是有一一对应关系的就是"对称",例如人的面部器官左右两边的分别基本对应,因此是对称的;凡不是一一对应的关系就是"不对称",例如许多内脏的左右分布不对称,大多数人是右手用得多,左手用得少,这是左右手功能的不对称,左脑和右脑的功能也不对称。

沈家煊(1999:4)指出,不对称现象存在于语言的各个层面,包括语音、构词、句法、语义和语用。不仅如此,这些不对称现象并非完全任意的,其背后大多具有一定的理据性。其中,以增长主义思维模式为认知理据的不对称现象主要包括特殊问句中等级词选择的不对称、感叹句语义选择的不对称,以及名词性短语语义选择的不对称等。

2. 特殊问句中等级词选择的不对称与增长主义

英、汉语言中隐含增长主义思想的特殊问句主要为那些含可分等级词的问句。所谓可分等级词,指的是一对可分等级反义词中的一个。之所以称作可分等级,是因为这对反义词之间"经常存在中间形式"(戴炜栋、何兆熊,2010:70)。例如,"热"和"冷"为两个可分等级词,因为这两个词构成一对反义词,且两者之间存在中间形式,如"凉""暖""温"等。

英、汉语言中含可分等级词的特殊问句的不对称性在于,语言使用者在使用这类问句时,往往倾向于选用处于 Halliday(1990)所说的积极端的可分等级词,而很少选用出于消极端的词。换言之,特殊问句中的可分等级词具有类似沈家煊所说的功能的不对称。例如:

1) 询问年龄时,英语使用者更多会问"How old are you?",很少问"How young are you?";汉语使用者则更多会问"你多大啦?",很少问"你多小啦?"。

2) 询问长度时,英语使用者更多会问"How long is it?",很少问"How short is it?";汉语使用者则更多会问"这有多长?",很少问"这有多短?"。

3) 询问重量时,英语使用者更多会问"How heavy is it?",很少问"How light is it?";汉语使用者则更多会问"这有多重?",很少问"这有多轻?"。

4) 询问尺寸时,英语使用者更多会问"How big is it?",很少问"How small is it?";汉语使用者则更多会问"这有多大?",很少问"这有多小?"。

5) 询问高度时,英语使用者更多会问"How tall is he?"或"How high is it",很少问"How short is he?"或"How low is it?";汉语使用者则更多会问"这人/这有多高?",很少问"这人有多矮?"或"这有多低"。

6) 问时间长短时,英语使用者更多会问"How long have you been here?",很少问"How short have you been here?";汉语使用者则更多会问"你到这儿多久啦?",很少问"你到这儿多短啦?"。

7) 询问速度时,英语使用者更多会问"How fast is it?",很少问"How slow is it?";汉语使用者则更多会问"可以行多快?",很少问"可以行多慢?"。

8) 询问距离时,英语使用者更多会问"How far is it?",很少问"How near is it?";汉语使用者则更多会问"多远的路程?",很少问"多近的路程?"。

与上述相反的不对称现象也不是没有,但数量要少得多。需要指出的是,如Halliday(1990)所说,询问数量时,英语使用者更多会问"How much is there?""How many are there?"或"How much is it?",很少问"How little is there?""How few are there"或"How little is it?"。汉语使用者似乎刚好相反,人们更多会问"总共有多少?"或"这要多少钱?",而很少会问"总共有多多?"或"这要多多钱?"。但这里的"多少"并不表示"多么少"的意思,而是疑问代词,"表示不定的数量"(详见《现代汉语词典》(第五版):350)。类似的例子如"我知道多少说多少""有多少人""准备多少工具"等。

英、汉语言特殊问句的上述不对称现象,是增长主义在语言中一种表现。这是因为,可分等级反义词的积极端相当于某一维度的上升端或发展端。例如,人的一生渐次经历生老病死,年龄由小到大,随之增长。"大"自然是年龄维度的上升端或发展端。因此,尽管选择问"你多大啦?"而不问"你多小啦?"可能有其他动因,如出于礼貌(因为年龄越大,通常越应该受到尊敬)。但可以肯定的是,增长主义的思维定势为其中的主要动因之一。

3. 感叹句语义选择的不对称与增长主义

英、汉语言感叹句都含有疑问副词或疑问代词,用以修饰表特征的形容词、副词或名词,表示这些特征的程度。感叹句所表达的就是说话人对这一程度的惊叹。英语感叹句中的疑问副词为"how",如例1;疑问代词为"what",如例2。汉语的感叹句不含疑问代词,而只含疑问副词"多(么)",如例3和例4:

例1a:How kind you've been!

例2a:What an interesting film it is!

例3a:多么蓝的天啊!

例4a:多美的景色啊!

疑问词的本意为表达程度的不确定性：可能是消极性的、可能是中性的、也可能是积极性的。例如，"多美"的本意为"不确定在多大的程度上是美的"：可能不怎么美、可能一般的美、也可能非常美。然而，感叹句中，在英、汉语言使用者几乎无一例外地选择了积极端的意义作为其无标记意义，而很少选择其消极端的意义。换言之，英、汉语言在感叹句的意义选择上同样存在不对称现象。例如上述四例感叹句通常分别被解释为具有如下意义：

例1b：You've been very kind.

例2b：It's a very interesting film.

例3b：天蓝极了。

例4b：景色美极了。

与年龄、距离等相似，某一特征的程度也有一个由高到低的发展过程。其积极端相当于程度的上升端或发展端。因此，在英、汉语言在感叹句意义选择上的不对称现象，同样为增长主义在话语中一种体现。

4. 名词性短语语义选择的不对称与增长主义

英、汉语言使用者对名词，尤其是作定语的名词的语义选择，同样存在不对称现象。其中因选择这些名词的积极意义而形成的不对称现象，同样为反映了增长主义的思维定势。

Halliday(1990)列举了英语中三个这方面的例子。例如，英语中的"quality"（质量）一词，可以表示积极意义"优质"，也可以表示消极意义"劣质"。然而，厂家可放心地称其产品为"chocolates of quality"，而不用担心消费者将其理解为"劣质巧克力"。这是因为，对于零修饰语境中的"quality"一词，英语使用者通常选择积极意义，即"优质"，作为其无标记意义。因此，"chocolates of quality"通常会被理解为"优质巧克力"。Halliday列举的另外两个例子为"size"和"length"。英语使用者通常分别选择其积极意义，即"尺寸大"和"长度长"，作为其无标记意义。

汉语使用者对作为定语的名词的意义选择存在类似的不对称现象。即以积极意义为其无标记意义。首先，部分作定语的名词在零修饰语境中通常被理解为"好的……"。例如，"品牌"既可以指好的品牌，也可以指不好的品牌。然而，在零修饰语境中，语言使用者大多将其理解为好的品牌。因此，在实际使用中，"品牌服饰"其实相当于"名牌服饰"。类似的用法还包括"招牌"，如招牌菜、招牌动作等。其次,部分作定语的名词在零修饰语境中大多被理解为"多……的"。例如,"阳光房"更多会被理解为"阳光充足的房子"或"阳光多的房子"。类似的用法还包括"雨",如"雨季""雨林"等。最后,部分作定语的名词在零修饰语境中大多被理解为"……大的"或"……高的"。例如,"力量型选手"更多被理解为"力量大的选手"。类似的用法还包括"速度",如"速度型选手""速度型运动"等。

名词性短语语义选择的不对称类似无标记现象(朱长河,2005)。将增长的意义表达为无标记语言形式,不仅是增长主义的体现,同时又强化了这一思维模式。

四、结语

不对称现象只是体现增长主义的语言特征之一。如王寅(2018)所言,"语言"与"生态"为互动关系。语言中的增长主义思想通过影响我们的认知,对生态环境的健康发展构成重大威胁。揭示这些语言特征只是解决问题的第一步。通过语言规划对这些特征予以矫正方能达到最终目的。

参考文献:

[1] Fill, A. Ecolinguistics (EB/OL). [2014 - 08 - 26] http：//www.gewi.uni-graz.at/ecoling/.

[2] Halliday, M. A. K. New ways of meaning：The challenge to applied linguistics[J]. *Journal of Applied Linguistics*, 1990, 6 (13)：37.

[3] Halliday, M. A. K. Language in a changing world[J]. *Occasional Papers*, 1993, (13).

[4] Lakoff, G. & M. Johnson. *Metaphors We Live By* [M]. Chicago：University of Chicago Press, 1980.

[5] Warner, D. M. "Post-growthism"：From smart growth to sustainable development [J]. *Environmental Practice*, 2006, 8 (3)：169 - 179.

[6] 戴炜栋,何兆熊.新编简明英语语言学教程[M].上海：上海外语教育出版社,2002.

[7] 戈峰.现代生态学[M].北京：科学出版社,2002.

[8] 沈家煊.不对称和标记论[M].南昌：江西教育出版社,1999.

[9] 王寅.认知生态语言学初探[J].中国外语,2018,(2)：22 - 30.

[10] 朱长河.有标记的选择与意图义：标记模式的语言学理论探源[J].外语学刊,2005,(5)：59 - 62.

[11] 朱长河.认知生态语言学——体验哲学视野下的语言研究新范式[J].外国语文,2015,(5)：59 - 64.

(作者：朱长河副教授;工作单位：盐城师范学院)

一位真正的师者

——贺敬爱的恩师王寅先生七十大寿

原卫国

学术做得好的人不少,但并不是每一位学者的课都上得那么好;学术与授课俱佳的学者不少,但并不是每一位都那么具有前卫性和乐群性,喜欢并善于与人交往;擅长交往、精于学术与授课的学者不少,但并不是每一位都那么有爱心、乐于助人、奖掖后学。同时兼具几种品质的人,就格外显得凤毛麟角、弥足珍贵,值得倍加珍惜了。

我心目中的王老师就是这样一位学者,他学问做得好,课也上得好,而且一直站在学术的前沿;他是有爱心、乐群性的学者型教师。他,改变了我的人生轨迹,这种反差如此之大,有时甚至让我相信冥冥之中有所谓"命运"存在,也让我努力以他为榜样,鞭策自己做一个像他那样的人,尊重"老师"这一人世间至纯、至美、至善的称号,热爱教育事业、善待他人、献身学术、反哺社会。

在享誉世界的名著《爱的教育》中,一位名叫安利柯的老师对学生说道:"你们以外,我没有别的家属在世界上,除了你们,我没有可爱的人! 你们是我的儿子、女儿;我爱你们,请你们也喜欢我! 你们之中,我一个都不愿责罚,请将你们的真心给我看看! 让我们全班成为一家,给我慰藉,给我荣耀!"

这一段话道出了教育的真谛就是爱,教育的一切莫不源自"爱",又回归于"爱",真正的教育是出于爱,把别人家的孩子当作自己的孩子。说易行难,而王老师就是这样一位知行合一的人,王老师经常对他的学生们说的一句话就是:我把你们看作我的孩子。

　　从一位师兄处听到这样一个故事：王老师曾经教过的一位家境不算很好的学生，他刚分到新单位上班，还有没有正式工作的妻子，还要养育孩子。王老师就委托这位师兄寄钱给他，说是帮他一点小忙。初听到这个故事，可能令人感觉有点诧异，因为这一行事风格与王老师在平时教学过程中对学生的严格管理形成鲜明的对比，甚至由于老师略显苛刻的要求，以至于学生对老师有某种畏惧的心理。但相处时间长了，我发现这才是王老师性格的双面性：学习中如严父，爱之愈深、教之愈严、责之愈切；生活中如慈母，对学生呵护备至。这一体两面的共同基础就是有爱心。经常让学生到家里来吃饭；师妹的脚崴了，王老师和师母一起去亲自看望。生活中的点点滴滴暖心的事情，让学生们觉得有机会能作为王老师的学生是一件多么幸福的事情。

　　学界有一句流行的话：学品即人品。其实，反之亦然。人品即学品，因为对学生有强烈的责任感，就会自觉地在业务上精益求精，不断地努力上进，王老师就是一个嗜书如命、热爱学术的人，对待课堂的态度就像常香玉等豫剧艺术家对待演戏"戏比天大"的态度，"课比天大"，"学问比天大"。

　　王老师爱学术甚至到了痴迷的地步，每次我到他家里，几乎都能看到他端坐在电脑前不停地忙碌着，有时觉得走起路来都是步履匆匆，仿佛在和时间赛跑，记得有一位来川外讲学的学者亲切地称王老师为"拼命三郎"。

　　我还亲身经历过这样一件小事，记忆犹新。一天中午王老师请我到他家吃饭，到了吃饭的时间，师母催促正在书桌旁看书的王老师吃饭，随手"啪嗒"一声就将台灯关掉了，书兴正浓的王老师说："让我再看一会"，抱着书，跑到门厅，将书高举过头，冲着阳光，又意犹未尽、兴致勃勃地看了起来。看到此景，我真是感慨万分！平时在庄严、肃穆的学术讲座中，听着王老师高谈阔论，绝不会想到在现实生活中还会有这么可爱、童心未泯的一幕吧。

　　交往时间长了，对他老人家的生活经历略知一二，才明白他的这种状态的缘由。王老师是时代的幸运儿，先天条件优厚，再靠后天个人勤奋，一直是同龄人中的佼佼者。他出身书香门第，家学渊源，父亲是中学老师，他本人上中学时每天早晨坚持晨读。他所上的苏州大学是所名校，曾培养出了金庸、许国璋、钱钟书的夫人杨绛等学中翘楚，他在此打下了坚实的学术基础。他步入高校之后很快就被评为讲师（那时改革开放之后刚恢复职称评审，他成为国内最年轻的讲师之一）。20

世纪80年代初他通过经过层层选拔，被国家公派至英国学习语言学，先人一步首先接触到语义学等专业知识，接受了正规的学术训练，为学术发展积攒了充足的后劲。通过孜孜不倦的学习，他积累了丰厚的学术知识。他后来又多次出国访问和学习，将国外的认知语言学理论带入国内。"机会总是垂青有准备的人"，50岁之后发力，他终于开始井喷式发表论著和文章，在认知语言学的本土化过程中作出了突出贡献，成为一位著作等身、受学界景仰的一代大家。

"要给学生一碗水，首先老师就得先有一桶水。"听王老师的课是一种精神上的享受。如果将王老师的课比作一场精神盛宴，恰似一道美味佳肴，"色香味"俱全，具有三个特点：

第一，由于学术功底深厚，先生讲起课来，达至"融会贯通的化境"，这是许多人都难以企及的境界。他的课可谓味道鲜美，营养丰富。

王国维在自己的著作《人间词话》中说："古今之成大事业、大学问者，必经过三重境界：第一境界：昨夜西风凋碧树，独上高楼，望尽天涯路。第二境界：衣带渐宽终不悔，为伊消得人憔悴。第三境界：众里寻他千百度，蓦然回首，那人却在灯火阑珊处。"没有登高望远，无以确定有价值的探索目标。没有对目标的迫切愿望和自信，难以面对征程的漫长和艰辛。没有千百度的上下求索，不会有瞬间的顿悟。国学大师王国维精妙地以三句话道破学术之路：起初的迷惘，继而执着和最终的顿悟。

在治学的道路上，王老师也曾研究过乔姆斯基的生成语法、语义学和中西对比等方向，曾在这两种境界中艰难地跋涉过。而今他已经渐入炉火纯青的化境，即"蓦然回首，那人却在灯火阑珊处"的第三种境界。这第三种境界可以理解为融会贯通的"通"境界，将前期积累的语言基本功，与中期出国留学研习语言理论，后期体悟语言哲学相结合，由量变到质变，产生了画龙点睛的升华，将语法、语义、语用等几个方面化作一个完整的有机体，高屋建瓴，驾轻就熟，信手拈来，将抽象的语言规律联系到实践之中，并用生动丰富的语言，让听课的学生享受一场酣畅淋漓的精神盛宴。

每次研究生听完他的课，都会情不自禁地一起鼓掌以表谢意，我也碰到过有的研究生就因听了王老师的课，就此立志做学术，决定考博。听过先生的课，我对他多了一分神圣感，应尽最大努力，将水平发挥到极致。

第二，富有激情，善于表达，用深入浅出的语言将原本艰深而又抽象的理论，讲得通俗、易懂，引人入胜。"言教不如身教"，王老师每一次上课和演讲都迸发出激情，会使听者感受到他对学术的热爱，极有感染力。王老师的口才好是一个不争的事实，他的许多生动话语依然清晰地在耳边回荡："祖国江山美不美，全靠导游一张嘴"，强调了认知语言学中"现实—认知—语言"核心原则中人的重要性。"维特根斯坦一人开辟了三个哲学研究方向，这是什么样的人呦?!"这句话此情此景的语气和语调不是任何人都能模仿得来的。他曾十分生动地打比方说"索绪尔是咱爹（现代语言学之父），乔姆斯基是咱二大爷"，一句貌似下里巴人、接地气的话对两者的学术地位表达清楚，令人一目了然。他还说，做研究必须是"吃饱了撑出来的"，强调了学术前期积累的重要性。其实，正是这一连串的妙语如珠，彰显出先生的境界之高，领悟之深。

第三，最为难能可贵的是，王老师在"授人以鱼"的同时，不忘"授人以渔"，将自己做学问的方法倾囊相授，从方法论上给学生指出了一条捷径。如同饭菜的"香气"，历久弥新，让学生受益终生。他认为，马克思主义所创建的辩证唯物主义，正是从整合费尔巴哈的唯物主义和黑格尔的辩证法得出的，通过马克思的这一研究方法他悟出了文科理论创新的一种原则，可将不同观点进行有机对接。我正在构思的文章"基于对话认知拓扑观的现代汉语反问句"，发现研究进路与这一方法相吻合。

这就是我心目中的爱学生、爱学术、爱课堂的、可亲可敬的王老师的形象。在21世纪的今天，商品经济大潮的冲击之下学风有点浮躁，"读书无用论"似有抬头。在此形势下我们认识到，真正潜心做学术的值得尊重。鲁迅先生说："我们自古以来就有埋头苦干的人，有拼命硬干的人，有为民请命的人，有舍身求法的人，他们是中国的脊梁。"整个文明的传承需要像王老师这样埋头苦干的人，将文化的衣钵薪火相传，这类人的最大特质是有"一片冰心在玉壶"的赤子之真。

马克思说过，一个普通人身上最可贵的一种品质，是淳朴。其实，一个越是人格高尚的人，越是显得接地气，显得平易近人、普通、真诚、返璞归真。而从辩证法的角度来说，这是经过感性具体—思维抽象—思维具体三个阶段的辩证否定之后的"思维具体"的真，洗尽铅华、化绚烂为平淡之后才有的境界。

《礼记》中有一句颇为耐人寻味的话叫"经师易得，人师难求"。意思是能以其精湛的专业知识传授他人并不难;而能以其渊博的学识,高尚的人格修养去教人如何做人就不那么容易了。王老师就是一位将中华文明薪火相传的人师。遇到您,是我的福气。希望将王老师的学术思想发扬光大,依托于王老师创建的体认语言学,我将努力为之添砖加瓦,略尽绵薄之力。

吾爱真理,亦爱吾师!

在您步入古稀之际,我衷心祝愿您福如东海,寿比南山!

(作者:原卫国讲师,四川外国语大学在读博士;工作单位:山东科技大学。)

老骥重怀千里志　新书再创一家言

——王寅先生的体认语言学思想管窥

邬德平

　　题记：王寅教授是享誉全国的语言学家、语言哲学家、语言教育家，也是我的博士导师。他以治学勤奋、著述丰硕饮誉学界。如今，他已届杖国之年，但仍身许杏坛，笔耕文宙，老当益壮，惜时如金。先生学术之卓然成就，得益于两个因素：一、兼具语言学研究双童子功：年方垂髫就亲受训诂学教导，未及束发即对哲学孜孜以求[1]；二、秉执铁杵成针、水滴石穿之坚毅与专注精神。他博古通今、中西兼善，视野广博、思想深邃，在语言学、语义学、语言哲学、语言教学、认知翻译、英汉语对比方面造诣尤深，且在体认语言学和语言哲学领域有引领性贡献。我等作为先生入室弟子，朝夕贴其身，俯仰闻其训，经年累月，耳濡目染，实乃三生有幸。今春喜逢恩师七十寿诞，各路门生踊献贺寿文，高唱进业歌，盛享繁荣景，德高学厚传薪火，李艳桃芳耀圣门！此乃师道之幸事，川外之幸事，华夏之幸事！可惜我生性愚钝，读书不求甚解，学业跬步而前。今斗胆从众，拟就先生近年所倡导的"体认语言学"思想作一简要梳理，略抒管见。负忝示拙，敬请方家、同门除瘢救瑕。

一、"体认语言学"的提出

　　"体认语言学"是"认知语言学"的"改良版"。因此，谈"体认语言学"必谈"认知语言学"。王寅先生是我国最早接触认知语言学并将其引入国内的学者之一，早在 20 世纪 90 年代初他就十几次远赴美国求教,拜会了当时认知语言学界莱柯夫(Lakoff)、兰纳格(Langacker)等泰斗级学者,先生随即放弃了此前追随的转换生成派,改弦易辙,致力于认知语言学研究,这标志着他人生的华丽转身,学术得以精确定位。随后他又结识了约翰·泰勒(John Taylor)等认知语言学大师,并多次邀请上述专家来我国"传道解惑"。先生潜心钻研多年后,写成专著《认知语言学》,为国内最早的系统传授认知语言学的教材,且是该领域最畅销的学术专著与高校教材。

他近年积极倡导"体认语言学",继承和发展了国外"认知语言学"的基本原理,致力于为这株新花奇木护根理枝,培土浇水,使其郁荫参天。换言之,这是对"认知语言学"进行修补、完善、拓展的"本土化"研究。"体认语言学"术语的提出亦非率性而为、一蹴而就,是精斟细酌、循序推进、渐行渐明的过程。这从先生历年所发表文章中可得到佐证。

先生认为,"认知语言学"也好,"体认语言学"也罢,二者核心是相契合宜的,都离不开"认"。从训诂学角度解析,"认"者人之所为,辨识也。可见认知主体"人"在该过程中的地位与角色。经笔者梳理发现,先生的"体认语言学"思想发轫于十数年前,其始源性相关表述有"人本观""体认观""语言的体认性"等,都可通俗理解为"以人为中心",且均属和"体认语言学"休戚相关的毗连概念。以下将对上述术语作简要文献梳理。

2009 年,先生发表《从后现代哲学的人本观看语言象似性——语言学研究新增长点之六:象似性的哲学基础与教学应用》一文,题目首现"人本观"。论文指出,认知语言学致力于寻求语言表达背后的人性化认知机制,在此理论框架中必然要得出"语言的体验性"和"语言具有像似性"的论断。语言基于互动体验和认知加工而形成,语言表达像似于人的认知方式,也在其作用下在某方面和某程度上像似于现实世界,这充分体现了后现代哲学的人本主义精神[2]。而作为后现代哲学重要流派的体验哲学(也称"肉身哲学"),奉行人本主义,是认知语言学的精神宿主与灵魂家园。2011 年,在文章《意义的二元观、涵义观和体认观——基于体验哲学的"一物多名"新解》中出现"体认观"这一表述。这仅是期刊论文意义上的"探源",事实上先生这一思想和表述可溯及更早,在《构式语法研究》中他说:"我不再仅仅局限于介绍国内外学者的理论,同时评述其中的利弊,抒发自己的观点,并慎重考虑,提出许多补救方案。我阐发了'语言体验观',并发表系列论文对其进行了较为全面的论证。我在书中的第六章第二节提出了'体验性普遍观',第五章第二节中提出了'体验性概念化',这为语言学研究提供了一个崭新的方向。同时,我还在第九章第一节又详细论述了构式的体验性。[3]”

2012 年,先生在《中国后语哲与体验人本观——十一论语言研究的新增长点》《后现代哲学视野下的语言学前沿——体验人本观与认知语言学》和《新世纪语言学研究当与哲学紧密结合——基于后现代人本观的认知语言学》等文章中三次论及“体验人本观”。2013 年,在《中国外语》上刊文《体验哲学和认知语言学为语言哲学之延续——二十九论语言的体认性》,第一次在篇名中冠以“语言体认性”术语。2014 年《外国语文》上的《后现代哲学视野下的体认语言学》中,“体认语言学”这一术语终于呱呱坠地。它虽姗姗来迟,然从此“不抱琵琶不遮面,结驷连骑过瑶台”。

何出此言? 我想借用文学语言来形容一种盛况:首先,该文摘要如是说,“主张将其(指认知语言学)修正为‘体认语言学’……从十个方面论述了作此修补的原因[4]”。可见先生对认知语言学的修补不仅“理直气壮,师出有名”,而且是“处处有据,句句在理”。他所列十条修补理由,足以为“体认语言学”正名。

其次,以此为节点,先生体认语言学文章联翩而至:2015 年以“体认语言学”和“体认语义”为主题者各一篇,2016“体认观”一篇,2018 年“体认语言学”一篇。其三,《体认语言学》专著即将付梓。其四,先生奔走呼号创建的中国体认语言学会呼之欲出。

二、像似性——“体认语言学”重要原理

据初步考证,国内最早将 iconicity 译成“象似性”的学者是沈家煊先生(1993)[5]。王寅先生早期也曾沿用过“象似性”一词,后基于语言研究的“人本观”,语言表达皆是“惟人参之”之结果,先生据此将其微调为“像似性”。“像”比“象”多一“人”,更加突显人的作用,这与他所倡导的“体认语言学”中的“人本观”一脉相承,严丝合缝。

“现实—认知—语言”为体认语言学的经典公式,我们不妨称其为语言生成定律,而该定律的核心原理是“像似性”。先生认为,像似有两个维度:第一是语言

像似于认知机制,这就是认知语言学和体认语言学为何要致力于探寻语言表达背后的认知方式;第二,在人的认知作用下,语言与现实也具有某种程度的像似性,如拟声词或象声词便可作此解释。这两个维度以前者为主,大多数现象是在"人"的思维认知出现了语言像似性。当然,像似性可细分为若干维度,如:具象像似性;抽象像似性。具象像似性又可分听觉像似性、视觉像似性、距离像似性、顺序像似性、数量像似性等。然而,具象像似性同样离不开心智或者认知的参与,因为二者像似与否终究是人言人殊。事实上,很多认知机制和手段都是像似性的产物,比如范畴化、隐喻等。其中隐喻可发生在词层面、短语层面、句层面、甚至超句层面(篇章)。

先就词层面的隐喻命名举例。手足上的角质增生现象,汉语俗称"鸡眼",因患处为小圆窝,状如鸡眼,故此。同样是它,英语称其为 corn(玉米),形状酷似玉米。此例既揭示了命名的隐喻动因,即像似性动因,也说明了像似性存在人言人殊的道理。

又如,英语中 penny farthing 指"前轮大后轮小的脚踏车",而字面本身表示"一便士"与"四分之一便士"。因为,二者均为硬币,因面值差异而直径悬殊,这显然是隐喻。再如,"侧手翻"是一种体展运动,英语称 cartwheel(字面义为"传统车轮"),二者乍看几无相似度。但若将侧手翻整个活动轨迹纳入认知,二者的确像似,上下肢末端划过的弧形轨迹像似于轮毂,上下肢本身像似于辐条。上述这些隐喻像似性有趣而适用,完全可与词汇教学相互嫁接,展开教研教改,走向应用,提升教学效果。

像似性也反映在句法结构上,数量像似性、距离像似性与顺序像似性尤为明显。例不赘述。我们仅看一例句子在概念层面的隐喻,"时间就是金钱"。时间是抽象概念,无色无味无形,金钱是三维实体,从物理上讲,二者不存在像似性。但它们均能消费、规划,继而语言搭配上有共性;而消费、规划都有抽象性,且以人为中心,这又回归到是王先生所说的语言"人本观"。

上述隐语现象的例示,抽象度可层层加深,这表明像似性存在梯度性,像似度的高低,同人的认知成本成反比:像似度越高,越容易辨识,无须太多思维判断因而认知成本低,反之亦然。

范畴化过程同样是寻求像似性的过程。通俗地讲,范畴化即分类,人们注意的突显即为分类标准之理据。这同样是人"分"人殊的问题。笔者授课时为验证范畴化的体认性，曾随意列举四种动物：跳蚤、鸡、蟑螂、老鼠。若将其分成两类，结果令人愕然：至少有十余种分法：有尾否、昆虫否、可食否、脊椎否、有翅否、卵生否、害虫否、寄生否、人类饲养否、哺乳类否等等。据此，范畴并非单一的、固定的、绝对的，而是多元的、无定的。而每种范畴化标准均取决于范畴化主体自身的认识。不同的认知主体，其认知结果也不同，这正好符合后现代哲学的"多元""不定"的思想。

范畴化也是认知语言学和体认语言学的重要理论之一，它不但离不开像似性，更离不开主观性。上述举实例无不指向先生时刻强调的"体验人本观"和"体认普遍性"。

三、"体认语言学"中"体"字新意

"体认语言学"中"体认"二字极富深意。深在哪里？新在何处？

尽管"认知"的物质前提必然涉及身体构造，如脑体等，但无论"认"或"知"均偏于心智和思维。而"体认"则不同，它昭示了"身体"与"认知"并重。"体"有多重含义：既指躯体本身，也指客观外界与身体互动事件本身。此外，"体"还可指特殊个体的躯体器官及其对认知的额外影响（详见下文）。另一方面，虽然学界已有"具身认知""涉身认知""肉身认知"等术语，但不如"体认"二字简明。因为"体认"二字在汉语中业已存在，意为"体察认识[6]"。再说，"具身认知"等术语更多地用于心理学等领域。

身体器官的工作情状、生理结构等因素对认知同样会产生不可小觑的影响。同一认知主体在不同时间对同一事物的体验和认知存在较大区别，不同认知主体对同一事物的体验认知也有不小差异。比如：对同一物体，婴幼儿对其形制尺寸的感受较之于成人相对偏大，说明认知主体把自己的躯体用作认知外界物体的参照，小孩身躯偏小，自然会认为被参照物形制偏大。这类躯体自身影响认知的现象在其他学科上也已得到印证。血管科认知医学关注因各种脑血管病变所引起的认知功能障碍。例如，血管内血液流量、血管壁样态、血液质量等都会影响主体对外界的认知感受。这些现象全都属于"体认语言学"中"体"字的内涵。可见，"体认语言学"的确拓展了当前"认知语言学"的视野。

诚然,从某种意义上讲,先生倡导的"体认语言学"与"认知语言学"同根同源,前者确实是对后者的发展。最后,用先生常用的一句话概括他的体认语言学思想:语言是"人之所为、惟人参之"的结果[7]。

先生古稀将至,然斗志弥坚。去岁暑期,渝州奇热,遂移居綦江横山别舍,虽有西崦野趣,晨昏不误诗书。先生依旧闻鸡起舞,目不窥园,下笔有神,七步成章。弟子闻之,感佩之至。遂赋拙诗!

戊戌盛夏闻恩师索居綦江小筑勤劝治学感怀

赤日山城炎似火,横峰避暑醉嵯峨。

门前海子鹅嬉水,屋后松涛浪对歌。

砚亩深耕花果硕,奇思暗涌慧泉多。

雄心再辟千千业,不畏流年付掷梭!

参考文献

[1] 钱冠连.论王寅之路——贺王寅先生七秩寿辰.见本文集.
[2] 王寅.从后现代哲学的人本观看语言象似性——语言学研究新增长点之六:象似性的哲学基础与教学应用[J].外语学刊,2009,151(6):32-37.
[3] 赵永峰.继承、发展与创新——王寅教授访谈录[J].英语研究,第六辑(2017):41-47.
[4] 王寅.后现代哲学视野下的体认语言学[J].外国语文,2014,30(6):61-67.
[5] 沈家煊.句法的象似性问题[J].外语教学与研究,1993,93(1):2-8.
[6] 吕叔湘等.现代汉语词典(第六版)[Z].北京:商务印书馆,2014:1280.
[7] 王寅.后现代哲学视野下的体认语言学[J].外国语文,2014,30(6):61-67.

(作者:邬德平副教授,四川外国语大学在读博士;工作单位:衡阳师范学院)

持守苦行　笃学求真

——师从王寅先生求学散记

张国华

　　2019 年是王寅先生七十大寿之年，无疑也是王师门弟子们的喜庆欢愉之年。王先生执教五十载，芬芳桃李遍天下，连同学界前辈时贤和友人多有献文致敬道贺之意。我也不揣浅陋，借此机会整理一段人生记忆，主要是在王先生指导下求学的一些往事和感受，聊作贺寿薄礼，恭祝先生福寿安康，松柏之茂，日月升恒。

　　我于 2017 年 9 月至 2018 年 1 月作为"高访"在王先生指导下求学半载，严格说来，不能算作王门弟子。幸蒙王先生不嫌不弃，一直关爱鼓励，还有诸位门内师友抬爱，我也勉强记名而忝列门墙。时间不远，也不长，但印象极为深刻。追随王先生求学并非无缘无故，而是多年来的一个心愿，后来我在课上介绍说，我是来圆早年求学之梦的。早在 2002 年左右我就听说了先生大名，那时候他还在苏州大学工作，记得胡壮麟先生在给先生所著《语义理论与语言教学》的序言中曾表达过惋惜之意，大意是说王先生是很勤奋、很有天资和才华的学人，却把部分精力放在行政事务上，太可惜了。那时候我不知道王先生在苏大的外国语学院做负责人。自此我就记住了先生的名字，以及"认知语言学"这个新术语。我那时 30 岁，留校华中师大工作了两年，开始考虑报考博士了。很想报考王先生的，主要是因为先生著述颇多，他关于认知语言学的阐述令人耳目一新，特别是他对自索绪尔以来学界普遍相信的"任意说"进行了反思，提出像似性理论，令学界反响热烈。彼时通用的语言学教材多推崇任意性，我辈年少，自是笃信不疑，但读了先生的文章后，颇受震撼，觉得言之有据有理，不得不服。那是我第一次亲身体验自己的既有知识被质疑和颠覆,而且自己当时在语言测试学研究方面进展缓慢,加上年龄偏大,同时也向往继续深造,对认知语言学的思想主张和理据分析颇为信服,也就萌发了师从先生的想法。不过后来由于诸多客观原因,我只能报考武汉本地高校,跟随先生求学的计划便暂时搁浅。每每想起,总觉遗憾。

我曾花了几年时间学习生成语言学,这段经历与先生相似,我对 UG 的基本看法同他也非常近似。乔姆斯基掀起了这场革命,同样也极大地影响了国内语言学界,追随者甚众。我当年对 UG 的感受和看法一直维系到现在不变:我怀疑他的 LAD 假说,毕竟没有生理学特别是神经科学的基础,我对他的形式分析和解释佩服得五体投地,但不赞同把形式分析纯净化、绝对化、神圣化和极端化,而将生理—心理的、社会—功能的、语义—语用等影响因素排除在考虑范围之外,基于唯心主义的很多判断、分析和解释似嫌削足适履,不能说服我自己,毕竟违背语感,违背心理现实。我因此曾一度非常迷惘、担忧,唯恐用 UG 理论工具无法完成博士论文写作。好在我的博导很开明,他鼓励我自主选择,不必拘泥于一家之说,嘱我"能自圆其说即可"。

在阅读大量文献之后,我逐渐倾向于接受基于传统语法和认知语言学的语言比较分析,最后用构式语法的理论进行英汉语双宾构式的共时比较研究,论文勉强完工,盲审竟得全优,也算顺利毕业了。但我知道这论文没做好,主要是在职求学,时间精力绝无保障,加之从应用语言学转向理论语言学研究压力很大,基本靠自学,算是侥幸蒙混过关。后来,先生在课堂上多次说起一个观点:(过去)用外国人的理论换上汉语的语言例子从而证明人家的理论多么正确靠谱,为别人忙乎,博士帽子就戴起来了。过去可以,现在这样做就不行了,我知道自己就是一例。先生说得很对,我是一直有愧的!

博士毕业之后,我努力争取到一次国家留学基金委资助的留学机会,自 2011年初开始,在英国兰卡斯特大学(Lancaster University)语言学与英语系学习一年,导师是语言类型学家 Anna Siewierska 教授和荣休教授 Geoffrey N. Leech。基于博士阶段的研究,留英期间的学习主要是梳理英语双宾构式的历时演变过程。这是一段大开眼界、大长见识、收获颇丰的经历,我不仅可以选修对方的课程,如"语料库语言学""英语语法教学""语言学研究方法"等,还可以自由旁听和参加各种学术讲座、使用图书馆资源，我受邀参加了马克斯·普朗克演化人类学研究所（Max Planck Institute for Evolutionary Anthropology）的类型学研究团队（有 Bernard Comrie、Martin Haspelmath、Andrej Malchukov 等人）组织的"世界语言的价类型"项目（*Valency Classes in the World's Languages*，两卷，2015 年 De Gruyter Mouton 出版社出版），聆听过 David Crystal 和 Geoffrey Leech 等大家的讲座，更重要的是，在图书馆里读到了 *Possessives in English: An Exploration in Cognitive Grammar*、*Women, Fire and Dangerous Things: What Categories Reveal about the Mind* 以及 *Philosophy in the Flesh: The Embodied Mind and Its Challenge to Western Thoughts* 等书。这些书都是后来王先生在课堂上以及其他多个场合反复强调和推介的经典，由于之前有研读《认知心理学》（王甦、汪安圣著）等书的基础，因此再来读这些原著并没有太大困难。Taylor、Lakoff 和 Johnson 的语言表达清楚易懂，分析不仅鞭辟入里，更重要的是，他们从一个全新的角度分析语言的其他一些长期为人们所忽视或不曾了解的方面，这些方面是我以及像我一样万千的后学都不曾见识过的，实在令人赞叹折服！回国前我找了一次机会跟 Leech 教授做私人访谈，特地询问他对 UG 理论的看法，他回答得很谨慎，只是粗略地回顾了他早年跟乔氏交往的经历（我据此猜测，双方不甚欢愉），以似乎漫无边际的口吻礼貌地说了自己的一些观点，也称赞了对方的某些主张，但他强调新兴的构式语法理论考虑进了影响语言形成和发展，特别是句法运作的心理—认知和社会等方面的诸多因素，很值得去做。基于职业敏感性，我很赞同他的思想主张，特别是关于句法的本质和来源的看法，乔氏理论拒绝考虑这些因素，将语言特别是句法设想为自足自立、与生俱来的天赋系统，我因此猜想 Leech 教授是有保留意见的。他晚年也活跃于教学科研，经常参加讲座和授课，甚至和学生一道聆听后辈学者，如 Paul Baker、Andrew Hardie 等人的课程，并上机操作新系统软件，虚怀若谷，开放包容，兼收并蓄，将人类知识和技术发展进步作为一个不可分割的整体不断纳入自己的个人知识体系里，这个主张和风范其实也正是王先生在课堂上多次赞誉和推崇过的，这也是我后来在他的课堂上对他的观点觉得亲切自然和推崇备至的原因。回想起来，兰卡斯特大学期间的求学经历让我加深了对认知语言学的了解，对其理论魅力更加神往！

　　2012 年回国后我经历了一次工作变动，之后便开始了浙江大学人文学院的博士后阶段科研（2013 年至 2016 年），合作导师是我国汉语词汇史领域的权威汪维辉教授,研究项目仍旧是在自己前期科研基础上探索汉语双宾构式的历史演变。选择研究古汉语,既是出于科研项目的需要,也是我个人兴趣爱好使然,更是我出于解决好"汉外两张皮"问题的考虑。21年前我在硕士生阶段就已耳闻"两张皮"问题,即钱冠连先生指出的国内汉语研究与外语研究互不搭理、老死不相往来的局面,当时努力合拢这"两张皮"的呼声很高。这么多年过去了,我感觉这个问题今天仍较突出,虽然汉语界和外(英)语界早已开始共同努力并取得了令人欣慰的成果。我的古汉语基础和学养或许并不比中文系本科生的好,但汪维辉先生一反传统和惯例破格接受了我,在几次沟通交流之后,他曾感慨"(学科)杂交出优势"。当然,钱先生所说的"两张皮"还指语言学与哲学两块研究的分离,这是我当年不曾意识到的。

不过,在我攻读硕士学位期间,尤其是进行翻译理论和实践探索时就比较深刻地感受到,所有的学问都离不开哲学基础和哲学取向,人文社科的很多争论归根到底都要从哲学角度来解释和回答。不过,这只是一种感受,并没有转变成自觉的、深入系统的学习探究和验证,最后还是到了王先生的课堂上,聆听他细细分析、娓娓道来之后,我才更加清晰地认识到王先生的思想主张以及钱先生的评价是多么令人折服。

和王先生近距离接触还是2016年7月的第十一届西方语言哲学夏日书院上。那时我已"出站",学界好友、苏州大学外国语学院董成如教授力劝我参加书院活动。我虽然不知道先生为何去做了语言哲学研究,自己也毫无哲学根基,对语言哲学知之甚少(只是通读过钱先生的《语言全息论》并聆听过他的两次讲座,但我知道成如兄是王先生过去在苏大的同事兼开山弟子),但作为他的学术"粉丝",我报名参加了夏日书院。在春城的云南财经大学,午餐席间,成如兄热情地将我引至王先生身边做介绍,先生和善热情,平易亲和,亲切地拉着我坐到身边,得知我刚从浙大出站,他高声呼喊"天翼,过来!见一见你师兄!"原来他的儿子王天翼博士也是在浙大人文学院攻读学位,师从黄华新教授,因为这段缘分,我和天翼顿时更觉亲近了!昆明"夏哲院"上是我第一次现场聆听王先生发言和讲座,他虽已年近七秩,但底气充沛,声音高亢,抑扬顿挫,肢体语言和面部表情也丰富,声情并茂,井井有条,讲解朴实无华,也不失幽默风趣,抓纲务本、驾简驭繁的功夫着实老到,难怪牛保义先生赞之为"演说家"了!让我印象深刻的是王先生才思敏捷,思维清晰，表述严密，长篇大论不打结，不吞吐，行云流畅如书稿在手，一气呵成，这不仅是仰仗他过去教育管理工作经验的积累，更是多年来深厚的学养和宏观大气、高屋建瓴的思维与表达方式使然，是真功夫！公众场合中能这样说话的人我还真没见过很多。王先生作为中西语言哲学研究会会长及"夏哲院"主讲专家在昆明会上的讲话和讲座，连同与会其他专家如钱冠连、王治河、霍永寿、杜世洪、陈丽萍、王爱华等先生的讲座令我大开眼界，它为我打开了另一扇通往语言研究的窗户，让我看到了语言研究的另一个更加多姿多彩和神奇曼妙的世界！

从哲学角度看语言，从语言、认知和现实世界三角关系的视角审视语言，思考语言特别是句法的本质和特点，反思历时和共时层面上的语言学各门各派的思想主张，我是既兴奋，又后悔，即惭愧，又着急：兴奋的是开了眼界、触动了灵魂，后悔的是醒悟入门太迟，惭愧的是多年来在黑灯瞎火中瞎摸乱撞却忽视了纲举目张的哲学明灯，着急的是补上这门课还需要多久的苦功？真是"听书院一众讲座，胜读十年书"！内心里五味杂陈，百感交集！

昆明会议之后，我开始认真思考"补语哲课"的问题。恰逢第六届中西语言哲学研讨会于2016年12月初在华中师范大学外国语学院召开，我因为同期正好在澳门大学出差而没能接受王先生的参会邀请，但会后王先生同我联系上，即邀请我到华师住所小坐并一同就餐，席间客人还有我很崇敬的钱冠连先生、霍永寿教授。我即抓住机会向先生汇报了会后学习和思考的情况，并提出希望以某种合适的方式在先生身边学习"补课"的请求。先生当即愉快地接受了我的请求，并嘱我先期阅读入门文献，并尽快成行。

经过了一番辗转反复的官方程序和手续之后，我最终能以"高访"身份在四川外国语大学学习半年，其中主要任务之一就是同硕士生一道上王先生的《认知语言学》课程。这一年我已年满45，家有老小和工作、生活的羁绊，负担在身，但我依旧感到幸福：泱泱大学，巍巍黉门，受教于名流圣师，徜徉于知识的海洋，汲取智慧的营养，体验超凡脱俗的心境和意境，品尝和思考与众不同的人生，探知大千世界和芸芸众生之间的诸多奥妙，离开了勾心斗角和尔虞我诈，无丝竹乱耳，无案牍劳形，何苦之有？何乐而不为呢？

当时和我一同旁听课程的还有广西民族大学的博士生帖伊、黄兴运老师和衡阳师院的邬德平老师，还有川外的几个年轻教师，以及后来中途旁听的词典学方向的一位教授。他们或是受自己导师安排来旁听，或是继续追随王先生而为报考博士做准备，当然也有纯粹出于爱好和兴趣或者自己科研需要而慕名前来的。作为晚辈后学和教师同行，再以学生的身份来听课，我的感受和方法自然有别于一般硕士生。

从总体上来看，王先生在教学、教育的宏观和微观层面上的很多思想、观点、主张和具体做法，我都是非常赞同和钦佩的。学生们都是"95 后"，亲切地称他为"爷爷"！先生的授课方式有一点比较特别，即在教学中促成学生们加强"体验"，通过亲身"体验"来体验"体认哲学"，对我这个成年"大"学生也一样。记得第一次去上课前，王先生特地腾出半个小时来招呼我去他家里，一边介绍认识几个一道听课的同道，一边了解我的知识结构和科研基础，再介绍教学计划和方式并商定我的学习计划。先生的住所同教学楼毗邻，隔窗相望，几步之遥。我们几人围拢坐下，先生为我们介绍他的藏书，客厅三堵墙满满当当嵌进书柜，从地板到屋顶，整齐排列，古今中外，分门别类，既有家传的训诂、文字、音韵的著述，也有国内版的英、汉语语言学经典著述，更多的是国外哲学特别是语言哲学名著，依序摆放，约有近万册。先生讲解点拨，皆精言要义，言简意赅，切中肯綮，字字珠玑，身边学友都已熟悉，随身带有笔记本不断记录，先生见我没有纸笔，便起身为我找来一本随身抄，其实我很快发现了这个问题，早已打开了手机的录音功能。

接近上课时间时，先生打住，带我们一同前往教室。这时我才发现，每次都有一个同学过来帮忙提着一个袋子，里面放的总是好几本当天上课要讲到的重要著述，有时候八九本之多，太重。课堂上，先生先铺开或叠好这些原版书，讲到适当处便拿起来，不仅展示，而且传看，先生谓之曰"摸一摸，看一看，闻一闻，翻一翻，体验体验"。这同我们给出文字性文献索引格式的一般性做法很不相同，显然会给学生留下更深的印象，更能激发他们的科研热情。

先生授课的另一个特点是双语讲授：原著英文的引文和用例，汉语的分析讲解，中间夹杂个人评价和思想主张。这也是我非常赞同并且一贯践行的教学思路和风格。就我的体会，国内外语专业大学生的知识基础和基本技能很不错，在教师指导和要求督促下，一般都能较好地完成有关的学习任务和作业，但主要的问题是缺乏逻辑思维训练，缺乏理论知识，很多人也害怕学习理论，缺乏独立学习和开展研究性学习的意识、习惯和能力，不善于学习新的理论知识，因此既有的知识零散琐碎,缺乏系统性和整合性。

此外,大学生学习动力和兴趣热情衰退明显,刻苦勤奋、扎实坚韧的精神和作风有所松弛和懈怠,这大概也是普遍现象。现在很多高校早上基本上看不到大学生大规模上早读的情景了,我在川外见到的也不多。我想先生对此当有同感,因为我感觉他在课堂上讲解和穿插评价是以此为预设条件的。先生主张,当语言表达和理论精髓的讲解领悟发生矛盾的时候,应该以后者为重,即用汉语讲清楚思想精要,帮助学生正确把握核心要义和观点。这无疑非常正确!其实即使用汉语讲解,很多研究生仍然存在理解上的困难,毕竟知识基础和天资各不相同,再加上有人平时课前不预习,不讨论,课后不复习,不总结,学习效果更加打了折扣。先生课上反复强调逻辑学习和思维训练,强调讲解和灌输百科知识,反对中学文理分科的做法。他课前突击检查学生的预习情况,坚持布置课后作业并批改和上网公示与存档的做法,坚持要学生进行小组合作式学习并推举代表上台汇报讲课,再辅之以点评的做法。他批评学生们早上睡懒觉、上课迟到、提拉着食物饮料进教室、早上不再早起晨读背诵的现象,将学生平时表现和课堂发言作业同平时成绩评分严格挂钩,这些都充分反映了先生忠诚教育、无私奉献、不计个人得失、真正把教书育人放在心头、手头的敬业和衷肠。

我深知,如今大学教师能做到这一点的已经不多了,有不少教师觉得,很多大学生是缺乏是非曲直判断能力的,给分评价教师的时候既缺乏分辨好坏的能力,也缺乏公平公正评价的水平,那么,督促和批评学生、严格要求学生就会给自己带来很大的风险甚至伤害。因此,有的教师迎合学生不合理要求、放任甚至不闻不问学生的懈怠懒散行为也是不罕见的。此风泛滥,长此以往,受伤最深的还是学生自己,还是大学教育和国家的前途。王先生敢如此"得罪"部分学生,没有一颗高尚质朴的菩萨般育人渡人之心是万万做不到的。当大学教育和课堂教学变成良心工程的时候,王先生此举更是难能可贵。

"疾风知劲草,板荡识诚臣",令人钦佩!不过,同学们似乎都能体会老师的良苦用心,并不"记仇"而生出嫌隙。先生博闻强识,广征博引,无论是典故或是活生生用例,总是自然而然地信手拈来,纵使有督促批评之意,也不针对任何个人,循循善诱,谆谆教诲,抑扬顿挫,疾徐有致,抓住人的神经而不容分心,偶尔嬉笑怒骂却总能把握拿捏住分寸,因此课堂上笑声不断。

记得有一次他说起早上在电梯里看到一个匆匆吃着早点冲进轿厢的女生,伤感于她的淑女形象瞬间崩塌,全场哄堂大笑。如是,先生不仅深爱着学生、深爱着教育、深爱着学校,也深爱着我们的人民和国家。记得谈及后现代哲学时会关联人和自然以及社会成员之间的关系问题,自然也就牵扯到国家和社会治理问题,先生非常赞同和谐社会、和谐发展的理念,非常强调人与自然以及社会成员之间的和谐永续发展,赞同人性理解和关怀,反对过度改造破坏自然和生态。有几次在同钱冠连先生闲聊时我也在场,谈到钱老和我的家乡因工业发展失序而导致生态严重破坏、危及人民身体健康问题时,两位先生都是无限痛惜和悲悯的。先生说,希望更多的人特别是主事者能意识到和谐发展的重要……我们要科学,但不要科学主义……中国知识分子最爱国了!两位老人悲天悯人的情愫与胸怀令我钦佩!

先生同样也深爱着学术和科研工作,严谨治学,从不懈怠。一次在华师校园内散步聊天时听先生说起,他祖上在江苏盐城一带是读书做学问的世家,家族中学者众多,传承甚远,先生儿时就接受过家传的训诂学、文字学和音韵学等"小学"方面的教导,颇有古文的功底,这也就能解释先生在课堂上讲解语言的像似性特征和理据性时,也能信手拈来宋人王圣美(字子韶)推演文字的义类而提出的"右文说",以及清人程瑶田所著《果赢转语记》等做例子予以佐证(先生曾亲赠我一份《果赢转语记》编辑打印稿,这是他在苏州大学图书馆地下室资料堆里"淘宝"淘出来的,正好可为先生所用,来佐证像似性。由于古体字、异体字、繁体字甚多,先生带领几个研究生花了整整一周时间逐一比较核对,甚至利用造字软件重新造写某些生僻字,最后延请本校以及西南大学的专家校对和讲解,以确保材料的真实和准确性。先生说,不敢大意,当一丝不苟,不能对不住后来人啊。

他在编写《认知语法概论》时,认真研读消化原著,"蛮费了一番脑筋",要精读慎思、抽丝剥茧,浓缩要义,以简言驭繁复,还有认知语言学和西方哲学发展脉络等诸多图表的绘就,先生语气凝重地说一张表自己就"画了十几年咯",都令人唏嘘感佩而不能忘却。先生早年也学过德语和法语,留学英国时也已年过而立之年,但上课学习、研读生成语言学著述和听讲做笔记仍是认认真真,规规矩矩。先生少时兴趣广泛,博览群书,开阔视野,积累知识,既勤于苦读,也勤于思考,更勤于写作著述。

据课堂上硕士生们初步收集统计,先生共发表各类文章近300篇,编写论著和教材40余部(本),此外还有国家社科基金等各级各类科研项目多项,诸多成果荣获政府和科研学会大奖。先生曾说,莫大的幸福,就是坐在自己的书房里、电脑前,静静读书、思考,写文章,边想边写,写中想,想中写,尽快把自己的思考、领悟和创见记录下来,不要让人打扰自己;直到如今,先生仍是坚持每天阅读文献50页。先生靠着刻苦勤奋和坚持不懈才创造了今天的超凡卓绝与出类拔萃,国内外语界学者恐鲜有出其右者。

一想到先生经常应邀赴国外演讲,去全国各地高校讲学授课,舟车劳顿,科研活动和本职的教学活动连轴转,竟然还有如此的精力、耐力、韧性和高质量的高产出,我辈后学焉无愧意,焉无拼搏进取之精神?焉能上了职称之后50岁不到便刀枪入库、马放南山,从此科研与我无干,而滋滋润润过起"晚年生活"?

先生授课留给我最深印象的还是他坚持理论创新、强调师生与时俱进、不断求真求新的坚定立场,以及他对推介和促进认知语言学研究、推动将语言哲学融汇于认知语言学研究的坚决主张,近来基于这两者的结合又提出了具有本土化性质的"体认语言学"。我感觉先生治学的一大特点同他的思维方式和研究路向有关,即在渊博知识和交叉学科背景之下的视野开阔、站位高远,善于从宏观角度高屋建瓴地审视语言研究乃至整个学科发展的问题。20世纪90年代以来,外语界出现了大规模引介西方语言学理论的浪潮,介绍性的、书评式的文章刊登了不少,这对打开国内语言学人的研究视野和思路、创新科研方法和手段、更新理论工具、转变科研思想等起到了很大的作用,对国内传统的语文—语言学研究既有推动,也有震撼。但确实也有不少学者的研究仅止于此,满足于做个二传手和搬运工,更有甚者,也有人上了职称、得了博导头衔之后更是在学术道路上裹足不前,在自家科研的两亩三分田地里自娱自乐,做井底之蛙。若以先生为榜样,高校教师岂能"斗地主、围长城",这是玷污了知识的殿堂!研究生们、老师们、博导们,要勇于创新,敢于创新,站在学术的最前沿,肩负起时代的最重任,不能永远跟在别人屁股后面跑,不能总是为别人忙乎,为别人作嫁衣!大家扪心自问,自己是不是在这个学科的最前沿?是不是能把自己的学生带到这个最前沿?能不能一个旧理论、一本旧教材通吃一辈子?中国人为什么没有自己的理论?细微繁琐的语言事实在激励我们应做得更好,当需在此基础上再前行一步,提出自己的理论。

先生自己在引介国外理论前沿的工作中功勋卓著，不论是认知语言学还是西方哲学和语言哲学，先生通读或研读过几乎所有的经典或重要文献，而他在引介过程中更是注重并善于比较甄别和触类旁通，注意在阐释分析中整合进自己的充实、拓展、思考、批判和编辑内容，不仅使得国外文献和科研成果更容易为国内学界理解，还可以帮助学界同仁精准把握、吃透其思想精髓，这种国外理论中国化、本土化的努力使得国内语言学界同仁们都能受益，也更能说服和号召他们读人家的书、借鉴人家的思路和工具方法来研究我们自己的问题。

先生常常转述我国社科院对当前文科研究的三句话来鞭策和要求我们：重塑大国形象，摆脱"精神殖民"，建我话语体系，要做到文化自信，语言学界同仁们首先就要警惕"外国语言文学（研究）变成精神殖民的重灾区"，不仅要学人家，更要敢于创立自己的理论，始终坚持理论先导和理论创新，让它变成语言研究的第一要务。此外，先生还主张活学活用马克思的科研创新方法，用概念整合来回答人类创造力来自何方的问题，深入挖掘马克思等革命理论导师就语言问题有过哪些论述，看看马克思如何回答"物质是怎样决定精神的"这个大问题。先生敢于坚持、敢于亮剑的精神，令人钦佩！

先生认定，基于体认哲学的认知语言学代表了当今语言研究的最前沿，再往前走一步就是"体认语言学"，它们都是后现代哲学背景下的显学。如果无视这一事实，回避这一前沿，徘徊不定，停滞不前，那么既有的研究注定就都是些形而下的小把戏，只见树木，不见森林，永远在黑灯瞎火中找不到前进的方向，语言研究永远做不深、做不透（这也是钱冠连先生的观点），人们永远无法理解人类是如何走到今天的，也无法领悟人类最高层次的智慧。为此，他不遗余力地著述、教学、培养提携后辈生力军，打造和建设科研团队（以刘玉梅、赵永峰、王天翼等教授为代表），组织成立全国性和地方性、区域性科研组织来推动认知语言学、语言哲学、体认语言学研究的伟大事业。基于我个人的学习体会，我对此是笃信不疑的。

先生的"认知语言学"课程讲授以他所著的《认知语言学》（上海外语教育出版社 2007 年版）为基础，上完课读完书之后，我有醍醐灌顶、茅塞顿开的感觉，不仅有关于具体语言问题和现象的分析解释，更主要的是先生所论其实是关于我们所学知识的知识，即元知识性质，将认知—心理的内容同语言哲学的内容勾连起来，便让我们知道了知识的本质，它的来龙去脉，知道了自己从何处来，向何处去，知道了"我是谁"。

　　曾记得陆俭明先生说过,科学研究的三大层次,也是三个目标,依次是:描写、解释、预测,即全面、细致、客观地描写这个世界是什么样子,科学合理地解释为什么世界是这个样子而不是另外一个样子,再准确预测世界以后会变成什么样子。看起来,在过往和现在,很多人的研究都徘徊于第一层,而且还不一定能把语言事实和特征描写揭示清楚,而认知语言学和体认语言学就最能在第二、第三层的研究中发挥重要作用。

　　先生从哲学这门研究思维和存在关系的学问入手,带领我们认识人类是如何认识这个世界和我们自己的,是如何在争论碰撞中一路跌跌绊绊而走到今天的,特别是语义(学)的问题:意义从何而来? 人的主观因素是如何最终才介入到语言和世界之间来的。先生讲课的一个特点,是梳理历史发展脉络,厘清彼此间关系,纵横跨度远大,提纲挈领抓住本质和核心的东西,抓住事物典型的、区别性特征,帮助学生拨云见日,单刀直入,直逼问题的核心精要,而不是黑灯瞎火绕圈子,绕进了迷宫而找不着自己的方向。先生一门课,惊醒梦中人! 反思我自己的学习研究之路,做的只是些零散琐碎、形而下的小把戏啊!

　　先生多次向我们提及季国清教授的《语言研究的后现代化迫在眉睫》(《外语学刊》1999 年第一期)一文,誉之为国内学者较早认识到在后现代背景下将语言哲学纳入语言研究中的重要性的例子,其实先生自己就是将语言哲学引入语言学并竭力使之完美结合、彼此融汇的先锋,他撰文提出了"哲学与语言学互为摇篮"的观点,身体力行开展长期和大量的互证和跨界研究,努力合拢这两张皮,成果斐然。先生让我认识到,语言学的发展从来都离不开哲学思潮的影响,每个语言学流派背后都有不同哲学流派的基础和支持,这实际上也反映了人的主观因素即认知在语言学发展背后的巨大作用,这自然就会反映在我们对语言事实的描写和解释中,尤其是对语言使用的形式及其所传递的意义(及其解读)产生重大影响。先生多次提醒和敦促我们去研读维特根斯坦、哈贝马斯、德里达等人的著作,用意也在于此。我做构式语法研究,关注的焦点就是语言形式和意义之间的对应匹配关系,非常关注有哪些主要因素影响了这种匹配对应关系。从前很多难以分析和解释透彻的语义考辨问题,现在结合先生的启迪和引领,顿时有了豁然开朗、柳暗花明的感觉,这正是理论明灯的光芒普照了语言研究的每个领域和角落,应用前景无限！我个人直接受益的两个表现就是撰写了关于 because 和 just 的句法语义考察的两篇文章，各方反应还不错。

　　就听课细节和触动我语言观而言，我记忆最深刻的就是先生讲索绪尔的语言系统观问题、詹姆逊提出的"语言的牢笼"命题以及西方哲学中"认识论转向"和"语言学转向"的重大范式转换、范畴四论、命名转喻观问题等。先生激情澎湃地评介索绪尔的"关门打语言"，念的是"语言，语言，关门吧"的经……在谈及他的理论研究时，先生讲人是符号化了的动物，能够摆脱实物的限制，我们生活在符号的世界里，在 sensation 和 perception 的基础上形成 image，意象之间差别很大，但加上一个 pattern，即图式，就成了全社会共同理解、认可、遵循的东西，图式也就成了convention，有了意象图式，人们就形成了范畴，它又对应着概念，人们再用符号也就是语言把概念固定下来，从而把脑中的思想固定下来，没有语言，脑子里的思想会到处乱跑，语言就像大头针一样，把思想 pin down……语言让人出场，让思想出场，语言造就了人类……语言永远凌驾于我们，是悬在人之上的看不见的、无形的手，把控着我们，我们一出生就注定被投入语言的牢笼之中，别无他法。

　　这些闪烁着智慧光芒的至理名言，以及名人名家的原文，先生常常是信手拈来，听来字字入心，声声入脑，颇具震撼！再如，Lakoff 批判 Frege 时说："Frege 在客观主义语义研究当中依旧带了个坏头"；Lakoff & Johnson 合著的 *Metaphors We Live By* 中一共 30 章，其中 18 章讲语言，12 章讲哲学，如果不学好哲学，那么第 195 页这一页的内容都读不过去，因为这一页专讲西方哲学简史；维特根斯坦的《哲学研究》中第 43 条，"The meaning of a word is its use in the language"。即使是他儿时老师的教导，先生也慷慨与我们分享：成就永远大不过兴趣！而"语言论转向"让我们坚定地把语言（研究）的共时性和历时性辩证地统一起来，而且认定人类语言来自对现实的互动体验和认知加工，现实决定认知，认知决定语言；反过来，语言影响认知，认知影响现实，语言借助认知而与现实拟构（paramorphic），而不是同构（isomorphic）。

　　据此我们延伸开去就会发现，语言并不是现实的镜像反映，而是人脑主观认知处理后的反映，它承载着意义和真理的存在，人们有理由对作为外部世界的再现和表征的语言失去很多信任，因为当我们完全信赖语言并以之来解释世界时，会发现它本身是一面哈哈镜，并未忠实反映它所面对的事物：语言既可以作为世界或某种哲学观念的表征,但同时也可能是对世界或哲学观念的歪曲。这也是先生为我们揭示的,语言使用(含新闻报道)永远都是"客观+主观"式的,纯粹的客观反映并不存在。语言的"表征危机"表明它在状物表意时的局限性、不确定性,警示人们自觉地关注语言自身的不稳定性。毕竟,语言只是工具,人才是世界的主体和语言表达的中心,语言结构一旦深入到个体的无意识区域,个体的意识就被语言所控制,沦为语言结构的奴隶。这种从主体向客体的沦落可能让人陷入自我异化状态中。这就让我们会想起詹姆逊的主张,人类不能一味地被语言的牢笼所束缚,应当冲破语言带来的迷雾和麻木,重新感受语言的诗意空间。

我随先生读书的时间非常短,限于时间和精力,先生的丰硕著述,我也并未来得及读完、参透,因此对先生的学术思想和主张特别是其研究意义和理论贡献体会得远远不够精准深透。但是这半年的学习,我想也足以让我领略先生的魅力与风采,学问与品性,心境与意境,目标与追求,特色与优势。以上回忆也只是当年从师求学时的鸿爪雪泥,不能反映全部,但却那么真切、自然,铭刻于心。

先生学习、研究、生活、工作的诸多方面,还有待其他前辈时贤、同门同道去挖掘和呈现。虽早已返回武汉,我却常常忆起壮志路那长长的弯坡,想起沿途的川味美食,想起半山腰廉价简单的小旅馆,想起川外大门口的辞赋墙壁,想起先生时而高亢时而低沉的课堂演讲,想起先生与我推心置腹的交谈、关怀和指引。先生对我的影响是巨大的,也是长久的,每次往返路上,我都会抱着他推荐的1972年版汪子嵩等所编《欧洲哲学史简编》反复研读,不离左右,先生的授课录音我也一直放在车内,反复播放,先生领导的夏哲院汇聚了自带干粮、自卷铺盖的一群志同道合的师生,我也同样每年追随,转战南北。

先生经常对我们说,答辩过程中提问可以尖锐,但态度要和蔼,以理服人,因为学生心中都有杆秤,老师万万不能居高临下,有优越感,动辄指责批评学生,导师要尊重自己的面子,更要爱护自己的学生,师生永远处于joint venture的关系之中。我即以此为标准,指导我和弟子之间的关系,彼此尊重;先生教导我们,语言学者必须学语言哲学,尽早、尽快学语言哲学,才能保证自己不落伍,永立学术潮头,继承、批判和发展现有理论也是一种创新,我们要永远走在理论创新的路上。我即以此为标准,与学生们一道开始关注和阅读、学习经典语言哲学著述,从头做起,扎实跟进。

　　先生持守初心，在学术道路上不惧风霜寂寞，甘坐冷板凳而一路苦行，其笃学求真的精神和作风，不仅是王门生徒的宝贵财富，也是语言学界同仁后学们永远的模范标杆和奋进动力。我们唯有一路向前，向前，向前，才能不负先生教诲与期望！

　　一生寻梦，永无止歇。王先生七秩寿辰，既是他学术旅途的一个歇脚点，更是他追寻科研梦想路上的一个新起点。在 2018 年 9 月的第 34 个教师节庆祝大会上，先生成为四川外国语大学首批聘任的三位"资深教授"之一，这是校方对他长期以来对学校教育、科研工作所做突出贡献的一种认可和褒奖。老骥伏枥，志在千里！先生"经师"之苦、"人师"之功，诚然是学人之福，民族家国之幸！敬颂先生福比东海大，寿似南山高！

（作者：张国华副教授；工作单位：中南财经政法大学）

从语言研究的本位谈起

郭　霞

　　时值恩师七十寿诞,自己虽属最不争气的学生,却也一直在想做点什么。无意间,看到书房架子上那本 2013 年出版的专著《现代汉语动趋构式的句法语义研究:认知构式语法视野》。再次读起老师当年所做的序,禁不住泪湿了眼眶。老师在序中对我的认可和期许,让我猛然意识到,唯有自己"再出发",或许才是能带给老师些许欣慰的生日礼物。

　　"构式"是我读博之后就不忍再触碰的话题。十余年前,构式刚刚由王老师等学者引入国内,我读博六年间的心思也大都被"动趋构式"缠绕,的确有些疲倦了。但蓦然回首,今天的"构式"依然还在灯火阑珊处。尽管一波又一波的学者质问有哪一个语言事实认识的深化是由"本位"建立所得到的,但平心而论,又有哪一种语言理论研究不是从确立基本单位开始的呢? 回顾过往前辈和大家对"本位"的探索足迹,更觉得王老师"构式本位观"的提出有其特别的意义。

　　《马氏文通》有曰"是书本旨,专论句读;而句读集字所成者也。惟字之在句读也,必有其所,而字字相配,必从其类,类别而后进论夫句读焉"。这里将"字类"看作"句读"的基础,确立了语法研究的基本单位是字词,这一做法后被黎锦熙概括为"词类本位"。本位的出现摆脱了古代汉语中句读和虚词研究分离的羁绊,称得上是汉语研究的重大变革。但黎锦熙又指出,"仅就九品词类,分别汇集一些法式和例证,弄成九个各不相关的单位,是文法书最不自然的组织,是研究文法最不自然的进程",语法研究应"先就句子底发展,娴习词类在句中各部分的种种位置和职权,然后继续研究词类的细目:这乃是极自然的事。句子由最简单的到极繁复的形式……这也是研究上很自然的趋势。"一定程度上,这可概括为"以句辨品,离句无品"的句本位思想。

20世纪70年代,朱德熙指出,"在句本位语法体系里,由于词组、句子成分、中心词等基本概念之间,互相不协调,产生了许多矛盾",而且"由于汉语句子的构造原则跟词组的构造原则基本一致,我们就有可能在词组的基础上来描写句法,建立一种以词组为基点的语法体系"。朱先生强调词组在句法中的作用。提出了"词组本位",有力推动了现代汉语句法系统的建立和完善。吕叔湘曾经指出,"用小句而不用句子作基本单位,较能适应汉语的情况"。"小句本位"观由此形成,并且解决了汉语句子不能完全由词组推导而来的长期困扰。需要指出的是,以"小句"作为基本单位,体现出现代汉语研究从句法走向超句法、从结构走向话语的大趋势即将形成。某种意义上,这一主张比起20世纪80年代国外诞生的构式语法理论早了10多年。

进入21世纪以来,徐通锵、潘文国从汉语研究的方法论要求出发,指出"字的特点是语义核心、音节的音义关联和汉语的最小表义单位,这是语言基本结构单位所具有的特点,也是通向语言共性的基础"。邢福义提出的"小句中枢",则把小句放在了汉语语法体系的中枢地位;马庆株提出以"复本位"代替某一语法层面的研究单位;施春宏将本位讨论拓展到语言教学中,提出语言教学过程中需要建立分层次的"综合本位观"。

且不说中华五千年文明沉淀下来的古代汉语,即便白话文运动后的现代汉语也是一个复杂的多面体。从方法论角度来看,各种本位的择用都是研究者基于自身所处的观察点和研究取向,反映出学者对汉语事实和知识进行学术化处理的理论概括。从理论研究的高度来看,本位选择体现了研究者看待和研究语言事实的范式的不同。汉语中错综复杂的事实是否在抽象的认知层面建立起必要的关联? 不断涌现的现象是否在理论研究层面得到清晰而简洁的阐释? 如果本位可有可无,那我们又如何去找到新的研究范式呢? 所以,在构建中国特色语言学体系的当下,学界不应纠缠于应不应该确立研究的基本单位,而是要思考究竟要确定什么样的本位,才能有助于推动汉语研究的深入与发展。具体到汉语研究的本位选择上,个人以为应遵循"可能"和"可行"两个原则:"可能"是指本位的选择要符合理论研究的需求,能够将汉语事实与语法描写为一个概括性的整体知识;"可行"是指本位要符合汉语自身分布的特点,能够满足人们对汉语的认识理解。

从这一角度来看,"构式"虽发源于西方,但其实具有天然的理论优势。构式不是依据某一维度特征对语言进行的单向切分,而是涵盖"音、形、义、功"等属性的结合体,因而具有更强的心理现实性。另一方面,以"构式"为汉语研究的基本单位,不仅符合汉民族认知机理和语言规律,而且还具有相当的可操作性,能够对音系、语义和语法等多维度关系作出结构性的描写和解释。因此,汉语研究的"构式本位"观可以简化为一个命题:汉语的知识体系是以"构式"为节点,并通过构式之间关系而形成的"大仓库"。就像仓库里物品依据分类和分层放置的原则一样,汉语是以构式为节点,依靠构式间的图例、部整和原扩等关系而形成的辐射性网络。语法知识可视为由构式和相关联构式间关系得以联结和实现。

汉语中构式之间关系可以界定为三种类型:"图式—例示"关系、"部分—整体"关系,"原型—扩展"关系。不同层级构式是从图式到例示的垂直关系,从上到下概括性减弱,具体性渐增;部整关系是指较大构式是由多个较小构式组合而成,遵循自主依存联结或平行联结方式,如沈家煊采用并置与指称性来解释汉语极为常见的流水句;图例关系和部整关系强调构式不同成分或构式之间关系的静态描写,而原扩关系则反映某一构式由原型向外围扩展的动态过程,从语法化演变视角概括了汉语构式语义和用法的变化趋势,形象表述出构式基本语义和扩展语义间共时关系。构式本位的确立,为建构以汉语为基础的语言理论体系提供了一种全新的视角。某种程度上,它将有助于改变汉语研究过于注重事实描写、忽略理论思考和体系建构的局面,不仅可使国际语言学的理论成果日趋"本土化",而且还可容纳传统汉语研究的诸多领域成果,两者的结合势必将催生出更多汉语研究硕果。

习近平总书记在 2019 年新年贺词里讲到,"我们都在努力奔跑,我们都是追梦人"。老师也曾经和我们分享过伽达默尔[1]的一句话"谁拥有语言,谁就拥有世界"。是的,我们都是追求语言卓越研究的追梦人,我们也都是洞察语言内在规律的探秘人,我们都是通过语言来了解和掌握世界的实践者。在先生七十寿诞之际,构式研究已从 10 多年前的孤星流火变成今天的方兴未艾;师门也才俊辈出,下自成蹊。感谢恩师,将我引上这条其乐无穷的道路。

参考文献:

[1] 伽达默尔.真理与方法[M].北京:商务印书馆,2010.

(作者:郭霞副教授;工作单位:四川大学)

我和我的父亲

王天翼

40 年前,我出生在一个普通却又不那么普通的教师家庭。说它普通,因为父母都是平凡的大学英语老师;说它不普通,因为这个家庭在后来的 40 年间孕育出了 3 个语言学教授:我的父亲、母亲还有我,而且都是从事语言教育和研究的(我的夫人也是从事语言学研究的),一家两代四口都从事语言学研究,同在大学教书,在学界算是不常见的。当然了,其中功劳最大的应是我的父亲,他不仅养育了我,也是我学业上的老师,人生路上的导师。

作为我学业上的老师,从小到大,父亲无时不刻都在关注我的学习;作为我人生路上的导师,他总是不遗余力地想方设法让我对学习产生兴趣,引导我走向前沿。直到现在还时常用"小鞭子"敲打我道:"你那篇论文看了没有,自己的文章什么时候写好呀?你那个专著该完稿了吧?你怎么总是那么拖拖拉拉的,一点儿都不像我……"

从呱呱坠地到咿呀学语,那些少时的片段早已模糊,所幸还能从父母以及家人的记忆中回味成长的快乐。父亲经常念叨:"小时候晚上出门散步,你在婴儿车里看到月亮就会说 moon 了。"记得有张 100 天的照片上,我左手握着收音机的天线,右手揽着韦氏词典。可见,我是在英语的摇篮里摇大的呀!那时他就为我营造了一个浓厚的语言氛围。后来我经常跟父亲的弟子们开玩笑道,我才是大师兄,因为我比你们拜师入门都早!

从迈入小学到走出大学,父亲就是我求学路上的一盏明灯,不断引领我前行。

在我记忆中,我参加的所有重要考试都有父亲的陪伴,小学升初中他用自行车送我进考场,中考他用我们家的轻骑摩托送考,高考第一天下大雨打不到出租车,他跑到路中间硬是拦下一辆顺路车送我去考场,这已成为我们茶余饭后的谈资。这些早已成为我脑海中的点滴,每次回想都会有股暖流在心头流淌。

父亲指导我学习一直秉持"内容兼方法并重"的原则。他经常用家里的挂历背面空白纸上和我一起梳理每门课的框架,就像思维导图一样串联起每门课的基本知识。后来才知道,他在很多著作中将英语语法、语言学简史和哲学简史用图表提纲挈领地展现出来,总能给人以一种"一览众山小"的感觉。这种很好的学习方法不仅成就了他,还帮助了我。

在我英语学习上,他的培养是最用心的。从初中开始每天都要求我抄 10 个单词早上带出去,然后晚上回家他都会检查。门后面都钉着一张张单词卡片,久而久之木门已是千疮百孔。《新概念英语》每篇课文都要求我读了之后,用录音机把最好的一次录下来,不能有一点错,就一篇短短的英语课文我都要录上个把小时才能一点错没有,我就在这个过程中练了英语。几年下来磁带能装一大盒子。

为了迎接高考,他教我将每次考错的题目摘抄下来再反复练习。他还专门编写出版了一本《高中英语易错题选集》供我参考。最后,在高考中我的英语取得了优异成绩,位列全省前几名,高兴得英语老师亲自打电话给我们家报喜。1998 年高中毕业的那个暑假,因为我大学的专业选择了英语,他又早早让我开始练习听抄,一个假期我也听写了满满一大本。大二那年的暑假,又让我提前自学日语,天天背日语单词,谁料想开学后才知道只能选修法语。Very well,我比其他同学多学了一门二外。后来我的大学同学经常开玩笑说,他们去我家吃完晚饭,父亲会给每个人发一份八级模拟题做,吓得其他人都不敢去我家了,当然其中夸张的成分居多了……但这可以从另一方面看出父亲对于英语语言教育的态度是认真负责的。他不仅教育了我,还要顺带捎上其他学习英语的人。

走出大学进入社会,因为我读的是军校,所以毕业后需要在部队服役,军校为我分配的单位工作性质与专业紧密相关,这也很符合父亲的心愿。四年后,也就是 2006 年,我从部队转业来到现在的工作单位——四川外国语大学(那时为四川外语学院),时隔八年再次与父母团聚。川外的工作和学习让我真正开始接触到了语言学,才开始知道索绪尔、乔姆斯基、莱考夫等等为何人? 才开始真正感触到父亲所作出的努力和取得的成果。

对于我来说，他是一座高山，当很多人还在山脚向上仰望时，我就被他从捷径带到了山顶，这一条条捷径就是他的研究轨迹。从他的绿皮书(《语义理论与语言教学》)、黄皮书(《认知语言学》)、蓝皮书(《构式语法》)一直到白皮书(《语言哲学研究》)等等，这些就是我的垫脚石，将我引领到语言学前沿阵地。作为一个学术大咖，他是一面旗帜，当我还是硕士研究生在歌乐山山脚迷茫时，他将大旗挥向认知语言学的高地，当我还是个小讲师不知该如何写论文时，他大旗一挥又将我带到了语言哲学的神秘花园。对我来说，他是一个标杆，当我还是学生时，经常跟随他的每一场讲座，每一堂研究生课程，每一次与研究生的会课，他讲课时充满正能量的激情澎湃，给学生会课时的一点即透，与学生讨论时的敏捷思维，每天伏案看书写作的背影无一不在给我示范如何做好一名导师，一个学者。每当我在这座学术大山上攀登到一处时，却发现他早已在更高的山峰欣赏无限风光。他的好友苏州大学的王宏教授曾对我说过，你可能永远达不到你爸爸的高度，所以做好自己就行，感谢王宏老师为我减压！

他每年在与自己的研究生初次见面时，就以"三品"来要求大家，即人品、学品、文品。做学问首先要做好人，对待自己的学习要认真负责，要自律自信；对待学问要有创新勇气，诚实守信；对待师长要谦虚尊敬，学会奉献。其次对待学问要有学品，要有正确的态度，持之以恒的精神，良好的学习方法。每天读 30—50 页专业书，读书时一定要做笔记，写"豆腐干"(即读书心得)，等等。最后还要守好文品，写豆腐干和论文时若引用别人的观点一定要注明出处，注意学术规范。写文章时语言要简洁，他经常举的例子是 Lakoff 与人合著的 *Metaphors We Live By* 一书，其中语言就非常浅显易懂，Lakoff 本人还劝说过 Johnson 在写作时尽量用简单的语言。他正是以这"三品"来要求弟子和他自己，当然还有我！

我父亲在给研究生上课时，可谓千方百计、想方设法让同学们去读书，督促他们好好学习，且鼓励他们要读进去，读出感觉来。

(1) 提问同学早晨 7 点在什么位置(此时准确的位置应在学校的小树林里上早读)，有无上早读。平时经常检查他们的预习情况，看看书上有没有留痕迹。甚至在一门课结束时，要求同学们将相关的几本书都带来，人人过堂，一本一本的检查是否真的读书了。这种认真的教学态度使我很是敬佩。

（2）为能使同学们学好一门语言学课程，记牢其中的主要知识点，他在上每门课的第一节课时就要发一本讲义，将18次所授内容排出日程清单，每次所讲主要内容做成一页讲义，可一目了然知晓每次授课内容。

（3）他说，研究生阶段必须要使知识系统化，将零乱的信息片段串联成线，了解其来龙去脉，才能知道其未来的发展方向。他十分娴熟地运用图表，帮助我们总结各类知识。如在《语言哲学研究》这本书中竟然划出了85个图，将相关问题拎得清清楚楚，确实起到了"好学、便记、易查"的教学效果。

（4）让每位同学选择一个自己感兴趣的与本课程有关的题目，将这些题目收集上来，按内容编成5—6个小组，要求他们课后进行小组讨论，并推荐一个代表事先做好PPT，上课做presentation。

（5）要求每位同学必须看《汉字5000年》八集电视纪录片，并分8个小组分别讨论一集，然后推荐一位代表在课堂上作汇报（像他一样，要有PPT和handouts），让大家增长了很多汉语文字学的知识。

（6）要求同学们将他上课所讲的重要知识点，下课后用自己的语言写成"豆腐干"作出总结，以利于更好地理解，并记住有关内容。他还要求同学们交上自己写的"豆腐干"，让班长装订成册，再要求大家传阅一遍，互相学习，最后留在办公室以作资料供后来者翻阅。他说，现在就将这部分内容备好课，省得以后再写备课笔记（还不一定写得有现在的好），我也是这样被训练出来的。

（7）他每年将自己的，以及刘玉梅教授、赵永峰教授和我的弟子共20多人组织在一起，共同学习《欧洲哲学史简编》（汪子嵩等）、《形式逻辑》（金岳霖）、《心理学》（伍棠棣）、《认知心理学》（王甦等）、《语言学简史》（Robins）、《中国古代语言学史》（何九盈）。首先将他们分成6个组，每组负责讲一本，组织他们每两周会一次课，以能增加同学们的知识储备，十多年来从未间断。

他还结合课程内容，要求我们读亚里士多德的《范畴篇》《解释篇》《诗学》《修辞学》、胡适的《先秦名学史》、荀子的《正名篇》、赫尔德的《论语言的起源》、卢梭的《论语言的起源》等等，大大拓宽了我们的视野。

（8）他还在打印店制作了一块100×80厘米大小的研究生论文结构模板，将写作顺序和主要内容一一标注清楚，挂在办公室的墙上。学生开题时就对着这个模板来陈述自己的论文思路。可让大家做到心中有数，不至于写偏。

（9）论文写作不仅在格式上必须符合要求,而且在内容上一定要有创新。他强调论文必须有两大块内容:论点+论据,论点要新,论据要足。他教导我们:理论思辨出论点,封闭语料出论据。他一直坚持每位研究生一定要在理论上想出新论点,且鼓励大家学习马克思的研究方法(把费尔巴哈的唯物论与黑格尔的辩证法相结合),主张将不同语言学派和观点进行嫁接,以能取长补短。他还说,通过这样整合式思辨,意在培养研究生的"创新"意识。

父亲还要求同学们不能尽用他自己提出的观点或模型,必须在这个基础上有所发展,这也是他所期盼的,每篇论文中必须要有让他眼睛一亮的发光点;要站在老师的肩膀上向上攀登。

（10）他对每位学生的毕业论文的要求特别严格,必须要有所创新,关键部分反复修改,字斟句酌。我清晰记得,父亲对每位博士生、硕士生的论文都是全文逐字逐句的修改。同学们都说,经此修改后的论文,拿到出版社就可直接排版。

后来我在父亲的鼓励和辅导下考上了浙江大学人文学院的博士生,他还不断地建议我该读什么书,如何设计博士论文。现在我也是一位语言学教授了,每当我想到终于可放松一下,休息休息,娱乐娱乐时,每每看到父亲依旧在书房伏案写作,总让我感到十分羞愧,压力山大,他总是用这一独特的方式感召、督促和激励我在学业之路上继续前行。

作为我的人生导师,父亲非常善于用他的方式教会我如何做人,他很少像其他家长那样对自己孩子说一些不能这样不能那样,应该怎样做之类的话,他总是在教育自己学生的同时也在开导着我,并身体力行地让我感悟如何做一名合格的老师,合格的学者,合格的人。

我初中时,他就经常把我带到他的教室和大学生或青年教师一起听他教词汇、讲语法。他在课堂上神色飞扬,激情澎湃,幽默风趣,成功地吸引了众多粉丝,当然我也是其中的一个。课堂上学生的反应就已经说明他们对父亲英语课的热爱,他能够用他课堂上的激情感染下面的每个人对英语学习的热情,那时的我是非常自豪的,也就在那时我知道了好老师是什么样子的。

后来读研时,我名正言顺地成了他课堂上的一名小学生,课堂上他经常重复一些经典名言,这些名言也潜移默化地影响着我。现仅简单列举几句,比如"小树林、花轿郎和大胸怀"。

1. "小树林"指的是"外语学院的学生每天早上应该在的位置是学校的小树林,而不是自己温暖的床上。"意思是外语院校的学生每天早晨必须上早读。他经常问大家每天早上 7 点钟时位置在哪里,有没有晨读,他说凡是每天提着豆浆肉包赶进教室的人,肯定是才起床没有早读的,大部分语言学基础知识是要背诵的,例如他在课堂上每每讲到某部名家名著时都能脱口说出作品出版的年代,哪本书哪一页上有什么名言警句,随口都能说来。他认为,现在不少外语院校和系部,早晨听不到朗朗读书声,见不到晨读的学生,只有晨练的大爷大妈,这似乎有点不正常。

2. "花轿郎"指的是,他基于语言哲学家和后现代哲学家提出:语言是生产力,是民族凝聚剂,是知识的储备库,是人类存在的家园,语言对于人类来说至关紧要。因此对于我们教授和学习语言的人来说,肩负着重任,站在时代的前沿,我们选择语言作为专业方向,是"上对了花轿,嫁对了郎"(川外女生居多)。同样,他在去其他院校做讲座或与大学校长座谈时经常说,"千万不能把外语学院边缘化",因为语言是我们的命根子。

3. "大胸怀"指他所说的"胸怀有多大,学问做多大。"这也是他经常挂在嘴边的一句话。他的每堂课、每次讲座的 PPT 都会毫无保留地拷给学生,每一次课他都会给学生发讲义,他书房的书架上总是贴上很多字条,上面写着某人某年某月某天借走某本书。每每读到一本好书,他会买很多本送给大家一起读,然后一起讨论,每次都会在讨论中碰撞出许多学术火花。他每每感叹时间不够用,脑子里有写不完的想法,时常会把这些想法分享给其他人。他曾经说道,对于那些真正想要热爱学习的人,我会发自心底地愿意帮助他们(有时候我还有点小嫉妒呢)。这真是"胸怀有多大,学问做多大"呀!

他还经常说"外面的世界很精彩,书中的世界更精彩""少闻窗外事,多读专业书""高校里不应该有打麻将、斗地主的声音",这些话只是督促大家读书,没有批评人的意思。正是用他的这些至理名言在教会我如何做一个充满正能量的人,如何正确引导学生。

生活中,父亲总是非常好学,并且学什么都很认真。比如他每次出去讲学,都要参观当地的历史遗迹,且还要在地图册上标注出来,记在笔记中,难怪他将中国历史搞得那么熟。回来后还要给我们讲当地的历史故事,如伏羲庙在哪里? 蚩尤的老家在哪里? 周文王在哪里演绎八卦? 殷墟在哪里? 萧何月下追韩信是在哪里追的,等等,可惜后来这本地图册丢了,他伤心了好久。他在课堂上说过,出去旅游主要不是看风景,山还是山,水还是水,要看那里的人文和历史。

自从有了智能手机后,就让我教他怎么用微信,如何用淘宝,然后把用户名和密码一步步记在笔记本上,哈哈! 我终于当了一回他的老师! 自从学会了淘宝,我和母亲就经常跑出去帮他取快递。当然他也和其他家长一样,自从我 30 岁后,就开始以各种方式催婚;等我结婚后,又变着花样催娃。自从有了孙子,他又开始用淘宝给孙子买各种玩具,家里的玩具箱储物柜都塞满了,我替您孙子谢谢您了!

岁月流逝,渐趋老迈的他仍然站在讲台,带着"小蜜蜂"扩音器为学生授课;精力不再充沛的他,每年还要走东闯西,到处讲课;早已满头斑白的他每天都要吃降压药,坐在写字台前要用束腰带减轻腰部的不适。作为儿子,我真心希望父亲能学会保重自己的身体,放慢速度,就当稍微等等我嘛!

2019 年 8 月份,父亲就要 70 岁了。已近古稀,著作等身的他还在知识海洋中痛快地畅游,学术田野上辛勤地耕耘。他是一座高山,他是一面旗帜,他是一个标杆,坚挺倔强地屹立着! 作为学界晚辈的我,感谢父亲为语言学做的一切,希望他能够继续饱含激情地在语言学研究的大道上带领我们砥砺前行;作为儿子的我,感谢父亲不厌其烦、从初稿到终稿逐字逐句一遍遍修改我的每一篇论文,感谢他每次对我的唠唠叨叨,他教会我的东西我会全部教给我的学生,当然也要传给我的儿子。我希望他能够多多关注自己的身体,保持健康的体魄。

最后再次祝我的父亲生日快乐! 健康长寿!

(作者:王天翼教授;工作单位:四川外国语大学)

王寅老师 70 华诞有感

陈玉生

自从 2007 年有幸成为王老师的弟子以来，转眼间时光已过了一纪，距我从川外毕业也快 9 年了。虽然只在王老师身边待了 3 年，但却给我留下了永难磨灭的印象。王老师作为国内知名的语言学家和语言哲学家，在语言学、语言哲学、认知语言学中西语言对比研究等方面的论文论著汗牛充栋，几可等身。更为难能可贵的是论著中随处可见的创新之处，在当今追求创新的大环境下，能取得如此巨大的成就，关键在于打通了不同学科之间的界限，以及对相关知识的系统梳理和认真学习。

首先，王老师打通了以下这些学科：哲学、语言学、语言哲学、认知科学、逻辑学、心理学、翻译学等。王老师言传身教，他也是这样要求我们这些学生的。还记得 2007 年与王老师第一次见面，王老师就准备了许多书，这些书包括中西语言学史、心理学、哲学、形式逻辑等方面的书。王老师要求我们认真读书，来弥补之前知识储备之不足，而且要边读边记"豆腐干"（王老师形象的把读书笔记称为"豆腐干"），并要求我们定时汇报。

关于哲学方面的书我们读了《欧洲哲学史简编》《西方哲学十五讲》《现代西方哲学十五讲》《后现代哲学思潮》等。通过阅读这些书籍我们了解到西方哲学思想发展的总体脉络，为理解作为认知语言学的哲学基础打下了坚实基础。学习认知语言学也离不开心理学方面的知识，所以我们阅读了伍棠棣的《心理学》、王甦的《认知心理学》。语言与逻辑密不可分，我们学习了亚里士多德的《范畴篇》《解释篇》及金岳霖先生的《形式逻辑》。

随后的读书汇报会有在图书馆进行的,有在王老师办公室进行的,也有去王老师大川水岸家里进行的。古希腊斯多葛学派因在雅典集会广场的画廊聚众讲学而得名,我们同门每两周与王老师见面所进行的读书汇报也有此古风。现在最难忘的就是和同门去王老师在大川水岸的家。特别是第一次去王老师家令我记忆犹新。王老师家有一个40—50平方米的客厅,它的三面墙被做成了三面顶天立地式的书柜,上面摆满了各种中外文书籍及学术期刊。这样的客厅就像是一个小型图书馆。我们每次都会坐在客厅,向王老师汇报最近读书情况,王老师认真地听着,时不时会从书架上抽出相关书籍,给我们介绍这本书的精髓。这样的读书汇报会在读研期间进行了无数次,每次大家都是畅所欲言,我们都会说出自己的读书心得及困惑,然后王老师总是高屋建瓴地给我们作出指导,令我们有所收获,并激励我们继续读下去。这样的精神饕餮大餐着实让人感到享受,每一次读书汇报会都是那么令人期待,让人无比怀念!

王老师能取得巨大成就的第二个原因是纵贯古今,即对相关知识进行周详细致的系统梳理。他也要求我们学习中西哲学史和语言学史。先生曾对我们说过,他从五个不同的视角梳理了5遍西方哲学史。比如《西方哲学史简编》这本书受前苏联意识形态的影响,把哲学发展史简化为唯物主义与唯心主义的对立史,读这本书可以从这两种思想的发展与对抗来梳理。关于语言学史方面,我们读了R. H. Robins的《语言学简史》,这本书从哲学的角度梳理了西方语言学发展的过程,"哲学是语言学的摇篮"这句名言即出此书。关于中国语言学史方面则读了何九盈先生的《中国古代语言学史》。

基于以上对不同学科知识的整合及知识的系统梳理,王老师在许多方面都作出了创新。比如说提出了"西方哲学第四转向、命名转喻论、索绪尔的哲学基础是分析哲学、SOS理解模型、构式本位观、认知翻译学、体认语言学"等等,不一而足。王老师也以创新来要求我们这些研究生。记得他总是对我们说,研究生要进行理论创新,哪怕是一点点的创新也是值得肯定的,因为我们肩负着为人类知识大厦做贡献的责任。

关于如何进行理论创新,虽然我们不可能作出百分之百的原创,但是我们至少可以学习马克思的创新方式。我们知道马克思的理论之一——辩证唯物主义即是对黑格尔的唯心辩证法和费尔巴哈的机械唯物论经革命性整合而得来的。

我们也可以学习这种理论整合的创新方式,我的许多同门都是这样作出理论创新的,而我对此更是深有体会。还记得在写作硕士论文期间,自己苦于没有合适的理论来对语料数据进行分析,当时茶饭不思,整日为理论而憔悴,我甚至都怀疑自己是否还能写出毕业论文,时时也会产生绝望的念头,但是我坚持了下来,因为我时刻不敢忘记先生对我们的殷切希望。后来先生看我的样子都有些于心不忍了,但他还是"狠下心",让我再"憋"一下,最后在王老师的启发下我终于"憋"出了自己的理论框架——"注意窗突显隐喻分析模式",这个分析模式就是整合了认知语言学三大理论而来的。

我的论文后来还评上了校级和市级的优秀论文,真得感谢先生的激励和鞭策,自己才能在学业上有所突破。更为重要的是,这种思维意识上的突破给我未来的工作和学习带来了极其积极的意义,因为我时时都以创新来要求自己。

先生不仅对我们同门严格要求,而且对其他的研究生也是严格要求。我现在还记得他给我们研究生上课的情景。先生每次来上课都会抱着一个大包,里面装满了相关参考书籍,上课时他会举起相关原著,介绍它的意义,并要求我们能进行阅读。我们上课时也精神集中,因为他上课时都是站立式教学,并喜欢在教室里边走边讲,随时会提问同学,让我们说出某本原著中的重要原话等内容。

先生虽然在学业上对我们严格要求,但在生活上却对我们关怀备至。回忆起与他在一起的日子,心里真是充满了温馨。现在依然能清晰地回忆起其中的一些场景。还记得在读研期间,过寒假时我都会留校,想安静地多读些书。而每次先生都会让我来大川水岸家中过年,每一次师母都会做许多好吃的招待我,每每想起,都馋涎欲滴。先生还会和我们拉家常,有一次他在饭后还即兴为我们弹奏了一首钢琴曲。他真是把我们这些学生当作自己的家人一样来关心和照顾啊。

2010年毕业后来到成都工作,远离了先生,也远离了川外浓浓的学术氛围,本以为他会把我们给忘记了,所以有时也对自己放松了要求,尽管心里每每为此而感到惭愧万分。但是他并没有忘记我们,每次先生到成都讲学都会通知我们参加,并询问我们工作、学习、科研和生活的情况。每次听到他的讲座,看到他学术上的成就,我们都会感到震惊,同时也为自己的懒惰拖延而后悔,每一次听过讲座或上过课回来后,我都下决心要以先生为榜样,永远学习下去。

司马迁在《史记》"孔子世家"篇的最后赞美孔子曰:"《诗》有之:'高山仰止,

景行行止。'虽不能至,然心向往之。"虽然现在我们不在先生身边了,但不管自己身在何处,心里都会永远装着先生,都衷心向往之。

在先生70华诞来临之际,衷心祝愿他生活之树常绿,生命之水长流,寿诞快乐,春晖永绽!

(作者:陈玉生讲师;工作单位:四川外国语大学成都学院)

学术人生　追求卓越

——贺王寅先生70华诞

张　凌

　　喜闻四川外国语大学王寅先生亦已迈入古稀之年,学校将为先生举办庆祝活动和学术研讨会,这是对他的敬重和感谢。他硕果累累,著作等身,为川外的学科建设作出历史性贡献,他育人提携从不问出身,学术种子播散海内外,作为先生的博士后,我理应感到兴奋和自豪。先生在学术界已经耕耘了大半个世纪,为了培养人才,他几经辗转,先后从泉城济南到古城姑苏,又到山城重庆。人生七十古来稀,先生精神矍铄,笔耕不止,成果累累,真是可贺可喜,谨以此文祝贺先生!

　　在动笔之前询问写作要求,先生当即表示,体裁形式无拘,题材内容不限,篇幅可长可短。我顿时感到这是先生给我布置的最轻松的一次作业,预设应该不难"应付",因为我已经有过相似的写作体验。2014年我的博士导师潘文国先生70寿诞时,华东师范大学史无前例地为他举办了一次国际研讨会暨荣休仪式,我为潘先生写过一篇纪念文章——《博古通今　学贯中西　默会传承——论潘文国先生的语言研究思想》,会后收入纪念文集,由华东师范大学出版社出版。2015年许国璋先生百年诞辰时,我写了一篇较为深刻的纪念长文——《论许国璋先生的语言哲学思想》,虽然当年《外语教学与研究》编辑部已经约稿国内学术大咖,出版纪念许国璋先生的特刊,我还是非常荣幸受邀参加北京外国语大学举办的纪念活动,向我国外语届同仁汇报文章写作始末,承蒙《外语教学与研究》编辑部和主编王克非教授厚爱,这篇文章2016年在许国璋先生创办的刊物《外语教学与研究》上刊发。因有上述积累,我似乎成竹在胸,显得底气十足,便向先生的公子王天翼兄索要先生的著述目录，认真细致地开始材料工作。

梳理材料后，我发现困难比我想象的要远大得多。虽然我跟着张克定、王寅两位先生在河南大学做了5年多的博士后，在日常生活里亲切地称先生为"老爷子"，在他的举荐和指导下，我得到外语教学与研究出版社的信任，由北京大学胡壮麟先生亲自率领，为英文原著 *Key Terms in Semiotics*（《符号学核心术语》）进行注释，撰写导读。无论在读书写作上，还是在日常生活里，我应该说对先生了解是很深的，甚至还初生牛犊不怕虎，跟"老爷子"友好地论辩过，但真正归纳总结时还是颇费功夫，一时踌躇，难以把握。因为先生涉猎范围广、挖掘深、视域远。他深入研习语义学、认知语言学、构式语法、认知翻译学、认知传播学、体认语言学、语言教学、语言哲学、形式逻辑等领域，自感难以面面俱到，总结到位。

我认为，先生对学界的影响和贡献不仅仅限于所写的几十本书，300多篇文章，近2 000万字的著述，也不仅仅是几百场次在海内外所举办的学术讲座和大会主旨发言，也远远不止于培养出的近万名（包括本科生、公外学生、硕士生、博士生、博士后）的各类人才等。他对我的最大教诲，感受更深的是形而上的道理，视读书写作大于天的态度，具体表现为学术人生和追求卓越的践行。

先生的学术人生可以用"阅读、讲授、写作、刊发"八个字来概括，他曾应邀以《读书・教书・写书》为题发表文章，前者似乎涵盖更广一些。先生阅读范围广，不仅是书籍，还有文章，报刊等纸质和电子材料，而且是真正的批判性阅读。2015年夏，我请他到西北农林科技大学做了为期一周的认知语言学讲座，他当时正在写作《认知翻译学》，他从不放弃任何时间，就地取材从我那里调阅部分翻译学方面的书籍资料，不仅快而且思考深刻，如对诸如"译者的隐身"，究竟是作者的观点还是批判的对象，他思考得很深入。

先生授课、讲座、发言时，都经过自己的深思熟虑后选取讲话材料，从不照本宣科、人云亦云。我在做博士后期间，2015年春以"高访"的身份到川外学习，听了先生为硕士生开设的《语义学》《语言哲学》两门课，使用的教材主要是他的著作，还有相关参考文献，着着实实地让我补了一把，弄清了很多理论和观点的来龙去脉，使得过往学过的知识更为完整和系统。

写作是先生长期形成的生活习惯，在阅读之时，讲授之余，他总是坐在电脑旁不断耕耘，把所读心得立即诉诸文字。他称这个过程叫边积边发，以正视听，避免

"厚积薄发"继续成为懒惰者的借口，或耽误初学者成长的羁绊；阶段性成果就是"豆腐块"，就是读后感，就是日后成果的必要素材。他写作下手快，逻辑强，产量高。

能读、会讲、勤写之外，先生的论述刊发率高，因为他一直处于学术前沿，用"老爷子"自己的话说，就是一直在做"有意思"的东西。据我观察，王寅先生在阅读、讲授、写作、发表方面都做得非常好，这是他成功的法宝。吾辈诸君有的人阅读确实很广很多，但读得多不一定能讲得好，讲得好不一定能写得出，写得出不一定能发得了。人的一生，能够做好其中任何一个环节都不容易，而先生却把读、讲、写、发都有机地统摄了，而且做得都非常优秀。

先生追求卓越，表现在上述阅读、讲授、写作、刊发这一良性循环里。他阅览《周易》和《荀子》，谙熟文字、音韵、训诂，熟读体验哲学、认知语言学原著，深挖其中蕴含的唯物主义原理，中西会通，不断超胜。每次授课、讲座或发言前，他都要精心准备，不断增加新内容，追求卓越，永远在路上。写作时，他常要再三斟酌，从论点到论据，从论据到论证，精益求精；初稿写成后，他会打印出来，反复阅读，然后让弟子和朋友给他纠错挑刺，每篇论文和论著寄出前，都要经过几次甚至十几次这样的打磨。在论著刊发后，他还会再认真阅读，有时甚至朱批满篇，这是令我非常钦佩的！我等之辈在文章刊发、著作出版后，虽然会客气地请他人"雅正""斧正"，等等，但常存护短心态，很少会逐字逐句再认真阅读，更多的是享受成果刊发带来的沾沾自喜。因此，以王寅先生为榜样，努力学习不是客套，不是口号，而是心声，是行动。

我初读王寅先生的著作始于2003年，当时我在上海海事大学攻读硕士学位。见到他却迟至2008年，我在华东师范大学攻读博士学位，其时潘文国先生是中国英汉语比较研究会会长，王寅先生是副会长，他们筹办的英汉对比研讨会在江西南昌召开。虽然读了王先生的书，也见了他的人，但由于我受潘先生委托，要做一些其他会务工作，当时没有时间多汇报。2013年，又是5年过去了，上海外语教育出版社在贵阳召开一次学术会议，我在会上再次见到王寅先生。短暂寒暄过后，他就问我是否想做博士后，他跟河南大学校长助理、研究生院院长、外语学院前院长张克定教授合作指导我。5年多的博士后研究经历，比我攻读硕士和博士学位的总时间都要长，在两位先生引领下，我先后获批陕西省社科基金、国家社科基金项目,发表了高质量的学术论文,荣获陕西省社科成果奖,受邀成为教育部学位中心论文评阅专家,与北京大学出版社、德国斯普林格出版集团签约,准备申报相关项目。

　　感谢王寅先生的知遇之恩和耳提面命,我始终把读书写作摆在首要位置,一直牢记先生的谆谆教诲和殷殷叮嘱:读书写作大于天,不能松懈,遑论停止!

　　祝福王寅先生身体健康!学术常青!幸福永驻!

(作者:张凌教授;工作单位:西北农林科技大学)

智慧人生　学者典范

——王寅先生七十寿诞献文

王艳滨

我是陕西师范大学外国语学院英语系教师王艳滨，2010—2013 年跟随王寅先生在四川大学攻读博士学位。转眼毕业已六载，先生也年近古稀。今闻先生 70 寿辰，我欣然执笔，献上拙文，感谢先生的培养。

体认语言学强调体验后的认知，语言哲学注重意义和指称，王寅先生提出"命名转喻观"，对于先生的认知和称谓，存在个体差异，也不足为奇。读书三载、相识十二载，我眼中、心中的先生，一部分是与诸位共享的交集存在，一部分是不为他知的言说。希望交集共鸣，激活彼此心中对先生的挚爱，信息差带来新知，讲述与先生鲜为人知的私交。

我将从两个方面叙事我与恩师的相识相交：

一、时间切片，历时勾勒

初识先生，是在黑龙江大学攻读硕士研究生期间。我们的《认知语言学》课程是邀请王寅先生来上的，当时李洪儒教授介绍王寅先生在学界，既是泰山又是北斗。几天的授课，让我深刻体会到"泰山北斗"的学术魅力。每天都座无虚席，先生在台上一坐就是一上午，特别敬业，对课堂教学激情满满。自从那时，我就暗下决心，要成为先生的弟子，继续攻读博士学位。我把先生的书，在学府书店能买到的，都买来。上课坐在第一排，上课时，他一提到哪本书，我就赶快挑出来。是王寅先生唤起了我对认知语言学浓厚的兴趣，让我从此恋上学术。用"老爷子"自己的话说,学习语言学,是"上对花轿,嫁对郎"。

求学三载。2010年,我如愿考取四川大学,正式成为先生的弟子。三载求学,是最快乐充实的日子。第一年,我在川大上平台课,修学分。他每次来成都,都第一时间过问我的学习情况,记得一次在宾馆吃早餐,先生问我最近读了什么新的论文,我拿出王文斌老师的一篇论文《汉英形状量词"一物多量"的认知缘由及意象图式的不定性》,说我对量词很感兴趣,他说那就研究动量词,接着推荐孟琮的《动词用法词典》给我,并一再强调,做语言分析,一定要有语料。第二年,我来到重庆,歌乐山下。那一年,我们有了博士小团队,和师弟、师妹们一起学术讨论,每每有新书,导师都会第一时间和我们分享。我当时读到两本书《历史认知语言学》和《翻译的认知探索》,并就此写了两篇书评,分别发表在《中国外语》和《外语教学与研究》上。正是导师和师母的关怀,我才三年顺利毕业。毕业论文修改期间,我不敢倦怠,大年初二就早早赶回来,继续完善。几次搬家,我一直保存着先生给我修改的论文初稿,上面布满了朱批,让我至今回忆起来,依旧感动不已。那段时间,是超越自我,进步最快的日子。我当时就和师母说,真的不想毕业,要是能一直待在川外,该有多好。

工作六载。2013年,我来到陕西师范大学工作,时任院长王文教授,获悉导师是王寅先生,盛邀先生前来讲学。在招待晚宴上,先生说我是自家女儿,又详细介绍我所受过的学术训练,感觉像是父亲把女儿托付给院长一样,让我感动。2015我拿到国家社科,天翼弟弟和我说,导师很激动,彻夜与其畅聊。我的博士论文,凝聚了恩师的心血,看到弟子申报成功,他比自己拿到还高兴。期间不忘督促我要抓紧写论文发表。2017年,我开始给博士生讲授《语言哲学》课,正是由于这些年跟着先生一路走来,从2009年的威海夏日书院,到2018年大连的第13届夏日书院,还有年会,让我接受了正规的语言哲学训练。所以,我从心底感谢先生,让我从事学术,不断有新的增长点。

二、特征风范,共时浓缩

我想用三个关键词:严爱、慈爱、热爱。

1. 导师严爱

以前只是听说导师对学生要求很严,在开题时,我才开始真正领略恩师的严格。开题答辩之际,我的开题报告共改了八稿,小到标点符号,大到谋篇布局、逻辑论证,导师都亲自帮我修改。在川外,上课之前,他都会检查弟子的读书情况。如若没完成,他可不会客气的。导师的办公室墙上挂有一块黑板,上面是论文的结构框架,这里也是学生会课的地方,他严格要求学生按照这个模板进行论文写作。只有扣住,才不会跑偏,论证才能符合逻辑。

2. 导师慈爱

生活上,导师和师母给了我无尽的关爱,正好我也姓王,就此成为导师的"女儿"。在读博期间,导师知我从遥远的东北来,怕我孤单,就让我住在川外安居小苑 7 - 6,天翼弟弟的新居。吃饭就和老师一起,在 15 - 1。每次吃饭,我们放垃圾的"餐布",都是导师论文打印的草稿,一边吃饭,一边可以扫几眼。吃饭时,导师会不断询问我最近的学习情况,有时也会就某一论文讨论。这使我深刻体味,到处皆学问。

导师买烧饼给我吃。那天,我正在导师办公室查资料,电话响了,一听是导师。导师问我,在哪呢? 他在博文楼下,让我来拿刚买的烧饼,我心头一热,暖暖的感动。导师也亲自下厨,炖牛肉、切黄鳝是老师的专长。平日里,能干的师母,把生活打理得井井有条。师母也是语言学教授,但为了让老师安心学术,师母不仅料理家务,还协助老师管理学生,给了我们慈母般的关爱。吃新鲜的海参、学习做肉丸子、泡温泉、游山庄,在导师家有很多新遇,让我体验人生的第一次。

每次吃过饭的常规节目是和导师、师母一起散步在川外山上的操场。还有川外后门的一条铁轨,锈迹斑斑,蜿蜒在草丛中,那里也有我们的足迹。偶尔也去隔壁的西政转转。散步聊天内容最多的还是论文写作和历史典故。

3.导师热爱

爱,是学术生命的基石,是学术前行的引擎。导师的书多,读得更多。我在读博期间,亲历导师从"大川水岸"搬到川外的"安居小苑",当时十几名硕士一起把书打包,师母亲自教他们如何捆书。搬家师傅都在好奇地问,这是图书馆搬家吗? 无论在哪,导师家最抢眼的都是书架,导师的客厅就是书房,四面墙壁的书架摆满了书。其中有一个架子,全是导师自己出版的著作。靠近窗边有一个大大的工作台,和一盏台灯,旁边是打印机。这是导师最常待的地方。客厅里还有一把躺椅和一个落地台灯,有时导师会在躺椅上读书或者批改论文。导师的书,不是摆设,随手从书架上拿出一本,你会发现上面都有阅读和思考的痕迹,重点符号和反思批注。

恩师学术思想新颖,产出多。他每次上课回来后,先打开电脑,把课堂上激起的火花或存在的问题记下来。导师电脑里有几百块"豆腐干",知识交汇处,就是一篇篇高质量的论文。每次吃饭时,都要叫他好几次。无论开会还是外出,他都会抽空写东西。几百篇论文和几十本专著,所付出的心血是常人无法想象的。

导师会讲,传播学术,贡献多。无论以"四川认知王寅",还是以"语言哲学王寅"为检索词,百度一下,你都会发现先生在全国各地讲学的报道。早年,先生与认知语言学前辈 Lakoff、Langacker 和 Taylor 等有过深刻的学术交流;近些年,与美国的 John Cobb 院士和王治河先生一起将过程哲学和后语言哲学结合,又去日本北海道大学传播翻译认知思想。

近日,先生在高校人文社科学者期刊论文排行榜(2006—2018)中喜获全国第10名。有了这样的导师,我不敢倦怠,我会努力前行,不断以恩师为榜样,在学术的路上,作出自己的贡献。导师常说:"心胸有多大,舞台就有多大"。导师的人生始终在追求智慧,是学者圈中的典范。最后以川外第一届"感动校园"人物评选颁奖词来表达对先生的敬意,"他是我国语言哲学研究领域泰斗级专家,他是一位科研笔耕不止、思想跟踪前沿、学术走向创新、深受业界敬重的老师,他带领莘莘学子走向学术的最前沿"。

(作者:王艳滨副教授;工作单位:陕西师范大学)

师恩重如山　涌泉当以报

曾国才

滴水成流，百川归海。在圆满完成博士学业和博士后研究之后，我走上了工作岗位，踏上了新的学术征程。一路行来，感谢我的恩师：博士生导师王寅教授。

在我读博之前，王寅先生的著作和论文就给了我巨大的影响，为我提供了学术营养和人生道路指引。2012年我有幸成了王寅先生的弟子，受益其熏陶。先生治学严谨，在语言学和语言哲学方面造诣颇深，新作频出。

在学习和工作期间，王老师在生活和思想上给予无微不至的关怀和鼓励，促使我潜心研究，多创成果。与先生的学术交流有多种形式。先生常通过散步、组织小组讨论、开展课堂教学，不仅传授研究心得，还教导我们如何做事与如何做人，帮助我们规划未来，实现人生的价值。先生尤其在我的博士论文和博士后出站报告选题、写作规划和全书定稿等方面倾注了大量心血。

2015年酷暑是我记忆最深的一个夏天。那时，先生为了修改完善我的博文，建议我一同住留卧龙横山（重庆西南部）一段时间，以静心修改和完善我的博文。正是在此仙雾萦绕的云山之巅，我与先生促膝交流，畅所欲言。在讨论中，不知不觉我们几乎走遍了横山的大小山路。与先生的交流，我逐渐领悟到先生在学术道路上关于"治学"与"探索"的诸多思想。在横山的日子里，难以忘记的是，先生亲自为我选备生活用品，而我与先生热烈的学术讨论之后往往是师母为我们师徒精心备好的热气腾腾的可口饭菜。在横山的日子，我仿佛忘记了时间的存在。其间，经先生的日夜修改，逐字审核，我终于完成了博文。2015年9月，我随先生和师母一同下山。师恩如山，正是先生和师母的"授渔"，2015年我顺利完成博士学业。同年,经先生力荐,我赴上海交通大学外国语学院从事博士后研究工作。

在上海交通大学外国语学院从事博士后研究期间,我与恩师时常联系,通过学术会议等机会时常见面,使我能及时与恩师讨论"对话句法"等课题的最新研究进展,以及具体论文写作中出现的各种问题,探讨研究中的各种深切体会。在我博士后出站后,再次经先生力荐,我于2017年入职四川大学,从事语言认知与语言哲学科研工作,迈入了学术研究的新阶段。

回顾与恩师相处的点点滴滴,先生往往在我茫然无措的时候倾力点拨,时时让我在研究中有豁然开朗之感。恩师的治学精神和慈爱关怀是我勇往直前的永远动力。在川外学习的两年时间里,先生和师母视我如子,关爱有加。先生既慈祥又严厉。在我写作时,时常一份水果或一杯清茶偕同嘘寒问暖,师母的一顿热饭和一碗鲜汤相伴谆谆教诲。先生在我的博文和期刊论文的纲要与细节写作方面均提出诸多独到见解,激励我深入研究"对话句法学"理论。他时常腾出宝贵的休息时间,把关大小论文写作的细节,提出改进的意见。

回顾与先生和师母相处的岁月,再多的文字也难以表达我对先生和师母的感激之情。正值先生70大寿之际,弟子恭祝先生永远健康,永远快乐!弟子当努力进取,以报答先生如山的惠恩。

(作者:曾国才副研究员;工作单位:四川大学)

WH-问答构式驱动的
对话语篇建构机制研究
——谨以此文贺王寅先生七十寿诞

曾国才

摘　要：本文以体认语言学（Embodied Cognitive Linguistics，简称 ECL）中的"体验性"识解观和"现实—认知—语言"核心原则作为理论基础，并基于语言的对话分析视角，论述 WH-问答现象的运作机制及其在会话交际中的语篇建构功能，以揭示 WH-问答现象的本质特征，即 WH-问答对话构式是人类认识客观世界的一种基本认知方式。

关键词：体认语言学；WH-；语篇

一、引言

对话是人类生活的本质（Bakhtin 1981）。问与答是语言交际中普遍存在的对话现象。Collingwood（1940[1998]：23）阐述了问答哲学的首条原则，即任何人所作出的每一个陈述都是在回答一个问题。本文在体认语言学（王寅 2014，2018）和认知构式语法理论框架内，以现代汉语口语中由一个特指疑问句和一个答语构成的问答对话（简称 WH-问答对话）作为研究对象，以期阐释该类问答形式对口语语篇建构及其拓展的驱动作用，从而揭示 WH-问答交际的本质，即 WH-问答对话是人类认识世界的基本认知方式。

二、WH–问答相关研究回顾

语篇的建构及其拓展在对话互动中完成。国内外的语篇研究主要聚焦语篇的表征模型（Kamp & Reyle 1993；Langacker 2001；朱长河 朱永生 2001），或针对语篇结构和语篇理解展开分析（Schegloff & Sacks 1973；Halliday & Hasan 1989；Santhosh & Jahfar 2012；王寅 2005；袁野 2017）。

关于对话互动的研究注重对话行为的本质特征（Weigand 2017）、互动的社会与文化参与要素等分析（Couper–Kuhlen 2018）。

Collingwood（1940［1998］），Gademer（1976），李庆平 刘明海（2009），赵振鲁（2011），赵苗苗（2011）等则从哲学阐释学视角讨论了问答对话的哲学思想和问答之间的逻辑关系。

而有关 WH–问答结构的研究主要探析 WH–疑问词（Thomson & Martinet 1986：71–78；薛小英 2015）或 WH–问句（Chomsky 1957/1965/2013，邵敬敏 1996）的形式与意义。把 WH–问句与答语视为整体的研究成果主要体现为计算语言学中的人工智能问答系统研究（Lehnert 1977；王树西 2005；余正涛 等 2006），蒙塔古语法（Hamblin 1973）、中心语驱动的短语结构语法（HPSG）视角下 WH–问答系统的形式化分析（Ginzburg & Sag 2000），以及不同语言中问答方式的对比研究（沈家煊 2016；卫晓旭 2016）等。

已有的对话语篇、对话互动、对话哲学和 WH–问答现象研究成果表明，把 WH–问句与答语视为对话构式并分析其语篇认知特征的研究相对较少。此外，目前为止，关于 WH–问答对话的研究聚焦该类语言结构本身，鲜见把 WH–问答对话视作人类的基本认知方式进行深入分析。本文详述对话语篇以 WH–问答结构为基础的建构和拓展过程，以期弥补以上述研究的不足。

三、WH–问答构式的运作机理

构式是形义（Goldberg 1995：4）或形功（Goldberg 2006：3）配对体。本研究把 WH–问答对话视为语对层面的对话构式。在具体分析中，本文整合体认语言学中的事件域认知模型（Event-Domain Cognitive Model，简称 ECM）和图式—例示认知观（Schema-Instance Cognitive View，简称 SI），建构基于事件域的图式—例示模型

(Event-based Schema-Instance Model,简称 ESI),以分析 WH -对话构式的识解机制,进而分析该类对话构式在语篇建构及其拓展过程中的原理和作用。

1. 事件域认知模型

王寅(2005)针对 Langacker(1991,2002)、Lakoff(1987)、Talmy(1985,1988)、Panther & Thornberg(1999)以及 Schank & Abelson(1975)等提出的概念结构和句法构造理论的不足,提出了事件域认知模型,如图 1 所示:

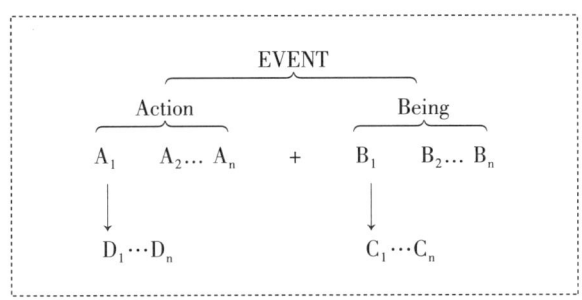

图1 事件域认知模型(王寅 2005:18)

图 1 表明,一个基本事件域(EVENT)主要包括行为(Action)和事体(Being)两大核心要素。行为可以是动态性或静态性行为(如存在、处于、判断等)。一个行为可以由多个具体的子行为或子动作(如图中的 A_1, $A_2\cdots A_n$)构成。事体指人、事物、工具等实体,也可包含抽象或虚拟的概念。一个事体可以包括多个成员(如图中的 B_1, $B_2\cdots B_n$)。事件域的两大要素都具有层级性,体现为一个动作或一个事体可分别具有很多典型的特征性或分类性信息(由 D 和 C 表示)。

ECM 兼顾语言的线性和层级性特征,可解释多种句法结构的成因。如只有一个事体参与当前事件,可体现为不及物动词句式。如有两个事体参与,常可表征为并列主语+不及物动词或及物动词句式。若有三个事体参与,则可表征为并列主语和一个宾语或一个主语带双宾的句法结构。

2. 图式—例示认知观

范畴是指人们在与客观世界互动体验的基础上对事物普遍本质的概括反映,是由一些通常聚集在一起的属性所构成的"完形"概念构成的(王寅 2007:91)。

人们在对客观世界进行范畴化过程中,先形成范畴,概念对应范畴,其形成过程也是意义的产生过程。语言符号是概念和意义的载体。到目前为止,学界主要有三种范畴观(王寅 2013),即经典范畴(Classic Category)、原型范畴(Prototype Category)和图式范畴(Schema Category)。图式范畴发展了经典范畴和原型范畴。

经典范畴观认为范畴内的成员拥有共同特征,该特征具有两分性;范畴的边界是明确的;范畴内成员没有核心和边缘之分。原型范畴观认为一个范畴通常包含原型成员和边缘成员,两者具有家族相似性。人们多以原型为认知参照点来认识范畴内其他成员。Langacker(1987:371)认为一个范畴包含原型成员和扩展成员,原型是范畴的典型实例。原型成员的特征对扩展成员有单向的影响,而扩展成员比原型成员增加了更多的细节特征。Taylor(1989:59)持图式原型观,认为原型是范畴概念核心的图式表征,“图式”可有多个例示,并且概括了所有例示的共性,具有抽象特征。“例示”是图式形成的基础,其范畴化关系是一个复杂的、垂直的层级结构。范畴中的成员都是对图式的具体例示,例示与例示之间具有不同程度的相似度。

王寅(2013)基于 Talyor 和 Langacker 的原型观,论述了图式与原型及其扩展成员之间的相互作用,并分析了图式范畴中图式的抽象性、概括性、竞用性、层级性,以及例示的开放性、传承性、相似性和对比性,同时指出图式与例示、原型成员与扩展成员之间是双向互动关系,如图 2 所示:

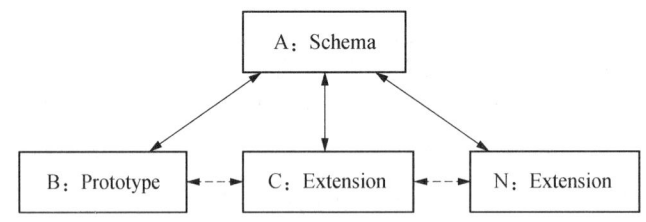

图 2　图式—原型成员-扩展成员之间的互动关系(王寅 2013:23)

图 2 中的实线表示人们根据抽象的图式(A) 来识别具体样例(B、C、N),同时 A 又是源于对 B、C、N 的概括。范畴中的具体例示有原型成员和扩展成员之分,前者(B)与后者(C、N)之间的关系用虚线表示,表明原型成员对扩展成员有参照作用,扩展成员对原型有反作用,扩展成员同时受到图式和原型的影响,但受原型的影响次之。

3. ESI 模型

本文结合 ECM 模型和图式—例示认知原则的核心观点,以建构 WH-对话构式的 ESI 识解模型,如图 3 所示:

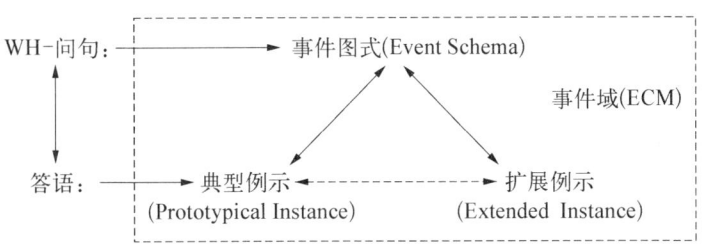

图 3　WH-对话构式的 ESI 模型运作机制

由图 3 可见,WH-问句因 WH-词语的"类型"特征具有图式性[①],答语是该图式的例示。WH-问句和答语形成配对关系(由垂直的实线双向箭头表示),并共同组成一个事件域(虚框表示事件域边界的模糊性)。该类问句表征的事件域图式结构主要有两类例示情形,其中典型例示(Prototypical Instance)表示答语是问句图式事件结构的典型特征,扩展例示(Extended Instance)则表示答语是问句图式结构的非直接例示,即边缘例示。前者体现了问句图式结构的核心特征,后者是对典型例示的引申和拓展。两类例示之间相互影响并形成原型—扩展关系(由图中虚线双箭头表示)。图式的典型例示和边缘例示特征表明,同一个 WH-问句图式结构可有不同的例示性答语。问句的图式结构概括了答语的共性特征,答语则具体化了问句的图式结构。另外,图中的双向实线箭头表明对话双方在语言交际中基于互动协商,把 WH-问句表征的图式事件具体化为答语表征的特定事件。

4. WH-问答构式在语篇中的拓展功能

根据 ESI 模型的观点,在对话语篇的建构和拓展过程中,WH-问答构式表征的事件域(ECM)与其他话语表征的事件域构成一个事件域网络,并形成以 WH-问答构式为驱动的当前对话语篇空间,如图 4 所示:

---

① Langacker 在与笔者的邮件交流中也认同 WH-问句中的 WH-疑问词具有图式特征:"Yes, apart from the difference between questioning and stating, a WH-word is schematic with respect to its possible answers."(Langacker April 2, 2015)

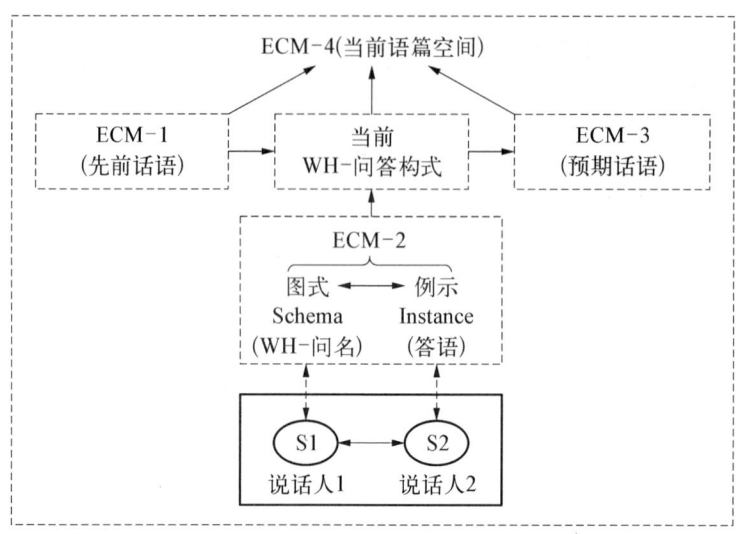

图4　WH-问答构式驱动的当前对话语篇空间

由图4可见,在语言交际中,ECM-1是"先前话语"表征的一个语法构式的事件域结构,它激活了一个由WH-问句及其答语构成的WH-问答构式,并具有事件域结构ECM-2,其问句是ECM-2的图式结构,答语是其具体例示。WH-问答构式后的"预期话语"形成新的语法构式,也有其事件域结构(ECM-3)。ECM-1,ECM-2和ECM-3共同形成一个当前语篇空间,并具有事件域结构ECM-4。WH-问答构式的事件结构仅是语篇空间结构(ECM-4)中的一个节点,ECM-4是理解ECM-2的认知参照背景之一。该语篇空间与其他语篇结构,及语篇空间内的事件域结构之间,具有边界模糊特征(如图4中的虚框所示)。

由WH-对话构式驱动的对话语篇建构和拓展过程可如下面的对话序列所示(图5):

图5展示了一个局部对话语篇中一名成人与一名4岁女童共同阅览一本画册时的部分语言交际片段。从该对话图示(diagraph)可知,在该节选对话的18个话轮中,共出现6个WH-问答构式,占话轮总数的66.7%。而剩下的话轮中有2个非WH-问句引导的问答语对。该语篇结构表明,WH-问答对话的使用是语篇建构和扩展的核心机制。

1	成人	那你给我讲讲这个故事在**哪个地方**开始的。	内置 WH-问句	WH-问答构式（a）
		［动作：孩子翻到封面］ ↕（图式一例示）		
2	儿童	从**这里**开始的。	答语	
3	成人	在**这里**开始的啊，为什么啊？	WH-问句	
4	成人	为什么不是从**这里**开始的呢？	WH-问句	
		为什么是在**这里**开始的？	WH-问句	WH-问答构式（b）
		［动作：孩子翻书］↕（图式一例示）		
5	儿童	**因为**是**这里**开始的。	答语	
6	成人	哦，为什么啊？	WH-问句	
		为什么是**这里**开始的呢？	WH-问句	WH-问答构式（c）
		↕（图式一例示）		
7	儿童	**因为**这里有字就开始在这里了。	答语	
8	成人	那我还有一个问题要考你了，		
		在**哪个地方**结束的呢？	WH-问句	
9	成人	你翻到这一页来。		WH-问答构式（d）
		［动作：孩子翻书］↕（图式一例示）		
10	儿童	**这里**结束的。	答语	
11	成人	哦，为什么呀？	WH-问句	
		↕（图式一例示）		WH-问答构式（e）
12	儿童	**很多字**啊。	答语	
13	成人	很多字就结束了，是吧？		
14	儿童	嗯		
15	成人	那你觉得这三个人是好人还是坏人啊？		
16	儿童	坏人。		
17	成人	哦，那**为什么**呀？	WH-问句	WH-问答构式（f）
		↕（图式一例示）		
18	儿童	他们**在偷东西**啊。	答语	

图 5：WH-问答构式驱动的儿童与成人对话语篇建构及其拓展特征

首先,成人在话轮 1 中使用内嵌的 WH-问句和陈述语气发起对话请求,汉语疑问词语"哪个"和词语"地方"整合形成对话焦点"哪个地方",并表征一个图式性概念,具有"类型"特征。内置的 WH-问句激活了一个图式性事件结构:"这个故事在 $X_{[place]}$ 开始的"。伴随手势语,儿童在话轮 2 中用语词"这里"详述话轮 1 中的图式概念:"哪个地方"。话轮 1—2 之间产生句法与语义对应关系(哪个地方∶这里),问答两个话语形成具有"图式—例示"联结关系(如图 5 中的双向实线箭头所示)的 WH-问答构式(a)。成人与儿童建立起互动人际关系。

围绕话轮 1 的焦点例示"这里",成人在话轮 2 中设置新的对话焦点:"为什么",启动新一轮问话,即话轮 3,并通过重复对话疑问焦点"为什么",形成话轮 4,期盼与儿童产生新的人际互动,扩展对话语篇。话轮 5 中的语篇标记语"因为"表明,儿童结合手势语把话轮 4 的图式事件结构"是在这里开始因为 X"具体化为特定的事件结构。话轮 4 和话轮 5 之间是图式事件与具体事件关系,两者构成 WH-问答构式(b)。

为了获取话轮 3—4 中对话疑问焦点"为什么"的更详细例示信息,成人再次把"为什么"设置为对话焦点,构建新的话轮,即话轮 6。紧随话轮中的语篇标记语"因为"表明,话轮 7 是儿童对话轮 6 中"为什么"的具体解释。与话轮 5 相比,儿童在话轮 7 中用"这里有字"更详细例示了话轮 3、4、6 中的图式疑问焦点"为什么"。话轮 6 和话轮 7 构成的 WH-问答构式(c)进一步拓展了对话语篇空间。

从图 5 可见,话轮 1—7 围绕图式事件"这个故事在 $X_{[place]}$ 开始的"建构和拓展对话语篇。

话轮 8 表明成人期望延续对话,其对话焦点"哪个地方"与话轮 1 的对话焦点具有相同的语法形式,但被置于"故事结束"的认知背景,即对话语篇的建构和拓展转向了新的图式事件:这个故事"在 $X_{[place]}$ 结束"。

结合儿童的翻书动作,话轮 10 表明,儿童用语词"这里"与话轮 8 中的 X 槽位形成句法和语义对应,话轮 8 和话轮 10 形成"事件图式—例示"话语衔接关系,形成对话序列中的 WH-问答构式(d)。

而话轮 11 和话轮 12 构成的 WH-问答构式(e)基于"事件图式—例示"话语关系把图式事件"这个故事'在 $X_{[place]}$ 结束'因为 $Y_{[reason]}$"描写为更具体的事件:"因为很多字,这个故事在这里结束"。

在话轮 13 中,成人通过重复话轮 12 中的语言资源,儿童则通过使用礼貌性回应语再次拓展了对话语篇结构。

话轮 15—16 则形成非 WH-问答构式,引出新的对话主题:判断"三人是好人还是坏人",并成为 WH-问答构式(f)的出场背景。话轮 17—18 再次通过"事件图式—例示"直接实现方式扩展了该语篇的空间结构。

上述分析表明,图 5 表征的对话语篇空间主要基于 WH-问答对话中的"事件图式—例示"关系进行衔接(如图中的虚线单向箭头所示),从而形成结构和意义连贯的当前语篇空间,成人与儿童共同建构的该对话语篇进而得以不断往前拓展。

四、结语

本文基于体认语言学的核心思想,即心智和语言都是来自对现实的"体(互动体验)"和"认(认知加工)",把现代汉语口语中由一个特指疑问句和一个答语构成的语对作为研究对象,并视之为 WH-对话构式,且建构相应的 ESI 识解模型。该研究旨在阐明:正如隐喻不止是一种语言现象,而且是人类的普遍认知方式(Lakoff 1980:4,172),针对内容进行提问的对话模型(Contend-Based Question-Answer Model),如汉语 WH-问答对话,也不仅是一种语言现象,而且是汉民族获取信息的基本认知方式。由于世界各民族共处一个宇宙空间,人类拥有相同的身体构造等因素,各民族之间具有体认共性,因而每个民族都有基于"WH-问答对话"的对话语篇建构策略。人类正是基于"WH-问答对话"这一体认方式建构对话,从而实现信息共享,达到认识客观世界和认识人类自身的目的。

参考文献:

[1] Bakhtin, M. M. *The Dialogic Imagination: Four Essays*[C]. Austin and London:University of Texas Press, 1981.

[2] Chomsky, N. *Syntactic Structures*[M]. The Hague:Mouton, 1957.

[3] Chomsky, N. *Aspects of the Theory of Syntax*[M].Cambridge, MA:MIT Press., 1965.

[4] Chomsky, N. Problems of projection[J]. *Lingua*, 2013, (130):33-49.

[5] Collingwood, R. G. *An Essay on Metaphysics*[M].Oxford:Clarendon Press,1998.

[6] Couper-Kuhlen, E. & M. Selting. *Interactional Linguistics: Studying Language in Social Interaction*[M].Cambridge:Cambridge University Press, 2018.

[7] Halliday, M. A. K. & R. Hasan. *Language Context and Text: Aspect of Language in a Social-Semiotic Perspective*[M].Oxford: Oxford University Press, 1989.

[8] Hamblin, C. L. Questions in Montague English[J]. *Foundations of Language*, 1973, 10 (1): 41 – 43.

[9] Kamp, H. & U. Reyle. *From Discourse to Logic: Introduction to Model Theoretic Semantics of Natural Language, Formal Logic and Discourse Representation Theory*[M]. Dordrecht: Kluwer Academic Publishers, 1993.

[10] Gadamer, H. G. *Hegel's Dialectic: Five Hermeneutical Studies. Translated by P. Christopher Smith*[M].New Haven and London: Yale University Press, 1976.

[11] Ginzburg, J. & I. Sag. *Interrogative Investigations: The Form, Meaning and Use of English Interrogatives*[M]. Stanford, CA: CSLI Publications, 2000.

[12] Lakoff, G. & M. Johnson. *Metaphors We Live By*[M]. Chicago: The University of Chicago Press, 1980.

[13] Lakoff, G. *Women, Fire, and Dangerous Things: What Categories Reveal about the Mind*[M]. Chicago: The University of Chicago Press, 1987.

[14] Langacker, R. W. *Foundations of Cognitive Grammar vol. I: Theoretical Prerequisites*[M]. Stanford, California: Stanford University Press, 1987.

[15] Langacker, R. W. *Foundations of Cognitive Grammar vol. II: Descriptive Application*[M]. Stanford, California: Stanford University Press, 1991.

[16] Langacker, R. W. Discourse in Cognitive Grammar[J]. *Cognitive Linguistics*, 2001, 12 (2): 143 – 188.

[17] Langacker, R. W. Remarks on the English grounding system [C]. Frank, B. (Ed.). *Grounding: The Epistemic Footing of Deixis and Reference*. Berlin /New York: Mouton de Gruyter, 2002.

[18] Lehnert, W. Human and computational question answering[J]. *Cognitive Science*, 1997, (1): 37 – 73.

[19] Panther, K. U. & L. Toumya. The Potentiality for Actuality Metonymy in English and Hungarian [C]. Panther & Radden (eds). *Metonymy in Language and Thought*. Amsterdam: John Benjamin, 1999.

[20] Santhosh, S. & J. Ali. Discourse Based Advancement On Question Answering System[J]. *International Journal on Soft Computing, Artificial Intelligence and Applications*, 2012, 1 (2): 1 – 12.

[21] Schank, R. C. & R. P. Abelson. Scripts, Plans, and Knowledge[C]. *Proceedings of the Fourth International Joint Conference on Artificial Intelligence. Thinking: Readings in Cognitive Science* Tbilisi, USSR. InJohnson-Laird, P. N. & P. C. Wason (Eds.). Cambridge: CUP, 1975.

[22] Schegloff, E. & H.Sacks. Opening up closings[J]. *Semiotica*, 1973, (8): 289 – 327.

[23] Talmy, Leonard.1985. Lexicalization Patterns: semantic structure in lexical forms[C]. Shopen, T. (Ed). *Language Typology and Syntactic Description*. Cambridge: Cambridge University Press, 1985.

[24] Talmy, L. Force Dynamics in Language and Cognition[J].*Cognitive Science*,1988,12（1）：49－100.

[25] Taylo, J. *Linguistic Categorization — Prototypes in Linguistic Theory* [M]. Oxford：OUP,1989.

[26] Thomson, A. J. & A. V. Martinet. *A Practical English Grammar*[M]. Oxford：OUP, 1986.

[27] Weigand, E. (Ed.). *Concepts of dialogue: considered from the perspective of different disciplines* [C]. Berlin：Walter de Gruyter GmbH & Co KG, 2017.

[28] 李庆平,刘明海.柯林伍德的问答哲学及其蕴含[J].重庆工学院学报,2009,（12）：92－96.

[29] 邵敬敏.现代汉语疑问句研究[M].北京：商务印书馆,1996.

[30] 沈家煊.从英汉答问方式的差异说起[A].载方梅主编《互动语言学与汉语研究》（第1辑）[C].北京：世界图书出版公司,2016.

[31] 薛小英.*Syntax and semantics of Chinese wh-phrases*[M].上海：上海交通大学出版社,2015.

[32] 余正涛,樊孝忠,宋丽哲,高盛祥.汉语问答系统答案提取方法研究[J].计算机工程,2006,（3）：183－185.

[33] 袁野.基于构式语法的书面及对话语篇分析框架[J].外语学刊,2017,（2）：45－49.

[34] 王树西.问答系统：核心技术、发展趋势[J].计算机工程与应用,2005,（18）：1－3.

[35] 王寅.事件域认知模型及其解释力[J].现代外语,2005,（1）：17－26.

[36] 王寅.语篇连贯的认知世界分析法[J].外语学刊,2005,（4）：16－23.

[37] 王寅.认知语言学[M].上海：上海外语教育出版社,2007.

[38] 王寅.范畴三论：经典范畴、原型范畴、图式范畴——论认知语言学对后现代哲学的贡献[J].外文研究,2013,（1）：20－26.

[39] 王寅.后现代哲学视野下的体认语言学[J].外国语文,2014,（6）：61－67.

[40] 王寅.后现代哲学视野下的构式语法研究———兼论体认语言学[J].上海师范大学学报,2018,（5）：132－139.

[41] 卫晓旭.乌尔都语与汉语Wh-问句的句法特征对比研究[J].教育现代化,2016,（33）：224－226.

[42] 赵苗苗.论伽达默尔的问答逻辑[D].济南：山东师范大学硕士论文,2011.

[43] 赵振鲁.诠释学视域下柯林伍德的问答逻辑[D].济南：山东师范大学硕士论文,2011.

[44] 朱长河,朱永生.认知语篇学[J].外语学刊,2001,（2）：35－39.

（作者：曾国才副研究员；工作单位：四川大学）

跟随王老师做学问的点滴

刘云飞

  光阴荏苒,犹如白驹过隙,回首第一次见到王寅教授,已是 10 年前,而现今又迎来王先生的 70 大寿,以往的点点滴滴浮上心头,想写下和先生以往的种种回忆,既是对先生的致敬,也算是细数自己宝贵的经历。

  王先生是国内著名语言学家,特别在认知语言学和语言哲学领域造诣深厚,著述颇丰,影响巨大。第一次系统拜读先生的专著是在 2007 年,记得当时我研究生刚毕业,暑假去北外参加一个学术会议,会议休息期间偶然在书店发现了他的大作《认知语言学》,当时这本专著刚出版,恰好我又对认知语言学颇感兴趣,于是欣喜若狂地买回这本书,回家反复细读了好几遍,受益匪浅,至今记忆犹新。2009年,我工作的三峡大学外国语学院邀请王寅教授讲授认知语言学,这是我有幸第一次见到先生本人。当时他在我校举行了为期约一周的讲座,在聆听讲座期间,我深深地被其国际化的学术视野、精深的学术造诣、宽广的胸襟,以及生动幽默的语言所折服。

  讲座持续整整一周,先生上午、下午,甚至晚上都安排了讲座内容,内容详细、系统。而且每次讲座前都会发一张讲座提纲给大家参考,这一点确实难能可贵。这一次讲座,先生在我校大致讲解完了认知语言学的核心内容。至今我们外国语学院的老师回忆起来仍然记忆犹新,感慨地说,很难听到这样的讲座,受益匪浅,既有理论前沿,也有实践应用。我在这一次讲座期间,又学习了一遍《认知语言学》,并趁着这次机会将以前阅读过程中有疑问的地方向先生请教,先生都能耐心细致地解答,使得我对认知语言学的理解又前进了一大步。

2011 年,我有幸通过了四川大学外国语学院的博士生考试,成为王寅教授的学生。攻读博士学位的这些年,从读博计划到研读书目,从博文题目到布局,从资料搜集到理论框架的建立,直至论文的初稿和最后定稿,无不倾注着先生的大量心血,而他的每次指导也总能让我拨云见日、柳暗花明。

先生的学术研究和会议非常繁忙,但在修改我的博士论文时却极其仔细,不仅在宏观布局上给予指点,而且通篇逐句细读,从语句的表达方式到论文的格式,再到标点这些细节都给予充分关注和精心点拨。这篇博士论文确实凝聚着先生的心血。可以说是手把手地教学生。这一点,引起不少博士同学的羡慕。至今记得,2014 年博士答辩的前一天,先生还打电话问我英文摘要中的专有名词是否大写了,这对学生是何等的细致,何等的牵挂!

在读博士期间,我跟着先生去川外听过一年的课程。在课堂上听他讲课如沐春风,他讲课时善于画表,将各种知识点串起来,梳理得清清楚楚,讲得透彻,我们也听得明白。听先生讲课,也会觉得时间如梭,他讲课的风格可以用激情四射来形容。一位老教授,讲起课来十分有激情,而且幽默,各种知识顺手拈来,引经据典,贯穿古今,横跨中西,不知不觉中就让我充分汲取了营养,这确实是不多见的。读博期间,先生的《语言哲学研究》(上下卷)已经初步定稿,我也参与了校对,他从古希腊梳理到后现代,并将主要语言学理论背后的哲学基础分析得清清楚楚,仅表格就有 80 多个,何等的智慧!恩师学识渊博、学风严谨、平易近人。生活上对学生非常关心,经常邀请我们去他家里吃饭,嘘寒问暖。学习上严格要求,一丝不苟。至今,我仍然从当年的高要求中受益匪浅,做事细致认真,在这一点上受到导师很大的影响。并且导师经常教导我们要心胸宽广。他常说,做人格局要大,学问才能做大,做人要正派,问心无愧!

先生致力于语言哲学研究,也是中西语哲会的创办人之一、现任会长。我多次参加协会的会议,深感该协会的可贵。一是知识可贵,每次会议均邀请大家、知名专家传经送宝,在理论上提升很快。二是会风可贵,不收会费,邀请的专家也是专注于学术研究。这也是中西语言哲学研究会不断壮大的主要原因。

2018 年秋季学期,我校有幸再次请到恩师来我校进行学术讲座。讲座期间,外国语学院会议室人头攒动,所有位置全部坐满。工作人员在大厅过道和大厅后面增加座位后立刻又被坐满,直到所有能坐的地方全部坐满,还有不少人站着听讲座。这种现象在我记忆中是我校外国语学院首次。讲座从下午两点半持续到接近六点,中途无任何人提前离开。大家都被先生渊博的知识、激情的演讲,以及幽默的风格所折服。讲座期间,我有幸再次得到先生的指点,再次聆听先生的教诲,感慨万千。我觉得人生中能遇见这样的导师实在是人生一大幸事!在今后的工作和生活中,我自当勤勉不怠,以求不负恩师和师母的殷切关怀。

(作者:刘云飞副教授;工作单位:三峡大学)

王寅教授学术思想史探索[①]

——学高为师，身正为范

陶　陶

摘　要： 敬爱的王寅先生作为中国语言学界、语言哲学界的一面旗帜，认知语言学界的领军人物，中西语言哲学研究会会长，不光自己引领学术，同时身先示范，甘为人梯，指导、引领、影响众多硕士生和博士生，带领青年学子进入学术的殿堂。本文主要从一个学生的角度，基于 CNKI 从 2000 年至 2019 年 20 年的论文数据，100 篇文章，从老师学高和身正两方面，对我本人的学术和人生产生的重要影响来解读之。希望以拙文抛砖引玉，以王寅先生为榜样，以大师为楷模，启迪后人，以飨读者。

关键词： 王寅；学术思想；认知语言学；体认语言学

一、王寅教授主要学术思想历程及成就

钱冠连先生在"论王寅之路"（2018.10）一文中列举了王寅先生对学术界的 26 大贡献，本文试图接着钱先生之说，以时间为脉络，以 CNKI 历年的 100 篇论文数据（从 2000 年到 2019 年）和王寅教授的著作为主要来源，建立封闭语料，再次解读王寅先生的主要学术思想历程和学术成就。

2000 年一共收录 4 篇王寅教授的论文，其中就"像似性"这一论题的研究共三

---

①　谨以此文贺王寅教授 70 寿辰，感谢老师及师母多年的谆谆教诲。

篇,特别是《语言符号象似性研究简史》《再论语言符号象似性——象似性的理据》等文章,对流行了一个多世纪的索绪尔"任意说"提出了挑战和补充,在国内语言学界具有引领开创之先河,一石激起千层浪,从此,国内"像似性"研究热矣。

2001 年王寅先生发表《Lakoff & Johnson 笔下的认知语言学》一文,成为国内研究认知语言学和体验哲学的先驱学者和奠基者,其影响不可估量。

2002 年知网一共收入 6 篇王寅先生的文章。他继续深入研究体验哲学,明确指出:认知语言学的哲学基础是体验哲学;体验哲学具有心智的体验性、认知的无意识性和思维的隐喻性;体验哲学是第一代认知科学和第二代认知科学的分水岭;体验哲学是语言符号具有像似性的认知基础;认知语言学是对乔姆斯基革命的再革命。

同时,王寅先生在这一时期,发表《认知语义学》一文,深入探讨认知语义学的八大重要观点,同时严格区分语义内在论和语义外在论,明确提出认知语义学就语义持体验内在观。除此之外,2002 年还是洋为中用的一年。针对语义理论的研究,国内中文学界和外语界存在"两张皮"的现象,他呼吁除去之,主张对比研究中西语义理论,率先倡导外语界同仁学习训诂学。

2003 年王寅先生、李弘教授一共发表 8 篇文章。他们高举认知语言学和体验哲学的大旗,在这一年的蝶变中也是硕果累累:通过引介 Langacker 认知语言学的语篇分析,即基于认知语法的理论框架来分析语篇,以拓展功能语言学的语篇传统分析;把体验哲学是一种新的哲学介绍到国内哲学界,开语言学界的学者为哲学界输送养料之先河;运用 Lakoff、Mark Turner 和 Langacker 的观点对句法成因作出解释;进一步论述像似性辩证说优于任意性支配说;同时,运用像似性原则做语用分析,并指出像似性原则与语用学家(Grice, Horn, Levinson, Sperber & Wilson 等)提出的语用原则之间存在很多相通之处;运用原型范畴理论反思了流行 2000 多年的亚里士多德经典范畴理论,并通过英汉构词的差异对比,发现汉语常用"属加种差"的义类构词法;中西隐喻对比及隐喻工作机制作出了深入研究。

小结之,我们不难发现,王寅先生、李弘教授将认知语言学中的重要观点创新性地运用到了语篇分析、语用分析、句法成因解释,引介到国内哲学界像似性与任意性之争、原型范畴与经典范畴之辩等领域,认知语言学在王寅教授等学者的倡导下在国内方兴未艾,已经成为一门显学! 为认知语言学统一解释语言各层面迈出了坚实的一步。

2004 年王老师一共发表 4 篇重要文章,从先生的《认知语言学之我见》一文可见一斑,通过多年的潜心研究,认知语言学研究这边风景独好。与此同时,他将认知语言学研究拓展至词汇和词法研究领域。除此之外,他还将隐喻能力运用到传统英语教学中,将其与语言能力和交际能力的培养相提并论。也就在这一年,这面旗帜从苏州大学传到了四川外语学院,星星之火已成燎原之势。

2005 年王寅先生厚积薄发,边积边发,发中有积,积中有发,论文达 15 篇之多,硕果累累:《认知语法述评》;创新性提出事件域认知模型;反思认知语言学的八大值得思考的问题;提出认知语言学的翻译观;狭义与广义语法化研究;强调语言的体验性;以及体认语言学对语篇连贯的解释力等。

2006 年王老师一共发表 10 篇论文。概述如下:首先是《国外构造语法最新动态》一文又一次引领认知语法研究。基于 Langacker 与 Taylor 将要发表的论文、John Benjamins 最新的《语言的构造研究法》系列丛书、Croft 和 Cruse(2004)的有关论述来解读和述评了他们对当前几种构造语法的最新观点。其二,运用认知语言学核心思想"现实—认知—语言"为基线,拟把"认知过程"详细解析为:感觉—知觉—表象—意象图式—认知模型—范畴化—概念化—意义,以期能对语言形成的认知过程作出统一的而又清晰的解读。其三,总结 CL 分析语篇连贯的主要方式可归纳为两条基本原则:互动体验性和心智连贯性,是对 SFL 的补充和发展。其四,论述荀子是非唯名论者,通过其著作《正名篇》发现,他的论述具有明显的体验性、认知性和辩证性,更接近于唯实论者。其五,隐喻理论的新发展:从神经学的角度论述隐喻,将隐喻研究推入第三个发展阶段。其六,运用认知语言学所倡导的图形—背景原则和原型范畴理论以及 Langacker 提出的突显原则(射体—界标)来解释分句语法主语的择用问题。

2007 年从《外语学刊》特约王寅教授主持语言的认知纬度为专题,不难发现,认知语言学的显学地位已彰显。同时,论述"AS X AS Y 构造",不仅是一种修辞手段,更重要的是一种思维手段,是人们认识事体和识解世界的最基本方式之一。此外,先生还运用 CL 和构式语法对汉语"动名构造"和英语"VN 构造"做了对比分析。以此证明 CL 所倡导的整合观比组合观更有解释力。

与此同时,在这一时期,先生明确提出了学位论文的写作纲要。

2008 年王老师一共发表 7 篇文章。其中,以《既超越又不超越的回归》一文,可见一斑。王寅教授在学术研究中纵横驰骋,在超越的同时,又有返璞归真。具体来讲,即对体验哲学和认知语言学作出了反思,如对体验哲学进行溯源分析,提出"主—客—主多重互动理解模式"等。另外,《认知语言学的"体验性概念化"对翻译主客观性的解释力——一项基于古诗〈枫桥夜泊〉40 篇英语译文的研究》一文,是这一时期的力作。将认知语言学家 Langacker 的"意义概念化"修补为"体验性概念化",并尝试以此为理论基础,论述翻译中的客观性和主观性。为翻译研究提供理论框架。在这样的力作背后,有其厚实的理论做支撑,姊妹篇《认知语言学的意义新观:体验性概念化》相继问世。Langacker 首次将意义定义为"概念化"。这一定义的关键是"化"(即 -ize 三个字母表达的意义),它囊括了许多重大差异,实现了传统意义观向认知意义观的飞跃,突出了语义的动态性、人本性、主观性、识解性。但这一观点对意义的体验性和互动性强调不够,为此先生将其修补为"体验性概念",以期从感知体验和多重互动的角度对意义作出更全面有效的解释。正是有了"体验性概念化"这一核心思想,才有了我们熟悉的、老师经常讲到的《枫桥夜泊》40 篇英语译文的解读啊。同时,也是老师一再强调的理论先行,否则写出来的文章只能是一盘散沙的最好例证。

其三,《语言学新增长点思考之二:语言与哲学的交织对我们的启发》和《语言学新增长点思考之五:本土化的合璧式创新》两篇文章,值得我们深思。王老师曾常引用 Robins 的名言,"哲学是语言学的摇篮",这句话我们常常听到,却一笑而过,没有做深入的思考。但从文章可以看出,老师已经将其发展为"哲学和语言学互为摇篮"的重要思想,这是理论上的又一次重大突破。

其四,在这一时期,钱冠连先生和王寅教授大力提倡"中国后语言哲学时代"。

2009 年王老师一共发表 10 篇文章。首先提出"AS 认知方式"比隐喻机制更为始源和明了,该认知方式可用来统一解释认知语言学中述及的隐喻、转喻、范畴化、识解、概念整合等机制。其重要性甚至超过 Lakoff 所论述的我们赖以生存的隐喻,具有普世性的意义。其二,从"吃它三个苹果"构式语法新解:传承整合。其三,大力提倡后现代的人本观,将语言学研究带入后现代(文学研究和翻译研究早已经进入后现代),摆脱语言学研究深受结构主义和 TG 理论的"牢笼"。该理论具有划时代的意义。其四,引入并尝试建立模拟论语义学,开辟出一条用神经科学来解释语言和隐喻形成和运作机制的新路径,深入批判客观主义语义观。其五,运用突显、传承、整合等理论从两个方面修补了 Goldberg 等的构造压制观:词汇压制观和惯性压制观,提出传承和压制新观——多重传压结合。该理论成为刘玉梅教授当时撰写博士论文的核心理论。其六,语言体验观对英语教学的启示。其七,尝试用认知方式对语言作出统一解释。其八,提出主客主(SOS)多重互动模式。其名言"One hundred readers will produce one hundred Hamlets""but they are still Hamlets",振聋发聩。

2010 年王老师一共发表 7 篇论文。这一时期的代表作,首先,有王天翼教授和王寅教授的《从意义用法论"到"基于用法的模型"》一文,为语言学的研究开创了一个新的方向。其二,开创基于认知语言学的认知修辞学。其三,对体验哲学从西方哲学史追根溯源:体验哲学登台亮相有其哲学上的历史根源,或多或少地受到了著名哲学家洛克经验主义观念论、杜威的经验自然主义、梅洛·庞蒂的知觉现象学、施密茨的新现象学以及普特南内部实在论的影响。它还与马列主义的唯物辩证法有关联。其四,尝试建立认知语言学学科体系。其五,与钱冠连先生合力开创中国后语哲新时代,为新世纪外语研究指明了方向。

2011 年又是 7 篇皇皇巨著。其中,《"新被字构式"的词汇压制构式解析》一文,弥补了构式语法中过分强调"构式压制"之不足,需要由"词汇压制"来补充,倡导词汇与构式互动。此外,基于 ISVO 构式和多重传承机制对汉语特殊句式做了进一步分析。其三,针锋相对于 TG 的树形图,创造性地提出,框盒图:构式语法的形式化方案。利用框盒图的主要三种类型:框盒套叠图、特征结构图、共变指数图,以 WXDY 构式为例解释了框盒图的结构和功能,并评述了框盒图的利和弊。其四,构建体验人本观视野下的认知符号学,阐明了认知语言学与结构主义和转换生成学派之间的继承性与批判性渊源关系。其五,提出了意义"体认观",兼顾意义的外部和内部因素,以修补二元观和 Frege 的涵义观之不足,突出"人化语言"和"惟人参之"的人本思想,对"一物多名"作出了合理的解释。并指出命名的基本认知机制为"转喻"。

2012 年王老师一共发表 5 篇重要论文。其中以《哲学的第四转向:后现代主义》为代表,王寅先生在哲学转向毕因论(本体论)、认识论和语言论的前三次转向的基础上提出了第四次转向——后现代主义。将现代与后现代哲学归结为七对特征：哲学王与非哲学、基础论与反基础论、中心论与去中心论、理性论与非理性论、人本主义与后人道主义、二元论与多元论、破坏性与建设性，实现了对前人的超越。

另外，在这一时期，先生还适时的建构了两门新的边缘学科"认知翻译学"和"认知社会语言学"充实了认知语言学的学科体系。

2013 年发表的《后现代哲学视野中的认知语言学》一文，将认知语言学放在了后现代的大潮或背景下，正如先生说言：文学和翻译学这两个学科早已开始运用后现代理论进行相关研究，而语言学界却迟迟未能前行，基本还停留在传统的客观主义形而上哲学阶段，主要原因在于索绪尔和乔姆斯基理论的影响过大，无视人本精神和实际运用，一味追寻语言的绝对本质，从而制约了语言学理论前进的步伐。王寅先生为语言学后现代研究吹响了进军的号角。

另外，《构式压制和词汇压制的互动及其转喻机制》一文，弥补"构式压制"观之不足，提词汇压制与之互动，由转喻机制来统摄。可以说弥补了 Goldberg 在构式语法理论中提出的"构式与动词互动观"中如何互动语焉不详的问题。

2014 年王老师在《钱冠连学术思想的脉络及其价值》一文中深入分析了钱先生如何跨界，从外语界向语言哲学和哲学界拓荒的历程，更向后学昭示了做学问的境界。两位大家惺惺相惜，应该说钱先生和王先生两位大家开启了中国后语言哲学的新时代。不去参加已经举办了 13 届的"夏日书院"，又如何能领略大家的风采，从中汲取营养呢！

2015 年，蓦然回首，灯火阑珊。这一时期，"体认一元观"是根据体验哲学和SOS 理解模型，批判了西方心智哲学中的身心二元论而孕育出的。其中的"体"主要指身体与现实的互动体验，"认"指心智中的认知加工，前者决定后者，后者是对前者的升华，它们相互依存，互为辩证。据此，我们的心智和语言是基于对现实世界的"体、认"而成，可以此批判二元论、索氏的语言系统先验观和乔氏的天赋普遍观。不难看出，打通了古今，连接了东西方，学术贯通了，才有了"一"的回归。同时，进一步归纳总结认知语言学的 6 个基本原理和研究方法：SOS 建构论、识解多元化、语义模糊性、表达差异性、隐喻认知论和新创结构说。

2016 年，春风化雨，薪火相传。王寅教授和曾国才博士的论文《WH-问答对话构式的认知语用分析》，认知语言学进入对话句法时代。受"对话句法"的启发，基于"事件域认知模型"和"图式—例示"建构了"基于事件域的图式—例示模型（ESI）"，重点探索英语 WH -问答对话构式背后的语用认知机制。这既是对 Grice 合作原则的发展，也是对新认知语用学研究内容的充实。这一案例正是师生薪火相传的典型，老师带着自己的学生站在了学术的前沿。

2017 年著名建设性后现代哲学家怀特海首倡过程哲学（又叫有机哲学）和王治河教授的有机教育，催生了这一时期王寅老师的三篇重要论文。基于过程哲学思想，王寅教授将认知过程的感觉、知觉、意象、意象图式、范畴、概念、意义、（理想化）认知模型、ECM、隐转喻等环节作细述，开创翻译过程观。同时，倡导有机教育与语言科研密不可分。此外，继王天翼等所论述的《认知语言学对西方哲学的贡献》一文后，哲学与语言学互为摇篮的思想正式出场，震撼了语言学界和哲学界。"互为摇篮"观是标志中国后语言哲学和第二次启蒙开启的内容之一。

2018 年，王老师专著《语言哲学研究——21 世纪中国后语言哲学沉思录》上下两卷出版，皇皇巨著，横刀立马，笑傲江湖。正如《"语言哲学研究——21 世纪中国后语言哲学沉思录"简介》一文中所讲到的："国学者当自强，经过这么多年的学习、研究和沉思之后应该有我国自己的理论，不必总是'跟着说、照着说'，也不要总为老外忙乎！应该有自己独特的思想和观点，尝试'想着说、领着说'，积极构建自己的理论体系，尽快响应中国学者提出的前沿观点，努力发展钱冠连先生等提出的'中国后语哲'理论"。

进入 2019 年，王寅先生笔耕不辍，早已向逻辑学领域进军，完稿《现代形式逻辑初探》一书，为从事文科（特别是语言学）研究的同仁写出了一本入门性读物，其中所下的功夫是不言而喻的。年初他还发表了《基于罗素摹状论分析 There-be 存在构式——"存在"能否作谓词的思考》一文，通过量化一般陈述和消解空指主语到谓语的方法来揭示其逻辑结构，从而开创了通过语言分析解决西方哲学中存在与思维问题的语言论转向，钱冠连先生认为，这是外语界每个学人都该认真阅读和细致学习的论文。王先生的新思想和新专著，历久弥新，我们甚是期待。

本文收集了王寅先生从 2000 年到 2019 年二十年来发表过的 100 篇论文（通过输入关键词在 CNKI 上所能查找的文章），通过它们来探索先生的学术思想史，很有启发性。正如钱冠连先生在论《王寅之路》一文中说写到的，王寅先生所撰写与主编的专著和教材共达 40 多部，撰写的文献共达 290 余篇，达 1 800 多万字。

所以,本文所用的语料还只是管中窥豹。

最后,借用胡壮麟教授在给王寅先生所作的序中所言:"王寅先生从语言教学到语义学,又到认知语言学和像似性,接着是构式语法和对话句法,还在研究语言哲学的基础上提出了具有我国特色的'体认语言学'新理论"。

二、王寅教授对我本人的学术和生活的影响及启迪

1. 引领我及众多学子进入学术的殿堂

先生悉心指导我的硕士毕业论文,呕心沥血,往事如烟,却历历在目。笔者在学校的统一安排下于 2007 年到 2008 年度到以色列做交换生一学年,回国时已经面临马上要硕士论文开题,而我却还是丈二和尚摸不着头脑。先生无数次与我交谈,面授指导,我的论文,先生至少修改达 10 次以上,字斟句酌,先生口述,我做笔录,几易其稿,才有了我最终的硕士毕业论文《认知语用学新观:以 ICM$^+$ 修补 RT 和 CP——基于陈佩斯和朱时茂春晚小品为语料的幽默点解读》,并获"2009 年度四川外国语学院优秀硕士毕业论文"的称号。

现就先生多次所修改论文的主要内容简述如下:美国哲学家 Grice(1975)提出的合作原则(CP)在语用学界引起了很大反响,但也招致了不少批评,如:Leech(1983)年将 Brown & Levinson 于 1978 年提出的"礼貌原则"(PP)分为 6 种,以补充合作原则之不足;Horn(1972)提出的"荷恩等级关系(Horn Scale)"(后来成为 Levinson 数量原则的基础)以及他在 1984 年提出的会话含义二原则和之后提出的语用分工理论(1987);Levinson(1987)的会话含义三原则对古典格赖斯会话含义理论也作了修正和补充。林林总总理论都围绕合作原则提出了很多修补方案,但都未能跳出 Grice 的量、质、关系和方式四准则,他们的阐述过于规约化。特别是 Sperber & Wilson(1986)的关联理论(RT)虽然将其上升到人类认知的高度对话语义进行解读,但是关联理论的阐释更加笼统、缺乏可操作性,并且没有考虑到隐转喻等一系列问题。为此,我们以认知语言学中的理想化认知模型(ICM)为基准,试图对幽默话语义背后的认知机制提出了一个更合理的解读方案。

试想,如果没有王寅先生高屋建瓴的悉心指导,提出认知语用新观——即在新发展的认知语言学的理论框架下谈认知语用学,我连毕业都困难。这份师生情谊,我永生难忘!

2. 生活上的良师益友和指路明灯

王寅先生不光学问做得好,同时也是我人生的导师和指路明灯。先生和师母李弘老师对同学们的生活也特别关心和照顾。可以自豪地讲,先生对我亦师亦父亦友。对我们的就业、学术发展甚至个人问题,都无微不至地关怀。这已远不是韩愈所讲,"为师者,传道、授业、解惑"所能包含的。实例太多,不一一枚举,但需铭记于心。借钱冠连先生《论王寅之路》,从学生的角度,接着说"论王寅之路"的启示:

(1)纲举目张。门、纲、目、科、属、种,本是生物学的分类标准,但王寅先生创造性地运用到了语言学研究中,具有自上而下的演绎作用,在学习中可以起到事半功倍的效果。

(2)论文写作,不应该是厚积薄发,而应该是边积边发,发中有积,积中有发。

(3)坚持写"豆腐干",积少成多,贵在坚持,不求大而全,但求小而美。

(4)有了思想的火花,需要立即动笔,否则思想转瞬即逝。王老师常讲,浩如烟海的文献材料,到哪里去找你当初见到的那句话呀?

(5)学会将知识点串起来,拉一条线出来。先生曾经讲过一个很形象的比喻:地上有一群螃蟹,如果不用绳子将他们串起来,它们会满地爬呀。做学问亦如此。

(6)学画图,爱画图,多画图。图表一目了然,清晰明白。

(7)做语言学的研究生,离不开语言哲学、西方哲学、逻辑学、训诂学、心理学和社会学等方面的知识。

(8)打通上述学科之间的内在联系,建立各学科的谱系图。

(9)老师作为博导每天的阅读量是不少于50页专业书,试想1 800多万字,以30年来算,每天至少还要写2 000字以上。阅读输入和写作输出同样重要。没有输入,哪有输出。

(10)语言学论文写作,在语料方面:不能只停留在随便选取几个例子做应用型研究,必须要有翔实的语料做支撑,最好是建立封闭式语料库或依据大的语料库做抽样调查。

(11)论文写作,最好是要在理论上有所创新或突破,即使创新很小,但这种意识不可或缺。

（12）没有西方哲学功底,很难把语言学的问题讲清楚。

（13）无论是本科论文还是硕博论文,框架结构需清楚、明了。

（14）坐得了冷板凳,方能做好学问。做学问就是坐冷板凳。

（15）持之以恒,坚持不懈地耕耘在语言学和哲学等领域。做学问就得秉承"冰冻三尺非一日之寒"的精神。

在这里,我想引用文学家冰心的一段话:"成功的花,人们只惊羡她现实的明艳,然而当初她的芽儿,浸透了奋斗的泪泉,遍洒了牺牲的血雨。"我想这也许是对"王寅之路"最好的解读。

最后,借清华大学老校长梅贻琦教授的演讲:"所谓大学者,非谓有大楼之谓也,有大师之谓也"。对于像王寅教授这样的大师,就是散落凡尘里的星星,我们当珍视之。

参考文献:

[1] 王寅.语义理论与语言教学[M].上海:上海外语教育出版社,2001.

[2] 王寅.认知语言学[M].上海:上海外语教育出版社,2007.

[3] 王寅.构式语法研究(上/下卷)[M].上海:上海外语教育出版社,2011.

[4] 王寅.语言哲学研究(上/下卷)——21世纪中国后语言哲学沉思录[M].上海:上海外语教育出版社,2014.

（作者:陶陶讲师;工作单位:重庆科技学院）

学术楷模　行为示范

——贺王寅先生七十寿诞

尤晓刚

2005 年 9 月，我从山东滨州学院工作了三年之后考入四川外国语大学（当时为四川外语学院），经滨州学院外语系主任焦晓光教授引荐，十分荣幸地成了王寅先生门下一名硕士研究生，专攻认知语言学，兼习中西语言哲学。在跟随先生学习的过程中，我深切感受到了他在学术上的高深造诣和生活中的高风亮节。他为我辈学人树立了优秀的学术楷模和行为示范。

学术上，先生始终坚持严谨治学，不断追求创新发展。我们从先生自己做学问和教我们做学问两个方面都可以深刻体会到，先生认真严谨的治学态度和追求创新的学术理念。从当前的资料可知，他的著述颇丰，项目级别高，获得奖项多。而且从近年来一些权威机构发布的学者文献引用数据来看，先生一直都是名列前茅。可以说，先生撰写的著述字数较多，涉及领域范围较广，产生的学术影响很大。其著述类型不仅有学术论文，还有高校教材，亦有学术专著。涉及主题既有理论探索，又有理论应用，还有教学实践，包含语言学尤其是认知语言学和语言哲学等领域的各个层面。作为一名教学科研人员，我想先生已经做到了极致。

搞教学，他不只是教书本知识，而是在语言教学中不断进行理论思考，写成了几十部学术著作，它们反过来又可以促进教学，帮助学生提高学习效率。例如先生的《英汉语言区别特征研究》（1994）通过系统比较英汉两种语言的特征帮助学生认识到两种语言表达的异同；《新编英语词汇学习教程》（2000）和《语义理论与语言教学》（2001）等帮助学生从理论高度学习词汇、把握语义。这些著作既帮助师生解决了教学上的难题,同时又将日常的教学问题提升到了一定的理论高度,可谓是教学实践与理论研究有机结合的典范。这些书出版后极为畅销且经常再版加印,就足以证明这一论断。

在先生这里教学与科研相互促进,相得益彰。教学是理论观照下的教学,科研是教学实践上的科研。作为奋战在一线的教学科研人员,我们深知真正做到将教学与科研有机结合绝非易事,这需要教学实践的亲身体验和科学研究的精深探索方能实现。我想在那个年代,先生将教学与科研有机融合的做法应是一种创新之举,这与先生不断追求创新的学术风格密不可分。先生有关语言符号像似性的研究在国内独树一帜,他提出的"像似性辨证说"影响深远;在反思国外学者提出的 ICM 基础上,先生又提出了更具解释力的 ECM;综合认知语言学的相关研究,先生还提出了"体认语言学"的概念。类似这样的新见解或新观点,在先生的学术专著和论文中俯拾皆是。总的说来,先生的著述从来不是"人云亦云",而是对前人的研究既有继承,又有发展,更有创新。

先生在指导我们学习之时,经常告诫我们做学问不可急躁,既要坐得住"冷板凳",更要"两耳少闻窗外事,一心多读专业书"。只有脚踏实地阅读文献,持之以恒地追踪前沿,准确及时地把握学术动态,坚持不懈地认真思考方有可能在学术上有所创新。创新的前提就是要在过往文献中寻根溯源,了解相关课题的研究现状,站到前人的"肩膀上"而不是"腰上"向前发展。先生自己是这样做的,他也要求弟子们坚持走创新之路。每到毕业季,一本本充满新意的论文摆在先生的面前,没有什么比这事更能让他开心。

学术上,先生追求卓越,要求严格。生活中,先生朴实谦逊,和蔼可亲,关心提携后学发展。读书时,先生知道我们尚未工作,让我们去拜访他时不要花钱;工作后,先生还是不让正值"资本原始积累"之时的我们花钱。先生总是打趣说多发几篇文章就是送给他最好的礼物。我们心里清楚,先生总是体恤我们,希望我们的生活更加美好。记得工作后每次给先生打电话,先生总是关心我们的生活和学术状况。当我们需要帮忙之时,他总会伸出援手。我们单位有两次想请先生来为我校师生做科研专题讲座,每次联系先生,他都欣然应允,因为他关心弟子的成长和发展。这一点,我深有体会。我能来安徽财经大学工作得益于先生推荐,我可以去河大读博也受惠于先生推荐。师恩浩荡,无以回报,唯有加倍努力,不断学习,发扬光大先生的学术思想。

先生以博古通今、学贯中西的专业知识,追求严谨、精益求精的治学态度,脚踏实地、持之以恒的工作作风,循循善诱、诲人不倦的高尚品德,温文尔雅、和蔼可亲的人格魅力,为我辈学人树立了值得尊敬的学术楷模和行为示范。时值先生七十寿诞,祝愿先生福如东海、寿比南山!

(作者:尤晓刚副教授;工作单位:安徽财经大学/河南大学)

我的学术领路人——王寅先生

沈艳萍

2007 年的金秋,幸运至极,我正式成为恩师王寅先生的门下弟子,可谓是入了学术"豪门",受用终身。从此,我身上多了一个华丽的标签"王寅先生的弟子",每每借助这个标签介绍自己时,内心充满着自豪。作为弟子,我们获得的除了这个标签之外,最重要的是受到先生严谨治学风范和不断创新的学术态度的深深感染。

对我们每一位弟子,先生说得最多就是"做学问,要坐得冷板凳"。先生注重学生学术基本功的训练,让我们静下心来,阅读经典,不浮不躁。一进校,先生就给我们每一个弟子开了详细的必读书单,从哲学到逻辑学,从心理学到语言学史,从普通语言学到认知语言学,涉猎广泛。

王门硕士生必读书目(2007 级版本)

序号	书名以及相关信息
1	《认知心理学》(王甦,汪安圣)北京大学出版社
2	《欧洲哲学史简编》(汪子嵩、张世英、任华等)人民出版社
3	《形式逻辑》(金岳霖)人民出版社
4	《西方哲学简史》(赵敦华)北京大学出版社(辅助)
5	《语言哲学》(陈嘉映)北京大学出版社(辅助)
6	《西方哲学十五讲》(张志伟)北京大学出版社(辅助)
7	《后现代哲学思潮研究》(王治河)北京大学出版社

续　表

序号	书名以及相关信息
8	《简明语言学史》(R.H 罗宾斯原著,许德宝等译)中国社会科学出版社
9	R.H. Robins (2001). *A Short History of Linguistics*. Beijing Foreign Language Teaching and Research Press.
10	George Lakoff (2007). *Ten Lectures on Cognitive Linguistics*. Beijing：Foreign Language Teaching and Research Press.
11	John R. Taylor (2001). *Linguistic Categorization: Prototypes in Linguistic Theory*. Oxford University Press.
12	Vyvyan Evans & Melanie Green (2006). *Cognitive Linguistics: An Introduction*. Edinburgh：Edinburgh University Press.
13	Ungerer & H. J. Schmid (2007). *An Introduction to Cognitive Linguistics*. Beijing：Foreign Language Teaching and Research Press.
14	Adele E. Goldberg (1995). *A Construction Grammar Approach to Argument Structure*. Chicago and London：The university of Chicago press.
15	George Lakoff and Mark Johnson (2003). *Metaphors We Live by*. Chicago and London：The University of Chicago Press.
16	William Croft & D. Alan Cruse (2004). *Cognitive Linguistics*. Cambridge University Press.
17	Adele E. Goldberg (2006). *Constructions at Work: The Nature of Generalization in Language*. New York：Oxford University Press.
18	George Lakoff (1987). *Women, Fire, and Dangerous Things: What Categories Reveal about the Mind*. Chicago and London：The University of Chicago Press.
19	Lakoff, G. & Johnson, M. (1999). *Philosophy in the Flesh: The Embodied Mind and Its Challenge to Western Thought*. New York：Basic Books.
20	Langacker, R. W. (1987). *Foundations of Cognitive Grammar vol. I: Theoretical Prerequisites*. California：Stanford University Press. Langacker, R. W. (1991). *Foundations of Cognitive Grammar vol. II: Descriptive Application*. California：Stanford University Press.
21	William G. Lycan (1999). *Philosophy of Language*. New York：Routledge.

　　以上书目是先生为 2007 级硕士生所列的书目,先生都要求我们一一仔细阅读,认真总结,梳理脉络,并定期到先生家里作读书汇报并讨论,这样的系统培养和训练方法在国内实在是少有的。先生教导我们说,读每一本书,"雨过地皮不能不湿",要梳理脉络,思考总结,勤写"豆腐干"。要养成勤于思考的习惯,有想法就要立即记录下

来,这样一来,就不愁找不到话题,写不出好文章。先生是要我们养成勤于阅读、勤于思考、勤于写作的习惯,先生常言:"看书思考,总有写不完的文章"。作为硕士生,在求学期间能够潜心阅读经典,以此打下扎实的基础,这些都是得益于恩师的严格要求。

先生严格要求学生阅读经典,他自己也是这样以身垂范的。无论是在《语义学》及《认知语言学》课堂上,还是在课下,先生都能随时随地脱口而出哪一句话出现在哪一本书哪一页,某某哲学家、语言学家哪一年有哪些学术著作及论文,令我们瞠目结舌,膜拜不已。

先生总是关心我们每一位弟子的学术成长。无论到哪里讲学,总是把弟子们的学术成果挂在嘴边,弟子们在学术上的每一点进步,先生都高兴不已。每年夏天的"语言哲学夏日书院",恰逢先生的生日,虽然我们弟子们都会给老师办一个小型的生日庆祝,但是每每这个时候,先生都会说"不需要任何生日礼物,你们写的文章就是最好的礼物"。这一席话,便是对我们每一位弟子最大的鞭策和期望。这都会让我想起,2008年到先生家过年,难得的一次看电视剧《三国演义》,老师都让我们拿出笔记本,梳理历史脉络,弄清楚历史事件的由来。这也许是我经历的一次最紧张的休闲时刻了。先生如此严谨的生活态度,深深地影响着我们每一人。

读研期间,先生垂青,我有幸成为先生的第二任秘书,近距离地体会到了先生对后学的关怀和孜孜不倦的求学精神。无论是上一堂课,还是做一场讲座,为了让听众能获得最大的信息量,先生都会提前准备好 handout,分发给每一位听众。先生的 handout 是绝对的干货,都是先生多年总结梳理的脉络图,他都毫无保留地分享给大家。先生总说:"我的资源给了大家,我还会有更多想法。"印象最深刻的是,夜间11点半还会收到先生的短信,核实某一条语料的具体情况。先生深夜仍在阅读写作,给予我们弟子莫大的动力。先生尚且如此争分夺秒,我辈岂敢虚度?

时光荏苒,仍还记得2009年恩师生日宴会上,我们2007级一众弟子给恩师唱的《长大后我就成了你》。10年过去,正值先生70寿辰,先生的巨著《语言哲学研究——21世纪中国后语言哲学沉思录(上下卷)》《构式语法研究(上下卷)》都已一一面世。吾辈弟子唯有潜心向学,追随恩师的步伐,发扬光大恩师所倡导的"体认语言学",才不枉"长大后我就成了你"的这句承诺。

(作者:沈艳萍讲师;工作单位:云南师范大学)

渝味　余味

刘　晋

2016 年 2 月 24 日,我背着书包、拉着行李箱,再次踏上了求学之路。这次的目的地是西南重镇——重庆。冥冥之中,似有天意。十多年前,我在准备课程论文的写作时,参考了王老师的许多论文和专著。那时候的我,怎么都不会想到日后能够有机会入笈王师门,面对面地与王老师探讨学术、畅聊人生。

渝味

在我还没动身前往重庆之前,王老师特意给我发了一封邮件,当中不仅很贴心地提醒我早一点过去落实住宿等事宜,还告诉我说会有一位叫原卫国的老师去重庆北站接我。抵达重庆的那个晚上,这座 3D 魔幻立体都市就给了我一个下马威——原老师带着我在站里兜兜转转了好一阵子才找到正确的乘车口。

到川外的时候已是晚上八点半,我们匆匆吃过晚饭,然后将住宿安排妥当。随后,我给王老师发了条短信,告知一切顺利。王老师则回复说"明天见"。在新的环境里,一切都那么令人期待。

来重庆前的那个寒假,王老师曾嘱咐我,让我先看一看他的《语言哲学研究》。一直以来,哲学于我而言就像是一个令人望而却步的领域。在我过往的求学经历中,虽然偶与哲学有过交集,但多半也属于"雁过无痕"的性质。因此,对于哲学的学习,我是不太有信心的。

第二天晚上七点半,王老师约我出来散步。对于一边散步一边论学之事,我并不陌生。之前石毓智老师也经常约学生一边漫步湘江岸边,一边了解我们的学习情况。只怪我自己才疏学浅、后知后觉,原来亚里士多德及其追随者在雅典的吕克昂便已经开启"边漫步边教学"的模式了,他们还因此获得了"逍遥学派"的称号。

这次散步,王老师主要做了两件事:一是去我的宿舍转了转,并询问我是否还缺少什么日常生活用品;二是给我布置了一个任务,熟记《语言哲学研究》一书中的《西哲简表》。这一切都是有伏笔的!

第二次散步的时候,王老师交给我一个白色塑料袋,我打开一看,里面有一个插线板和一台路由器——王老师怕我在宿舍里用无线网络不方便,特意给我准备的。

而那张《西哲简表》也为我后续的学习打下了坚实的基础。原来,这张总表不仅有利于我的宏观理解,同时还帮助我对知识点的上下左右关系做到一目了然。

就这样,我一边旁听王老师的《语言哲学》课,一边自行看书、听讲座、蹭课。虽然期间偶尔也会跟王老师"诉苦",埋怨自己看书进度太慢,但是王老师每次都会乐呵呵地用六个字轻描淡写地回复我:"没关系,慢慢看"。

上课的时候,王老师总会提醒在座的学生用"豆腐干"的形式对所学知识进行归纳总结——小到一个知识点,大至整个学科,都能通过这种方式加深理解。另外,如果在看书时有灵光闪现,也可以借助"豆腐干"将其记录下来。用王老师的话来说,就是"吃饱了撑的"——要先"吃饱"了,该念的书都念了,该做的笔记都做了,该写的豆腐干都写了,才有可能"撑"出思路、写出文章来。虽然"看书要做笔记"已不是什么新鲜事物,但是我似乎直到现在才领悟到其中的奥义:只有把自己平日里思考过的东西用语言文字记录下来,它才能够得以存在,日后为我所用。否则,它只能是游离于自身之外的零散知识,无法真正为我所用。用语言哲学家的话来说,就是"思想依赖语言而成形,人凭借语言而出场",人们用语言的形式将思想"摁"住,而那些语言未能述及的世界则是我们未知的世界。我想,维特根斯坦那句"我的语言的界限意味着我的世界的界限"说的就是这个道理吧!

是的,"慢慢看"总算看出些门道来了。王老师此言不虚也!

再往后,王老师和我的例行散步活动又增加了一项新的内容:手把手教我如何指导研究生。记得有一个晚上,王老师把准备参加开题答辩的 14 级硕士生叫到我们面前,让他们逐一简述各自的选题思路及进展。王老师一边听取他们的汇报,一边也会时不时打断一下,穿插一些我需要注意的事项。为了能让我对指导研究生论文有一个更为明确的思路,王老师还与我分享了另一样干货——那份由王老师亲自归纳总结并常年挂在办公室墙上的论文模版。去过王老师办公室的人都知道,该模版上罗列了学位论文各个章节所涉及的基本内容。每年研究生开题时,王老师都会让他们面对这一模版展开讨论,以避免有人因把握不住写作思路而偏离主题。无论工作多么繁忙,王老师一定会抽时间与学生见面。印象中,王老师曾于2016年9月份的某个晚上召集所有研一研二的弟子们到办公室,不厌其烦地为他们讲述论文写作之道。我也因此而获得了再一次现场聆听王老师指导学生论文写作的机会。

同王老师散步还有很多其他的收获,比如你可以借此了解学界的最新动向。不得不说,做王老师的学生,是幸福的! 因为王老师甘为人梯的治学之风实实在在地让身边的青年学子获益良多。身为导师,王老师不断吸收最新知识,立足学术最前沿,且愿为弟子提供自己的肩膀,好让他们站在上面向上攀登。

由于工作和家庭等原因,我在川外的进修前前后后只持续了三个多月的时间。我非常珍惜这次提升自我的机会,因此我也将绝大部分课余时间花在了学习之上。为了方便我看书、找资料,王老师慷慨地将他的办公室借给我使用。为了方便我在食堂用餐,师母李老师将她个人的"灵通卡"借予我使用……王师门就像是一个和睦的大家庭,我们既是王老师选中的弟子,又是王老师眼中的"孩子"。大家互相帮助,共同进步。

短短三个月的时光,却有太多值得回味和感动的瞬间。

这是属于我个人的"重庆味道"。

余味

回到工作单位,王老师的一言一行仍然历历在目,这一切对我产生的积极影响仍在不断发酵中。

王老师上课的时候有个习惯,他会把与本堂课有关的书籍带到课堂上,一边讲课,一边将这些书递与学生,方便大家互相传阅。王老师带过来的书,不但数量大,而且几乎每一页都有仔细阅读的痕迹。当我们将这些书拿在手中翻阅的时候,就仿佛有一种无形的力量在鞭策着我们。于是乎,我也效仿王老师的这一做法,在自己任教的《英语阅读》课上带去许多课外推荐阅读书目供学生翻阅。目前我已坚持了一年多的时间,学生对此给予的反馈也令人欣慰。

有一次,一个学生在 QQ 上给我留言,上面说道:"听刘老师讲王老师,再读汪曾祺笔下的沈从文老师……原来优秀的老师之间或多或少都会有相似点呀!"再看她配的截图,原来是汪曾祺先生的一段回忆录,上面讲到沈从文先生在看过学生写的文字之后,还会给学生介绍一些与其写法相近似的中外名家作品进行比较,这让汪曾祺先生受益匪浅。

我哪有这么优秀,我只是优秀老师的"搬运工"。

原来的我,学业不精,读书时常浅尝辄止,对于自己的主攻方向其实也存有诸多的说不清与道不明。比如,为什么语义学里有那么多与逻辑相关的内容?现在的我,终于明白,这与哲学史上的第三次转向——语言论转向有关。在此之前,经验论者与理性论者围绕着认识论的问题各执一词,互不买账。这一局面引发了哲学家们的再度思考并最终达成共识:在形成认识理论之前先解决表述认识论的语言问题,将语言的使用及其意义弄清楚。此后,哲学就转向了认识的表述,着手研究语言的逻辑形式和所表意义。

哲学确实有它实用的一面——至少以后在跟学生讲述语义学的来历时,我会更有底气了。

学习哲学会给你带来一些意想不到的收获,比如我开始自觉或不自觉地关注"我"与"世界"的联系了。

2018 年 11 月底,王老师应邀来我院讲学。我在开车送王老师去用餐地点的途中和他聊起了哲学,还顺道发表了一些自己的浅见。比如在讲到习近平提出的"人类命运共同体"时,我认为这是一个富有远见卓识的提法。后现代社会的特点之一是碎片化,这种特点势必会导致地区间的冲突频繁发生,国际局势日趋紧张。如果最终升级为战争,对谁都不利。因此,全世界的人民应当携手努力,共同担当,争取让这个世界变得更美好。在发表完这段说辞后,我自己都忍不住吐了吐舌头,生怕是一种误读,让人贻笑大方。没想到王老师给我点了个赞,认为我这样的想法是可行的。

嗯! 我还梦想着日后能到世界各地走走看看呢,希望地球村的"村民"们能够和谐共处。

　　再比如,哲学让我重新审视自己的生活,探寻人生的意义。我有一个武汉大学哲学系毕业的朋友,在大家的眼中,他不修边幅,但遇事有主见,往往不为周围人的目光所动。有一次我问他:"你不在乎别人怎么看你?"他的回答自信且坚定:"我根本就不在乎别人的眼光!"彼时的我,怎么都无法相信他的这一说法。此时的我,怎么都无法相信自己也正朝着这个方向前进。

　　原来,哲学已经在不知不觉中为我建立了明晰的三观。顺带着,它还为我解答了诸如"我为什么活着?""我的一生该如何度过?""人生应该追求的目标是什么?"等一系列问题。

　　一个人只有对上述问题作出明确的回答才能从容平静地生活,否则就会活在怀疑和混乱之中。我想,我那位朋友与我的感悟应该是一样的吧!

　　"认识你自己",不应只是一句口号。

　　谢谢您,王老师!

（作者：刘晋讲师；工作单位：衡阳师范学院）

望之俨然，即之也温

——王寅老师二三事

王敬媛

　　读研期间，我对认知语言学开始感兴趣。查找文献的时候，王寅老师的名字频频出现在研究论文的引文里。拜读了先生诸多著作和文章后，开始从心底仰慕起这位认知语言学和语言哲学研究的大家，但未奢望日后真能来到川外向先生求学问道。

　　第一次近距离见到王寅老师是在面试中。他六十来岁年纪，花白头发，戴一副黑框眼镜，着一身深色西装，看上去很严肃。在我做完自我介绍后开始回答评委问题的时候，他向我微笑着点点头："英语讲得很流畅。"王老师的鼓励让初到重庆惴惴不安的我放松了几分。

　　至今还记得第一次坐在王老师的课堂里时，心情久久不能平静，兴奋、喜悦和自豪在身体里四处流淌，几乎就要溢了出来。听王老师讲课，仿佛是游走在哲学语言学的殿堂里，许多曾经望而生畏、深奥难懂的哲学道理、语言学理论，从王老师口中出来时竟然一下子通透亮堂起来；许多听过的没听过的哲学家，在王老师口中如数家珍，娓娓道来，一下子让人感觉亲近起来。

　　王老师给我们上课，常常抱来一摞书，讲课之余让我们传阅、翻看，说是要结结缘分，沾沾灵气。亚里士多德的《物理学》《形而上学》《诗学》《修辞学》、培根的《新工具》、严复翻译的《穆勒名学》，莱考夫和约翰逊《我们赖以生存的隐喻》经典原著等等，都让我们钦羡不已，然而最让我们唏嘘赞叹的，是书里天头、地脚、字里行间但凡空白处，密密麻麻满是王老师的笔记心得。谈起读书，他常用操着苏北口音的普通话告诉我们："读书只是草草翻看是不行的，每一章每一页看过去都要留下痕迹。"除了在书上记满笔记外，王老师还把看过的每一章节浓缩归纳到一张纸上，一本书于是就变成了几页纸，变成了王老师课堂上信手拈来的知识，变成了一长串一长串的成果列表。把书读厚再读薄，大概就是先生这个样子吧。

王老师知识之渊博，记忆力之超群，常让我们年轻一辈自愧不如。旁征博引之时，他竟然还常常告诉我们哪句话在哪本书哪一页的哪一部分，甚至正数或倒数第几行。我们将信将疑，翻查来看时竟然分毫不差。更令人佩服的是，一些哲学家的生卒年代，王寅老师竟也能一一道来。

最让人为之动容，也为之感叹的是，王老师发自内心的学术热情、永无止境的研究兴趣、不断创新的学术勇气、追求和品格。每每讲到经典哲学的精妙之处、语言学界的争鸣和新说，年近古稀的王老师时常会激情洋溢、眉飞色舞；讲到学术界故步自封或是学术造假的不良风气时，王老师又会扼腕叹息、愤慨激昂。相处日久，我们不禁为先生求知若渴的学术精神，求真务实的浩然正气所感染。

他自己对知识的追求永无止境，力求走在学术前沿，对学生的要求亦是如此。他多次强调："教学要改革，学术要前进，总是走老路是不行的，要勇于突破。"他还表示："认知语言学不是一种单一的语言理论，而是代表一种研究范式，对英语教学具有极大的启发作用，其关键在于创新，创新性的理论研究与创新性的实践。"

常听他劝勉学生："学好语言学能提升思维逻辑能力，提升感悟世界的能力，也就是提升智商情商，各位同学务必要用心，以后为人师为父母，都必将受益匪浅。"可谓言之谆谆，意之殷殷。

王老师的叮咛，时常响起在我耳畔，不断激励着我，让我时时有勇气、有毅力，在学术的道路上砥砺前行。

（作者：王敬媛副教授；工作单位：聊城大学）

语哲与研究之路

杨小龙

2007 年我成为大学老师的第一天,觉得有必要提高自己的理论素养,恰巧身边有王老师的著作,翻着翻着,不知不觉已过半响。这可能是自己第一次这么认真地看专业理论书籍。从那时候起,老师的著作一直在书架上最醒目的位置。我的语言研究之路受到王老师的诸多影响,从一开始的隐喻研究,到现在分析哲学下的形式研究。

2011 年,王老师在刘玉梅教授的陪同下来到淮北师范大学讲学。这也是我第一次有幸见到老师。跟老师的面对面交流让我感到各方面能力不足,而老师则十分有耐心地指导我,给了我莫大的鼓励。也正是这一次面对面的交流,让我坚定了读博的决心。在一堆语言哲学书籍中,自己慢慢找到了研究之路。每一年暑假的夏哲院是老师为我们提供的最好的学习交流平台。通过这一平台,我们这些后辈感受到了哲学魅力及哲学的深奥。在西安交通大学举行的夏哲院让我终生难忘,尤其是王老师冒着酷暑,依然不顾辛劳,用心给我们普及哲学(含语言哲学、体验哲学、后现代哲学)知识,那个时候的我感受到了一股暖流,激励着我们年轻学者不断奋进,不断进步!正如老师说的,"上完了夏哲院,自己就敢讲哲学了。"看似平淡的一句话,却鼓舞着我们,让我们更加有动力和信心学习。

印象最深的是在老师家吃饺子。在吃饺子前,老师把我刚刚在《外国语》上发表的文章拿来,看着老师在文章上做的标注,心里顿时紧张。生怕自己的拙文达不到老师的要求,而老师则一段一段跟我讲述他对文章的理解。老师的严谨治学态度是我一生学习的榜样。

老师不仅是学术之师，还是人生导师。我与老师的交流虽然不多，但每次的相聚，老师总给我一些人生的启迪。老师谦逊严谨的治学态度，低调和蔼的处世风格，时刻都在影响着我。

祝老师生日快乐，身体健康！

（作者：杨小龙副教授；工作单位：浙江财经大学）

师从王寅先生学习的日子

贾伯鑫

人生的路起起伏伏，有幸在最好的年华来到川外，遇到王寅先生，跟随先生学习的岁月今生难忘，感谢导师的谆谆教诲，让我从一个语言学的门外汉成长为一名高校教师。在恩师七十寿诞之际，谨以此文表达对最最敬爱的恩师的最真挚的感情。

2009年9月带着对未来的憧憬和梦想，我来到川外求学。仍记得第一节语言哲学课给我的沉重"打击"，很多哲学家的名字第一次听说，很多理论闻所未闻，先生所说的我怎么心中无数？研究生的第一堂课都听不懂，后面的日子还怎么混，也许自己资质太差，不适合做研究。心里产生很强的挫败感。

思来想去又熬过了一阵子，等到了著名学者认知语言学大师王寅先生的讲座。他在讲座中激情澎湃，旁征博引，完全是大家风范。讲座内容从西方哲学史到语言学史的发展演变，论述了哲学与语言学的关系以及认知语言学的最新前沿。先生渊博的学识令人惊叹，对语言研究的热情更是深深地感染了在场的每一位学子。一直消沉的我更是深受鼓舞，点燃了内心好学上进的火种。不由得发自内心地感叹：这就是我心目中的导师啊！

很快导师双选开始了，很多同学准备选王寅先生作导师，我能否有幸被选中呢？虽然早已认定他就是我心目中最完美的导师，但激烈的角逐中我能否如愿呢，况且这样一位大师级的人物要求一定很高。犹豫踌躇了几天，最后还是下定决心选先生，结果如何听天由命吧。于是怀着忐忑的心情耐心等待，突然某一天得到通知，先生要和我们正式见面了。得知自己被选中，激动的心情难于言表。

我们几个同门满怀期待地来到了他的家中,一进门就被震撼了。客厅整整三面墙,全是书!作为国内知名语言学家,先生一直教导学生们要多读书读好书,吃饱了才能撑出东西来。他的学术生涯一直与书相伴,概括起来就是读书、教书、写书的"三书"人生。正是有了先生的言传身教,王门弟子个个勤奋读书,踏实做人。

跟随先生学习最深的感受就是解放思想、开阔视野。我一直相信一句话,凡事不怕做不到,就怕想不到,想到未必做到,但想不到肯定做不到。在他的精心指导下,我读了很多以前不会想也不会读的书。最典型的当为哲学,哲学是一切学科的根本。硕士第一年我读了几本哲学书,如《西方哲学简史》《后现代哲学思潮》《语言哲学导论》。先生一贯主张对任何理论都要追根溯源,向源头追溯才能弄明白别人的理论和研究是怎么做起来的。R. H. Robins 在他的《语言学简史》一书中提到哲学是语言学的摇篮。先生则进一步指出哲学和语言学互为摇篮。因此研究语言学要弄清楚各派理论的哲学源头。正是由于对哲学的重视,每年夏天的西方语言哲学夏日书院都能看到先生的身影。他与钱冠连先生等一众专家学者自带干粮、不辞辛劳地向广大学子传播哲学的智慧,大力提倡语言学研究与哲学的结合。正是在哲学和语言学贯通的基础上,他亲身实践,创造了语言学研究的新的增长点。在国内首先介绍西方的体验哲学,在哲学界权威期刊《哲学动态》发表第一篇体验哲学论文,中国知网检索到的王寅先生以体验哲学为主题的论文多达31 篇。近年来又完成了《语言哲学研究——21 世纪中国后语言哲学沉思录》这一鸿篇巨制。继而又提出了体认语言学这一新学科。

除哲学以外,必读入门书目还包括语言学史(《语言学简史》《中国古代语言学史》)和认知语言学(《我们赖以生存的隐喻》《认知语言学入门》《语言的范畴化——语言学理论中的类典型》)以及"心理学、逻辑学、中国古汉语史"这几块内容。作为语言学研究生,不光要熟悉西方现代语言学理论,也要熟悉中国本土的语言研究。不光要知道生成语法、认知语法,也要知道说文解字、中原音韵。对于本土语言研究成果的重视促使王寅先生创造出语言学研究的又一个新增长点,专著《中西语义理论对比研究初探——基于体验哲学和认知语言学的思考》便是这一思想的集中体现。汉外对比以往大都是语言本体的对比,先生的这一著作可谓是开创了汉外对比研究的一个新的层级,由语言提升到了语言理论的对比。

先生对学生研究能力的培养见诸日常学习的点点滴滴。他极为重视学生的语言表达能力。每月一次的会课,弟子们都要把阅读的专业书籍分章讲解,提出问题。这样的训练非常有助于提高学生的文献综述及批判思维能力。他提出的"豆腐干"创作法很有用。把平时读到的文章、著作的内容与感想写下来,不必很长,但要随读随记,随想随写。一个个的小短篇就像一张张的豆腐干,积在那里,随时取用。十六字秘诀是:积中有发,发中有积,以积带发,以发促积。

先生讲课热情饱满、深入浅出、信息丰富,主讲的"语义学"和"认知语言学"内容充实,条理分明,深入浅出,深受欢迎,给历届学子留下了深刻的印象。还记得第一节语义学课的情景,洋洋洒洒,一堂课下来,大家都觉得 bombarded with knowledge and wisdom,被先生的学识和智慧所折服。他常说老师的义务就是要把学生带到学科的最前沿,让学生踩着自己的肩膀去攀登新的高峰。他的认知语言学课常讲常新,每年讲授时都会将一年来自己治学的最新思想和成果与众学子分享,让学生了解学科的最新发展和动态。他总是鼓励学生要勇于创新,弟子们在研究中取得的任何突破都会让他深感高兴。

三年的研究生时光,前一半是吸收,后一半是产出。研究生论文开题是个纠结的过程,开了题到最后结稿是痛苦的继续。在先生的指导下,这一过程虽经历艰难却充满收获。他常说单凭一个人学问是做不大的,要调动集体的智慧,共同探讨集思广益才能把学问做大做深。准备开题时,他总是组织大家一起讨论,让别人了解自己,自己也了解别人,给出建设性意见。大家从中都受益良多。记得当年写论文中途卡壳,迷茫不知所措的时候,总喜欢跑去和先生一起散步,每次都能获得灵感和启发。似乎先生具有某种神奇的力量,在死棋时总能够让人拨云见日、豁然开朗。

曾经的求学岁月仿佛就在昨天,先生的教诲仿佛仍在耳边。在恩师七十寿诞之际,就以这篇小小的挂一漏万的"豆腐干"来聊表心意吧。

(作者:贾伯鑫讲师;工作单位:云南师范大学)

与恩师的七个片段

苗　萌

　　十五年前,恩师王寅先生受川外盛情之邀,离开苏州,前往巴山蜀水著书立说,传道授业。方入学硕研的我,生且逢时,有幸成为老师来到西南地区的第一届弟子,忝列王门一员。受教于恩师的每时每刻我均深感己之渺小和师之渊博,却也为有此幸运而庆幸一生。时值恩师七十大寿,仅以寥寥拙言和粗浅回忆那些与老师共处的七个片段感谢师恩。

一、知之与不知

　　第一次见到恩师,是 2004 年初秋的一个阳光斑驳的下午。在选择语言学家王寅老师作为自己的第一志愿的导师之后,我荣幸地获得了老师的面试资格。带着对大师的崇拜和敬仰,对于学术的陌生和迷茫,怀着忐忑紧张,我走上了研部所在的三层小楼。那幢古朴的木质建筑,空气中带有丝丝岁月的静谧与沉闷,三楼楼梯转角左手的第一间就是老师的办公室,透过开着的门,午后的阳光洋洋洒洒地照亮那不大的房间。简单的办公桌后的藤椅上坐着一名身形挺拔魁梧,表情严谨却温和的中年学者。王老师用纯正流畅的英语开始面试。几个基本语言学概念后,老师提问对于"知之为知之,不知为不知"的理解,要求谈学生自己的思考。在听到合理的回答时老师马上给予肯定,而在言之无物和偏离概念时,老师也会立刻指出。面试的最后,老师引用古人"知"与"不知"的概念,教导我们说,"理解一定要精准,语言学习应打通中西"。短短的十几分钟,不仅仅是对我的考试,更是第一次受教于恩师。当时想起来即使老师没有选择我,也收获良多,幸运的是我终于等到了成功入选老师弟子的通知。

二、何九盈与 PPT

成为王门弟子,是一种荣耀,我们的同学都这样认为的。接踵而来的首先是足足两个多小时的师生见面会,包括我在内的 6 名弟子和老师面对面的交流,让我更加清晰地明白了王门弟子的压力与动力。老师清晰地告诫大家"厚积才能薄发",要求我们翔实学习语言学研究的相关基础学科,包括基础语言学、哲学、逻辑学、心理学等。在办公室高高厚厚的书架上,老师精准地找到了每一名弟子需要的参考书籍,布置大家完成该门学科基础的梳理,并分别在此后每两周一次的见面会上进行讲解。他给我的是何九盈所撰写的《中国古代语言学概要》,并且亲自指导了我以历史朝代为基础,画出中国古代语言学的纵轴发展历史。

宏观上,老师希望初入研门的弟子们学会读书和反思,学会归纳和总结,而非仅看前人的结论;微观上,老师的指导细之又细,作为一名博导对硕士生的指导也毫不怠慢,他会经常指出我们知识上的欠缺,帮助我们串联出知识体系,还精细到分享他数十年的教学经验,甚至教会我们做 PPT,告诉我们标题字号在 32 号字体以上,正文在 28 号字体以上,学生才能看清楚。

每两周的见面会成了 5 名弟子期待又忐忑的时光,从办公室到老师的家里,每一分钟如此充实和漫长,因为每次见面会绝非仅仅是一两个小时,多数是老师休息日的整天。紧张的学业讲解和交流大都在师母美味的饭菜中伴随和蔼的"孩子们休息一下吧"的声音中暂停,平日里很少烧制的各种肉类美食会摆满餐桌。无论是脑细胞还是味蕾,都无比满足。

三、夏令营与钱先生

2005 年研一的暑假,我收到了老师的任务,身为成都本地人前往参加在四川大学举办的"语言哲学夏令营"。为期两周的学习从哲学到语言学,场场报告精彩,炎炎夏日中,偌大的川大研究生楼报告厅座无虚席,从黑龙江大学到海南大学,从欧洲到美国,国内外的语言哲学学者济济一堂,我亲身体会了语言研究的深度,也让我感知了研究交流和分享学习的重要性。在钱老和恩师的带领下,中西语言哲学研究会更是将"语言—哲学"夏令营这一学习方式坚持和推广开来,成为每年暑假的语言学、哲学"饕餮盛宴"——"夏哲院"。

开学后的一天,王老师带着我们6人来到了歌乐山上的山隐秋鸣,在这里,我们荣幸地见到了国内语言哲学大师钱冠连先生并进行了面对面的请教。老师要求作为硕士一年级、仅仅是研究路上的起步者的我们,仔细阅读钱老的《语言:人类最后的精神家园》,并带着问题与钱老交流。两位老师进行了翔实的解答和交流,让我深切地感知和体会到了"大师风范"。不仅仅是钱老,研究生期间,我们还有幸聆听了徐盛桓先生、沈家煊先生等多名知名学者的讲座和报告。

四、红苕与肩膀

王老师来到重庆的时间和我们首批弟子来到川外读研的时间几乎是重合的,全家刚刚安置下来,就立刻开始指导学生和上课授业。生活上的老师,似乎是一个"门外汉",对金钱几乎没有概念,每次和我们一起外出吃饭,老师全都以弟子还是学生没有收入为由,支付饭费,掏出身上全部"家当":几张百元大钞和一堆硬币说"够不够"。西南地区的潮湿和辛辣,对于来自苏杭之地的老师和师母来说,有些"水土不服",但老师以快乐接受和主动体认来"入乡随俗"。还记得一起吃饭时老师愉快地提问菜蔬的"四川话"和"重庆话"表达,不久关于"红苕""土豆""地瓜""板凳坐几个人"的例子就被写入了老师的论文。秋季时分,老师入住"大川水岸"与滚滚长江和浩浩嘉陵为伴。我们6名弟子帮助老师搬家。布置客厅时,看到老师家的客厅没有电视,只有一排排落地的书架和一张电脑桌。老师笑着分配给我们整理书籍的工作。整整一天,我们把各种书籍分门别类,老师经常停下来讲讲他和这本书的故事,几乎每一本书都有老师的签名和购买的地点、日期,随便翻看这些书都有老师翔实的笔记和心得。

读一本书容易,读一柜子书难,仔细读一柜子书更是难上加难。"成家""成名"背后是这样的热爱与专注。在整理最上层的书柜时,我搭了两把椅子,老师不放心地站在后面,说"我扶着你",然后笑着对我说"作为你们的老师,希望你们都能够踩着我的肩膀,往前走!"

2004年外出讲座王老师与听众交流时得知一名学生提到买不到 *Metaphor We Live By* 原著,老师便让我复印了全书邮寄给这位"好学的学生"!

五、足球赛与国庆节

三年的研究生岁月白驹过隙,到了毕业论文的开题时间,老师选了一家安静的餐馆:"好好谈谈你们的毕业论文选题,中午我管饭!"从八点半到十二点,午餐时间我们就边吃边讲。在我们逐一分享后,老师严肃地说:"我们的论文,必须有自己的语料库,必须有封闭的语料库支撑,不能空中楼阁"。于是内容全部推倒重来。此时已经下午三点,服务员来催促我们离开,老师说:"我们不走了,晚餐还在这里!"

同门有的采用古籍和经典作品作为封闭语料,而我似乎无处获得权威的资源。"找不到就自己建!"老师给了我方向和信心,我选定了采用英汉语"世界杯"足球赛的解说词作为语料。大三的暑假,在日均温度38度的重庆,我用一个月的时间完成了对"世界杯"足球赛英文和中文转播视屏字幕的逐字听写。当拿着打印出来厚重的语料时,我充满了骄傲和自豪。

交了论文初稿,我买了国庆回家的火车票。在国庆节当天,老师电话我"立刻来我家改论文!"我拿到的是初稿的全文批改,从立论的可靠性到论据的条理性,每一句都经老师仔细修改,包括拼写错误。

六、红瓦寺与青城山

毕业了,老师和师母非常关心我的工作情况,很欣慰地得知我当了一名高校英语教师,希望和要求我不要放弃学习和研究,得知老师在川大带博士生,我特申请有机会能够来旁听,然而繁忙陌生的工作让我忘记了学业上的巩固和提高,而老师却从来没有忘记弟子。

毕业第一年,在川大红瓦宾馆,我又一次见到了前来讲学的老师,一时间感觉犹如见到了家人般亲切,老师悉心地问询了我的工作情况,鼓励和提醒我要教学相长。此后5年、10年、15年,老师没有忘记我这名把自己变成了"教书匠"而毕业了的弟子。当一次又一次收到老师发来的短信"小苗,我在成都,在电子科大/川大/理工大有讲座,欢迎你来",我心中是深深的感动,言语间是老师的关心、希望和鞭策。2010年夏天,我有幸还得以见到来到成都青城山避暑的老师全家和他指导的博士生师姐,此时小王老师(王天翼)正在准备博士生入学考试,大段大段的给父亲背诵法语篇章。老师对身边每一个人的要求都是：再忙也不能忘记读书。

七、翻页笔与红包

作为一名普通的英语教师,2005 年我教的第一届学生中一名在广州工作的学生给我寄来了无线翻页笔,当时看来这一工具颇为实用和时髦。想到老师每次无论是讲授《语义学》还是《认知语言学》课堂,均是纵横捭阖,纲举目张,这些内容都烂熟于心,从不依赖教材和讲稿。讲解中还要经常走回到电脑面前,躬身点击鼠标翻页,这一动作会阻挡老师的讲课思路,我就把翻页笔寄给了老师。

第二年老师在电子科大做讲座时,老师在讲座中还特别鼓励我们,以弟子的论文为例介绍了我。讲座后老师非常高兴地说"小苗,我今天讲座用的就是你寄来的翻页笔,里面还有内存,很方便",这令我很是高兴,这点小事老师都未能忘记。

老师对我们的关怀是多方面的,每次见面总会问到同门 6 名弟子的近况。当得知我结婚时,他特地通过邮局寄来了祝贺红包。2018 年深秋,老师再一次来川大讲学,开心地给我说"你带着孩子来给我看看,爷爷要给他红包呢"。

新旧之交,己亥初春,忆起和老师的点点滴滴,又岂止这区区 7 个片段呢? 人生之幸在于路上有明灯指引,恩师王寅先生,便是我的明灯。然弟子学业无所成,愧对老师的指导与栽培。老师教会我如何为师为人,我将一生去体认。无论毕业多久,无论距离川外多远,在老师眼中,我们永远是他的学生;无论时间长短,无论空间远近,在我的眼中,老师永远是我的老师。这份如海师恩,无以为报,仅借这只字片语,祝福老师生日快乐,身体健康,万事顺遂!

(作者:苗萌讲师;工作单位:成都工业学院)

从构式与词汇互动压制看"X 嘛?"构式

石 勇

摘 要：本文基于认知构式语法四种压制观提出"构式与词汇互动压制模型"，并结合相关语料库分析"X 嘛?"构式，结论是："X 嘛?"构式是问句构式与填充词汇"嘛"互动压制的结果，从语料分布看，现代"嘛、吗"分化之后处于混沌期的疑问语气助词"嘛"将告别历史舞台，而方言中以疑问代词身份起源的"嘛"也更多地向感叹标记词和反问标记词演变。

关键词：构式压制；词汇压制；互动压制模型；问句构式；"X 嘛?"构式

一、引言

"嘛"作为语气词出现在问句句式中有很长的历史渊源。例如：

(1)"……那回得句闲言语，傍人尽道，你管又还鬼那人。<u>得过口儿嘛?</u>直勾得、风了自家……"（宋·黄庭坚《丑奴儿》）

句(1)中"得过口儿嘛?"意思是"难道真的要说出口吗?"，表示反诘语气（钟兆华 1997；罗竹风 1998：1287）。根据贺阳(1992)、齐沪扬(2002：21)对汉语语气系统的考察，询问语气和反诘(反问)语气都属于疑问语气，而《现代汉语词典》对"嘛"的释义有一个提示：表示疑问语气用"吗"，不用"嘛"。为了验证"X 嘛?"句式的合理性，本文从 CCL、新华网标题，光明日报网搜索出"X 嘛?"句式 539 条。通过初步分析,第一,现代汉语中存在大量表示疑问语气的"X 嘛?"句式;第二,语气助词"嘛"有异于具有方言色彩的"(干)嘛?"。近年来,疑问句末的"嘛"引起了国内学者的高度关注,相关研究主要体现在语法语用等方面,但未见基于认知构式语法的分析,本文拟从构式压制视角分析"X 嘛?"构式。

二、理论背景

1. 四种构式压制观及评介

"压制"是计算机语言学中解决语义冲突的机制。认知构式语法借用了这种机制,即"Coercion"或"Override 或 Overrule"(王寅 2009)。本文主要讨论 Michaelis 的离心压制、Goldberg 的构式压制、Panther & Thornburg 的词汇压制以及 Taylor 的粘合压制。

Michaelis(2005)根据结构主义分类法区分了向心和离心压制。后者是非中心词驱动,比如"I had a beer."中的限定词 a 与不可数名词 beer 出现语义冲突,a 充当压制因子,beer 的意义便由散装啤酒被识解为瓶装啤酒。此过程保留了 NP 中 N 的地位,也承认 NP 内部名词与限定词之间的许可关系。

Goldberg(1995)认为如果构式义和词汇义出现冲突或不协调,构式中的词汇项受到构式义压制而获得一个不同的且相关的解读,整个语言表达仍然合乎语法。但此压制观过分强调构式义对词汇义的限制,而对二者语义一致时的情况却很少描述。

单纯的构式义压制观是一个单向的压制过程,语义许可因素仅仅是构式本身,而词汇插入构式只能被动地接受构式的许可和压制。对此 Panther & Thornburg(2005)提出词汇压制的构想。比如:

(2) Enjoy your summer vacation!

此句为祈使句,其构式义强调行为力,即"做一些事情来享受暑假时光",而 enjoy 表示"自发产生的经验状态",在 enjoy 的词汇义压制下,构式义的行为力意义受到限制,通过转喻机制将指令性表达变成祈愿性表达。词汇压制观虽弥补了单纯构式压制观的单向性,但很容易被构式多义性观念推翻。总之,单纯的词汇义压制不能脱离构式义压制而单独存在。

Taylor(2002)认为压制是当一个语言单位和另一个语言单位相结合,一方会施加一种影响给另一方,导致其改变特征。

（3）a. I drop a book.

b. I translate a book.

（a）句中 drop 的意义将 book 的概念压制为一件实物,而(b)句中 translate 将 book 的概念压制为语言文本。按照 Taylor(2002:330)的话讲"with coercion comes bondedness",本文将此称为粘合型压制观:压制促成粘合,构式成员之间的界限模糊化,各成员失去其本来的身份,而作为整体的构式却因此获取全新意义,形成高度缜密的整体性结构。但是粘合压制仅限于一个语言单位与其邻居间的互动,没有上升到构式与其填充词汇的关系上来。

2. 构式与词汇互动压制观

Michaelis 的离心压制观为挑战词汇投射观而提出;Goldberg 的构式压制观基于对题元结构构式的分析;Panther & Thornburg 的词汇压制观是为证明概念转喻机制在意义建构中的普适性;Taylor 的粘合压制观基于"搭配共现"思想。本文认为,基于(抽象)构式和(填充)词汇之间的互动压制观可以涵盖这四种压制观。根据 Goldberg(1995)对构式的定义,语言元素的结合实际上就是构式与构式的结合。这未免太笼统。关于构式与其填充词汇的关系,罗素认为句子的意义"多于"其中各个词的意义的总和,但伤心地承认这种多出来的东西无法加以分析(陈嘉映 2003)。国内很多学者(如孙志农 2008;王寅 2009 等)和国外学者如 Langacker(1987)的 e-site 理论、Michaelis(2003)的 elaboration 和 conversion 之分等都提倡二者之间的互动关系,本文据此提出构式与词汇互动压制观,如图所示:

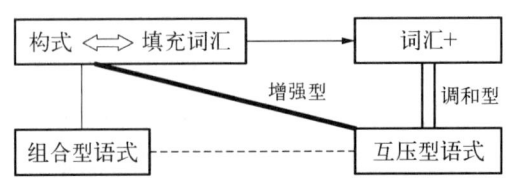

图1　构式与词汇的互动压制模型

当二者意义相契合,两种意义互动加强,此过程为增强型互动压制,通过粘合型互动压制实现(单实线所示);当二者意义出现不协调,通过互动,相互协调,消除冲突,这叫作调和型互动压制,通过构式压制和词汇压制实现(双实线所示):一方面,构式义可以压制填充词汇,使其产生语义调变,形成适合具体语境的识解义(图中的"词汇+"),另一方面,词汇义迫使构式义特征发生调变,形成互压型语式。互动压制具有以下特点:

互动压制本质是具有主观性的语言加工机制,语义效果的增强与语义冲突的消解都是为了满足识解的需要。压制路径具有双向性,抽象构式在填充词汇后形成互压型语式,而词汇插入构式后也被赋予了新的意义。组合型语式只能在理论上存在,当词汇与构式、构式与构式、词汇与词汇结合,一旦加入使用和识解因素,二者互动难以避免,Taylor(2002:550)对此有极端性表述:"严格意义上的组合即使能遇到,也是很少见的,通过说话的语境进行识解的大部分表达(我冒风险地说:所有表达)从某种程度上说是非组合性的。"

三、"X 嘛?"构式的特征

1. 问号及问句构式

根据《语言与翻译》(1989)引用的"文科知识台历"介绍:中国的古书里没有问号,问号从欧洲传来。问号"?"源于拉丁文 questio 一词,即是质问、疑问、问题的意思。在问号出现以前,每当有表示询问的句式时,就在句子末端加上 questio。为了书写简便,就取其词头的"q"和词尾"o",缩写成 qo,不久又有人把"q"写在上面,"o"写在下面,久而久之就草写成"?"。国家汉办官方网站关于问号的基本用法规定:疑问句末尾和反问句末尾均可用问号。更宽泛一点的说法甚至认为:有些表示委婉语气的祈使句,句末也可用问号(韩梅 1999)。因此,"X 嘛?"构式并不能等同于疑问构式,而是问句构式——既包含有疑而问的强式疑问句,介于问与非问之间的弱式疑问句,又包含无疑而问的反问句,甚至是委婉语气的祈使句。

2. 关于"嘛"的分歧与思考

目前国内对"嘛"的研究存在三大分歧。第一,对"嘛"的代词用法存在较大分歧。《现代汉语词典》(2005 年第五版)、《现代汉语常用词语规范手册》《现代汉语八百词》《现代汉语规范用法大词典》《汉语大词典简编》等词典中只注释了"嘛"

作为语气助词的意义,读作[ma]。而《古今汉语词典》《现代汉语辞海》《汉语方言大词典》《常用汉字简繁对照字典》则认为,"嘛"还可以是代词,读作[má],意思是"什么"。第二,语气助词"嘛""吗"分化的分歧。吕叔湘(1982)认为,"吗"与"嘛"都是由"么"演变而来,为区别疑问与非疑问,才采用了不同的字形。石毓智(2006)则认为,感叹的"嘛"是从疑问的"吗"发展而来的。黄伯荣等(2002)认为,"嘛"是两个语气词"嘞、啊"连用。第三,代词"嘛""吗"分化问题。朱德熙(1982:90)支持"干嘛?"这种说法;何新波(2005:218)认为,有的作品里"干吗"写成"干嘛";石毓智(2006:231)认为两者用法上有了分工后,人们才用两个不同的书写形体加以区别。

关于语气助词"嘛"、"吗"分化问题,根据钟兆华(1997)的考证,以[ma]为音读的疑问语气词兴起于北宋,出现了与"家麻"韵相押的"么",同时也以"麻""嘛"的形体出现,到南宋出现了另一个形体"吗",由此出现了"麻""嘛""么""吗"几个形体共同表征疑问语气音读[ma]的局面。本文发现在南宋以后的文学作品中主要是"么"和"吗",但是"嘛"的疑问语气功能并没有消失,例如:

(4)东风惊落满庭花。玉人不见朱扉亚。孩儿,<u>莫不是俺无分共伊嘛?</u>(《董解元西厢记》卷一,金元时期作品)

(5)老二笑道:"勿要客气哩。<u>打条辫子末也用勿着实梗客气嘛?</u>"(清小说《九尾龟(四)》)

(6)逢蒙道:"我等和你们同去,难道你们怕死,<u>我们都不怕死的嘛?</u>"(民国小说《上古秘史》)

(7)飞身形来到梅花圈上,用手指点:"笨汉吴成,<u>认识你家师父嘛?</u>我叫谢文治,江湖人称镇江泥鳅。"(民国小说《雍正剑侠图(下)》)

20世纪80年代,《现代汉语词典》规定"吗"为专职疑问语气词,取消了"嘛"的疑问语气功能。这一官方"嘛""吗"分化以无同义原则为基础,以语言规范化为目的,但并没有达到立竿见影的效果,导致疑问语气助词"嘛"的用法处于混沌状态。

关于代词"嘛""吗"的分化问题。音响形象"[má]"产生于方言,《山西太谷方言志》上说:"太谷话表询问的语气根本不用'吗',只在句末的语调上用曲折的上升语调表示。"(黄国营 1986),为了满足视觉形象需求,"[má]"逐渐被约定俗成为不同的书写符号,其中便有"吗"和"嘛"。

《现代汉语词典》弃用"干嘛?",但在现实生活中具有较高的使用频率。许宝华主编的《汉语方言大词典》认为"嘛"的代词用法主要集中在北京官话、冀鲁官话(包括天津地区)、赣语之中。本文在新华网标题中搜索出有关"嘛"的代词用法共36句,大多数来自"天津网""北方网""东南快报"等,这印证了许宝华的观点。方言中的"[má]"音被识解为"什么",而后演变为"嘛",体现了词汇化规则,即某一特定的语义成分与某一特定的语素之间发生直接联系,从起初的口耳相传,到逐渐以文字的形式固定下来,最终形成"X(干)嘛?"构式。从语料分析,除"干嘛?"外,还包括"为嘛?""说嘛?""什嘛?""白乎嘛?""叫嘛?""是嘛?""图嘛?""像嘛?""算嘛?""该是嘛?""看嘛?""吃嘛?"等。

3."X嘛?"构式的分类及分布状况

"X嘛?"构式体现了问句构式与填充词汇"嘛"之间的互动。按照疑问程度划分,"X嘛?"语式从弱到强分别体现为反问句、弱式疑问句和强式疑问句①。本文共收集了 539 条"X嘛?"语式,分别来自 CCL 435 条、新华网标题 46 条、光明日报网 58 条。当"嘛"作语气词时,语料中共有 273 句"X嘛?"语式,在句型分布上涵盖了邵敬敏(1996:6)和黄伯荣等(2002:112)规定的疑问句系统的是非问、正反问、特指问(如图 2 所示)。当"嘛"作代词时,语料中共有 266 句"X(干)嘛?"语式。

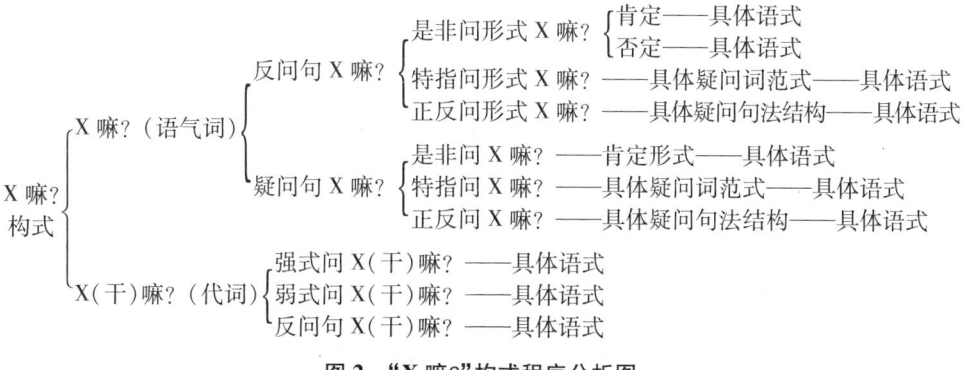

图 2 "X嘛?"构式程序分析图

---

① 这三种句型的划分标准参考李宇明(2002:371 - 389)的相关描述。

句　　　　型	特指问	是非问	正反问
反问句式（46.01%）	120	124	4
弱式疑问语式（33.77%）	119	60	3
强式疑问语式（15.96%）	79	5	2
无语境可考（4.26%）	23	0	0

图 3　语料中"X 嘛?"构式的分布状况

从图 3 看,"X 嘛?"构式的语料分布有两大特征:第一,强式问语式的数量较弱式问语式和反问句式所占比例很小。第二,特指问所占比例较多。

四、采用互动压制模型分析"X 嘛?"构式

1. 反问句"X 嘛?"构式

李宇明(2002:377)把反问句界定为问话人对疑问点 Q 没有疑问(记作"非q")时的问句形式。问话人利用这种语言形式来传达丰富的感情色彩,实现特定的语用价值。语料中大量"X 嘛?"语式有反问化倾向。

(8) 工资啊。就快过节了,我要是一分钱不给职工发,我这个厂长还是人嘛?（CCL《大厂》）

(9) 说:"这是一块黄金宝地啊,国外哪有这么大的房子和花园作别墅的嘛?"（CCL 邓小平钟情上海滩）

(10) 扯着四川口音朝战士们喊:"喂,同志哥们,再来一个好不好嘛?"（CCL《作家文摘》）

是非问形式反问句(8)实际要表达意思是"如果出现前面的情况,我这个厂长就不是人了"而这一情况永远不会变为现实;特指问形式反问句(9)实际要表达的是:"国外没有这么大的房子和花园作别墅的。";正反问形式反问句(10)实际上是肯定前项的"好"而否定后项的"不好"。这三句不但没有负载真正的疑问信息,而且意义深刻,情感饱满。采用互动压制模型对反问句"X 嘛?"的构式分析如下:

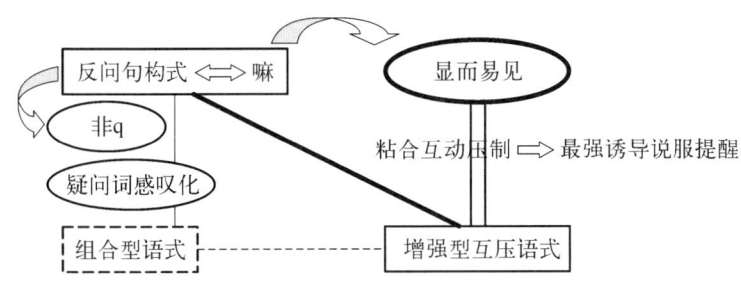

图4　反问句"X嘛?"分析

首先,"非q"与非疑问语气词相互照应。在反问句中,疑问标记都发生功能衰变(李宇明 2002:399),这与"嘛"不表疑问语气的规定不谋而合。其次,现代汉语反问句的语用价值是诱导说服和提醒(殷树林 2008),而"嘛"表示"道理显而易见"和"期望劝阻"。常识告诉我们:只有理由充分明了才会更好的说服,而期望劝阻本身就是一种提醒。根据互动压制模型,当二者意义一致,两种意义互相加强,反问构式的"非q"性质得到加强,反问句中的特指疑问词弱化甚至是感叹化,而"嘛"表示"道理显而易见"的语义特征得到凸显。因此,与其他疑问语气词比如"呢、吧、吗、啊"相比,反问句"X嘛?"构式所表达的诱导说服和提醒强度是最大的,陈俊芳等(2005)称"嘛"有加倍强命题态度表示确定的功能。

1) 是非问形式反问句"X嘛?"

是非问形式反问句"X嘛?"有肯定和否定形式之分。肯定形式的特点是:通过X的语境可以推演出充分证据证明X所述的情况是绝对不会成立的(参见例8)。否定形式传达两层含义:第一,确认形式上的否定指向具有现实中的确切性,而且证据确凿,这体现加倍强命题态度;第二,突显这一否定指向的事实已经或者将要导致的结果,这体现诱导说服和提醒的语用价值。比如例(11)传递的两层含义分别是:第一,加倍强命题态度确认"咱爸、妈确实是调了三四个学校"这一事实;第二,突显这一事实的真实目的是劝听话者不要失望。

否定形式在句式分布上具有多样性,按照否定词的不同将这种句式分为"不是X嘛?"、"不X嘛?"、"没X嘛?"三类构式。其中变项的部分属于形式上的否定指向,语义上的肯定指向。

（11）部队调动是正常的,咱爸、妈<u>不是调了三四个学校嘛?</u>（CCL 1994年《人民日报》）

（12）应你那句话了,<u>不就为一顿饭嘛?</u>（CCL《编辑部的故事》）

（13）毛泽东一挥大手,<u>没看见画上标有本人的名字嘛?</u>（CCL《毛泽东与齐白石争画》）

2）特指问形式反问句"X 嘛?"

特指问形式反问句与"嘛"结合形成的增强型互压句式主要体现在:第一,疑问标记弱化甚至感叹化(石毓智 2006:224),导致句子在语义上加强了"非 q"的性质。第二,对问句所述命题内容进行否定,并强调与之相反的情况具有合理性是显而易见的,从而实现诱导、说服和提醒的目的。比如,例(14)中的疑问标记词"怎么"遭到弱化,成了一个感叹词。反问句所陈述的命题"搞不得"被否定,其反命题却更加有理,因此整句能够更好地完成诱导说服的功能。

（14）说下去:"利润递增包干,国家不少得,企业可以多得,<u>怎么搞不得嘛?</u> 应当允许继续试!"（CCL 1994 年报刊）

3）正反问形式反问句"X 嘛?"

此类句式的否定指向主要依据语境来决定。通过语境的描述,和逻辑事理推理便可以推导出到底哪一个肢命题是否定指向。但有"嘛"与无"嘛"相比则会让推理过程中这种显而易见的程度或确信度变得更加分明,与此同时,整句诱导、说服和提醒的语用价值也会得到彰显。这才是说话者选择使用这类句型的真实原因。如例(15)否定指向是前项"不好",由于增添了语气助词"嘛",整句的诱导功能得到加强。试比较:

（15）a."喂,同志哥们,再来一个好不好?"

　　　b."喂,同志哥们,<u>再来一个好不好嘛?</u>"

此外,语料中的正反问形式反问句"X 嘛?"的表达式还有:"……是不是嘛? ……"、"……要不要嘛? ……"。

2. 疑问句"X 嘛?"的构式分析

疑问句构式的最显著特征是有疑而问(有 q),要求至少有一个疑问点,疑问点所负载的疑问信息是通过句中的疑问标记来传达的。现代汉语的疑问标记包括:疑问语气词、疑问语调、特指疑问词和疑问句法结构(李宇明 2002:390)。疑问句构式与非原型性填充词汇"嘛"相结合,会产生冲突,主要体现在:

在句法上,根据现代"嘛、吗"分化,"嘛"逐渐演变为感叹标记词,逐渐丧失其疑问语气词的身份。在语义上,"嘛"表示道理显而易见,这体现了说话者的确信态度,这与疑问构式有疑而问的语义特征是矛盾的。在语用上,"嘛"属于话语标记语,在互动言语交际过程中起着不可忽视的作用,具有缓和标记功能、明示标记功能、命题表态功能及形象构建功能(李成团 2008),这些功能与疑问标记语的功能背道而驰。因此,"嘛"作为填充词汇,一旦进入疑问句构式之中,其上述特征必然与附带 q 的疑问句构式产生冲突,通过互动压制,迫使双方力量权衡和协调,产生句法、语义和语用上丰富多彩的调和型互压语式。

如图 5 所示,由于语义冲突,疑问构式与填充词汇"嘛"之间产生互动压制,主要体现在两方面:首先,疑问构式对语气助词"嘛"的压制,迫使用法处于混沌期的"嘛"失去其感叹标记功能,恢复疑问语气助词身份,发挥疑问标记功能,增进了疑问构式有疑而问的特征,使"X 嘛?"构式呈现出强式疑问的态势。从这个角度

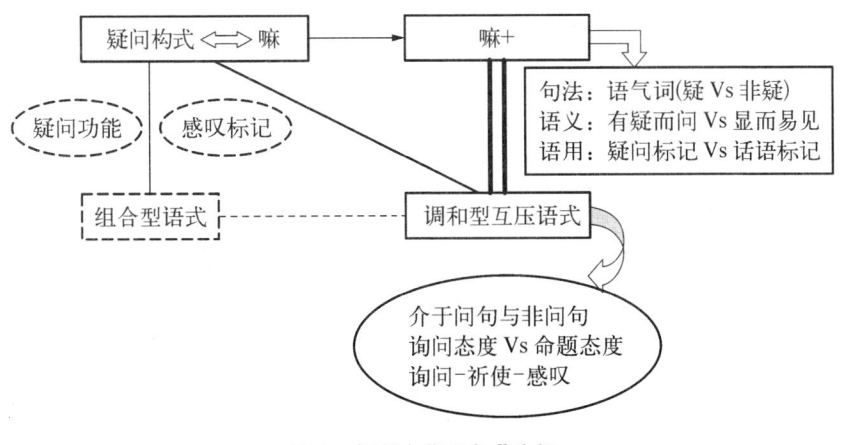

图 5　疑问句"X 嘛?"分析

说,现代"嘛、吗"分化之后仍然存在的"X嘛?"强式疑问构式便可以得到很好的解释。其次,语气助词"嘛"对疑问构式的词汇压制,疑问构式的疑问特征遭到压制,疑问标记功能衰变,迫使疑问构式呈现出弱式疑问的态势,介于q与非q之间,有的几乎完全丧失了q,但又不及反问句带有那么强烈的感情色彩,只是传达一个交际双方都显而易见的命题,要求对方给予确认,或者要求对方给个说法,有的甚至用感叹语气表达埋怨不耐烦的情绪。

1)是非问"X嘛?"构式

是非问"X嘛?"构式有强式问和弱式问之分。强式问由构式压制产生,弱式问由词汇压制产生。

强式是非问"X嘛?"

强式问主要体现了疑问构式通过构式压制作用对"嘛"施加影响。由于"嘛"的历史渊源,导致"嘛"作为感叹标记的语义和语用特征遭到抑制而重新被识解为疑问语气词,近似但不能等同于"吗"。语料中是非问"X嘛?"句式仍然保留了强疑问语气的句子如下:

（16）"为什么不知道?""因为黑灯瞎火看不见。""<u>看不见就非打嘛?</u>""是"。"那么他们干嘛不先点上灯?"（CCL《读书》）

很明显,"嘛"在此句中充当了疑问标记词,并且负载了疑问信息,否则就不会有回答。但这样的例子并不多见(占0.93%),这说明在"嘛"和"吗"分化之后,处于混沌期的疑问语气助词"嘛"将告别历史舞台。

弱式是非问"X嘛?"

弱式问体现了词汇"嘛"对疑问构式的压制,促使后者介于q与非q之间,传达交际双方显而易见的命题,或用祈使、感叹语气表达埋怨情绪,促使原本承担疑问标记功能的"升调"出现衰变。从句型结构分类,弱式是非问"X嘛?"可分为"S+嘛?"和"……V+嘛?……"两种格式:

（17）客上船时见船舱已被旅客坐满,就问服务员:"<u>买票时说是有座位的嘛?</u>"服务员一边接过船票截角,一边说:"没有座位呀!"（CCL 1996年《人

民日报》)

此句传达了一种肯定的态度,表明"买票时服务员确实说有座位的",通过这一强命题对相反的事实提出质疑同时表达不满的情绪,要求服务员给予合理的解释。

（18）出小烟锅,一边往烟锅里装烟一边说:"老觉乎着心眼里挺痛快,是嘛? 好战士他总是痛快乐和的。"(CCL 杜鹏程《保卫延安》)

此句中说话者对"心眼里痛快"这一事实持赞成态度,希望听话者对自己的观点予以附和,但并不期待听话者回答,因此采用弱式问,然后又自答。

2）特指问"X 嘛?"构式

语料中特指疑问句的特指疑问词包括:什么或啥子、为什么、怎么、怎(么)样、谁、哪(里)、怎么办、多少。通过互动压制,疑问词可以在"嘛"的词汇压制的作用下出现疑问标记功能的衰变,产生弱式疑问句(例19);同样,疑问构式压制词汇"嘛"迫使后者恢复疑问语气功能,特指疑问词的疑问标记功能也得以彰显,从而产生强式疑问句(例20)。

（19）一位领导就曾在饭桌边发牢骚:"要保护要保护,那我们靠啥子吃饭嘛?"(CCL 1994 年报刊精选)

（20）茶友莫名其妙,忙问道:"这是些什么人嘛?"老头看了文革一眼,不屑地冲宝姑扬扬下巴,"没什么。"(CCL《作家文摘》)

（21） a. 你们为什么这么凶? 为什么要生我的气?

b. 你们为什么这么凶嘛? 为什么要生我的气嘛?(CCL《青青河边草》)

c. 宁二子倒抽了一口冷气,问:"为什么? 为什么嘛? 哥,说呀!"

(CCL 杜鹏程《保卫延安》)

例(21)a 句是明显的强式疑问句,表明说话人对疑问点一无所知或知之甚少,强烈地需要对方回答。而 b 句中插入了"嘛",在句法上仍然保持了疑问句的特征即句中含有疑问点,并通过疑问标记(特征疑问词"为什么"或疑问语调)传递出来。但是"嘛"在语义上的"显而易见"很大程度上压制了疑问构式的特征,"为什么"的疑问标记功能被弱化了,整个句子变成了弱式疑问句即说话人对疑问点已经有了相当的了解,甚至是完全了解(李宇明 2002:372),他的真实目的并不是要求听话人回答,而是传达自己对所述命题的态度。从语用上说,该句传达了说话者对语境中"你们"的埋怨和不满,并采用质问的方式排解这种情绪。整句话受到了"嘛"明示标记功能(即通过"嘛"明示听话人,使之付出最小努力了解自己的意图)的影响,使得听话人在回答与不回答之间。词汇压制过程体现了转喻机制——特征代范畴。疑问构式的整体功能和意义在"嘛"的语法功能、语义和语用特征的影响下发生了调变,使得构式的疑问标记功能发生衰变,从而以弱式疑问的形式来代替整个疑问句范畴。c 句仍然保留了 q,彰显了"嘛"的疑问语气功能,这源于构式压制的作用:疑问构式压制语气助词"嘛"迫使"嘛"恢复其疑问语气词的功能,同时,特指疑问词"为什么"的疑问标记功能也得以突显,从而使整句具有强式疑问的性质。

3)正反问"X 嘛?"构式

语料中正反问句的 q 通过疑问句法结构"要不要""好不好""答不答应""是不是""可不可以"传达。在没有"嘛"的情况下,可以视为是保留 q 的强式问句,疑问标记是疑问句法结构,但一旦加入词汇"嘛",其疑问程度明显遭到弱化,体现为弱式问,并且含有祈求或指令情绪。比如:

（22）"反正就是这样了!"靖萱急切地说:"你要不要救我嘛? 现在,离开放暑假还有两个多月,秋阳又不在,我连个商量的人都没。"（CCL 琼瑶《烟锁重楼》）

此句为弱式疑问句。相对于"你要不要救我?",此句的疑问语气缓和了许多,并通过后面的陈述表明了自己对这个问题的显而易见的立场,同时传达祈求或指令,要求对方作出言语回应,甚至是行动。

3."X(干)嘛?"构式分析

"X(干)嘛?"语式占语料总量的 49.35%,且都是以特指疑问句形式出现,这便可以解释"X 嘛?"构式的语料分布的特征中特指问所占比例较多。按照疑问程度分类,"X(干)嘛?"系列构式可构成强式疑问句、弱式疑问句和反问句连续统。

1)强式问"X(干)嘛?"构式

黄国营(1986)调查的山西太谷方言说明"嘛"具有强烈询问功能。疑问代词"嘛"与问句构式结合,产生互动压制,形成增强型语式即强式疑问句,如(23)这样的具有较强疑问程度的疑问句式在日常生活中具有较高的使用频率(占语料总数的22.63%)。通过分析,强式疑问句"X(干)嘛?"具有强势设问强制回答的特征。

(23)a. 来到治安队,姜战林问:"知道找你干嘛?"(CCL 1993年《人民日报》)

b. 所长狐疑地看着我,又问:"你到底买这么多钱包干嘛?""送人。"(CCL《王海自述:再次挑战京城商家》)

ab两句都创造了警察质问的语境,充分彰显了"干嘛?"句式强势设问强制回答的特征。

2)弱式疑问句"X(干)嘛?"构式

"嘛"的语义功能赋予"X(干)嘛?"新的意义。"嘛"的识解义"什么"可作感叹标记(石毓智2008:227),即"什么"这一询问事物性质的特指疑问词发展出了各种感叹用法,其含义多为消极的或者否定的。比如生活中经常说的"你什么东西!"、"这什么菜呀!"等等。"什么"的感叹标记功能自然会影响"X(干)嘛?"构式的使用和识解,代词"嘛"的识解义对问句构式的疑问特征施加压制,导致"X干嘛?"构式疑问功能衰变,成为一个弱式疑问句甚至是衰变为感叹句。本文根据结构特征将95句弱式疑问句分成两类。

询问后自答或提出回答的备选项

(24)心挺虚。人家是当官的,咱是地道小百姓,草民一个,在人家眼里算嘛?一根小草,说踩你就踩你在脚底下。咱不过一时有点实力,硬顶着。(CCL冯骥才作品)

(25)在狱神庙这一回里,小红也要出现,茜雪也要出现,她们去干嘛?去安慰宝玉,去救助宝玉,关键时候这种人就站出来了,很重要的情。(CCL《刘心武谈红学》)

（26）说道：挺讨人喜欢的。我能不能认识一下？我说：<u>你要干嘛</u>？搞同性恋吗？把她顶回去了。否则就要飞到泰国去。（CCL《未来世界》）

（24）句属于自问自答型，问话人表面问话实为发出不满的情绪。整句话的疑问功能已基本丧失，更多体现为感叹功能。（25）句则为设问提供了两个选项，（26）是问话人根据自己对情况的了解猜测了可能的答案。以上三句都表明说话人对句中的疑问点有所了解或者完全了解，诉诸问句形式更多的是怀着埋怨、商量讨论和确认的态度。

问话者对发生的事情已知其大概，但不知其细节，或是对听话者作出回答的期待不大，属于好奇型发问；问话者对事情本身已经知根知底，询问以加强语气，属于借问宣泄型。

（27）"<u>你干嘛</u>？在这里鬼鬼祟祟的！这是魏局长的车子，你摸来摸去要做什么？"（CCL 琼瑶《青青河边草》）

（28）老刘不高兴："<u>干嘛</u>？我这儿没你东西。"（CCL《谁比谁傻多少》）

（27）句中问话者显然已经知道听话者大概在"干嘛"，通过设问以求更进一步的了解。（28）句的老刘对听话者即将发出的行为进行预判，并对这个即将发生的行为表达不满，进行制止。

3）反问句"X（干）嘛？"构式

反问句"X（干）嘛？"构式有如下特点：所有的 X 都以肯定陈述句的形式出现，X 所陈述的命题恰恰与会话中语境所推演出的反映问话者真实目的的隐性命题 Y 产生逻辑上的矛盾关系，故很容易推导出 X 属于会话中问话者否定指向的内容。这涉及反问句构式的另一个基本特征，即表里不一。通过反问构式的压制，"干嘛"获取一个新的功能——反问标记语。

（29）a. 副导：我没发你通告，<u>你来干嘛</u>？（CCL 周星驰《喜剧之王》）

　　　b. 这样做，他竟然回答："我不扔，你扫什么？<u>还要你这个扫垃圾的干嘛</u>？"（CCL 1994 年《人民日报》）

从(29)看出,"X 干嘛?"实际是否定 X 传达的命题"你来""需要你这个扫垃圾的。"并强调不应该发生或者应该避免发生。

同时反问句"X(干)嘛?"构式也能传达丰富的情感意义。

(30)"欢迎,欢迎,呵,快请。喂,当家的,<u>你还愣在那儿干嘛?!</u> 2 号桌,三碗清汤荞麦面——!"(CCL《读者》)

说话者虽采用疑问句式,实为无疑而问,传达了两个信息,一是不满和埋怨,即对听话者"还愣在那儿"这一行为的埋怨;二是催促和指使,这需要通过后补句来说明催促和指使的内容。这句话干脆采用标点符号的复用即"?!"来勾勒"X(干)嘛?"构式疑问功能的衰变以至于反问化,祈使化的轨迹。本文建议采用复用式标点符号"?!"充实反问句"X 嘛?"构式和反问句"X(干)嘛?"构式,这样更能够充分体现该句式的语义和语用特征。

五、结语

本文认为,"X 嘛?"语式是问句构式与"嘛"的互动压制实现的。从语料分布看,"X 嘛?"构式在疑问程度方面构成"强式疑问句<弱式疑问句<反问句"连续统,疑问程度逐次减弱,而所占比例逐次增加,分别是 15.96%<33.77%<46.01%,据此得出结论:在现代"嘛""吗"分化之后处于混沌期的疑问语气助词"嘛"将告别历史舞台,而在方言中以疑问代词身份起源的"嘛"也更多地向感叹标记和反问标记甚至是否定标记发展。

参考文献

[1] Goldberg, A. E. *Constructions: A Construction Grammar Approach to Argument Structure* [M]. Chicago/London: University of Chicago Press, 1995.

[2] Langacker, R. W. Foundations of cognitive grammar. Vol. I: *Theoretical Prerequisites* [M]. Stanford, California: Stanford University Press, 1987.

[3] Michaelis, L. A. Word meaning, sentence meaning, and syntactic meaning[C]. Cuyckens, Hubert, Rene, D. & J. R. Taylor. (Eds.). *Cognitive Approaches to Lexical Semantics.* (Cognitive Linguistics Research 23). Berlin: Mouton de Gruyter, 2003.

[4] Michaelis, L. A. Entity and event coercion in a symbolic theory of syntax[C]. Ostman, J. &

M. Fried. (Eds.). *Construction Grammar: Cognitive Grounding and Theoretical Extension*. Amsterdam & Philadelphia：John Benjamins Publishing Company，2005.

［5］Panther, K. & L. L. Thornburg. The role of conceptual metonymy in meaning construction［C］. Ruiz deMendoza Ibá ez, Francisco, J., & Sandra, Pe, a Cerve, l. (Eds.). *Cognitive Linguistics: Internal Dynamics and Interdisciplinary Interaction*. Berlin & NewYork：Mouton deGruyter，2005.

［6］Taylor, J. R. *Cognitive Grammar*［M］. Oxford：Oxford University Press，2002.

［7］陈嘉映.语言哲学［M］.北京：北京大学出版社,2003.

［8］陈俊芳,郭雁文.汉语疑问语气词的语用功能分析［J］.中北大学学报,2005,(6)：64-66.

［9］韩梅.续"例谈问号的正确用法"［J］.语文知识,1999,(11).

［10］何新波.现代汉语虚词［M］.深圳：海天出版社,2005.

［11］贺阳.试论汉语书面语的语气系统［J］.中国人民大学学报,1992,(5)：59-66.

［12］黄伯荣,廖序东.现代汉语(下)［M］.北京：高等教育出版社,2002.

［13］黄国营."吗"字用法初探［J］.言语文化研究,1986,11 (2)：131-135.

［14］李成团.话语标记语"嘛"的语用功能［J］.现代外语,2008,(2)：150-157.

［15］李宇明.疑问标记的复用及标记功能的衰变［J］.中国语文,1997,(2)：97-103.

［16］李宇明.语法研究录［M］.北京：商务印书馆,2002.

［17］罗竹风.汉语大词典简编［M］.北京：汉语大词典出版社,1998.

［18］吕叔湘.中国文法要略［M］.北京：商务印书馆,1982.

［19］齐沪扬.语气词与语气系统［M］.合肥：安徽教育出版社,2002.

［20］邵敬敏.现代汉语疑问句研究［M］.上海：华东师范大学出版社,1999.

［21］石毓智.语法的概念基础［M］.上海：上海外语教育出版社,2006.

［22］孙志农.词汇意义与构式意义的互动关系研究［D］.上海：上海外国语大学博士论文,2008.

［23］王寅.构式压制、词汇压制和惯性压制［J］.外语与外语教学,2009,(12)：5-9.

［24］殷树林.论现代汉语反问句的语用价值［J］.求是学刊,2008,(1)：120-125.

［25］钟兆华.论疑问语气词"吗"的形成与发展［J］.语文研究,1997,(1)：1-8.

（作者信息见下文）

感受学术光芒　收获从容人生

石　勇

从前,认为"学术"二字,遥不可及,偶尔听人提起,头脑中顿时闪现出一组画面:迂腐的大儒、高度近视的学究、不食人间烟火的智者。

后来,自己做起了学术,感觉妙趣横生,不逊于我从事的媒体行业。

其实,做学术,也是在做人,也是在不停地求新、更新、创新。

我的这一点感悟来自王寅先生对我的影响。

2008年4月11日,我只身一人来重庆求学。第一次相见,刹那间有种发自内心的确认感,后来饱读先生作品,深深体会其中奥妙,起初的确认感逐渐幻化为认同感、崇拜感。

我不是一个循规蹈矩的人,多年来混迹社会,一身粗犷豪放,不拘小节,打马游荡的江湖气,似乎与独坐幽篁,浮世清欢,品茗阅读,思索宇宙玄机的学术精神格格不入。

自从跟随先生学习认知语言学,我便把学术当作一件非常神圣的事情。总是在娱乐交际、醉梦浮华的天地混沌中辟出一片属于我自己的学术净土。

在先生的熏陶下,我对"学术"有了一番"巧妙"的认识:"学"即学习,是心智的自我提升;"术"即运用,是改造现实世界。"学术"追求心物合一,不断创造,不断精进,用知识改造世界。永远感恩王先生对我的培养。

上文是在先生的指导下完成的论文。至今我仍然清晰地记得,他强大的思维力,理智的论述力,深刻的洞察力,常常能一针见血地指出论文中的弊病。一种存在于无形而又感染力超强的魔力,使我摒弃了许多不良习性,提升了认识事物的透彻性,收获了学术的起点,更收获了人生的从容。

(作者:石勇副教授;工作单位:重庆师范大学)

钻研经典　关注前沿

——王寅先生教我如何做好科研阅读

彭志斌

　　光阴荏苒,三年的研究生时光转瞬即逝,心中不免涌起阵阵不舍,尤其舍不得离开我最敬爱的导师王寅先生。蓦然回首,与先生相处的日日夜夜都记忆犹新。他教会我如何"吮吸"知识的甘露,引领我步入学术殿堂,使我爱上学术研究,赠予我终身受用的精神财富。他的治学之道与治学精神将激励我一生,影响我一生。

　　2009年秋,怀着对学术的好奇与向往,我来到四川外语学院攻读硕士学位,师从王寅教授。在确定导师之前,我早已耳闻先生是认知语言学界的领军人物,治学包容且眼光独到,关注热点而自有理路。他视治学育人为人生至乐,积十数年博导经验,是有口皆碑的名导师。我在激烈的竞争中被先生选中,乃我最大幸运。机会难能可贵,高兴之余我开始在先生的指引下如饥似渴地进行科研阅读,开始了我的科研之旅。

　　先生知道,作为刚刚开始接触学术研究的硕士生,没有太多的理论积淀,进行大量的阅读是学术旅程的第一步。记得我们的第一次见面是在先生家中的大书房,先生之所以安排在他的书房,是为了让大家感性地接触到那些学术经典,激发大家学术兴趣。这一次会面他除了和大家拉拉家常让大家熟悉熟悉,建立一个集体氛围之外,主要是给大家讲解科研阅读的经典书目和阅读方法。他认为知识结构必须全面牢固,不可偏废。尽管我们是语言学专业,哲学、心理学、逻辑学这些相关知识也必须涉猎,否则学问不能做大做强,难以达到游刃有余。他指出:要做好认知语言学研究,以下4个方面的知识必不可少:1. 哲学知识,如《欧洲哲学史简编》,*Philosophy of Language*,《后现代哲学思潮研究》;2. 心理学知识,如《心理学》,《认知心理学》;3. 逻辑学知识,如《形式逻辑》;4. 语言学简史知识,如 *A Short History of Linguistics*,《中国古代语言学史》。只有具有上述几方面的知识,才算具有进入认知语言学研究的基本知识结构。先生要求我们在完成以上书目的阅读基础上,再进入专业书目的阅读。专业书目的阅读,亦应从经典书目开始,他给我们列出了自 20 世纪 80 年代以来的 20 多本认知语言学的经典著作。

先生不吝奉献他多年来总结的读书方法,他认为看书须求精求细,切忌囫囵吞枣,走马观花。他强调做笔记的重要性,不但要勾画重点,在有想法时还要及时写下;要摈弃本科时一味接受的陋习,要进行批判式阅读,方可培养创新思维。他独创了写"豆腐干"法来加深巩固阅读理解。"豆腐干"可分为总结式"豆腐干"和创新性"豆腐干"。总结式"豆腐干",即对所看知识的归纳总结,归纳的对象可以小到一个具体的细小知识点,亦可以大到整个章节,整本书,甚至整个学科。总结式"豆腐干"与先生主张的"看书要抓纲"是一致的。不断地写总结,可以不断地加深对内容的理解。我在看后现代哲学的时候便尝试了先生的方法,每看完一小节,我对其写总结式"豆腐干",看完一大章,我再对该章写"豆腐干",看完整本书,我再对全书写"豆腐干",这样下来,理解深刻。就这样,令很多人望而生畏的后现代哲学被我顺利攻克,从此也爱上了哲学。创新性"豆腐干"是指在看书时如有灵光闪现,用"豆腐干"来记录思想火花。

先生带研究生自有一套方法。与他对学术研究严谨求实、一丝不苟的态度一样,他对学生的看书阅读情况也检查得认真严格。尽管先生兼有许多学术任务,时常四处奔波讲学,工作十分忙碌,但是他在我们学生身上也倾注大量心血。无论怎么忙,他都要在安排的时间内与我们见面会课,而且在会课讨论时他还会亲自检查书本阅读情况,避免漏网之鱼。我们的惰性也就被先生的辛勤所抵消,几年下来,每个学生都收获颇丰。

除了经典书目的阅读,前沿理论的阅读也同样重要。先生说,学术研究要"边积边发"。在经典书目的阅读基础上,应开始关注前沿研究,应该大量涉猎最新学术期刊,与最新思想对话,与学术热点切磋,这样方可走在学术研究的前沿。从 20 世纪 80 年代先生开始涉足语言教学与研究,也曾研读过以前流派的种种理论,在认知语言学这一前沿理论问世之后,先生便搭上了头班车,引领国内语言学者站到了语言学前沿。他最新出版的专著《构式语法研究》便是对认知语言学日下最前沿热门的话题的介绍和研究。作为弟子的我们也在与他的讨论中学到前沿知识,走在了语言学研究的前沿。

真所谓"熟读唐诗三百首,不会作诗也会吟"。在经典阅读和大量期刊前沿文章阅读的基础上,我文思泉涌,研二下学期开始尝试把自己的新思想付诸笔端。想起做论文的前前后后,感慨颇多,不痴迷不觉悟。每每遇到一个思想火花,我便下载相关论题数十篇乃至数百篇,饱读之后,开始动笔;常因思维活跃,夜不能寐,半夜开机,载留灵光,唯恐其转瞬即逝。真应了先生最初的告诫:备纸笔于案头,记下稍纵即逝的灵感。我怀着忐忑的心情把自己处女作投向大学学报,没想到一个月后就收到了录用通知。欣喜之余,我把其他的几个创新思想也写成了论文,令我惊喜的是,它们都顺利变成铅字,登上了大学学报。

此时的邮箱,发来了《XX 外国语大学学报》文章录用的消息。在先生的精心指导下,我先后发表了 8 篇学术论文,对学术研究产生了浓厚的兴趣。回想起来,如果没有先生的正确引导,没有先生所教授的科学的阅读方法,我的这一切都不会成为可能。读硕三年,受先生惠,车载斗量,不可尽数。无论在学术上,还是在道德修为上,先生都是我终生景仰的典范。谨以此文,献给我敬爱的王寅老师,这不是最贵的礼物,却是最真的礼物,饱含学生的感激之情。

(此文刊载于《中国研究生》2012 年第 6 期)

(作者:彭志斌讲师;工作单位:重庆大学城市科技学院)

让语言学研究进入后现代前沿的引领者

——贺恩师王寅先生七十寿诞

彭志斌

记得先生组织我们几个研究生第一次会面时,先生要求我们首先要阅读的书目即是与哲学相关的书,汪子嵩教授所著《欧洲哲学史简编》,陈嘉映教授所著《语言哲学》,王治河教授所著《后现代哲学思潮研究》。作为语言学研究生的我们当时还颇感纳闷,先生告诉我们:"哲学是语言学的摇篮",没有哲学素养何以做好语言学研究?先生非常赞同 R. H. Robins(1967)所提出的这句名言,并且身体力行,奔走呼告,在全国语言学界(包括外语界和汉语界)呼吁大家要打好哲学基础。先生与钱冠连教授等志同道合者一起成立了"中西语言哲学研究会",后来接任了会长。先生深感国内语言学者哲学素养的缺乏,为了倡导大家加深哲学修养,先生多年来付出了大量的心血,可谓用心良苦,忧国内语言学前途之忧。

语言学研究方面(这样说是因为先生目前在语言哲学方面的研究成果亦很丰硕,亦是名副其实的语言哲学家),王寅先生主要从事认知语言学研究,他主张认知语言学是后现代哲学的产物,正是认知语言学让语言学研究进入了后现代。先生提出了大量创新观点和理论:后现代哲学可分为三个时期;后现代哲学是哲学的第四转向;体验哲学属于后现代哲学的一部分;语言学与哲学互为摇篮;认知语言学为后现代哲学作出了许多理论贡献……这一系列新思想、新观点让我国的语言学研究正式进入了后现代视野。

先生(包括先生的研究生)发表了一系列后现代哲学视野下的语言学研究论文(王寅 2012b, 2013, 2014, 2015;刘玉梅,2013;赵永峰,2015)。先生(2014)指出西方"认知语言学"名称只注重"认知"而遗漏"体验"之不足,将其修补为"体认语言学(ECL)",并发起成立了"全国体认语言学研究会"。这算是将西方理论本土化的典范,对我国语言学研究来说意义深远。

概括起来,先生在引领语言学研究进入后现代这条道路上主要做了以下两方面贡献:

第一,提出哲学的第四转向:后现代主义转向,并将体验哲学和认知语言学纳入后现代哲学体系。

在国内,先生第一个论述了认知语言学的哲学基础:体验哲学(2002)。体验哲学可以说是认知语言学的哲学基础。但王寅先生并没有满足于此,他敏锐地发现认知语言学的很多思想都受到了后现代哲学思想的影响,都可以在后现代哲学中找到影子,两者的思想在很多方面具有一致性。先生(2012a)第一个提出哲学的第四转向:后现代主义。他(2012a)创新性地将后现代哲学思潮划分为3个重要时期:

第一期以"人本性、批判性"为主要特征;

第二期以"破坏性、解构性"为主要特征;

第三期则以"建设性、体验性"为主要特征。

体验哲学和认知语言学当属后现代第三期,建设性后现代哲学。Lakoff & Johnson(2003:273-274)曾表示他们的"体验哲学与后现代主义思想的某些分歧"。其主要分歧在于体验哲学反对后现代主义过分解构,否定一切,缺少解构后的建设性。先生把后现代哲学思潮分为三期,区分了解构性后现代和建设性后现代,巧妙地将体验哲学纳入后现代主义。先生(2013,2015)还从9个方面论述了认知语言学的基本原理和研究方法与后现代哲学之间的渊源关系:去中心论、体验人本观、原型范畴论、SOS建构论、识解多元化、语义模糊性、语言差异性、隐喻认知论和新创结构论。

第二,提出"哲学与语言学互为摇篮"的著名论点,强化哲学和语言学的交织关系。

王寅先生历来重视哲学和语言学的交织关系,多年前就全方位梳理了二者的关系,为每一个语言学流派找到了其对应的"哲学摇篮"。沿着 R. H. Robins (1967:103)"哲学是语言学的摇篮"这一论断,先生将其修补为"哲学与语言学互为摇篮"的著名论点。诞生于 20 世纪 80 年代的认知语言学,其哲学基础是由认知语言学创始人之一 Lakoff 和 Johnson 合著(1980,1999)中提出的"体验哲学"。从时间上看,认知语言学的产生和体验哲学思想的提出几乎同时,二者的形成不是先后顺序或主次关系,而是共同成长,互相促进。可见,我们很难说清是先有了体验哲学还是认知语言学,二者是相互交织,互相促进,共同进步的。后现代哲学和认知语言学之间的关系亦如此,诞生于 20 世纪五六十年代的后现代哲学对认知语言学的产生输送了哲学养分,而认知语言学反过来为后现代哲学贡献新理论、新观点。王天翼和王寅(2015)指出,当今国内外认知语言学家的许多观点,如隐喻认知观、图式范畴论、SOS、ECM、识解观、概念整合论、认知过程等,向西方哲学所输送的新理论或新观点在一定程度上推动了西方哲学向纵深发展。

季国清先生早在 1999 年就指出:语言研究的后现代化迫在眉睫。彼时,外国语言文学下设的三大传统学科之文学和翻译已经进入后现代,而语言学研究明显滞后,为使语言学研究迎头赶上,迅速进入到理论的前沿阵地,王寅先生经过多年的努力,系统论述了后现代哲学和认知语言学的理论关系,为语言学开辟出一个全新研究视野,从而出现文学、翻译学和语言学与"后现代哲学"同堂对话的大好局面。王寅先生把语言学研究引入后现代视野,必将促进我国乃至世界语言学研究的纵深发展,其历史功绩不可估量。

参考文献:

[1] Lakoff, G. & M. Johnson. *Metaphors We Live By*[M]. Chicago:University of Chicago Press, 2003.

[2] Robins, R. H. *General Linguistics*:*An Introductory Survey*[M]. London:Longman Publishing, 1967.

[3] 季国清.语言研究的后现代化迫在眉睫[J].外语学刊,1999,(1):9 - 16.

[4] 刘玉梅.后现代哲学视野中的构式语法研究[J].外语学刊,2013,(5):20 - 25.

[5] 王天翼,王寅.认知语言学对西方哲学的贡献[J].浙江大学学报(人文社会科学版),2015, 45(4):52 - 62.

[6] 王寅.认知语言学的哲学基础:体验哲学[J].外语教学与研究,2002,(2):82 - 89.

[7] 王寅.哲学的第四转向:后现代主义[J].外国文学,2012a,(2):9 - 15.

[8] 王寅.后现代哲学视野下的语言学前沿——体验人本观与认知语言学[J].外国语,2012b, (6):17 - 26.

[9] 王寅.后现代哲学视野中的认知语言学——哲学第四转向后的语言学新论(上)[J].外语

学刊,2013,(5)：1－7.

[10] 王寅.后现代哲学视野下的体认语言学[J].外国语文,2014,(6)：61－67.

[11] 王寅.后现代哲学视野中的认知语言学——哲学第四转向后的语言学新论(上)[J].外语学刊,2015,(4)：58－64.

[12] 赵永峰.后现代哲学思潮中的认知社会语言学研究[J].外语学刊,2015,(4)：65－70.

(作者：彭志斌讲师;工作单位：重庆大学城市科技学院)

学界泰斗　杏坛人师

庞陈婧彧

古曰：经师易求，人师难得；即能传授精湛专业知识的老师容易遇到，能以高尚的人格和修养影响学生，教育学生怎么做人的老师却很难找到。吾辈三生有幸，能在有生之年遇到这么一位贤师，不仅学术积淀深厚、学术造诣极高，而且人格魅力光芒四射，深深影响着同行以及后生。他就是我的研究生导师王寅教授，认知语言学界的扛鼎巨擘。

一、恩师治学和创作皆臻绝诣，鲜有学者能望其项背。其对学术研究的热情、坚持以及创新令人叹服。恩师的治学特色极为鲜明：

1. 博古通今，学贯中西

恩师博览群书，不仅强调西学东渐，还着重学为所用，一直致力于中国语言学理论发扬光大，率先将"认知语言学"修改为"体认语言学"并用以分析中西方语言，这一创新举措与恩师博大精深的知识体系分不开。

还记得读研期间第一次去恩师家进行学术讨论，一进门就惊呆了，客厅里没有电视，没有音响等设备，有的只是满墙的书柜，分门别类地放着各种书籍，客厅中间放置着一张写字台和电脑，这就是恩师的书房。当我们坐在客厅讨论语言学发展史，恩师在讲解过程中时不时从书柜中抽出相关书籍，涉及训诂学、中国古代语言学史、欧洲语言学简史、形式逻辑、心理学、后现代哲学、西方哲学、语言哲学、社会学等等，让我们一一翻阅。当时不禁感叹：难怪吾师当之无愧为中国认知语言学界的领军人物，这所书盈四壁的小型图书馆功不可没。

2. 视野广阔,兼容并蓄

恩师具有广阔的学术视野,善于博采众长、吸纳其他学科的知识,并善于与许多著名的学者相互切磋交流。恩师自述在 65 岁前仍然坚持每天平均读 50 页书,且将其称为"教授的生存方式"(王寅,2013:2)。

2016 元旦前夕,本人陪恩师夫妇去成都美国领使馆办理出国签证,在人海茫茫的排队等待期间,恩师还认认真真地研读王治河、樊美筠先生所著《第二次启蒙》一书。每天 50 页的阅读量就这样被见缝插针地严格执行。恩师虽为中国认知语言学的开山鼻祖,仍怀揣着一份海纳百川的胸怀,吸收着世界各地的精神财富。

英国数学家、哲学家、教育学家怀特海先生(Whitehead 1929,徐汝舟译:98)曾说过:"大学存在的理由是:它使青年和老年人融为一体,对学术充满想象力的探索,从而在知识和追求生命的热情之间架起桥梁。"恩师不论是著书还是讲座总是能把深奥枯燥的理论知识深入浅出地讲解清晰,且语言生动风趣、激情昂扬,令人醍醐灌顶,并多次就自身的学术经验阐释认知语言学与哲学、文学、文化、翻译学、社会学、传播学等学科的接缘和融合,使吾辈等眼界大开,思路扩展。

3. 宏观概括,微观抉幽

恩师是当今语言界少有地能从人类文明发展史和西方哲学史的角度阐释语言学习重要意义的学者,他精通哲学史和语言哲学史,能从历时的视角找出认知语言学的哲学根基,并分析语言学具体理论在哲学中的发展,而这些研究成果都被恩师以一张张翔实的谱系图来概括。他还根据体认一元观的基本原理"现实—认知—语言",从语言的各个层面,如语音、词汇化+词法化、句法、语篇分别论证语言的体认性。恩师所撰的各部著作,可谓是鸿篇巨制,其代表性作品《认知语言学》《构式语法研究》《语言哲学研究——21 世纪中国后语言哲学沉思录》被同行及学生誉为百科全书般的工具书,既有高屋建瓴的理论溯源及概括,又有见微知著的应用分析,无论什么问题,都能找到答案。我的同事们曾多次从我处借阅上述巨著,以便学习。

4. 旁征博引,一丝不苟

恩师治学严谨,不论是写作亦或是讲课,凡是引用必有出处。迄今为止,年逾七旬的恩师每每讲座阐述原话时必提到作者、原著、年份以及页码,学生对其卓越的记忆力佩服得五体投地。恩师也极为尊重学生的劳动成果,从来不掠人之美,如有引用,必在索引中注明出处(王寅,2013:2)。此外,恩师每次授课之前必有精准的提纲讲义,或有其他辅助资料分发,绝不夸夸其谈。

二、教书与育人并冠群伦。恩师不仅是吾辈学术的引路人,更是人生的导师、父辈

1. 甘为人梯托俊彦

恩师常说,老师的任务就是把学生带到学术的前沿,让学生踏在自己的肩膀上往上攀登,学生能超越自己是最大的欣慰。作为学术大家,王寅教授始终关心着青年一代的学术成长,即使自己的学生已经毕业,工作了,恩师仍不忘随时提携后辈。恩师每次到成都各大高校讲学,都会召集大家前去聆听最新的学术动态。2016年到2018年间,恩师每年受邀来我校讲座,容纳150人的学术报告厅被挤得水泄不通,过道和讲台旁都坐满了人,就连窗户上都趴着想一睹大师风采的学生。2018年10月30日的讲座开始之前,恩师还专门委托秘书钱静,寄了30本外语学术普及系列丛书中的《什么是认知语言学》和《英语词汇认知学习法》两书,予以赠送。讲座完毕,由本人和同门陈玉生陪同聚餐和观光,我们也接受了王老师耳提面命地指导,了解了最新的对话句法理论、中国语言哲学的最新发展等等。恩师无时不刻地为我们这些晚辈后学拨云见日、指点迷津。

2. 春风化雨润无声

作为导师,王寅教授无疑是严格的。记得写硕士毕业论文时,我们每个人的论文摘要在恩师手中不知被修改过了多少遍,从结构安排、语言措辞到标点符号等也都被一一订正。有几次,我们把才改的稿子匆匆打印出来就交了上去,结果恩师发现了他指出的问题我们未能一一修改,就说:"纸都还是热的,就交了,做科研要仔细,你们以后都是要当老师的,这是对自己和学生负责呀!"我们一听,不禁汗颜。从此以后,每逢只要有提交的稿件必反复斟酌、检查再三。

作为父辈,恩师是和蔼可亲的。读研期间,我们经常到恩师家里讨论学术问题,师母便会准备很多点心水果、咖啡和茶,甚至丰盛的饭菜款待我们。毕业后,

我们偶尔回母校看望恩师,席间他和师母也会询问我们工作、生活、家庭等情况,不论是乔迁新居还是诞生孩儿,恩师夫妇都予以最美好的祝福和关怀,令晚生备受感动、潸然泪下。

中华教育有吾师这等人师楷模,学者典范,此乃大幸也。吾辈也必当勤勉,以之为榜样,持书仗剑耀中华。最后值此恩师七秩寿辰,学生祝愿老师:云长苍茫润松鹤,福如东海长流水;骄竹挺拔屹延年,寿比南山不老松!

参考文献:

[1] 王寅.读书·教书·写书——兼论"继承与发展、应用与创新"[J].当代外语研究,2013,(1):1-5.

[2] 王寅.体认一元观:论探索与应用价值——心智哲学的新思考[J].中国外语,2015,(2):24-31.

[3] Whitehead, A. N.教育的目的[M].徐汝舟,译.北京:北京师范大学出版社,2018.

(作者:庞陈婧彧讲师;工作单位:成都理工大学)

贺王先生 70 寿辰

杨　静

认识王寅先生是我人生的一大转折点,虽然时过 9 年,但其中的点滴细节我仍记得非常清楚。我常会回忆当时的场景,也清楚地知道没有先生的提携,就没有今天的我。

当时我研三,绝大多数同学都准备找工作,我还在犹豫是否要继续读博,是否应该以学术作为我的追求。仍记得他当时到我所在的学校(华中师范大学)做讲座,我非常荣幸地被安排了接待的任务。两天的相处时间虽然非常短暂,但王老师给我留下了深刻的印象。

首先,作为一个大学者,他非常地平易近人,还记得我带着他去武汉的小吃街(户部巷)去吃饭,喝了豆浆,吃了热干面、排骨汤等家常食物,他丝毫没有架子,还津津有味地听我和另一位同学的介绍。其次,他的学识非常渊博,我们带他去古琴台、东湖磨山等景点时,他可以随口就讲出相关的历史典故,令人折服。最为重要的是,他对语言学的研究非常有激情,提出我们不仅要"Live by linguistics.",更重要的是要"Live for linguistics."。这种激情深深地感染了我,让我一下子就明确了自己的目标,决定以语言学为自己的追求目标。

先生还非常爱惜和提携后学,即使在游玩的过程中也经常问我们的相关知识积累。有一次在交流的过程中话题聊到了存在主义上,他就问我对存在主义的理解,还好我不久前才看了一本萨特的传记,才算勉强过关;他偶尔还会让我们重复他刚说不久的话,来考察我们是否真的理解并完全记住了。所以跟他谈话通常是一件令人愉快而又紧张的过程,也的确受益匪浅。这次经历之后我立马决定应该继续我的学业。

经过大半年的努力,我以较好的成绩通过考试,正式成为王老师的学生,开始了博士生涯。博士期间的求学并不是一帆风顺的,因为王老师对学生的要求非常高,在王老师心中,博士没有性别、年龄的差别,所有人都必须准确无误地达到他的标准。由于资质较浅,生性愚钝,我常常碰壁。印象最为深刻的是论文开题和修改阶段。在开题时,我提出的一些想法均被否定,因为王老师坚持博士论文必须要在理论方面有所突破。我只好潜心下来,仔细研读认知语言学的原著,以及相关论文,一个学期之后我的提议才被正式通过。论文写作完毕,修改又是一个漫长的过程,王老师坚持让我把每一章都打印出来,并逐句朗读,分析句子之间的衔接,段落之间的逻辑以及想法的合理性,每次都差不多要一起修改数个小时。我们回去修改之后他又会重复上述过程,直到他觉得满意为止。我论文的第三章就来来回回修改了5次,对比终稿和初稿,就会发现有天翻地覆的差别。多少次,我都想放弃,想要退而求其次,但王老师一直坚持着,我才能挺到最后。现在回过头来想想,我特别感激他的坚持,因为他让我看到只要努力,就可以达到从未想到的高度。

每次翻开论文,我都能回忆起当时他一句一句修改的情景,自豪和感恩之心油然而生。如果说我的论文有任何可取之处,这都要归功于先生的不离不弃。值此王寅先生70诞辰之际,我要郑重地向先生道一声:谢谢您的提携和付出! 特以此文献给先生,并祝先生及家人身体健康,诸事顺利!

(作者:杨静讲师;工作单位:重庆师范大学)

不老甘泉　受用绵延

——贺王寅先生古稀之寿

帖　伊

梅贻琦先生曾说："所谓大学者，非谓有大楼之谓也，有大师之谓也。"本人能跟随大师级学者王寅教授访学，耳濡目染亲受先生教诲，实乃我一生中的幸事。先生七十高寿，身体康健，并时有学术成果问世，作为学生，自然感到由衷的高兴。这里谨将我与先生交往之点滴杂记于此，以为祝贺。

2017 年 1 月，我在广西民族大学外国语学院攻读博士学位，我的导师覃修桂教授邀请王寅先生前来指导博士生的开题报告，由我负责接待工作。先生久负盛名，自己竟有幸与大师级学者面对面交流，真是太好了！见面后，先生主动向我询问学习生活情况，点化今后应该关注的领域，并叮嘱我："语言与哲学互为摇篮，在广泛涉猎语言学经典原著的基础上，还要读哲学。"先生的话语和蔼中带着大气，简简单单又特别亲切，自有一番温厉却又让人不自觉想靠近跟他交谈。

同年 5 月，我在河南大学聆听博士生论文答辩，先生恰任答辩委员会主席。会后一行人游赏龙亭公园，一路上我伴先生左右听他侃侃而谈：从龙亭的建筑布局，到荥阳的"楚河汉界"，再到洛阳、开封、安阳、郑州等城市的古都文化，一直追溯到仓颉造字、夏代都城……早就听闻先生出入文史、博览古今，这番切身体会，着实深深折服了我。末了，先生语重心长地跟我说："你下学期可以来川外跟着我上半年课，我那里经常请专家过来交流，方便你开阔视野，每年 11 月我们的体认团队还会组织大型的系列讲座。"我实在喜出望外，自进入认知语言学的学术殿堂以来，不知反反复复拜读了多少先生的专著、文章，能够加入先生的课堂，亲身领教他的人格魅力和渊博学识,真是太幸运了!

同年9月,我赴四川外国语大学开启访学之旅。第一次会课安排在先生家里,进门走过小小的门廊,尽头是宽敞的客厅,三面书架靠墙,每一层按照认知语言学原著、汉语、外语期刊、哲学、逻辑学、翻译、工具书等类别摆满了书籍。一面落地窗前立着一张长方形的工作台,是先生日常写作的地方。工作台前还有一张正方形四脚桌,三面坐人,一面紧靠书架,供学生会谈学习。听先生讲授,是一种享受和乐趣。他每周给研究生上一次课,没有讲稿,也无需讲稿,两个小时一气呵成,条理井然。先生慈祥风趣、思路开阔,课堂上思想的光芒熠熠闪烁,引人入胜。他讲解语言学时辅以哲学理论支撑的功夫极好,再结合个案分析,一堂课下来既学到了科学的知识,也学到了科学的研究方法。

访学半年,先生对学问的执着与追求、眼光与定力,令我深受触动。他反复强调"成就永远大不过兴趣",要保持学术思考的饱满热情,还要保持学术研究的良好习惯,"坚持在读中写,在写中思",也常叮嘱我:"年轻人一定要走在学术前沿,关注语言事实,不断进行理论的创新与探索。"我在结束访学离开重庆那天,向先生告别:很庆幸有了这样一个机会在学术上提升自己,先生对理论深厚的把握及生动的阐释,对语言现象鞭辟入里的分析,令我耳目一新,使我对认知语言学研究的认识上了一个新台阶,听先生讲课、与先生交谈,总能感受到一股前进的动力,也更加坚定了我靠学术兴趣和学术乐趣度过漫长而宁静之岁月的人生信念。

现如今,每每再读先生见诸报刊的文字,脑海中总是浮现出他在那个明亮宽敞的书房,伏案读书、笔耕不辍的身影,这个画面令人温暖又给人力量。先生专攻语言学,自成体系,又精熟哲学、逻辑学、认知科学,学问既博且专,是一位运筹帷幄、善于整合学科力量的学术领袖。先生的学术成就和人生态度,犹如不老的甘泉,树人启智,令吾辈受用绵延。

(作者:帖伊博士生;所在单位:广西民族大学)

王爷爷的二三事

杜　燕

毕业一晃一年半已过去,现在的我也走上了工作岗位,成为一名大学英语教师。王爷爷让我们读的书,还有给我们上课发的讲义一直放在书柜的最上角。刚毕业的前半年,半夜还总梦到王爷爷给我们讲语言哲学一大家子人的故事,我们语言学的大爷、二大爷,醒来后还以为自己和同门伙伴们一直坐在教室里听着爷爷的谆谆教导,大有恍惚之感。

上学那会儿总爱在淘宝上买东西,我爸妈这一代人很少会网上买东西,更不用说王老师这一代人,他们大多数都保持着旧有的生活方式。有次王老师要买书签时发现了这个网站,竟很好奇地问我们如何操作。60多岁的老人家一脸的惊喜与好奇,仿佛发现了新大陆,他很乐意了解新的软件,新的电脑操作,新的书籍,新的信息,始终都保持着赤子之心。那时我才明白,对生活本身充满好奇与热爱的人,才会把这样的热爱拓展到学术,真正印证了那句话"生活中不缺乏美,缺乏的是发现美的眼睛",这话可以改成"学术不缺乏探索点,缺乏的是对探索点的好奇心和求知欲。"

刚入学时,王老师让我们写名为"豆腐干"的笔记文摘,即看到好的观点或评论要摘抄下来,日积月累便有一个观点数据库,这样的训练让我在之后的工作学习中不仅爱上了"豆腐干",也成为一种行之有效的学习方法。另外,每个人的学习都是站在巨人的肩膀上,因此,在熟知前人成果的基础上,对几项理论进行适当的整合,成为一个新理论——这样的过程称之为"duang!"理论。一有新的语言学观点,我们便开始在旧有理论的基础上整合性思考,这也是一种受用终生的研究方法。

至此,我想到求学生涯中最为深刻的那张语言哲学表,哲学家的族谱,根据流派归位,清晰可见。我们能在恩师指导下让语言学与哲学如此深刻地对话,实乃有幸。

学习是生活的一种存在方式,生活也需学习来不断滋养。学习好不该只是功课好,学术好,也该会生活,热爱生活。王老师给我们上课时意气风发,博闻强识,有很多的 brainstorming,这样的活力与激情是我们年轻人都难以望其项背的。在生活中他也是绅士风度十足,衣领和裤脚从不见一丝污渍,平易近人,书香十足,有空也会喝茶弹琴,含饴弄孙。我们去他家中做客时,他便弹钢琴与我们听,还从《荷塘月色》这首曲子中与我们探究其中的隐喻,这样一种场景一直萦绕在我的脑海中。大家风范应如此,齐家治学,身正为范,醉心于一件事一辈子,钻研却不苦学,既是钻研,便是乐趣。于家庭气氛而言,王老师与师母伉俪情深,相互扶持,一人一旁读书,一人一旁写字画画,神仙眷侣。某一日于操场见二人携手散步,令人艳羡。

工作已一年半,才觉察到校园时代的珍贵,可以天天上语言哲学课,可以时时与语言学大家近距离接触,可以经常与师兄弟姐妹进行学术讨论,那是多么幸福的日子啊!王爷爷之前说到在我们学校英语专业或是语言学专业是强势学科,可在很多学校,很多人只强调语言的工具性,并未意识到语言学的重要性,维特根斯坦有句话"Language is the world",语言在形而上与形而下这两个层次上都发挥很重要的作用,每当想到这句话,我们便要不管在任何条件下,都要紧跟语言学最新发展趋势,提高自身学术素养,与优秀的老师和同门交流学习。

今年正值王爷爷七十寿诞,作为弟子无法言说心里对于王老师的尊敬与爱戴,他的治学态度与处事风度会影响我们的一生,期待今年夏日书院见到王爷爷的时候可以向他汇报我的工作,听他笑吟吟地说:"这是杜燕吧!"

祝愿王老师身体康健,继续引领我们站在学术科研第一线。

(作者:杜燕助教;工作单位:山西农业大学)

我们都喊他爷爷

钱　静

　　来到川外就读并成为王寅先生的研究生,可以说是我人生中"塞翁失马焉知非福"的一件实例了。考研失利,与心有所属的学校因两分专业分数之差而失之交臂。可我一直以来都很幸运,不然怎么能顺利调剂到川外,还成了爷爷的学生呢。

　　对,我们都喊他爷爷。一声亲切的"爷爷",喊出了我们对王寅先生的尊重与感恩,道不尽的是我们作为学生,作为晚辈,对他的高山仰止。我们都喊他爷爷,不仅仅是因为他对学生态度慈祥亲切,更是因为他时常笑着对我们说"你们都是我的孩子"。爷爷他不仅这么说,他也是这么做的,把我们都当作他的孩子一样关怀。学习上,时常叮嘱我们多看书,多动笔;生活上,处处体谅关怀。

　　因缘际会,我从研究生二年级起开始担任王爷爷的科研秘书,与他接触、学习、交流的机会就更多了。在这过程中,我看到了很多,也学到了很多。我看到每次去他家开会或是会课,爷爷总是一大早就端坐在四面都是书的书房里开始了他每一天"读书、看书、写书"的生活;我看到不管爷爷有多繁忙,面对每一件繁冗的事务都会像对待他自己作品那般细致入微;我看到爷爷一遍又一遍耐心地修改我们的论文和稿件,即便是一个错别字,一处语法错误甚至一个标点符号都不放过,这也常使我们自己汗颜,并在心中告诫自己"这样的错误实在不该出现呀"。

　　爷爷课堂上、日常生活中带给我们影响和震撼的事件是不胜枚举的,这一件件事情我看在眼里,也深深地印刻在心中。让原本稍有点粗心大意的我在日后的工作和学习中,更加注重细节。以前我觉得"差不多就可以了吧"的事情,现在我也会向爷爷学习"不要急,写出来的东西一定要打印出来多读几遍,多检查几遍,才能放心地把它交出去"。

这是日常中我们见到的爷爷为人师对我们有影响的一面。同时,他也和我印象中的"爷爷"形象很不一样。爷爷虽已年近古稀,与我自己爷爷差不多年岁,可他却在很多方面如同一个精力充沛乐于汲取新事物的"年轻人"。他时常在会课、漫谈、散步的时候与我们分享他新近学会使用的 APP、或是近来购入的新电子设备,每次都能让我们大吃一惊,也让我们切身体会到他老人家真真是在用实际行动贯彻落实"活到老,学到老"呀!

看过一些文学作品,了解到很多人们敬仰的大家和先生,每一个名字说出来都是掷地有声,比如:钱钟书、杨绛、汪曾祺、季羡林等等。我以为这些名字或这样子的人物,他们于我而言,可能就是永远活在书本里。不曾想到,今生有幸,能成为王寅老师的弟子。王先生在语言学界所起到的引领作用,是有目共睹的。他在认知语言学、语言哲学、逻辑学、认知翻译学、传播学等多个领域遍地开花,著作颇丰。不管从做人、处事、还是做学问,他都与我心目中"先生"的标准一一对应上了。

和我崇拜敬仰的先生们一样,王先生身旁也有一位与他举案齐眉、相敬如宾、携手共走学术人生路的好伉俪——李弘老师。我们时常得见,两人漫步校园中还不忘讨论语言学术问题;我们时常得见,书房中一人看书写书,一人画画练字。真乃神仙眷侣也!

值此先生 70 大寿之际,惟愿先生身体健康。在先生铺就的学术康庄大道上,吾辈将继续努力学习。吾辈学生感恩先生关怀,时刻谨记先生教诲。只愿自己在今后的教学和工作中,当得起先生弟子的称号。

（作者：钱静助教；工作单位：四川外国语大学）

"十七岁"的智者——王寅教授

杨玉顺

十七岁的人总是追求新生事物,敢于创新,勇于突破。王寅教授对于新事物的接受程度以及对于创新的追求完全不亚于十七岁的年轻小伙。王老师不仅是学术大家,私底下还是一个科技达人。

因为与王老师同住一个小区,我对电脑数码了解一二,所以有幸经常登门帮王老师处理一些电脑技术方面的问题。每次处理完一个问题后,他一定会"虚心请教",了解背后的原理,学会处理方法。他大可不理会那些"鸡毛蒜皮"的技术问题,但是他极其乐意去学习新鲜事物,了解其运行原理,知其然且知其所以然,这是王老师对生活一贯的态度,正如他的学术态度一样。反过来,王老师也让作为教师的我了解到"授人以鱼,不如授人以渔"的道理。

记得有一次陪王老师去商场购置电脑,由于笔记本做得太薄只有 Type－C 接口,无法直接使用老式 USB 接口的 U 盘,需要重新购置转换头。王老师立即询问店员为何新技术还如此麻烦。了解了原因之后,他想到若使用 Type－C 接口的 U 盘那其他电脑又无法使用,岂不是又不方便了,他立即想到有无那种双头接口的 U 盘,这样就可以支持两种接口,便于不同电脑间的文件拷贝。当时此项技术刚刚问世,包含店员在内的我们几个年轻人都没想到有这样的设计,索性拿出手机搜索,果然发现存在那样的 U 盘。这让 20 多岁的我顿时折服,王老师思维敏捷,对于自己不熟悉的领域都有如此强的批判思维和创新能力,这难道不是"十七岁"的敏锐思维吗?

上述两件小事只是王老师"科技细胞"的稍微体现。智能穿戴、共享出行、网上购物、智能家居等最前沿的科技,王老师无不"涉足"。这些都足以让年轻人赞叹不已。后来才听说王老师中学时代就喜欢理工科,从装矿石收音机一直到超外差推挽半导体收音机,他还动手制作电动机,学习摩尔斯电码并参加比赛获奖。在山东的大学教学时,他还曾用英语教授过"微电子学"和"西方经济学",为能教好这些课程他还学过微积分、概率统计、会计学、财政学、税收学等课程。难怪王老师思维敏捷,原来早就是一位跨界高手。

王寅教授治学育人的态度,贯穿到了生活的方方面面。而王老师经常给我们灌输的"学术需要走在最前沿",正是他骨子里的开拓创新,以及精益求精品格的最好体现。

王老师是一位智者,当下他又自如地穿梭在哲学、逻辑学、心理学、语言学、翻译学、传播学等领域,他在智慧的海洋里求索不止。他的才学不仅来自自身的创新精神,更来自他的博览群书,学贯中西。他还将他的智慧传授给我们,让我们站在他的肩膀上看到未来的方向,指引我们少走弯路,迈向前沿。他要求我们潜心读书、边积边发、触类旁通。他的智慧不仅属于自己,还造福了王师门,造福了语言学界。

这位"十七岁"的智者,引领着我们走向学术前沿,争当思想先锋。

(作者:杨玉顺助教;工作单位:四川外国语大学)

访 谈 篇

学术创新能力培养的几点思考

——王寅教授访谈录

刘玉梅　杨　义　万帮华　胡国瑞

摘　要：本文是对四川外国语大学博士生导师王寅教授的访谈录。王寅教授长期从事研究生教学和科研工作,在认知语言学、语言哲学、语义学、英汉语对比研究等方面建树丰厚。他大力倡导与时俱进的学术精神,并视"创新"为其灵魂。本次访谈主要围绕如何培养学术创新能力展开。在三个小时的访谈中,王寅教授从语言学的哲学摇篮、理论创新、继承发展、培养模式、自我设计、理论本土化、职称与科研等七个方面阐发了自己对学术创新能力培养的见解。这些眼光独到的治学之法和语重心长的治学建议将带给青年学者极大的帮助和鞭策。

关键词：访谈;学术创新;培养模式

1.0　哲学：语言学之摇篮

刘玉梅等(以下简称刘)：王老师,您好!首先非常感谢您能够接受《山东外语教学》的邀请,和我们谈谈学术创新能力的培养。同时,也祝贺您的《语言哲学研究——21世纪中国后语言哲学沉思录》获得国家社科基金后期资助项目并在北京大学出版社出版。完成这么一部70多万字的巨著,一定倾注了您一生不少的心血。能否请您先介绍一下语言哲学对语言学研究的影响及其发展动向呢?

王寅(以下简称王)：一般认为,西方哲学大致经历了本体论、认识论和语言论三大转向。语言哲学生发于语言论转向之中,旨在通过语言分析探索思维与存在、人与世界的关系问题。语言哲学家们的研究成果对现代语言学的发展作出了巨大贡献,其中语言学中的语义学和语用学就主要继承了他们的基本思路。所谓语义学,主要是以弗雷格、罗素、维特根斯坦前期,特别是维也纳学派所创建的逻实论为内容;而语用学(又称日常语言学派),主要是由维特根斯坦后期、奥斯汀、格莱斯、塞尔等发展起来的哲学研究思潮。事实上,语言学界所开设的语义学和语用学这两门课,就是把语言哲学的相关理论引入到语言学研究中逐步发展起来的。

从西方哲学的三个转向和语言哲学两大学派来认真梳理语义学和语用学的来龙去脉,能够让我们更深入地理解语言学问题,让我们的分析更透彻、阐述更清晰。我们认为,语言哲学是需要认真学习的一门学科,它将有利于我国外语界学者从根本上提高自己的哲学修养、知识水平、分析和解决语言问题的能力。我国学者钱冠连、李洪儒、林允清、隋然、刘利民等率先将语言哲学引入到外语界。钱冠连先生在广外首先招收语言哲学方向的博士生,为我国外语界开辟了一个全新的方向,他还在全国成立了中西语言哲学研究会,每年举办夏日语言哲学读书院,目前已经举办 10 期。通过这十几年的努力,外语界一些学者从不知晓不接受语言哲学,到慢慢知晓接受,乃至爱上它(现在不少高校研究生都开设了这门课,有些院校本科也开设任选课),并深刻体会到语言学和哲学之间的缠绕关系。

关于语言哲学的最新动态,可以关注一下《哲学的第四转向——后现代主义哲学思潮》,这是 20 世纪 60 年代法国的一批哲学家,包括后来欧洲、美国的一批哲学家提出的一种新哲学思潮,它以传统哲学观为批判对象,其关键词为"反中心、消解、破坏、解构、颠覆、非理性"等。我与很多同行讨论并得到他们支持后,于 2012 年在《外国语文》上正式提出了这一观点,将西方哲学归结为四个转向:毕因论(即本体论)、认识论、语言论、后现代。

后现代哲学思潮中包括很多观点,其内部也不很统一,各有各的出发点,各有各的观点,为便于理解和陈述可从思想特质上将其分为三期:

(1)第一期:人本性与批判性。主要代表是海德格尔、伽达默尔,以及法兰克福学派的几位代表,如霍克海姆、马尔库塞、阿尔多诺、哈贝马斯等。

(2)第二期:破坏性与解构性。主要是法国的十几位哲学家,如拉康、萨特、梅龙·庞蒂、列维·施特劳斯、利科、巴尔特、利奥塔、福柯、德里达、克里斯蒂瓦等。还有奥地利的弗洛伊德、费亚阿本德，美国的哈桑、德力兹等。

（3）第三期：建设性与体验性。我们不仅要破坏一个旧世界，还要建设一个新世界。后现代哲学家在上述解构的基础上又提出了建设性思潮，主要代表有：罗蒂、奎因、格里芬、霍伊等。我们拟将美国莱科夫和约翰逊教授所创建的体验哲学（Embodied Philosophy）以及钱冠连先生所倡导的中国后语言哲学（CPPL）置于建设性后现代之中。认知语言学和中国后语哲是沿着西方语言哲学和后现代主义哲学一路发展而来，是与当今世界人文大潮接轨的。

理顺了关系，找到了根源，把握了脉络，就能更清楚地了解西方哲学家们的思想演变轨迹，也可更清楚地理解我们当前所从事的语言学研究，从而可顺利进入学术前沿。季国清先生早在 1999 年就在《外语学刊》发表了题为《语言研究的后现代化迫在眉睫》的论文，可谓高瞻远瞩，一针见血地指出了我国语言学界"忽视哲学基本功"的严重缺陷。

2011 年我在《山东外语教学》发表了题为《后现代哲学视野下的当代隐喻研究》，便是在后现代哲学思潮影响下提出的一种隐喻新观。文中指出，必须在后现代哲学视野下才能看清隐喻的本质，因为隐喻都是"假话"，是非理性的产品，而非理性正是后现代哲学的典型特征。形而上学哲学家避而不谈隐喻，因为在他们看来，隐喻是形而上学的敌人，是追求客观真理的拦路虎。后现代主义哲学思潮推动下，人们充分认识到隐喻是语言中不可缺少的一部分。特别是莱科夫和约翰逊教授于 1980 年出版了 *Metaphors We Live By* 之后，学界对隐喻的认识发生了巨大变化：它不是一个修辞问题或简单的语言问题，而是人们头脑中认知世界的基本方式。为什么隐喻会引起这么多人的关注？有关隐喻的国际会议一般都会超过千人，来自哲学、心理学、语言学、逻辑学、人工智能、神经认知、文学、历史等诸多领域。我们认为，这是因为隐喻是后现代哲学思潮的产物，后现代的风刮到这里了，隐喻这个典型的非理性的"灰姑娘"开始被人们注意到了。在此形势下，隐喻研究成为当前学界的一个热门话题，也就顺理成章了。

我又于 2012 年《外国语》发表了《后现代哲学视野下的语言学前沿——体验人本观与认知语言学》，在这篇文章中我再次论述了"体验人本观（Embodied Humanism）"，解构了将人因素排除在外的"传统人本观"，也反思了德里达、哈贝马斯等忽视客观因素的"激进人本观"，同时也批判了"悲观人本观"，如福柯喊出的"人已死亡"这一惊世骇俗的口号。我认为,这些片面的观点可运用体验人本观从理论上作出修正。作为建设性后现代思想,其中心内容之一就是"人本、认知"。因此,认知语言学的核心原则"现实—认知—语言"与此思想完全吻合,在现实与语言之间,应当有一个最重要的因素"人,人的认知",语言便是人们基于对现实进行互动体验和认知加工的结果。近十多年来,我围绕语言的体认性,发表了29篇文章,旨在为语言学研究提供理论思考和教学实践提供参考。没想到顺藤摸瓜,竟然从语言体认性摸到了后现代哲学的大思潮中,这又激发了更多思考。我也希望通过分享自己的发现,让更多学者了解后现代及其对语言学发展可能带来的影响,以产出更多创新性成果。

2.0　理论建树：学术创新之灵魂

刘：语言哲学和后现代思潮大大拓宽了语言学研究的视野,也使得语言研究不断步入了前沿阵地,这与您及同行的学术创新能力是密不可分的。我们作为您的学生也是受益者。对于广大学者来说,学术创新是毕生追求的目标,同时也是艰巨的任务,但"创新"二字含义十分广泛,您能否谈谈对学术创新的理解?

王：这个问题问得非常关键,也说明你们对这个问题已有一定的认识。大学为什么要招收研究生,就是要你们来搞研究的。研究什么? 研究理论! 方法上的突破固然重要,但比起理论创新来说,当居次位。注意我这句话讲得很有分寸,方法上(如语料库、数据统计与分析等)的革新固然是好事,主要解决的是"论据"问题,用以如何论证,是为论点服务的。而理论创新,是解决"论点"问题的,因此显得更加重要。试想一下,中学语文老师如何教导我们写政论文? 这必须抓住两大要点：论点和论据。没有鲜明的论点,何以称其为论文;或缺乏充分的论据,仅凭主观爱好摘用几条例句(不合口味的就不要),也会缺乏说服力。运用语料库和数据统计的方法可有效解决这一缺陷。因此,理论创新加上方法突破会带来学术研究的更大进步。

谈到"创新",似乎大家没有太多的疑问,每个学校的研究生教学大纲都会有这两个字。但如何研究理论? 怎样在论点上创新? 恐怕就是仁者见仁,智者见智。我们的答案是"吃饱了撑的"。所谓"吃饱了"就是我们常说的"继承",就要先刻苦读书,吸收前人的财富;所谓"撑的"就是我们常说的"创新",沿着前人的论述接着向前走。"吃饱"是基础,是必要条件;只有"吃饱了",才可能"撑出新东西"。

作为导师,就要有甘当人梯的心态,愿为弟子提供自己的肩膀,好让他们站在上面向上攀登。当然,这个肩膀应当是代表学术前沿的肩膀。作为导师,理应自觉走到学术前沿,这样才能引导我们的学生向前走啊! 在此我想推荐两位老先生,一个是胡壮麟先生,另一个是钱冠连先生,他们是我们的楷模,是"活到老,学到老"的榜样。胡先生一辈子总是走在学术前沿,他自改革开放以来引介了国外几十位知名语言学家,十几门新课程或研究方向,包括"Pragmatics",也是胡先生首先引入并译为汉语的"语用学"。胡先生是系统功能语言学派的大师,可是他早就敏锐地认识到认知语言学的前沿性,在 2004 年就出版了《认知隐喻学》,充分体现了胡先生与时俱进的精神,为一批系统功能学者树立了榜样。最近胡先生还写了一篇关于海德格尔语言哲学思想的论文(发表在《外语教学与研究》2012 年第 6 期),为国人所敬佩! 钱先生也是如此,他在我国外语界首举语言哲学这门大旗,成立了中西语言哲学研究会,每年夏天免费为全国青年教师举办语哲培训班,号召并组织全国外语教师学习和研究西方语言哲学。这十几年来他发表了那么多创新性论文,有力地推动了我国乃至世界在语言哲学方向的研究。我觉得我国外语老师皆当以这两位先生为楷模,刻苦学习、认真思考、与时俱进、勇于创新,不断克服知识老化的现象,才能无愧于研究生导师之称号。作为高校老师,研究生导师,就一个心思——读书、教书、写书,且当以此为乐,而不能当作负担。

3.0 理论创新之道:继承和发展

刘:您刚刚提到,理论创新是我们的目标,恰恰这又是最不容易达到的。您可否对理论创新提点建议呢?

王:研究生论文主要包括两大块:"论点(Argument)"和"论据(Argumentation)"。所谓论点,是全文所要论证的中心观点,一定要有新意,具有前沿性。论文不能没有论点或没有新鲜论点,仅注重分析和收集数据;也不能简单运用国外理论,然后换用汉语的例子加以说明。用钱先生的话说,我们为何要替外国人忙乎? 如此搞法,我们中国永远没有自己的语言理论。谈到创新,完全像索绪尔和乔姆斯基那样提出一个全新的语言理论,发动一场哥白尼革命,这对于广大学者来说,是难以做到的。可行之法当为：融会贯通地理解国内外相关观点，发现其中之不足，提出适当的修补方案。

我们学了那么多年的马克思理论，但很少有人想到将马克思的研究方法应用于语言研究之中。他把费尔巴哈的唯物主义与黑格尔的辩证法有机结合起来，形成了唯物辩证法。国内有不少学者在践行着这样的创新之路。四川外语学院的廖巧云教授在研究中发现，语用学中的合作原则、关联理论、顺应论各有缺陷，主张将三者紧密结合起来，从而形成了她自己的 CRA 理论，这就是一个很好的创新思路，实践了马克思的基本研究方法。我在《认知语言学》和《构式语法研究（上下卷）》中，每个章节都尝试发表自己的想法，言他人之未言，写他人之未写。这些年来在研究中，我们一直坚守一个信念"既有继承，更有发展，重在创新，意在应用"。

我们的研究方向为"国外语言学"，但也不能囿于国外学者的论述，跟在老外后面亦步亦趋，念叨着他们的言辞，重复着他们的说教，还应学习我国古代和现代学者的观点，更要有自己的立场。汉语界曾批评我们外语界的学者，只懂老外，忘却自己的祖宗；只知继承，不能发展，我们应当引以为戒。我于 2007 年在高等教育出版社出版了《中西语义理论对比初探——基于体验哲学和认知语言学的思考》，意在打通中西，不必将语义研究（包括隐喻认知观）等视为外国学者的专利，在国际学术舞台上，当有中国学者的声音。因此，在科研创新中应记住：不能照着说，而要接着说，说前人没有说过的话，努力将国外的理论接过来变成自己的东西，使其本土化，深深扎根于本国文化之中。

4.0　硕博培养之根本：紧跟学术前沿

刘：王老师，您的学术胸怀一直让我们敬佩。今天再和您交谈，我们更感到学术创新不是个难以企及的遥远目标，而是一个实实在在的前进方向，更加坚定了我们脚踏实地研究的信心。我们想，硕士生、博士生以及年轻教师是未来学术事业的接班人，他们的学术创新能力直接关系到未来中国学术研究的新增长点。您怎么看待现当下的硕士生博士生培养模式？如何做才能更有利于学术创新能力的培养？

王：这个问题问得也很尖锐。我们国家在审批博士点的问题上非常谨慎和严格。我对这个问题是这样想的，因为从理论上讲，硕导也好，博导也好，一定要让自己走在本学科的前沿。要能谈创新，就必须要知道当前的学术前沿究竟在哪里，若不能将学生带到本学科的前沿，从何谈创新？因此，硕士生和博士生的课程设置必须符合时代要求，教学研讨的内容必须紧跟形势发展，学术研究必须着实解决有关前沿问题。

对于"创新"，不同学者定有不同理解，此乃正常。我们拟取广义的立场，因为条条大路都可通罗马。

（1）可在原有理论框架中探讨新增长点，如有人做结构主义，可沿此方向发现新内容，如专注于研究索绪尔的学者，发现了索绪尔教程第二版、第三版，并不断予以新阐释。但顺便提一句，不必用后发现的观点批判索氏 1916 年的观点。如有人做乔姆斯基为代表的 TG 理论，可在 TG 中继续寻找新突破点，提出新观点，修补他们前期的研究成果。但这里有个问题，在老圈圈中究竟还能挖出多少新东西，留有多大的发展余地？

（2）此时不妨换个新思路，说不定跳出原有理论框架，可能会发现一片新天地。如原来做其他语言学派的人，觉得其发展空间已经有限，不妨迈出一步，会有海阔天空的感觉。我国系统功能语言学大师胡壮麟先生早就意识到这个问题，近年来对认知语言学、语言哲学表现出浓厚的兴趣。钱冠连先生早开始从语用学迈入语言哲学这一新领域。我在语言学研究过程中也分别经历了结构主义、TG、系统功能以及认知语言学、构式语言学几个阶段，一步步走到今天，先后出版了《认知语言学》《构式语法研究（上下卷）》和《语言哲学研究（上下卷）》。了解新学派开始需要点时间和精力，但一旦进来以后，便觉得其乐无穷了。当把各种观点想通了，连贯了起来，就自然会有得心应手的感觉。

（3）正如前面所强调的，创新当以理论为重，方法为次，道理很简单，因为方法是为理论服务的，落脚点还是要置于理论上。或许有人不同意这个观点，但这也没关系，这是我个人的观点。钱先生曾对国内有些二语习得、应用语言学方向的论文那种"错把方法当理论"的做法批判了十几年了，当引起我们的高度关注。数理统计有必要，但最终还是要为有价值的论点服务，千万不可捡了个芝麻，丢了个西瓜。

（4）科研是一项集体性活动，学术创新要有团队精神和学派意识。大家就学术问题可畅所欲言，无拘无束，各抒己见，互相启发，便能真正做到集思广益，共同进步。在团队活动中,既可讨论,也可争论,有理有节地阐述己见,发现问题和矛盾后再去找相关资料和文献,真正做到以理服人,以语料证明。我每年带 7—9 个硕士生,1—2 个博士生,每年还有几个访问学者,再加上我弟子的研究生,组成了一个学术团队,平时每两周见一次面,开展专题讨论。我们还在研究生中成立了科研沙龙,每两周活动一次。在这些活动中,大家或读书、或讨论、或报告、或开题、或请专家讲学、或自己登台,努力开发研究生的科研潜能。真可谓,知无不言、言无不尽,弘扬学术自由精神,走共同发展的道路。

特别是硕博论文开题,更应当采用集体活动的方式,相互启发,拓宽视野,争取做到一人开题,大家收益。每年我都将硕士研究生分成 2—3 个组,认认真真地互相修改论文初稿,且检查他们的修改笔迹,讨论各自论文的优缺点,且要提出详细的修改建议。同时,每年学生开题和答辩之前,都要组织他们进行数次演练,这一方面培养他们的集体主义精神,互相问答;另一方面也可提高他们讲说和答辩的能力,不打无准备之仗。

若个别学生将所得新资料占为己有,不肯与人交流,我想,该生的学问一定是做不大的,因为学品即人品。一个人若心胸不开阔,学问何能做大,有容乃大嘛!这就是我多年的一句老话——"心胸有多大,学问做多大"。我曾做过索绪尔、TG,也研究过系统功能,近十几年又做语言哲学、认知语言学,各学派观点相左乃常见之事,但一定要理清各自的学术背景,心平气和地讨论学术问题。

5.0 师生之创新角色:自我设计

刘:王老师,您觉得导师和研究生在学术创新上各自扮演着什么角色,应当如何处理好师生关系?

王:这里牵涉到一个导师和学生的自我设计问题。所谓"自我设计",即应该尽早考虑未来 10 年或 8 年自己的学术研究方向、具体计划。例如,我从二十年前就开始做认知语言学,然后我带了硕士生、博士生,自己有个初步设想,围绕这一方向列出了若干课题,然后慢慢做起来。我十几年前就开始思考认知语言学的学科建设问题,经过我与弟子们的共同努力,逐步将这些学科建设起来,写出了十几篇文章,包括:赵永峰的认知音位学、刘玉梅的认知词汇学、郭霞和崔鉴的认知句法学,我撰写了认知语篇学、认知翻译学、认知构式语法学、认知符号学、认知修辞学、新认知语用学、认知社会语言学(与王天翼合作)、历史认知语言学、神经认知语言学、应用认知语言学等。我自己还围绕认知语言学构想了若干议题,若研究生们开不出题来,我就让他们与我一起来做这些研究,从他们的研究中我也获得了很多有用的数据。

导师有自我设计,研究生或青年学者也应有自我设计。从学术基本功、专业方向、语料库建设、每天基本要求,都要制定出切实可行的计划。作为研究生,首先要认真读书,读各课程老师布置的书籍、自己专业方向的论著、与论文有关的文献、自己感兴趣的资料。有些材料要精读、有些可泛读;读书时一定要记笔记,随时写感想。由于我弟子的论文必须用封闭语料库来调查和分析相关数据,因此还要学好语料库语言学这门课程,学会网络检索。研究生在写作时头脑中就当绷紧"创新"二字,切切牢记自己能为学界作出点什么贡献。有些研究生过分依赖导师,做不出来就爱问老师,一有问题就找导师问这个怎么写? 下一步怎么弄? 当然了,导师有义务帮助学生,但要帮得巧妙,重在启发、意在开导,而不必每问必答,大包大揽,养成学生过于依赖他人的习惯,这就是我们平时常说的"要培养学生分析问题和解决问题的能力"。

我所指导的研究生,说实话还是比较辛苦的,除了我校开出的正常课程之外,还额外与学生们一起学习了"西方哲学、语言哲学、后现代哲学、形式逻辑、普通心理学、认知心理学、汉语语言学、西方语言学简史"等,常要求他们将每门学科整理出一张总表来记忆,有利于宏观理解,对知识点的上下左右关系更能一目了然。

然后我还领着大家通读认知语言学的经典著作,如 *Metaphors We Live By*、*Introduction to Cognitive Linguistics*、*Linguistic Categorization* 等,一个章节一个章节地过、一个理论一个理论地学、一本书一本书地念。当这十几本书都"吃下去"了,自然就有了别样感觉,思想境界自有不同,眼光也有了变化,分析问题的能力也就强了。在此基础上,还愁"撑不出"东西来?

我们都懂得教学相长的道理,这十几年来我与大家每年都要精读一遍这些书,我对这些书也就有了更深刻的理解。你们都知道,我除了国外语言学之外,还有两大爱好:一是汉语语言学(如文字学、训诂学等),另一是西方哲学(包括语言哲学和后现代哲学),这大大有利于我们更好地理解体验哲学、当前亦已占据主流的认知语言学,及其相关人文思想。

6.0　硕博开题之路：理论本土化

刘：王老师,您所说的师生各自扮演的角色我们深有体会,最近几年我和我的研究生们共同研究认知词汇学、构式语法及其习、认知修辞学等问题,常常在讨论中蹦出新的学术火花和思想,在这个过程中我们取得了学术双赢。这些都得益于您的这个方法。但有时候青年学者感到在学术研究过程中常面临着"开题难"的情况,您能否提几点建议?

王：这几年我也常遇到这一情况,研究生开不出题来。我想从两个方面来回答这个问题。

（1）还是前面说过的那句话——"吃饱了撑的"。首先是要吃饱了,该念的书都念了,该做的笔记都做了,该写的"豆腐干"都写了,才有可能开出题来。这是我多少年来的个人经验:两耳少闻闲杂事,一心多读专业书,随想随写,终身受用。用语言哲学家的话来说,就是"思想依赖语言而成形,人凭借语言而出场",只有以语言的形式才能将思想揪住,语言未述及的世界是我们未知的世界。据此,只有把自己平时思索过的思想用语言文字记录下来,它才能安身立命,得以存在,以备后用,与人交流。这几十年来我电脑里有几百块这类"豆腐干",有的可直接应用于文章之中。有了这些"豆腐干",就会产生想法,想法多了,文章自然也就有了。有些学生之所以开不出题来,是因为平时积累太少,没写笔记,对有些问题也未加深思,难怪没有思路。由于积累不够,再加上没用封闭语料库做调研的习惯,不擅长从语料中发现问题,也不知道如何统计数据和分析语料,写着写着就没话说了,怎么也撑不出所要求的论文长度。有时我也对个别不很自觉的同学采用简单方法,检查写没写"豆腐干",是凡开不出题来的学生,都没认真做笔记,没有什么"豆腐干"积累。

值得注意的是,在写笔记时一定要注清楚哪些是抄的,且应及时记下页码,以备以后引用,不至于抄了人家的文章还不知道错出在哪里;哪些是自己的话,以后可放心运用。很多研究生有时能写出很漂亮的"豆腐干",发现了新见解,此时作为导师不必去沾学生的光,而应当注意引用他们的发现,以兹鼓励! 即使是导师提供给学生的观点,一旦他(她)写在论文中了,就当算是学生的成果,以后再引用时当交代出处。我想他(她)自己还可源源不断地继续开发出新思想。

（2）我办公室里挂了一块论文模板，一般说来，硕士论文五章，博士论文八章，各章的基本内容如下：

第一章为导言，介绍选题理据、研究目的、分析方法，结构布局等；

第二章为文献回顾，回顾相关研究并发现不足，为第三章做好铺垫；

第三章为理论框架，针对昔日研究不足提出解决问题的新理论框架；

第四章为语料分析和讨论，运用已建的新理论来分析相关封闭语料；

第五章为全文结语，归纳本研究之贡献和不足，提出未来研究建议。

博士生可在此基础上将第四章内容扩展至3—4章。

每年研究生开题时，就让他们面对这一模板来讨论，以免有人把握不住写作思路而离题说偏。根据多年的经验，我常要求学生从第四章入手开题，即先找好语料（必须有一定的数量），然后思考用什么理论来解释这种语言现象，第三章也就有了雏形，最后加上一头一尾，即第一章的引言和第五章的结语。

7.0 青年教师之困惑：职称与教研的平衡

刘：当前学术研究中存在一种普遍现象，青年教师在高校的教学、科研、评职称中感到压力很大，在发表文章的量和质上是存在一定矛盾，您是怎样看待这三者之间关系的？

王：我们都生活在现实生活之中，感受到各种具体压力，如工作压力、生活压力、经济压力，年轻人还要谈朋友、成家等，这很正常。作为年轻人一定要注意，在人生不同阶段要解决不同的重点问题，不能还未开出题来就去考虑工作问题，不能还未毕业就安排怀孕生子，这都是未能抓住不同时期主要矛盾的表现。既然读了研究生，就意味着要做好科研，其他事情也就会在适当的时候水到渠成。到目前为止，我的研究生基本上都在高校当老师，我想，他们未来一定能在我国外语界发挥一定作用。

作为高校教师，首先要认真备课教好书。我建议大家要善于提炼。譬如在词汇和语法教学中，做好两套卡片：词汇教学卡片和语法教学卡片，各条目下可留空以备不断增补修改，收集新观点和好例句，终身受用。此举可保证不要为换教材而发愁，因为词汇和语法这两块知识的基本内容不会有太大变化，也省下了若干重复劳动，且通过自己亲手整理，印象深刻，长年积累后还可成为自己的科研成果。

教学与科研这两者不是相互对立的关系，而是相互促动、共同进步的。我们可在教学中发现有用语料，不断积累新想法，等到成熟时便可成文。而自己和他人的科研成果常可直接转换为教学方法，不断丰富课堂教学效果。如近年来我共发表了29篇关于语言体验性（或体认性）的文章，它们可直接为英语教学提供有价值的参考。当然谁也不能保证自己发表的文章都是有质量的，我在过去二三十年也写过一些东西，回过头来看看有些文章写得还是肤浅的，进步总是有过程的。我也是到了五六十岁，才开始从哲学层面，把语言学和哲学研究紧密结合起来，做了一点点小事情。你们要面对发表论文、搞好教学、升职称等人生经历，从现在起就要养成一个好习惯，多思考、勤写作，常积累。建议你们就像记日记一样，每天写它一两千字的"豆腐干"，老师上课讲授的新东西，你总归有点想法吧；每碰到一个语言现象或读了一篇文章，不能没有感想吧，此时赶快写成"豆腐干"，只有写下来了，才是自己的。我有时晚上失眠会思考一些问题，必须顺手拿起放在床头的小本子写下来，不能等到第二天醒来时再写，到那时一闪念的想法说不定早已无踪无影。当这类积累多了，文章自然就有了。

刘：王老师，衷心感谢您能抽出时间来接受我们的采访并回答问题。您围绕学术创新从语言学的哲学摇篮、理论建树、继承与发展、硕博培养之根本、师生自我设计、理论本土化、职称与科研的平衡等方面阐发了自己的见解。我们相信您的这些感受对我们青年学者具有很大的启发意义，您宝贵的治学经验对我国外语教师一定会受益良多。我们坚信您语重心长的期望和建议，对如何培养学术创新具有重要意义。再次感谢您，并祝您身体健康！

参考文献：

[1] 胡壮麟.认知隐喻学[M].北京：北京大学出版社,2004.

[2] 胡壮麟.人·语言·存在——五问海德格尔语言观[J].外语教学与研究,2012,(6)：803-814.

[3] 季国清.语言研究的后现代化迫在眉睫[J].外语学刊,1999,(1)：9-16.

[4] 王寅.中西语义理论对比初探——基于体验哲学和认知语言学的思考[J].北京：高等教育出版社,2007.

[5] 王寅.认知语言学[M].上海：上海外语教育出版社,2007.

[6] 王寅.后现代哲学视野下的当代隐喻研究[J].山东外语教学,2011,(4)：3-8.

［7］王寅.构式语法研究(上下卷)［M］.上海：上海外语教育出版社,2011.

［8］王寅.哲学的第四转向——后现代主义哲学思潮［J］.外国语文,2012,(2)：9‒15.

［9］王寅.后现代哲学视野下的语言学前沿——体验人本观与认知语言学［J］.外国语,2012,(6)：17‒26.

［10］王寅.语言哲学研究——21世纪中国后语言哲学沉思录(上下卷)［M］.北京：北京大学出版社,2014.

（本文发表于《山东外语教学》2015年第6期）

（作者：刘玉梅教授,作者单位：四川外国语大学;杨义、万帮华和胡国瑞当时均为四川外国语大学研究生）

继承、发展与创新

——王寅教授访谈录

赵永峰

摘　要： 王寅教授践行中西合璧之学术研究理念，为我们建构了一幅语言研究和教学的宏观蓝图，引领了语言及相关学科的研究趋势，如后现代哲学与语言学等的结合。本次访谈主要从为学、为师、为文、为人四个角度对王寅教授进行访问。

关键词： 王寅教授；语言教学；语言研究

[**访谈者按语**] 王寅是四川外国语大学博士生导师，二级教授，外国语文研究中心研究员，认知科学研究所所长，语言哲学研究中心主任，中国英汉语比较研究会中西语言哲学研究专委会会长，全国语言符号学研究会副会长。主要研究方向：认知语言学、语言哲学、语义学、英汉语对比、语言教学研究、认知传播学等。主持并完成两项国家社会科学基金项目"认知语言学""语言哲学研究"，参加一项教育部人文社科重大课题。共出版专著和教材20多部，论文两百余篇，达一千多万字，有十几篇论文被人大书报资料中心和教育部《高等学校文科学报文摘》全文或部分转载。共有12项科研成果获奖（包括一项省级社科一等奖和二等奖）。

赵永峰（以下简称"赵"）： 我们注意到，近些年来您一直在践行哲学和语言学相结合的研究理念，您能谈谈哲学和语言学的关系吗？

王寅（以下简称"王"）： 我认为哲学与语言学应是互为摇篮的。首先，哲学是语言学的摇篮，只有从哲学或语言哲学角度才能看清过往语言学理论的发展简史。罗宾斯(1967)的 *A Short History of Linguistics* 就是主要依据哲学的历史脉络来论述语言学史。而且语言学史上三场具有重大意义的研究范式转变均与哲学有关：① 语言学之父索绪尔发动的哥白尼式革命，遵循西方研究的传统，实施"关门打语言"的策略，将语言视为一种凌驾于人之上的超验系统，这是一种基于先验论的语言观。② 乔姆斯基步其后尘，不仅认为语言是自治(关门)的，且句法也自治，沿着索绪尔的关门观设计出"关门打句法"的形式化分析思路，且认为语言和句法具有先天性，这显然是一种基于天赋说的语言观。③ 认知语言学则认为语言既不具有先验性，也不具有天赋性，应当遵循物质决定精神的唯物史观：语言是人们在对客观世界进行互动体验(体)和认知加工(认)的基础上形成的。

以上三场革命都体现了哲学是语言学的摇篮。另一方面，语言学在某种程度上也帮助哲学家完善他们的研究，为某些未述观点补充理论解释，提供新思路。例如，亚里士多德通过词性确立世界十大范畴，并且基于句型 S is P 建立形式逻辑；巴门尼德分析 on(t)-(be)发现世界本质；洪堡特等哲学家提出"语言决定世界观"等。由此可见，哲学与语言学两者互为摇篮。

赵：您对语言哲学有何看法？

王：关于语言哲学的问题，我在 2014 年由北京大学出版社出版的《语言哲学研究》这本书中有所论述。语言问题一直都是哲学视野中的重要话题。哲学是语言学的摇篮，基于此，国外语言学家都经受过哲学的早期训练，所以他们的语言学研究原创性多，理论深刻且方法论丰富。相比之下，国内长期忽视了哲学的训练。因而我希望国内语言学界能够及早地具有自觉意识，全面地把哲学与语言学联系起来，做个语言学研究的明白人。所以在这本书中，我不仅清晰地梳理了西方哲学和语言哲学简史、主要内容和研究方法，同时也积极响应中国学者提出的前沿观点，努力发展钱冠连先生等提出的"中国后语哲"理论。我认为，研究西土的东西时也不能忘本土的资源，继承重要，创造更重要，这是我在该书中贯穿始终的想法。

赵：认知语言学真正建立的时间应该是 20 世纪 80 年代，但在短短的几十年间迅速成了当前语言学研究的前沿，而作为近十几年来国内认知语言学的领军人物之一，您是怎样定义认知语言学的呢？

王：认知语言学的定义有广义和狭义之分，广义的认知语言学包括如转换生成语法（简称TG）等很多理论。而狭义的认知语言学（简称CL）的核心原则为"现实—认知—语言"，我曾在2007年上海外语教育出版社出版的《认知语言学》中对其有过定义，"坚持体验哲学观，以身体经验和认知为出发点，以概念结构和意义研究为中心，着力寻求语言事实背后的认知方式，并通过认知方式和知识结构等对语言作出统一解释的、新兴的、跨领域的学科"。其中的认知方式主要包括互动体验、意向图式、范畴化、概念化、认知模型［包括认知模型（Cognitive Model, CM）、理想化认知模型（Idealized Cognitive Model, ICM）、事件域认知模型（Event-Domain Cognitive Model, ECM）、概念整合］、隐转喻、识解、关联等。而"统一"二字，则反映了当前CL研究的一大特点：追求用有限的认知方式对语言各个层面作出统一解释，包括语音、词汇、词法、句法、构造乃至语篇。

　　赵：众所周知，一门学科走向成熟往往要经历一个精细化的发展过程；语言是一个复杂的形义系统，对语言的研究必定要涉及语言的各个层面，您能谈谈CL的分支学科情况吗？

　　王：有关学科分类的基本思想，我在《认知语言学》这本书中也有提及。CL隶属于"认知科学"这一大科学之下，与其平行的学科有：认知心理学、认知社会学、认知人类学、认知行为学、认知考古学、人工智能等。根据语言的不同层次，CL还可以细分为：认知音位学、认知词汇学、认知词典学、认知语法学、认知语义学、认知语用学、认知语篇学等分支。这些年来，我和我的弟子沿此思路，坚持不懈，逐步完善CL的各分支学科，一方面是为了使得这一学科更具系统性，使其更为丰满和坚实；另一方面也为了显示出CL的解释力，它可全方位地用于解释语言的各个层面。同时，通过我们的研究，也可以为从事这一方向的研究人员提供更为广阔的探索空间。

　　赵：您认为基于CL的"认知修辞学"的可行性在哪？

　　王：CL把语言看作是互动体验和认知加工的结果，修辞也属于一种语言现象，因此一切辞格也都是认知加工的结果。所以，在CL中建立"认知修辞学"分支自然是水到渠成。而"认知修辞学"的可行性主要在于CL与修辞学两者之间具有兼容性和互补性。其可表现为五点：① 学科设置上具有兼容性。在我国学科设置中，修辞学是三级学科，它归属于二级学科的语言学。故此，语言学就一定能为修辞学提供厚实的理论基础，而修辞学也能体现语言学的研究方向。② 学理基础上具有相通性。CL 与修辞学的总原则具有一致性。CL 的核心原理是"现实—认知—语言",即语言形成于人们对现实世界的互动体验和认知加工的基础上。而修辞现象同样受制于一定的认知方式。同时,隐转喻之类的辞格也可上升到认知层面加以论述。③ 分析方法上具有互洽性。像似性原则可以被用来对大部分主要辞格进行分类,并能解释其认知机制。另外,文学语体中常说的"前景化"修辞原则与 CL 中的"突显"也是一脉相承的,而这些只是其中的几种方法而已,在未来的研究中学者可以作出更多的思考。④ 研究内容上具有互补性。构式语法与修辞学的关系颇为密切,例如,我们可以采用"传承整合法"来解释汉语副名构式,这就是从 CL 角度来分析汉语的修辞现象。⑤ 哲学上共基于辩证性。从哲学角度来看,构式语法的研究进路符合辩证法规律。构式语法的进路主张从矛盾的特殊性出发,以其为基础进而达到矛盾的普遍性,因为普遍性寓于特殊性之中。修辞学也同样具有这一意义,通过特殊表达来反映普遍问题,通过偏离表达来解释语言中带有普遍规律的认知机制。

赵:我们注意到,近些年您将认知语言学与传播学结合,阐述了认知传播学的研究理念,您能简单介绍一下认知传播学吗?

王:西方哲学大体上经历过三个转向,即毕因论、认识论和语言论。基于前三个转向,我们提出了第四个转向,即后现代转向。第四转向又可分为三个时期:人本性和批判性、解构性和破坏性、建设性和体验性。这四个转向都直接影响传播学的研究。传播学基于传统形而上哲学(前三个转向)提出了客观真实论;哈贝马斯基于后现代第一期的人本性和批判性提出了平等交往论;激进后现代论者基于解构性和破坏性提出了多元自由论。而将建设性后现代的体验哲学和 CL 运用于传播学,可以建构"认知传播学",以反思上述三大传播理论之不足(客观真值论属于客观主义哲学范畴;哈氏从前门赶走了形而上学,却又从后门引入了另一面孔的形而上学;大多后现代哲学过于激进,意在否定一切,消解事实,过分强调人的主观多元性,解释多样性,带有浓厚的"放任自由"的痕迹,忽视了自然与社会中还是存有很多规律性这一事实),暂将其描写为:基于后现代哲学理论,运用体验哲学和 CL 的基本原理和认知方式(主要包括:互动体验、意象图式、范畴化、概念化、认知模型等)研究人类传播所涉相关内容。人类的认识既不完全是客观的,也不完全是主观的,而是兼而有之。报道不可能像照镜子那样完整地反射客观世界的真实面貌,其中必有"人"要素的参与,在信息产生过程中必然带有作者的立场和观点,这种"偏见"是不可能完全消解的。而且信息在传递过程中也不可能全部送达接受者(中间总有损耗),具有主观性的不同接受者也不可能按照某绝对普同化模型来统一理解讯息意义。一言以蔽之,传统的客观主义断然行不通。人类的思维、语言、传播之中既有"体",也有"认",前者提供"经验事实、数据分析",后者体现"理论思辨、价值判断"。这两者的完美结合必将能为认知传播学提供一条切实可行之路,因为其既具有重要的理论价值,也具有可靠的实践意义。社科研究可将这两者紧密结合起来,相得益彰,不可偏废。这也是创建认知传播学的基本思路。

赵:您于 2011 年在上海外语教育出版社出版的《构式语法研究》(上下卷)是国内首部有关构式语法的著作,您能介绍一下这是一本什么样的书吗?

王:构式语法属于当今国内外语言学界的一门前沿学科,国内还是近几年才开始触及这一领域,特别是把构式语法放在认知语言学理论框架中研究,更是一门新兴学科。但是就构式而言,它的发展过程却已经有一定的历史。早在乔姆斯基转换生成语法风行之时,他所倡导的"深层结构""普遍语法""天赋论"等观点就受到了自己一些弟子的质疑。最先提出质疑的是 Lakoff,他在从事生成语义学、认知语义学和语言完形论等研究的过程中,通过分析"There"结构,提出"句法研究离不开语义"的观点,指出整体意义不是部分意义的简单组合。与此同时,与乔氏理论也产生了很大分歧的是 Fillmore 对格语法、语义框架的研究以及对"let alone"句式的分析。在《构式语法研究》这本书中,我不再仅仅局限于介绍国内外学者的理论,同时评述其中的利弊,抒发自己的观点,并慎重考虑,提出许多补救方案。我阐发了"语言体验观",并发表系列论文对其进行了较为全面的论证。我在书中的第六章第二节提出了"体验性普遍观",第五章第二节中提出了"体验性概念化",这为语言学研究提供了一个崭新的方向。同时,我还在第九章第一节又详细论述了构式的体验性。

赵:当代语言学的研究大有语义化之趋向,您对此怎么看?

王:1900 年米歇尔·布雷尔的《语义学探索》英译本问世,语义学开始作为语言学的一门独立分支登上历史舞台。在这之后,哲学家、逻辑学家、语言学家、社会学家都开始注意语义研究。但是因为受结构主义思潮的影响,再加上语义涉及的是人类思想深处十分抽象的活动规律,且横跨许多学科,常常使人感到变幻莫测,无从下手,因而在语言学界一直都没能得到应有的注意和重视。受逻辑实证主义哲学理论的影响,对于大多数语言学家而言,他们对那些看得见、摸得着的语言结构和形式更加关注,而对看不见、摸不着的语义关注较少。其中有不少学者就认为:语义学是位于语言学边缘的一块杂乱无章、毫无组织的知识荒地(Leech,1974:X)。但是,语义学是解释语言的关键所在,应该把语义研究作为语言研究的重头戏。这是因为形式和意义是相互依赖的,两者缺一不可。形式是语义的传播媒介,而语义则是形式的实质所在;没有无语义的形式,而语义离开形式也无法传播。同时,语义也体现思维,是客观事物经人文体验和认知后在头脑中的概况反映,它是言语交际过程的中心。正如你与别人交际时,首先你想让自己的思想被别人所理解;在你阅读别人的作品或与别人交谈时,你最关心的往往也是他说的是什么,他想说什么。随着时间的推移,到了 19 世纪末至 20 世纪 60 年代,语言哲学家的注意力转向语言分析,并且将哲学的基本问题归结为语言的意义问题,这为当代语义学的发展和兴起起到了至关重要的作用。20 世纪 60 年代,TG 语法中的重要人物杰罗德·卡茨(1932—2002)更是首次提出语言研究应该包括语义部分,并建立了自己的语义理论,从此语言理论的"句法学、音位学、语义学"形成了三足鼎立之势。20 世纪 60 年代以后,更多的语言学家将注意力从对语言表层结构的描写转向构成表层结构基础的意义结构。越来越多的语言学家,尤其是当今认知语言学家都对语义进行了深入研究,并且取得了可喜的成就。到了 20 世纪 80—90 年代,随着机器翻译、通讯技术自动化、人机对话、信息论、符号学、认知科学等学科的快速发展,语义已成为许多学科研究的中心课题。相应地,语义学已居于语言学研究之首,成为名副其实的"灰姑娘"(久遭冷落而忽逢幸运显名)。当代语义学更是享有"时代的标志"这一美称。总而言之,当代语义学的研究确有语义化之趋向,这是语义学本身的魅力,也是时代发展的必然趋势。

赵:《语义理论与语言教学》是一本特色鲜明的学术畅销书,已出版了修订版,您能谈谈具体有哪些与众不同之处吗?

王:《语义理论与语言教学》这本书到现在总共有两个版本,第一版是在 2001 年上海外语教育出版社出版,且前后共印刷过五次,成为很多高校研究生语义学课程的教材或参考书,有些高校还把它列入研究生入学考试的必读书目。第二版于 2014 年上海外语教育出版社出版,是对第一版的修订和增补,既可作为高等学校本科生和研究生学习语义学的教材,也可以作为广大语言工作者和相关专业教师的参考资料。本书分上、下两篇,总共 20 章,包含了语义理论及其应用的方方面面。上篇的题目是"语义理论",重点进行理论论述和阐释,比较全面地介绍了当前国内外语义研究的重要流派、历史分期、主要内容、发展方向等,力求理清基本概念和相关理论的来龙去脉,偏重于理顺各观点的发展脉络和源流,同时注重吸纳语言哲学当前的动态和研究成果,对国内同类专著已作详述的内容则尽量简略介绍,重点在于论述较新的观点和趋向,抒发我的一些心得和创见,以图从根源上切中要害。下篇的题目是"语义理论与语言教学",着眼于英语教学的实际操作,将相关理论融会贯通,点明理论在语言教学实践中的指导和引领作用,突出了理论联系实际的实用性、平衡性和前瞻性。上下两部分还涉及了许多英汉对比的内容。由于部分语义理论是与教学紧密结合起来论述的,因此也放在下篇,如隐喻学。语言学研究中具有代表性的方向应该是理论、实践、对比,而本书就是朝着这一方向努力的。本书不仅有语义学理论方面的内容,还有运用语义理论方面的东西,其中也包括一些应该属于语用学的内容,所以我把书名定为《语义理论与语言教学》而不是《语义学理论与语言教学》。

赵:我们注意到您从 1971 年开始从事教育工作,教龄已逾 46 年! 在这里您能与粉丝们分享一下您的语言教学观吗?

王:在社会发展的各个历史阶段及其对应的哲学转向期间,教育思想和策略也在随之发生变化。在古代和中世纪奉行本体论阶段,大多实行的是"封建式、宗教式、家长式"的教育策略,创立出了一套培养顺从而又古板的学生的教学方针,这完全是为了满足那个时代统治阶级的需要。自第一次启蒙和认识论转向以来所建立的近现代教育,根据王治河等(2011:第二章)的观点,主要围绕"机械、应试、碎化、竞争、无根"等关键词做文章。我国自 20 世纪初废除科举制度以来,开始走向现代教育,但基本上沿袭的是西方现代教育的模式,并未将人本精神、创新能力作为教育的根本之道。对于今天及以后的语言教学,我认为有这几点需要改进:

首先,文理不该早分家。我国在中学阶段就开始实行"文理"分科教育,结果出现理工科学生的人文积淀较差,而文科学生则不通理科的现象,从而种下了偏科的种子。

第二，文科不可被边缘化。理工科与人文社科（包括语言学）一样都是科学，只是两者的研究对象有所差异，前者关注"自然"，常以"客观、量化"为准则；后者侧重"人"这一"有机体"。文科与理科，正如理论与实践一样，各有所专，不可偏废，应该把它们两两有机结合起来。

第三，应反思"以人为器"的教育思想。正如怀海特（2012：9-10）所说："人不是机器，我们应该激发学生的求知欲，提升其判断力，锻造其对复杂环境的掌控能力，使学生能够运用理论知识对特殊事例作出预见——所有这些能力的塑造，不是单靠几张考试科目表中所体现的几条既定规则技能传授的。"

第四，消解课程设置"碎片化"。当今教育和科研领域的学科分工过于细密，一定程度上可以说这是优点，体现了经济生产、社会进步、知识分工等发展进程的必然结果；但这同时也有不足，因为它阻碍了学科间的有益交流。学科分工虽然有可取之处，但我们还应注意到除了这个"专"之外，对于相邻或相关学科信息也应给予重视。

第五，语言文学三方向有机整合。在外语界，"语言文学"一级学科主要设有三个方向，即语言学、文学和翻译学。而这三者基本处于"老死不相往来"的状态，这也是学科分类过细的原因。三学科各行其是，沟通甚少，不利于培养"宽视野"的全面发展型人才，更谈不上"一览众山小"的大师了。故而，三者有机的结合是有必要的。

最后，提倡有机教育与团队精神。在实施有机教育的过程中必须强调"多元和谐"和"团队精神"。个人的精力极其有限，见识也非常渺小，团队合作会更加有效，通过交流可以互相启发，借助对话能够激活思路，运用交往则能共同进步。

赵：随着时代的发展，社会对导师的认知似乎也在发生着变化，您认为 21 世纪的为师之道最重要的是什么？

王：从教师的角度来看，我认为当今的为师之道应该是劳己筋骨，苦己心智，以解放学生为己任，以进入前沿为目标。只有自己处于学术前沿，才能将弟子们带上世界平台，真正推动我国素质教育向前不断发展；只有自己不断创新，才能为后来者提供坚实的肩膀，让他们踏着我们的肩膀向上攀登。只有这样，中国的语言理论研究和教学实践才能与国际接轨，与国外同行对话，才可能实现"立民族之林"的中国梦。

赵：您对于"为文"有什么看法？

王：我认为要想写好一篇文章，首先必须善于吸收前人的知识，广泛涉猎，开阔视野，并且勤于思考，不可盲从；其次，在积累大量知识的同时，追踪前沿，开拓思维，积极创新，敢于有自己的见解和想法，做到"边积边发"；最后，作为学者，必须有严谨的态度，端正的学风，做到不抄袭，不剽窃，坚守学术规范。

赵：作为国内认知语言学界的领军人物之一，您对自己有何评价？

王：领军人物不敢当，我也只是站在巨人的肩膀上稍微看得远一点而已。总结起来，我这一生，只做了两件事，一件是做学问，另一件就是教书。学海无涯，知识永远都在更新，在知识的海洋里，谁也不敢说已经游遍了整个海域，吾辈应时刻保持谦虚的态度，孜孜不倦；教书育人，更是非一日之功，任重而道远。

赵：感谢您接受采访，也感谢您精彩的回答。

王：不客气，只愿我之拙见能对后来者有些许启迪，则吾愿足以。

参考文献：

［1］Leech, G. N. *Semantics*［M］. London：Penguin Books Ltd.，1974.

［2］怀海特.教育的目的［M］.庄莲平，王立中，译.上海：文汇出版社,2012.

［3］王治河,樊美筠.第二次启蒙［M］.北京：北京大学出版社,2011.

原文发表于《英语研究——文字与文化研究》（第六辑）

（作者：赵永峰教授；作者单位：四川外国语大学研究生院）

体认语言学诞生的必然性

——王寅教授访谈录

黄新炎

摘　要：王寅教授是认知语言学的研究专家,其专著《认知语言学》是语言学研究的必读文献。2014 年起,他在洞察了世界语言学发展史的基础上,首创了"体认语言学",首次把唯物论和人本观引入到语言学研究之中,是马克思主义辩证唯物主义和人本精神与语言学研究相结合的最新成果。本访谈回顾了语言学研究史,论述了体认语言学的基本概念、原理和应用。

关键词：认知语言学;体认语言学;王寅;辩证

一、语言也是生产力

黄新炎(以下简称"黄")：王先生好! 您最近提出了一个全新的语言学分支——体认语言学,这是您长期从事语言学研究,把国外认知语言学本土化的实践,请您首先介绍一下什么是体认语言学?

王寅先生(以下简称"王")：我从事语言学研究已经快 50 年了,我觉得语言学研究需要追随国外理论进行系统的研究,但不能老是跟着跑。我记得 2017 年中国社科院一个同志来做报告,对我启发很大。他认为当前的学术界要摆脱"精神殖民"、建我话语体系。这对外语界的同志可能刺激比较大。首先就摆脱"精神殖民"而言,我们一直都是学老外的、说老外的,但是今天不能再继续说下去了,要说自己的了。建我话语体系就是不仅要对国内和国际的语言学最新方向有所研究,而且更要对其有所贡献。因此,在这个思路的指导下,我想把国外的认知语言学修补成"体认语言学",因为"认知"这个概念太大,含义也太多,可以说Everything is cognition.只要经过大脑加工的都是认知。乔姆斯基是认知语言学家,搞软件开发和应用实践的也是认知语言学家,搞任何心理、神经实验研究的都可称为认知语言学家。我提出的"体认语言学"与其含义不同,不包括搞软件,也不是仅局限于实验。

汉语词典上有"体认"这个词,"体"指身体,"认"指认识,所以"体认"两个字可以概括很多东西。体是客观的,认是主观的,既有客观又有主观,这就可弥补原来乔姆斯基、索绪尔研究语言学的理论缺陷。

黄:王先生用非常简洁的语言分析了建立体认语言学的背景,以及体认语言学的概念,那么您是在什么样的前提下开始思考建立这个语言学研究的新门类的呢?

王:科技是第一生产力,2018年是中国改革开放40年,在这期间一批科技工作者出国留学,学会了先进的科技,促使国家强大了。那么我就要问,他们的外语是谁教的? 当然是外语老师教的。我们教会他们学会外语,他们用学到的外语技能出国留学,学到先进现代科技,回来报效祖国。在这个意义上来看,共和国的辉煌旗帜上同样有外语教师的汗水。

科技是生产力,科技靠什么表达? 靠语言,世界上几乎所有的东西都离不开语言,语言说得到的地方就是我们的 known world,语言没有说到的地方就是我们的 unknown world。这是英国著名哲学家维特根斯坦的一句名言"The limits of my language mean the limits of my world"。人类的知识在语言的疆界处封闭而封闭,人类的知识在语言的疆界处开放而开放,我们的语言说到哪里,哪里就是我们的知识范围,语言没讲到的地方永远是我们的未知世界,这就是语言的重大意义。如果科技是生产力,语言也是生产力。我们选择教和学语言,是站在时代的前沿,肩负着时代的重任,从事教授和学习语言这门专业,是"上对了花轿嫁对了郎"。

二、索绪尔是先验的,乔姆斯基是天赋的

黄:您为我们论述了外语的重要性,那么王先生您讲的体认语言学与索绪尔的普通语言学及乔姆斯基的转换生成语言学有什么异同呢?

王：这个问题很好。索绪尔语言学的关键词就两个字——"关门"。他把语言拿过来,切断了其与社会和人的联系,关起门来打语言。他认为语言是个系统,先验地悬在我们每个人的头上,当你一出生就注定被投入到语言的牢笼之中,永远跳不出去。关于索绪尔的研究,我划了下面这张表,索氏研究思路就很清楚了。

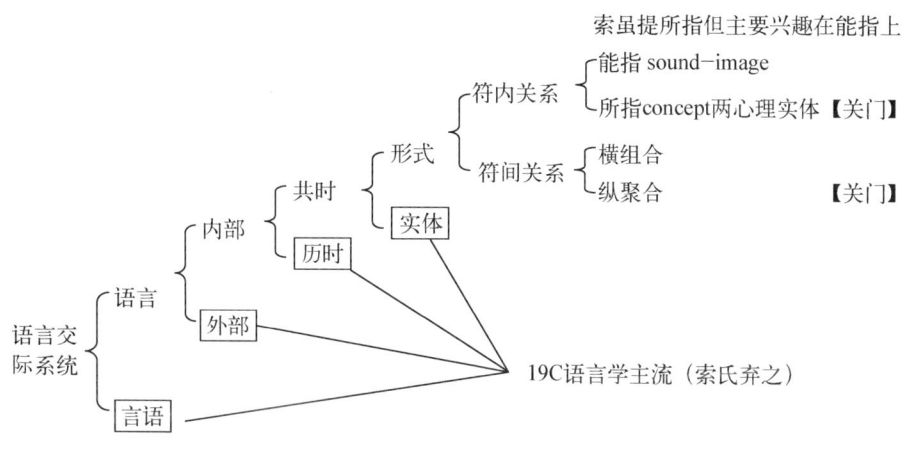

图1 索绪尔研究思路

索绪尔的现代语言学理论,核心思路就是"切六刀",一刀一刀地往下切。首先第一刀切在 langue and parole(语言和言语)上, 他只研究 langue,不研究 parole;对于 langue 又在"internal and external(内部和外部)"之间切了一刀,他专门研究内部,不研究外部;且只研究"共时"不研究"历时";在共时研究里又分为"form and substance"。四刀下去,一刀一刀把语言之门越关越紧,实现了他"关门打语言"的内指论语言学研究方向。

何为"form and substance"? 语言究竟是"form"还是"substance"? 后者指具体的语言表达;前者指"关系、结构、系统"。当中国人把英文的"form"译成汉语的"形式",就注定了我们要产生很多误解,包括形而上学中的"形"。古希腊的形而上学追求本质,透过现象看本质。举个例子,象棋可以用翡翠做,可以用木头做,可以用泥巴做,用什么做不重要,重要的是那 32 个棋子落在棋盘上,必须按照象棋规则去运作,棋跟棋之间的关系才是最重要的,而不在于用什么材料来做。假如掉了一个棋,怎么办? 可以用 5 分钱硬币来代替它,一旦这个 5 分钱硬币进入到这个系统,它必须发挥所代替的那个棋子的作用。

据此索绪尔想到语言,语言系统中最重要的是词语与词语之间的关系。再比如说什么叫瓶子? 拿个瓶子跟你说"This is a bottle.",这叫指称论"Referentialism",我们小时候就是这样学得语言的。索绪尔关门了,不能用指称论来解释实物名词的意义了。他就想到应在语言的内部寻找意义,这实在是太聪明了,一般人真想不到! 他通过"syntagmatic and paradigmatic"两种内部关系的交叉点来确定意义。如说瓶子,它可以跟杯子、盘子、碗、桶等一大堆东西相比较而存在,这个位置就是它的价值,价值产生意义,这才是索绪尔研究的基本思路。

从上图还可见,符号的"形式"层面还可分"符内关系和符间关系",前者指"signifier and signified"相结合而形成的"符号",它永远具有两面性,是 sound image 和 concept 的结合体。后者指"横组合、纵聚合",可通过它们的交叉点来确定价值和意义。

什么叫普通语言学? 普通语言学就是"general"的意思,这个思想贯穿全书,这才叫普通语言学。我们国内很多普通语言学一点儿也不"普通"。索绪尔的"普通"体现在每个语言都可用"横组合和纵聚合"来研究,还可用它来解释语言的各个层面。

乔姆斯基的问题:把语言拿来分析分析,这只是一个表面工作,语言学家要回答的核心问题是"语言来自哪里?"乔姆斯基的回答是:语言来自"mind",来自脑子的 UG(或叫 LAD)。但是乔氏有一个缺点,认为语言和思维是天生的。

因此,从哲学立场来说,索绪尔是先验的,乔姆斯基是天赋的。如果说索绪尔是现代语言学之父——我们的爹,我们还有一个二大爷——乔姆斯基。他们都是基于唯心主义哲学理论作出的两篇大文章,控制着全世界的语言学研究达一个世纪之久。

三、基于辩证唯物主义的体认语言学

黄:那是不是说体认语言学就是在传承了索绪尔和乔姆斯基的基础上创立的,但是却引向了唯物主义?

王:学界研究的方法大多是基于"传承和创新",体认语言学也不例外。我们接受了这两位大师的部分观点,但与他们又有重大区别。

我们认为,人们在现实世界的互动体验中形成了认知,马克思主义的唯物论重新回到了语言学的殿堂。现实世界决定我们的行和知,然后通过行和知才产生语言。"体认"二字中既含有感性也含有理性,因此语言必然是感性和理性相结合的产品,既有客观性也有主观性,这就是认知语言学或者体认语言学。所以语言学的发展方向一层一层地进步,进到了"体认"。

我们知道,西方哲学主要有四个转向,从毕因论转向到认识论,再转向语言论,继而到后现代,如下图所示:

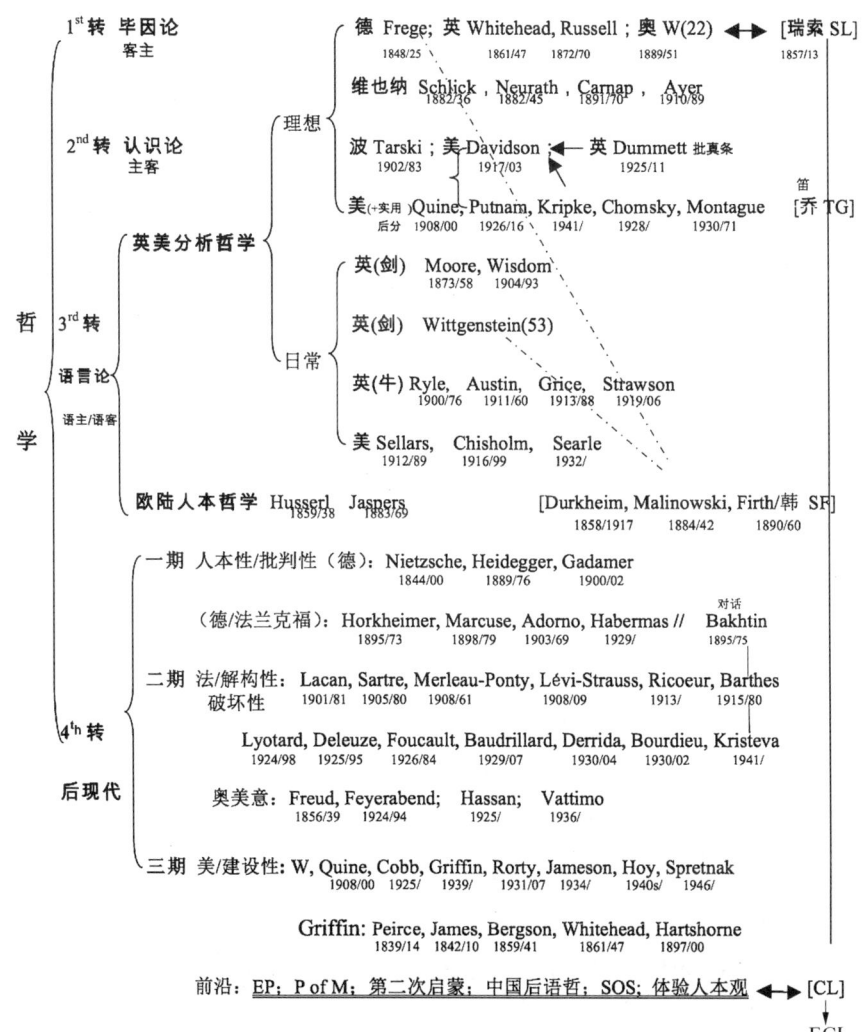

图 2 西方哲学四个转向简表

从语言学发展简史到哲学发展简史,两个学科有一个汇合点,这就是"体认",代表着哲学界、语言学界研究的前沿之一。在我们这个国度里讲体认语言学,我觉得是最合适的,这完全符合辩证唯物主义的基本观点。

符号与所指,与人搭上关系之后才能有意义,不考虑人本观的语言学注定是有缺陷的。因此我主张把语义三角所讲的那个"sense"向下拉到底线,且将其修改为"认知",这就阻断了符号跟现实之间的联系。没有人,何来的语言?因此索绪尔和乔姆斯基的语言理论都缺乏"人本观",这是不妥的。认知语言学虽谈到了这一点,但强调不够。今天的体认语言学既强调唯物论,也兼顾人本观,因而在理论上更具前沿性。而且它不仅在理论上有方向性意义,而且在教学上也具有重要的实践意义。

黄:您常说认知语言学和体认语言学是后现代主义理论的产物,那么什么是后现代理论呢?语言研究与后现代如何有机结合?

王:什么是后现代?主要可概括为:反哲学、反理性、嫁接、拼凑、穿越、碎片化、反对宏大叙事,这些都是后现代的特征。下图是理论发展史的总趋势图:

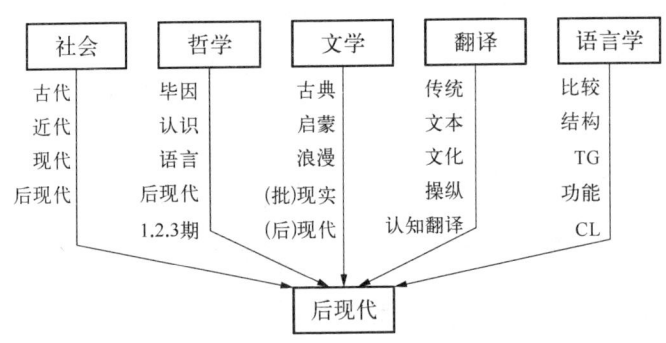

图3　理论发展史的总趋势图

当前人文学科研究前沿在哪里,社会发展经过古代、近代、现代,到了后现代;哲学经过毕因论、认识论、语言论,进入后现代;文学经过古典、启蒙、浪漫、现实、批判现实,到了后现代甚至后后现代;翻译学经过传统的、文本的、文化的、操纵的,从认知翻译这里开始进入后现代;语言学从比较语言学、结构语言学、功能语言学、认知语言学到后现代,进而出现了体认语言学。

上面那个西方哲学转向表我画了十几年了,从哲学的三个转向,即从毕因论到认识论,再到语言论,然后我又增加一个"后现代转向"。最右边这条竖线是语言学所对应的哲学基础。索绪尔的语言理论是基于分析哲学的,乔姆斯基也是基于分析哲学的。系统功能语言学发展的线索从弗莱格、维特根斯坦、马林诺夫斯基、弗斯到韩礼德。简表右边最下面是认知语言学,它是经过后现代第三期的后现代建设性哲学(包括体验哲学、心智哲学)的产物。

西方的第一次启蒙运动的核心思想是人文主义,强调人之理性。当前的"第二次启蒙"是由王治河博士提出来的,然后钱冠连先生基于后现代第三期和第二次启蒙提出了"中国后语言哲学"。我在哲学界发了几篇文章,曾经提出了"SOS 理解模型",两个"subject(主体)"面对一个"object(客体)",它可解释我们心智中既具有客观性也具有主观性,它确实可以挽救我们免于走向纯客观主义或纯主观主义的极端,这可推导出语言的体验人文观,这是当前语言学的前沿之一。

四、语言研究者的责任和担当

黄:您长期专注于认知语言学研究,已经是国内该领域的标杆式领军人物了,而您结合哲学理论,继续深入地展开了体认语言学的开创性研究。如此持久和艰辛的研究,仅仅是出于对语言学研究的喜爱吗? 对于体认语言学的研究价值或者其对今后语言学研究的启发作用,您个人又是怎么评价的呢?

王:这是我们坚持学习西方哲学(包括语言哲学、后现代哲学、体验哲学等),且将其与语言学研究紧密结合起来的成果,作为一代学者,应有一份责任和担当。

我认为,认知语言学与体认语言学使得语言学理论进入了后现代时期,这才是这两个学科的历史意义之所在。并不是仅讲意象图式、范畴化、隐喻等认知方式,其真正的理论价值在于顺应了历史发展的潮流。语言学研究也进入到后现代前沿,语言学界的学者可以和文学,翻译学同台论道、平起平坐了。

在这一人文研究大潮的影响下,体验哲学和认知语言学应运而生,认为人们的概念结构、推理能力等都来自对客观外界的互动体验和认知加工,在其基础上所形成的语言理论就是认知语言学。但该理论未能强调其唯物论和人本哲学观,为此把后现代主义理论与语言学研究紧密结合起来,且将其核心原则定位于"现实—认知—语言",这就是我们为什么要提出体认语言学的基本思路。

英语语言文学有三大方向,其中的文学和翻译学,早已将后现代主义理论(反传统、反基础、反理性、反中心等)融入本领域的研究之中。该理论较早被引入后现代主义的文学创作和分析中,前者为后者提供了坚实的理论基础。翻译界对后现代思潮反应也十分迅速,因为该理论迎合了翻译工作者的心理需求,使他们认识到自己不再是传声筒、留声机、搬运工、反光镜、转述者,他们所从事的翻译工作在后现代哲学思潮的观照下被理解为"再创作",一改"仆人"的感觉,摇身步入"主人"的地位,读者反应论(费什)、接受理论(伊泽尔)、目的论(莱斯和弗米尔)等对翻译理论产生了重要影响。因此,"翻译就是再创作""译者须有自我风格""读者利益至上"等观念得到空前张扬。语言学界似乎对后现代主义理论反应较为缓慢,这或许受到索绪尔和乔姆斯基理论的影响太深,很多语言学者依旧在"结构主义"或"转换生成语言学"的框架中运思,而忽视了后现代主义理论与语言研究的关系。

结构主义语言学将语言视为一个封闭"王国",极力排除人和社会的因素,乔氏虽提及人、人的心智,但最终还是以客观主义哲学观,特别是笛卡尔的天赋观、二元论、现代"形式主义"方法为圭臬,再次创造了一个无视主体主观因素的神话。系统功能语言学虽主张从语言交际功能的角度来审视语言,考虑到了人在社会交际中的需求,体现出一定的人本性,但未能从人的互动体验和心智加工的角度深入探索语言的成因、意义和理解。真正能体现后现代哲学人本性的语言学理论当算认知语言学和体认语言学。

也正是在这一点上该理论具有重要的历史意义,实践着后现代理论的人本精神,顺应了整个人文学科的发展趋势,充分强调语言的体验性和人本观,以"人化的语言"为旗帜,将语言研究融入了后现代哲学的大潮之中。因此,随着认知语言学的登场,语言学发展滞后的现象得到了一定的缓解。

据此,语言不仅仅是工具,语义也不是客观世界的镜像反映,其中必然要渗透进人本因素,语言当为"惟人参之"的产物,是"人化的语言",但也不是主观无边(批判激进人本观)。"认知"是基于体验之上的认知,可合理解释语言中的若干现象,强调挖掘语言表达背后人的认知机制,强调语言表达是在人的"体验"和"认知"作用下形成的,即语言是经验和"惟人参之"的产品。

黄:您不仅是语言学研究大家,还一直从事语言教学。您认为语言学的学习者,最需要什么样的知识储备或知识扩展呢?

王:正如钱冠连先生所指出的,没有哲学功底的人匆忙上阵就做语言学研究,不肤浅才怪呢。所以说这十几年来,我从苏大到川外带领着研究生除了学正常的课程之外,还要帮助他们补西方哲学、形式逻辑、心理学、认知心理学等知识,还要学习西方语言学简史、中国汉语语言学简史等,这几本书念下去,再加上正常开的语言学分支课等,知识就较为完整了,可满足当前语言学研究的理论需要。

黄:跟哲学联系如此紧密!那么您的体认语言学能不能解决中国汉语的理论问题?

王:当然,我在中文系教过语言学课程,北大出版社前年让我写一本适合中文系的认知语言学教材,去年已经交稿了。我的很多论文都涉及汉语现象,比如,汉语中大约有 969 个明喻成语(含诸如"像、似、如、若"等词),我就做了个封闭语料,用它们来解释语言的体认性再合适不过了,如"安如磐石",大石头很稳固,这是"体"(即生活经验),将其用来形容某一事情很稳定,却是人的认识。

黄:先生在学术和教学上都有自己独到的见解和丰硕的成果,而青年老师或学者如果想向您看齐,做到对语言学有如此深入的理解,是否有点难度?

王:我们目前研究生培养方案里都有"培养创新性人才"的字眼。但究竟什么是"创新"似乎很少有详细论述。所谓研究生,就是研究语言理论及其应用的学生,如何在理论上创新,我们可以学习马克思"Duang"方法,他将费尔巴哈的唯物论和黑格尔的辩证法有机整合起来形成了"辩证唯物主义",这在语言理论的创新研究中很实用。现有的语言观点总归是各有利弊,若能较好地进行整合,可达到取长补短的目的。

要能实现理论创新,先要学好现有理论,而且更要知晓前沿动态。胡壮麟先生说,博士生要读 200 本书,硕士生要读 50 本书,这些书真读进去了,感觉就会不一样。在读书时一定要一边看一边记笔记,当下有什么心得或想法赶快写下来,不写下来就会跑掉。当初不写,若是等看完了再写,不一定还能找到当时的感觉,因为思想若不及时变成文字固定下来,它会飘走的。我床头上一直有一个本子,晚上想到什么,赶快爬起来写,第二天早上赶紧输入电脑。

有了这样的"豆腐干",经过一段时间的积累,总归能写出自己的论文。有时科研就像工厂开发产品一样,研发一代,上市一代,储存一代。写作论文也是这样,可开发一篇,发表一篇,储存一篇,走可持续发展之路。我的电脑里至少存有几百块豆腐干(未成形的片段),等到时机成熟了,一串一串的就来了。我认为,厚积薄发是个理想模型,我们应是一边写,一边想,一边发。这个方法大家都能学会。要能走上前沿有所担当,就要多读书。我有一篇文章的题目就是《读书、教书、写书》,这基本上概括了我的人生。

五、潜心研究,任重道远

黄: 王老师,在您的学术生涯中有哪些学术名家对您有较大的影响?

王: 首先要感谢的是胡壮麟和钱冠连两位先生。胡先生是我多年的恩师,我有好几本书都是请他作的序。钱先生也是一样,给我很多帮助。我是从语义学进入语言哲学,钱先生是从语用学进入的,我俩一拍即合,在做语言哲学方面做了点工作。钱先生在 21 世纪初大力倡导语言学界要学哲学,功不可没,这对中国的语言学者(包括外语界和汉语界),乃至世界的语言学界都有影响。为何要在语言学界大力倡导学习语言哲学? 其意义就在于(语言)哲学可帮助我们找到语言学研究的理论基础和研究方法。

黄: 您是如何超越学术的功利性呢? 扎扎实实地学习和工作,让浮躁的青年学者学会沉下心来读书,您有什么建议和希望?

王: 第一,成就大不过兴趣,有兴趣才能作出成绩来。乐在读书中,趣在学问间,立志于语言学,走在学术前沿,不能图眼前小利。第二,有点遗憾的是,当前热爱读书、肯下功夫的人好像少了。我们要思索如何转变学生不爱读书这种现象。第三,国内外误导太多,老外常出个主意,有人就喜欢热捧,不管它适合不适合国情。我们认为较为可行的科研方法是: 理论思辨出论点,数据统计出论据。不可错把方法当理论(钱先生语)。

所有致力于语言学习和研究的人,都应该常反思,沉下心,坐得住,耐得住性子,要有担当。衷心希望各位学者能在这一领域有所超越,有所作为!

黄: 子曰:“授人以鱼,不如授人以渔。”方法的掌握,能力的培养,素质的提高,也就是认知能力的提高,这正是认知语言学和体认语言学所倡导的基本思路。通过今天的访谈,我们知道不仅要学习基础理论,更要关心前沿理论。这两个新学科旨在寻找语言表达背后的认知机制,实际上就是在培养"透过现象看本质"的能力,这必将有利于实践素质教育。我们都记住了您的这段话:21世纪的为师之道为:苦己心智,劳己筋骨,以解放学生为己任。

感谢王先生的精心解答和耐心指导。

(作者:黄新炎博士,副编审;工作单位:上海外语教育出版社)

寄　语　篇

以书为伴，以教为生，以写为乐

——写在古稀之寿的春天

王 寅

一

日月如梭，时光荏苒，转眼我已步入古稀之年，回想起来我在教育岗位上一干就是近半个世纪，与"书"结下了不解之缘。庄智象教授于 2018 年主编出版《往事历历 40 年回眸：知名外语学者与改革开放》(上海外语教育出版社 2018) 时，约我一篇文章，题目就是《读书·教书·写书——兼谈继承与发展，创新与应用》，这大概可概括我这 70 年的经历。现笔者将此文收录于后，算是对后生们的一点寄语吧！

我出生于 1950 年，属虎的，今年虚 70。听父母讲，我是凌晨降生的，说是"露水虎"，意为空着肚子的下山老虎，急于求食和求知，父母通过这一解读对我给予了较大的希望，其实天下父母都是这样的，只是说法不完全相同罢了。过去一直过阴历的生日六月二十五，有了万年历后才查得正是那年的 8 月 8 日，但开始做身份证那年（大概是 1985 年）我正好在英国留学，不知何人就随便给我写了个 7 月 27 日，这就有了那个身份证号码。

我的师长、领导、好友和学生得此消息纷纷写来贺信，读后让我激动不已。他们在文中所写下的真情实感和赞美之词，对我来说既是肯定和褒奖，也是鼓励和鞭策。说是肯定和褒奖，热情洋溢的词句让我感到我生活的意义，这些年的教学和科研成果对于同行和学生们还是有价值的；说是鼓励，我离大家文中所用词语的要求尚有一定的距离,它们是我古稀之后的努力方向和奋斗目标。

常言道"人生七十古来稀",而近来这个岁数已不算什么罕事了。我读了这些洋溢着真情实意的贺信之后大为感动,确实另番滋味在心头——情不自禁地发出了"人生七十春意浓"的感叹。之所以说"春意浓",主要有以下几点含义:

(1)听到我的师长、同事和学生的祝贺之词,让我顿生一种"如沐春风"之感,中肯的言辞,真情的表述,流露出一片深情和关爱;热情的文字,激励的语句,充满了一片友谊和情感,令我感动不已。人生能得此关爱和友谊,真是我的一大幸事。在此,我谨向他们给我送来的春风般慰藉表示衷心的感谢!

(2)文科研究重在积累,到了古稀之年,应该说已经有了一定的积淀,若不如此,还更待何时?此时正是"人有所思、笔有所写"的年纪。钱冠连教授到了60多岁时有了井喷一样的科研成果,正得益于他前几十年的"厚积"。我亦有同感,从事文科研究的人员或许到了这个时候就真的到了春天,有了一种挡不住的"复苏"和"重生"的冲动。

(3)我曾将我的人生归结为"读书、教书、写书"六个字(参见下文),沿其进程还可细化为"以书为伴、以教为生、以写为乐"以及"以恒治学、以诚从教、以心著书"的理念。我们若能抱以这样的心态当老师、做学问、走人生,与学生为友,便是在享受着读书人的人生与快乐,就像生活在阳光明媚的春天一样,那样的愉悦,又是那样的祥和!

下文是我在将要出版的《王寅语言学文集》(共20卷)所写自序的部分内容,现摘录于此,回忆一下教与学的历程,算作古稀之寿的一点感想。

二

回想我这一辈子,除插队劳动之外仅从事一门职业"教师",尽管那时"文化大革命"的遗风犹存,"臭老九"很不受社会待见,但我深受家庭的影响(父亲就是一位教师),十分喜爱读书,就与父亲的职业结下了不解之缘。因此我这一生可用"读书、教书,写书"来概述。

人生始自读书,弄懂来自教书,升华乃靠写书,经过这三阶段的不断重复和循环,才有可能将一门学科吃透,也才能谈得上继承和超越。我的前二十几年主要以"读书"为主,大学毕业后开始"教书",此时便萌发了练笔的冲动。由于教学需要不断收集和整理资料，我与夫人李弘前后花了 5 年多的时间写了长达 57 万字的《英语词形词义辨析》一书，于 1983 年在山东科学技术出版社正式出版，这算是我们较为满意的处女作。

现在依旧还能记得那时的生活场景，住在学生宿舍的筒子楼里，走廊上每家门口放着一个煤球炉，旁边堆满了蜂窝煤，还有白菜和大葱，做饭时走廊里充满了各家的饭菜香。每家在分得的 15 平方米斗室里过日子，虽然很拥挤，但与邻居可天天照面，过得倒也挺热闹，可谓其乐融融。

我们在房间里除了放置一张床、一个衣橱和两把椅子外，还别出心裁地用擀面板将写字台和圆饭桌搭连起来，上面放了一台老式打字机，一边写，一边抄，还要上滚筒打字，打完字后再往空行里填写汉字，时常因行间距不能对好还要重来一遍。最不方便的是空间狭小，诸如吃、喝、睡的日常生活，再加上我们两人的学习、备课、写书都挤在一间小屋子里，真是有点施展不开。小书桌上堆满了书和资料，从手写到打字，再填写汉字的流程凑合着辗转行进；一到吃饭时，就要将放着打字机的擀面板挪开；若是有客人或学生来访，只好临时挪出个空间来谈谈话。那时，我们多么盼望能有一间自己的书房啊！回想起杜甫的那句"安得广厦千万间，大庇天下寒士俱欢颜"还是颇有感触的！我们是在 10 年之后才分得了带有书房的居所，才算满足了读书人的简单要求。

当《英语词形词义辨析》的草稿完成后，我们用方格备课纸誊写了 1 000 多页，送出版社时装订成了 8 大本。为能写成这本书，我们将 1 岁大的爱子送到老家请爷爷奶奶带了一年，心中一直为未能尽好父母之职而感到内疚。鉴于那个年代外语资料极少，正值我国改革开放初期，学习英语之风在全国盛行，这本书还是产生了一定的影响，听说很快售罄，我们的内疚之感才得到点滴补偿。

三

为了满足教学的需要，也需要自我提高，我们还尝试写了几本有关词汇、语法、听力、写作、阅读等方面的教材。就这样，边读书，边教书，边写书，倒也相得益彰，以书为伴，日子过得很充实。同时也让我悟出了一个道理，汉语成语"厚积薄发"只是一个理想模式而已，勉励人们要多读书、多积蓄，慢慢地少量放出，这是有道理的！但它在当今的社会现实中不太具有可操作性，其实有些道理和体会不是读出来的,而是写出来的,不是想好了再写,而是在写作中才会想得更明白,理解得更透彻。时而有人将其理解为"先厚后发",这是不妥的,谁敢说某人在发文章时已经"厚"了,若是按此逻辑,在高校恐怕连讲师也升不上,更不用说当教授了。回想起来,我也算是读了不少东西,但总觉得离"厚"还有很大的距离,或许我们这辈子谁都不能说自己"厚"了,但不可不写!可行之道只能是:

> 边积边发,积中有发,发中有积,有积有发,
>
> 以积促发,以发促积,积发相济,伴人一生。

我以此为基础订了一个学习计划,每天争取读50页专业书,或写个千把字心得,算是"以勤补拙、以恒克难"吧!每天不看点书、不写点什么,心里总会有点"空落落"的感觉。这也应了民间的一句俗语"好记性不如一个烂笔头",意在勉励人要多写。我正是平时靠着这支三寸不烂之笔,让很多思想中的一闪念永久地留在了纸上,白纸黑字可让我们的思想出场,这正体现了语言哲学家一个基本理念"语言使人出场,使思想永恒"。这使我想起了莎士比亚18号十四行诗中的最后两句:

> So long as men can breathe or eyes can see,
>
> So long lives this, and this gives life to thee.

细细诵来,体会更深,没想到莎翁会早于语言哲学家300多年就提出了"语言使人永恒,使思想出场"的观点。这也成了我平时不断叮嘱弟子们的一句话,有了想法赶快写下来,切切别让一闪念过夜,虽不一定马上成章,但可写成一块"豆腐干",以备后用。若有了想法不及时记下来,过一阵子就会跑得无踪无影。特别是晚间躺在床上失眠时总会涌出些奇思妙想,不立即用纸和笔把它记下来,等一觉醒来再写会发现此时它已经 gone 了,正如美国著名作家玛格丽特·米切尔(Margaret Mitchell)所用书名那样:*Gone with the wind*。

四

胡壮麟教授在《王寅语言学文集》的序言中说:

　　王寅先生从语言教学到语义学，又到认知语言学和像似性，接着是构式语法和对话句法，还在研究语言哲学的基础上提出了具有我国特色的"体认语言学"新理论。

这一句话已经清楚地将我的学术之路和盘托出。

　　（1）出国留学前我主要写些有关词汇学习、语言教学的心得文章，1983年出版的《英语词性词义辨析》基本总结了那个时期的成果。1985年我去英国留学主要学习语义学，回国后编纂了《简明语义学词典》（山东人民出版社，1993），写出《语义理论与语言教学》（上海外语教育出版社，2001）。

　　（2）此后我接触到认知语言学，20世纪末还分别到美国和新西兰拜会了这一领域的著名学者Lakoff（雷柯夫）、Langacker（兰纳格）、Taylor（泰勒）等。特别是像似性理论对我吸引力很大，因为它对于语言教学具有较大的指导意义，而它相对的任意性对于语言教学可以说没有什么价值。在研读国外这些新理论的过程中我写出了《论语言符号像似性——对索绪尔任意说的挑战与补充》（新华出版社，1999），之后又写出《认知语言学》油印初稿，于2002年申请到国家社科基金项目，经数所高等院校试用，修改后于2007年在上海外语教育出版社正式出版。此时还出版了《认知语法概论》一书。

　　（3）当国外的认知语言学进入到认知构式语法研究阶段时，我又适时地跟进，出版了《构式语法研究（上下卷）》（上海外语教育出版社，2011）。

　　（4）2014年在认知语言学领域中又应运而生了"对话句法"这一研究新动向，认为句法现象不仅出现于词语横组合之时，而且在邻近语句对的纵聚合层面上也可进行句法分析，特别是对话，在上下文两个语对的结构和词语中会不可避免地存在全部或部分的"对应"或"对称"现象。我与博士生曾国才于2012年就着手这项研究，他在论文中较为深入地讨论了以WH－开始的疑问句及其答话之间的对话句法问题。我们于2016年合作发表了3篇有关该论题的论文。

　　（5）钱冠连教授于21世纪初就联络我，谈到了语言哲学的重要性，此后我们就携手合作召集国内志同道合者成立了"中西语言哲学研究会"。他原专业为语用学，我原来学过语义学，这样我们两人分别从两个不同角度切入并汇合，较为完整地体现出了西方语言哲学中的两大板块：理想语哲学派（语义学）和日常语哲学派(语用学)。当于 2010 年完成《构式语法研究》写作之后,我就在前十几年语义学、语言哲学探索的基础上开始着手写本适合外语界使用的语哲书,于 2013 年申请到国家社科后期资助项目,2014 年在北京大学出版社出版了《语言哲学研究(上下卷)》。

(6)我近 10 年来基于语言哲学和认知语言学的相关观点提出了语言的"体验人本观",较为详细地论述了语言的体验性和人本性,后将其修补为语言的"体认观",并在此基础上提出了建构"体认语言学"的构想,得到了一大批学者的响应,这使我深感欣慰。

上述 6 个阶段基本上概括了我的学术之路,一步一步地发展而来,循序渐进,既很自然,也很充实。

五

我们于 20 世纪 90 年代初终于分得了带有书房的二居室,圆了自己多年的梦想。此后,生活得到较大改善,房子也越住越大,书房也变得越发宽敞。每次搬家我总会精心设计书房,以方便和实用为准。终于几年前我们在四川外国语大学安居小苑分得一套 160 多平方米的房子,我拆掉了一堵墙,将书房与一个房间连通起来,变成一个大书房兼会客室,在其三壁固定上一直通到屋顶的书架,且根据书的实际大小分成恰当的隔层以能尽多地放书,将收藏的几千册书尽收其中,根据自己的习惯划分出不同的区域,使用起来十分方便。我在书房里还安置了一个乒乓球台,方便召集研究生前来会课,所需资料顺手可从书架上取下来。时下,我感到最舒畅的事情是让我静静地坐在书房里,看自己喜欢看的书,写自己想写的东西,其乐无穷,过着"以书为伴,以教为生,以写为乐"安逸的晚年生活。

一路走来,只觉得人生短暂,时间不够用,需要读的书很多,需要写的想法也不少。因此我一直不喜欢说"人生苦短",我们的人生无所谓"苦",若将读书看成一件苦差事,何以能在读书中找到欢乐,又何以能写出令人读来高兴的书呢?以"苦"来描写人生更多地含有消极意义。所谓"苦读"中的这个"苦"字已转作隐喻用法了,意为"有耐心、尽力",而不是那个"黄连味道"了,也无"难受与痛苦"之义了。我常以"书中自有 EVERYTHING"来勉励同学们要好好读书,不要为外界的诱惑而分心,"外面的世界很精彩,书中的世界更精彩",既然是精彩,何苦之有唉!

我在与书为伴的旅途中虽谈不上"风尘仆仆"，也没有什么"豪情万丈"之感，但始终心怀一种乐观的人生观。尝遍读书之乐，享尽教书之乐，倍感写书之乐。如何才能享得其乐，理应做到：读书时要读进去，教书时要教明白，写书时要写深刻，这样才能真正体会到一种快乐。说实话，有些理论书不是读一遍就能读懂的，它有时需要读几遍才能有点感觉。有学者说"《红楼梦》不读五遍就没有发言权"正是这个道理，读一遍就有一遍的感觉。如 Lakoff & Johnson（雷柯夫和约翰逊1980）所著的 *Metaphors We Live By*（《我们赖以生存的隐喻》）不读几遍很难理解透彻。虽说他们行文时主要用的是简单句型，表达得也很流畅，但其中所涉及的理论问题却是较为深奥的，特别是一些哲学命题，若无这方面的功底就不可能很好地理解这本书所论述的哲学道理，因为约翰逊是美国著名的哲学家，他主要从哲学角度论述了隐喻的特性、功能和意义。因此，认知语言学家认为隐喻不仅是语言层面的表达问题，更重要的是它反映出人们心智中认知世界的基本方式，这也是当今哲学家所关心的命题。既然隐喻所表达的意义都与事实不相符合，属于"假话"类的言说，而哲学是以"追求真理"为旨趣的，语言中有三分之二以上的表达都具有隐喻性，用这样的表达又何以能获得"真理"？这就涉及哲学问题。倘若没有这方面的修养，何以能理解这本书的理论价值和历史意义之所在，这就是钱冠连先生反复强调的：从事语言教学和研究的人必须学好（语言）哲学，从哲学层次来思考语言现象必定会有另番感受。一旦打通了语言学与（语言）哲学之间的通道，真的想通了，定能获得一种高层次的"一览众山小"感受，这是一种前所未有的享受，正是"尽早走出纯语言研究"魅力之所在。

六

作为一个学者，自当"以恒治学，以诚从教，以心著书"。自古道，鸟贵有翼，人贵有志，我们自幼就接受了"要有远大志向"的教育，旨在鼓励人们要树立一个人生目标，并为其奋斗终身。作为一名教师的"志"在于：读书要贵以勤奋，教书要贵以忠诚，写书要贵以专心。

这40年来，我一直工作在教学和科研的第一线，必然要天天读书、备课、批改作业，还要写文章。说我"以恒治学"倒也谈不上，这是由教师的工作性质所决定的。要能教好书就要忠诚教育事业，若要如此还须读好书、读进去；若能再将读书和教书的体会与心得通过写作这一环节加以提炼和升华,便会有效地反哺教学,不断改善课堂效果。

因此,作为一名教师必须不断和深入地思考"如何教好书"这一根本性课题,我在这方面还是较为认真的。如在给学生授课过程中经常使用"以纲抓线、用表小结"的方法,利用图表来归纳总结相关知识点,在语法教学中提出了"构式程序分析图"的理念,也十分实用。20 世纪 80 年代初我就将"英语非谓语动词"这部分的众多规则,用旧挂历反面划成了一个总表,将"不定式、动名词、分词"置于表格中间,然后向右分别标出它们所做不同句法成分时的特征,后左分别标出它们所具有的动词特征,通过上下左右的对比,一目了然,基本就能宏观把握这部分内容了;我还在这张表的左右各加一张折页,在相应部位分别写上典型例句,这样年复一年的教下去,老师自己可牢记这部分内容,学生也能拎得清楚,说得明白,记得长久,用得正确。这张表一直用了很多年,效果甚佳。

我认为,高等教育还是要分出层次:对于英语本科生而言,主要学习诸如听、说、读、写、译等语言技能及相关知识,该背的要背,该记的要记,以吸收知识为主,为未来的工作或研究打下坚实的基础;对于研究生来说,主要应解决理论提升和联系实践的问题。所谓研究生,绝不是大学教育的纯粹延续,不是大五大六的继续教育。研究生应是"研究理论"的学生,包括理论创新和联系实践,这样才符合在研究生培养大纲上所述及的"培养创新人才"的要求。为此,在研究生阶段导师一定要将有关理论讲清楚,弄懂观点尤为重要。

如何学好一个理论,讲好一个观点,必须要有条理,一定要说明白其来龙去脉、它是针对何种观点提出的,解决了什么问题,留下什么遗憾,各路学者是如何发展的。在研究生教学阶段也可用表格来作系统梳理,以能实现"好学、便记、易查"的教学目标。课堂上能讲得明白,写书时就能写得清楚,我在很多作品中用了不少表格来论述多种流派、观点之间的传承与发展关系,如在《语言哲学研究(上下卷)》中划出了 85 个表格之多,尽量梳理出各种哲学观之间的传承关系(既可依据时间、人物为基线来梳理,也可依据观点、流派来梳理)。另外,我在写作时注意使用平白、通顺的语句将相关理论说清楚,尽量做到层次分明,语句流畅。即使是艰深的哲学观点,也尝试用简单易懂的语言将其说清楚,而不必故作高深,参见陈嘉映为笔者《语言哲学研究》(2014)所撰写的序言。

回顾这 40 年的历程，谈不上辉煌，离赞誉之语"著作等身"真的还有很大差距（倘若要"等身"得有百十本再说），但也过得十分充实，在"读书、教书、写书"中度过了人生中播种与收获的季节。在这古稀之年将昔日所写的东西整理成一套由 20 卷构成的文集，汇聚出版，算作一位教员的学术回忆吧！

七

2018 年重庆的夏季特别炎热，笔者在横山上的避暑山舍居住月余。背靠浓密的原生态松林，闻着那阵阵松涛送来的清新空气；面对一池不大不小的荷塘，鹅鸭戏水，涟漪不断；不远处还有一个水库，时而听得潺潺流水声；还有那一片片绿油油的庄稼地，时常使我想起 50 年前"插队"劳动时的场景。时而闲庭信步，时而放足田间，享得了一份炎夏难得的凉爽，喜获一种远离尘嚣的幽静，蛮有几分读书人的乡野情趣。手捧几本书，守着华硕牌笔记本电脑，边看边写，还有 1 岁多的小孙子游玩膝下，咿呀学语，享得天伦之乐，大有"含饴弄孙"之感，令我深感欣慰和安逸，生活如此祥和，真可谓称心遂愿，读书人能有此晚年真是无比幸福。

读书之余偶有小感，现录如下，以抒情怀：

朝霞楼栏勤补拙，
夕阳庭院守华硕。
与文为友恒克难，
留世文稿似传说。

游学四方为解惑，
俯瞰荷塘心地阔。
荟萃众纭润心扉，
跨界探求试新拓。

王寅

2018 年 8 月

读书·教书·写书

——兼论"继承与发展 应用与创新"

王 寅

摘 要： 人生始于读书，高校教师则必有延展，一般都经历了"读书—教书—写书"的过程，这三个环节之间具有前提和辩证的关系。读书一定是后两者的必要条件，不仅读，且要读进去；教书是对读书的实践和升华，不仅照本宣科，且要讲出新意；写书则是对前两者的再度总结和提炼，重在继承发展。本文重点论述了笔者在研究生培养这三个环节上的具体实践体会，强调读书的基础性，要读前沿性的书；教书的规划性，要教系统性的知识；写书的前瞻性，要写创新性的书。

关键词： 读书；教书；写书；论文写作；创新

一、引言

我一生除了"插队"劳动之外，只从事一门职业——教师，当民办教师从小学教起到中学，后来又当了大学教师，直到评为教授，当上硕士生和博士生导师，这就注定我一辈子与"书"结下不解之缘，"读书、教书、写书"与我终身相伴，再次论证了"语言是我们存在的家园"这一重要命题。我乐在其中，其乐无穷！

我国自40年前改革开放以来，各行各业发生了翻天覆地的变化，教育界也随之面貌一新，尊师重教再次成为社会风尚。国门顿开，各类新书蜂拥而入，确实使人大开眼界，耳目一新，一种迎头赶上的感觉涌动在心头。此时，人们再次认识到了外语的重要性，英语教育进入了黄金时代，很多有志青年学者经过外语培训，走出国门,学习国外先进科技,为实现我国四个现代化作出了重要贡献。因此,在我国与世界接轨的过程中,外语教育发挥了重要的作用;在今天共和国辉煌的旗帜上,浸染着外语教师的汗水。

改革开放中有一句响亮的口号"科技是生产力",而科技又是靠语言(国外先进科技主要靠英语)传入我国的,若将此话改为"语言是生产力"也完全讲得通。我们学习和教授外语的同仁充分认识到自己的一份担当,在学好外国语言的基础上,又开始接触到国外的语言理论,从 20 世纪 70—80 年代的索绪尔结构主义语言学,到随后的乔姆斯基的转换生成语法、系统功能语言学,直到 20 世纪末的认知语言学,我们一路走来,生活在读书中,工作在教书中,历练在写书中,感触颇深。

二、读书

我们的生涯都始于读书,人生约有三分之一时间是在学校度过,从学前班到大学,再加上研究生,读书占去了人生 20 多年的时间。小学、中学是基础阶段,大学确定了专业方向,到研究生阶段才谈得上真正意义的研究,继承并发展国内外学者的理论,进入学术生涯。我们在读书和科研的过程中常会遇到以下两个问题: 1. 读什么书? 2. 如何读书?

1. 读什么书?

回答这个问题似乎不难,大部分时间在读学科方向规定读的书,研究生读的大多是导师指定和推荐的,与专业紧密相关的书籍。毕业后又该读什么书呢? 这个问题并不是每个人都想过,也不是人人都想好的。

在高校教书,就得不断读书;特别是当了研究生导师,更需要读书。从事外语教育和科研的人,要读好本专业该读的书,应订全外语类核刊,以及部分中文类或其他相关学科的核刊。一般的经验是: 沿着自己的专业方向从相关期刊上追寻国内外新书,不断更新知识,进入前沿。如学习认知语言学的人就要跟紧"*Cognitive Linguistics*"期刊,以及具有前沿性的两套系列丛书"*Cognitive Linguistics Research*"(现已出版到第 60 卷), 和 *Applications of Cognitive Linguistics*(现已出版到第 37 卷);还应密切关注国内外该领域的知名学者及其新著。

我们不断听到有人问,当前的语言学前沿在哪里? 可从自己所学理论中挖掘新问题,并解决之;但是更多人认识到,老学派中可供发展的空间毕竟有限,而新学派中创新空间却要大得多。因此,学者们主张追随新理论,如20世纪中后期许多学者从结构主义语言学派走入乔氏TG语言学派,后来也有学者从TG学派走入功能或认知语言学派,这就是一种"与时俱进"的精神,正如我国系统功能语言学旗手胡壮麟老师(2004)率先出版了《认知隐喻学》,便是这种精神的体现。令人佩服的是,他近来还连连不断地发表语言哲学方面的论文,这种与时俱进的精神可敬可贺,不愧为外语教师的楷模。

2. 如何读书?

这个问题似乎可有多种答案,各人自有读书习惯,或快或慢,或精或粗,但我个人有一深刻体会,坚持"边读边写"。

常言道,好脑筋不如一个烂笔头,意在告诫人们要多写。读书时可在自己的书上圈圈点点,留下只言片语,可在电脑上记录下自己当时的感想,我将其笑称为"豆腐干",有时一本600—700页的英语原著,我能作出近十万字的笔记,这其中既有摘自原著的重要语录(须标注上页码,免得以后查找麻烦),也有自己的心得(也须注上符号,免得分不清他人与自己的话语)。若心得较长,我还会当下反复修改,带着问题再读,再改,使其基本成文,以备后用。因为在读书时思想最为活跃,思考也较为深入,若等全书读完了再写,说不定会"时过境迁",再也找不到当初阅读时的感觉,难以寻得当下的敏锐思路和适切心境。

这几十年来,我电脑中积累了几百块这样的"豆腐干",为未来写文章和书提供了很好的基本素材。只要找到一根合适的线索,将几块"豆腐干"贯穿起来,就可能成为一篇文章。当然,这不是简单的拼凑,而要将几块"豆腐干""有机"联系起来,围绕一个中心议题,解释一个论点。在整合过程中还可能不断产生新想法,包括观点的提炼,思路的拓展,论述的发挥,例证的说明。同时,在写一篇文章时又可能会带出下一篇或几篇,这就是我们常说的"开发一代、推出一代、储存一代,走可持续发展之科研路"。

外国人所编纂的语言哲学、体验哲学、认知语言学方面的书常常很厚,600—700页的书是常见之事,还有的分为上、下卷,如Langacker(1987,1991)的《认知语法基础》、Talmy(2001)的《走进认知语义学》等。倘若阅读的时间拉得太长,中间的干扰太多,难免会有遗忘,连不上线,使理解缺乏连贯性。因此,必须给自己规定任务。我坚持每天平均要读50页书,且将其称为"教授的生存方式",特别是硕士生和博士生导师,必须要有一定量的新知识输入,才能做到与时俱进,引导学生进入学术前沿。

三、教书

教师(俗称"教书先生"),即在学校从事教书的人,但在"如何教书"的问题上却是仁者见仁、智者见智。我们搞了这么多年的"教学改革",归根结底就是个"如何教书"的问题。我是一名英语老师、英语语言文学方向的研究生导师,我想从这个角度谈两点体会。

1. 自我设计

萨特认为,人是自我设计的存在物。作为一名英语教师,应当长远地规划自己的教学生涯。例如我们在英语教学过程中,"词汇"和"语法"是两项常规内容,而教材可能每过几年就要更换,可我们不能因为换了教材,就要从头再写一次备课笔记,其中有些核心内容是不变的,如词汇和语法。因此我早在20世纪80年代就制作了两套卡片:词汇卡片和语法卡片。

前者有300多张,将各类教材重点讲解的"Word Study"归纳整理出来,一个单词一张卡片,留些空行不断收集新鲜例句,包括词源、小故事、笑话等,且根据自己的教学体会,更为合理地编撰出讲授的顺序。每次可根据需要从卡片盒中抽出需要讲解的词,用完后再放回原处。每年教这些常用词语时都有新体会,我就不停地写在卡片上,以便下次教学时能用上。不断学得的新知识不能零散放置,随手摘录而不加整理,一定要归结到一处,经过综合处理后才能成为一个小体系,为我所用。

后者也有近百张卡片,按照词法(十大词类:名、代、数、形、副、动、介、冠、连、叹)和句法(句子的种类、成分、主谓一致、各类从句、引语、标点符号等),尽量用图表方式将某章节的内容概括清楚,其中还插入了若干专题卡片,如双重属格、There-be存在句、反意疑问句、定语从句等等,这就是我(2011b)后来总结出来的"构式程序教学法"。同样,可不断将平时学得的语法知识和趣味性信息收集插入其中,以不断丰富语法教学的内容。

经过多年的积累,可使这两部分的通用性基础知识不断充实,更趋体系化,既可避免若干不必要的重复劳动,也是一个很好的学习过程,更是一个建构自己知识体系的好方法。经过多年累积便能成为自己的一项科研成果,可根据情况整理出版,为后人指路。

作为一名英语语言学方向的导师,应当不断思索,努力为弟子们设计出更为合理的知识结构。如除了所开设的课程之外,我还要求弟子们必须学习:西方哲学简史、普通逻辑学、心理学、社会学、后现代哲学、语言哲学、西方语言学简史、中国语言学简史等,以能进一步打牢基础,拓宽视野。多年来,我们一直认为只有掌握了西方哲学,才能深刻了解语言哲学、后现代哲学和体验哲学,也才能学好认知语言学。只有掌握了古典形式逻辑,才能学会现代形式逻辑,也才能理解形式语义学、乔氏 TG 语法,否则如同沙滩盖楼房。有了心理学知识,才能更好地理解认知心理学,便会深刻了解认知语言学是如何借用(认知)心理学方法来研究语言的。

汉语是我们的母语,汉语语言学也是我们所不可缺少的基础知识,有了这方面的修养,才可更好地开展英汉对比研究。我还曾让研究生学习训诂学,以便能让他们很好地进行东西方的语义研究对比。多年来我们一直在强调"跨学科"研究,毫无疑问,上述这些知识结构将是实现这一目标之必须。两条腿走路总比一条腿走路要走得稳,走得快,走得好。我的学生彭志斌(2012)曾说过,这些知识将影响他们的一生。

另外,作为一名硕导和博导,应当很好地设计自己的研究方向、具体内容、论文课题。研究方向较易确定,因为各人在读研期间便已基本定型,但如何进一步完善该方向的具体内容和课题,却有做不完的文章,这就需要导师自己不断地阅读、思考、选择,随时记录下来一些有价值的议题,若有些弟子实在开不出题,便可将这些课题提供给他们,让他们与自己一起来做。一句话,研究生的论文必须对该学科有所作为,引导他们作出一些新贡献,调查或分析出一些导师所不知晓的东西,才可真正实现"教学相长,师生共同进步"的目的。

这样,经过多年的积累,自己的研究成果与学生们所做的研究,便可构筑出一个又好且新的研究体系,为日后写书积累下丰富而又宝贵的资料。这就应了

Halliday 的一句话：大学之所以招研究生，就是为了让研究生和老师共同完成一个又一个课题，完成前辈未竟的事业（转引自胡壮麟 2001 为拙书《语义理论与语言教学》所作前言）。当然了，导师必须尊重弟子的劳动，在索引中要注明出处，不要"争夺"学生的成果。

2. 劳己筋骨

认知语言学认为，语言来自人们对现实世界的"互动体验"和"认知加工"，前四个字可归结为"体"，后四个字可归结为"认"，这就是笔者前几年提出的"语言体认观"，近来又进一步主张将国外的认知语言学本土化为"体认语言学"，且将其核心原则概括为"现实—认知—语言"。据此，语言就像似于我们的认知方式，也在某种程度上像似于现实世界。因此，"像似性"必然成为认知语言学和体认语言学的一项重要内容，与索绪尔结构主义语言理论中的"任意性"完全不同。若根据索氏的这个观点，以"任意性、惯用法"一言以蔽之来概括语言现象，给老师留下了不加思索的借口，增加了学生的学习难度，因此索氏这一观点在教学中没有什么应用价值，反而有消极作用。难怪李葆嘉教授要将这种观点称为"懒汉语言学"，说不清楚的、解释不了的就归结为任意性，岂不省事。

认知语言学和体认语言学坚持像似性（Iconicity）原则，旨在追问语言非如此表达而不那样说背后的机制或理据，与任意观背道而驰，这显然有助于英语课堂教学，让学生们深刻理解英民族如此表达的认知理据，这必然有助于记忆和运用。因此，认知语言学和体认语言学在教学实践中必将大有用武之地，这就是我们所说的"应用认知语言学（Applied Cognitive Linguistics）"（王寅 2012）。这些年来国内外学者发表了很多论文，解释了英语表达背后的认知方式，我们也做了一点思考，发表了系列文章，如关于语言体认性的文章已发表到"之三十二"。若同仁们能对其稍加了解，必将大大有利于提高英语课堂教学的效果。

英语有很多特色表达，我们不仅要会运用它们，还要知道它们是如何形成的。认知语言学对其中的部分现象亦已作出合理解释，还有很多尚需进一步探讨，做更深入的研究，挖掘其背后的理据，才能使我们的学生获得一种"解放"的感觉。由于受到时代的局限，在 20 世纪很多语言现象尚不能被解释，随着认知语言学的迅猛发展，部分问题已得到解决，但还很不够，尚须继续努力，携手协作，从语音、词汇、词法、句法、语篇等层面深刻揭示英语表达背后的理据性认知方式,这必将大大有利于改善我国英语教学的现状,真正将素质教育贯穿于英语教学之中,不仅要掌握英国人的表达方式,还要透过语言现象知晓其背后的认知方式和思维规律。

笔者不妨借用孟子的话稍作添加,将这一教学改革思想表达为"劳己筋骨,苦己心智,解放学生",这才是21世纪外语教师所必具的基本素质,才是我们应当坚持的努力方向。

四、写书

当读书、教书有了较厚的积累,水到渠成,学者们必然要开始考虑"写书(包括写文章)"。回想自己,与大部分老师走着大致相同的路,从20世纪70年代末开始写豆腐块小文章,如某些词语的用法特征、教学经验,到编写教材,再到80—90年代写些理论性文章,最后到学术专著。我到目前为止出版了40多本专著和教材,发表了280多篇文章,约有近2 000万字的出版物,前期主要是关于教学经验总结的,后期主要是理论性论著。这与我国外语界的发展进程基本吻合,20世纪70—80年代很多文章主要是关于语言现象分析和教学经验总结,随着我国改革开放的不断深入,国外语言学理论开始传入我国,学者们开始真正认识到如何迎头赶上,密切关注理论探索,逐步规范了科研的内涵。这其间我有两点体会供大家参考。

1. 边积边发

汉语中有一个成语,曰"厚积薄发",意思是:大量地、充分地积蓄,少量地、慢慢地放出,常形容只有准备充分了才能做事,等"厚"了才发文章。该成语所倡导的思想有可取之处,旨在鼓励人们多读书,但在现实生活中是不可行的,何为"厚",何时能"厚"? 只因为"学无止境",我们永远不能自称"我厚了";成语"活到老,学到老"就是这个含义,一个学者即使到老了也不可能成为"厚者"。若等到"厚"了才考虑发文章,是否会"水已过了三亩地",按此道理,看我国情,即使到老了也当不上讲师。

我认为可行之道当是:边积边发,积中有发,发中有积,以发促积,以积带发,积发兼之。正如上文所述,当我们在阅读中有了想法时应及时将它们写下来,想法积累多了,便可成文。发表出的文章一定是最高境界吗?远非如此。我们知道,就连乔姆斯基这样的大家,还在不断修改自己的观点。写出的文章只能是自己学术进程中的一个新起点而已,通过它可促进自己进一步去思考,去积累。

这一基本思路与"读时便写,边读边写,以读带写,以写促读,读写兼顾"的道理完全相通。因此"读写与积发"的过程,便是我们学海探珠的过程,这一过程将会伴随我们一辈子。

2. 论点+论据

写书(包括写论文)如同写论述文,当有"论点(Argument)"和"论据(Argumentation)"两大要素,这一点中学语文老师早有告诫。可在我们研究生的学术论文中,常有人将中学老师的教诲当作耳边风,置若罔闻,这两大要素常显得不很完备。

首先,论文必须要有鲜明的论点,可我们有些同学(包括硕士生和博士生)在写作时并没有很好地坚守住这一点,答辩时要他陈述自己主要论点时,却在东说西扯,不着边际,表达混乱,这说明他在写作论文时心中并未明确一个论点。

我们虽从事的是"外国语言文学",这注定我们要研读外国学者的成果,但也不可仅做"步人后尘"之事,行"拾人牙慧"之为,无意之中步入了"精神殖民"的路。当然了,读懂国外的前沿理论就很不容易了,但不管怎么说这才是科研长征的第一步。我们必须在引进的基础上有所发展和反思,乃至批判与创新。为此,日后的学位论文不能仅以某外国理论为框架,换用些汉语例子作支撑。难怪有学者要大声疾呼,"我们为什么仅为老外忙乎?"用汉语例子来论证外国人提出的观点,何时才能有我国自己的理论?钱冠连先生反复提醒国人,中国人在国际学术舞台上输就输在缺少理论上,他基于此提出了我国自己的语言学和语言哲学理论"中国后语言哲学",可喜可贺,当予维护、支持和发展!"创新"应当成为 21 世纪科研之首要,这也完全符合我国坚持"改革开放、与时俱进"的国策。

如何创新,马克思便是我们最好的榜样!我们学了多年的马克思主义,但很少有人注意到将马克思的研究方法应用到语言学研究之中。我们知道,马克思既批判吸取了费尔巴哈的唯物论,也全面审视了黑格尔的辩证法,将这两者有机地整合为"唯物辩证法",且使其成为马列主义理论的核心内容。我们学了很多语言理论和观点,它们各有长短,为能达到"取长补短"之功效,完全可将不同观点整合起来,便可解释更多的语言现象。这些年来我的硕士生和博士生就常采用这一研究思路,批判吸取和整合国内外相关理论,修补了若干学者(包括笔者本人)的观点,旨在有意识地培养研究生的理论创新能力。或许你整合(用当下时髦语叫Duang)出来的理论模型本身还不很完善,其说服力也有待进一步证明,但这对于研究生养成创新思维的习惯却是十分重要的一步,这体现的正是创新教育。

在确立论点之后,自然就要陈述立此论点的缘由,或用此理论来解释具体的语言现象。不少学生常喜欢生造例句来说明自己的观点,或随手拈来几个例句,喜欢的例子就用,不喜欢的例子就踢到一边去,这显然缺乏说服力,别人也可十分容易地举些反例,这就是桂诗春、宁春岩两位教授(1997:Ⅲ)所指出的,"我国的外语工作者对语言学的各个领域都有兴趣,但是却没有足够的方法支持他们的研究,54%的人使用的是简单的思辩性的方法,随机性很大,这些研究方法的成果难登大雅之堂。"应用语言学和二语习得方向的学者常用封闭语料库进行数据统计和分析的方法,值得我们理论语言学者学习。在当前网络通讯如此发达的今天,我们可获得各种电子信息和数据,有一点语料库语言学知识的人都可用此法进行"论据调查",并可获得相对穷尽性的数据,可有效弥补上述随便举例之不足。

稍作反思,国内有些论文或"缺乏论点",或"论点无新意",或"堆砌他人理论",或"以数据统计为目的"(用钱冠连先生的话说"错把方法当理论"),当引以为戒!

3. 创新思考

我们所从事的研究在教育部规定的学科目录中列为"外国语言文学",顾名思义,就应当专攻"外国人"的语言理论,难怪汉语界有学者质疑我们,你们就会跟在老外后边亦步亦趋。这话说得不公道,有失偏颇,这是由我们的学科方向所决定的,而且能读懂外国人的理论,也不是那么一件容易的事,不是曾有不少人出现过"误读"。

近来,各学科的科研都在大力倡导"继承与发展,应用兼创新"的原则,特别对于从事外国语言文学的人来说,这一点十分重要。我们都深刻地认识到,在"照着说"之后,还更要"接着说",说出点新鲜道道,搞出点新名堂,讲出点别样言词。笔者近年来也在朝这个方向努力。例如,我们针对国外哲学家所提出的种种理解模型之不足,提出了"主客主多重互动理解模型(SOS 模型)",强调客观须与主观结合、主观也须兼顾客观的原则,且可用于解释语义,该文发表在《哲学动态》2009年第 10 期。我们在审视西方传统人本观、激进人本观、悲观人本观的基础上,基于体验哲学提出了体验人本观,且以其解释了传统理论所解释不了的若干语言现象。笔者在 2007 年出版的《认知语言学》中根据自己的理解,建构了"事件域认知模型(ECM)",解读了体验哲学与马哲的关系,详解了认知过程,并据此揭示了物质如何决定精神的过程,等。我们还尝试对狭义认知语言学作出一个权宜性定义,并以此统领全书的内容;尝试运用十数种认知方式对语言各层面作出统一解释。我们川外认知团队在此基础上还提出了"体认语言学",意在突显语言学研究中的唯物观和人本观,强调了人类的"认知"出于"体验",认为语言来自人们对现实世界的互动体验和认知加工。

在 2011 年出版的《构式语法研究》(上下卷)中,笔者信守"既有继承,也有发展,重在创新,关注应用"的理念,在各章节的撰写过程中,用较多篇幅阐述了自己的学习体会和心得,批评、修补并发展了国外学者的若干观点。特别是在下卷,尝试运用上卷所述理论,借助封闭语料统计分析了英汉两语言中常见构式(如双宾、动结、动宾、偷抢、明喻等),获得了若干数据以佐证相关观点,且有较多的笔者心得。

笔者于 20 世纪 90 年代对认知语言学中的像似性发表了较多的看法,于 2003年在国内将认知语言学理论引入语篇分析,于 2005 年引入翻译研究,随后又将其与修辞学、语用学、符号学等结合起来分别撰写了认知修辞学、新认知语用学、认知符号学等文章。2012 年又根据国外认知语言学发展最新动态撰写了认知社会语言学(与王天翼合作)、历史认知语言学、应用认知语言学。笔者还组织博士生撰写了认知音位学(赵永峰 2010)、认知词汇学(刘玉梅 2010)、认知句法学(郭霞、崔鉴 2010)等,从而使得认知语言学的各分支学科渐趋均衡发展,实现了笔者(2007:xvii)对认知语言学学科描写的基本设想,以期能为从事该学科研究的学者开阔视野。

近年来我还与钱冠连先生及哲学界的朋友们交流协商,正式提出了"哲学的第四转向：后现代主义"，将其大致分为三期：

（1）人本性与批判性；

（2）解构性与破坏性；

（3）建设性和体验性。

我们还将体验哲学和认知语言学、体认语言学、中国后语言哲学纳入后现代第三期，以能达到廓清思路，理清脉络，与世界人文研究大潮接轨的目的。

多年前，我们基于言语行为理论就产生了"语言也是生产力"的想法，经过这些年的思考并与学界同行广泛讨论，得到了他们的理解和支持，最终于 2011 年将其付诸于铅字（《什么是认知语言学》前言），于 2014 年在《语言哲学研究——21世纪中国后语哲沉思录》中再次述及，这也是后现代哲学视野下的一种语言新观。

近年来川外的认知团队致力于实践"中外合璧，建我理论"的科研原则，努力将国外认知语言学（Cognitive Linguistics，简称 CL）理论本土化，尝试建构体认语言学（Embodied-Cognitive Linguistics，简称 ECL），其中既有继承，也有发展，更有创新，主要提出了如下观点（L 代表"语言学"，CL 代表"认知语言学"，ECL 代表"体认语言学"）：

（1）率先提出了西方哲学的第四个转向；

（2）明确指出当前世界人文社科之前沿；

（3）提出并充实中国后语言哲学的理论；

（4）分析言语行为理论在后现代的发展；

（5）将 CL/ECL 视为西方的语哲之延续；

（6）尝试提出体验人本观和体认普遍性；

（7）确立了主客主多重互动的理解模型；

（8）尝试建构"体认"及 AS 元认知机制；

（9）较为深入地剖析了人类的认知过程；

（10）据上解释和细析物质如何决定精神；

（11）基于经典/原型范畴提出图式范畴论；

（12）在学界提出哲学与语言学互为摇篮；

（13）尝试给认知/体认语言学下权宜定义；

（14）首先用 ECL 建立我国的认知翻译学；

（15）基于 ECL 提出了我国的认知传播学；

（16）运用 ECL 和后现代理论阐释修辞学；

（17）拟构社会认知 L 和历史认知语言学；

（18）用体认语言学原理进行英汉语对比；

（19）将国外 ICM 发展为事件域认知模型；

（20）依据"部代整"原则提出命名转喻观；

（21）较系统对比论述中西学者的隐喻观；

（22）基于体认语言学对比中西语义理论；

（23）对比论述了音训法与西方的音义学；

（24）首倡构式本位观、构式程序分析法；

（25）数年前论述的像似性已被学界接受；

（26）尝试健全 ECL 及各分支学科的体系；

我们认为，只有在后现代哲学视野下，站在当前人文研究大潮之前沿，才能深刻认识到认知语言学和体认语言学的历史意义，识得隐喻的庐山真面貌，获得一种"站高看远、居高临下"的感觉。

五、结语

我们有很多"家"，首先是父母给我们的温暖小家；小学、中学、大学、工作单位都是我们的家；我们还有"国家"这个大家庭；对于我们做语言研究的人来说还有一个家，语言是我们的"存在之家"，我们生活在语言这个家园中。人从自身的需要出发，经过历史的曲折进程和语言的漫长旅途，实现了对社会和自身的充分理解，实现人类史和语言说的高度统一，从而达至既超越又不超越的回归，永远前行在与时俱进的路途之上。一言以蔽之，人类存在，是因为掌握了语言；我存在，是因为语言赋予我存在的权利。德里达认为，我们的言语行为中蕴藏着人类无穷的奥妙。伽达默尔喊出了"谁拥有语言，谁就拥有世界"的口号。这犹如一阵冲锋号,激励着我们这些语言工作者下定决心,为其奋斗终身。钱冠连先生于 2005 年出版的《语言是人类最后的家园》值得一读,可让我们更好地理解我们的语言之家。没有语言,我们就是无家可归的流浪汉。

我们是研究人类之家的,没有我们的研究,我们又如何能生存得适宜,生活得滋润? 如何能建设好"宜居之家"? 语言工作者的研究将直接回答"我们是谁?""人何以为人?"的老问题。一言以蔽之,人类的知识体系必将在语言中得到编码,语言最终也是一种生产力,若从这个角度来说,外语教学千万不能被"边缘化",语言研究自当位于当今人文学科的前沿。

为了能实现人类的理想,我们就必须不断学习,研究语言,享受"读书、教书、写书"三位一体式的人生存在方式。外面世界很精彩,但书中世界更精彩。

以书为媒,努力传承和发展前沿理论;

以笔为友,必当坚守应用创新之原则;

以人为本,山高人为峰,水深人知渊。

让我们不断努力,开创未来,为我国能在语言理论方面立于民族之林作出自己应有的贡献,努力在世界学术舞台上发出自己的声音,此乃吾辈之最大快乐也!

参考文献:

[1] Langacker, R. W. *Foundations of Cognitive Grammar*, *Vol. 1: Theoretical Prerequisites* [M] . Stanford: Stanford University Press, 1987.

[2] Langacker, R. W. *Foundations of Cognitive Grammar*, *Vol. II: Descriptive Application* [M] . Stanford, California: Stanford University Press, 1991.

[3] Talmy, Leonard. *Toward a Cognitive Semantics*, *Vol 1: Concept Structing Systems* [M] ; *Vol II: Typology and Process in Concept Structuring* [M] . Cambridge, Massachusetts: The MIT Press, 2000.

[4] 桂诗春,宁春岩.语言学方法论[M].北京:外语教学与研究出版社,1997.

[5] 郭霞,崔鉴.认知句法学初探[J].外语学刊,2010,(5):40－43.

[6] 胡壮麟.为王寅《语义理论与语言教学》所作序言[M].上海:外语教育出版社,2001.

[7] 胡壮麟.认知隐喻学[M].北京:北京大学出版社,2004.

[8] 刘玉梅,沈志和.认知词汇学[J].外语学刊,2010,(5):31－35.

[9] 彭志斌.专研经典,关注前沿——王寅先生教我如何做好科研阅读[J].中国研究生,2012,(6):46－47.

[10] 钱冠连.语言:人类最后的家园——人类基本生存状态的哲学与语用学研究[M].北京:商务印书馆,2005.

［11］王天翼,王寅.认知社会语言学[J].中国外语,2012,(2)：44－53.

［12］王寅.认知语言学[M].上海：外语教育出版社,2007.

［13］王寅.构式语法研究(上卷)：理论思索[M].上海：上海外语教育出版社,2011.

［14］王寅.构式语法研究(下卷)：分析应用[M].上海：上海外语教育出版社,2011.

［15］王寅.什么是认知语言学[M].上海：上海外语教育出版社,2011a.

［16］王寅.构式语法研究(上／下卷)[M].上海：上海外语教育出版社,2011b.

［17］王寅.Applied Cognitive Linguistics：Theory and Practice[C]. Thomas, L., Zhang, J. & L. Wang. (Eds.). *Proceedings of 2011 International Symposium on Cognitive Linguistics and English Learning*. USA George, Marietta：The American Scholars Press, 2012.

［18］王寅.语言哲学研究——21 世纪中国后语言哲学沉思录(上／下卷)[M].北京：北京大学出版社,2014.

［19］赵永峰.认知音位学初探[J].外语学刊,2010,(5)：26－30.

编　后　记

赵永峰

亦师亦父孺子牛,悠悠亲情长缠绵。转眼间已是恩师70寿辰,我研读先生著作已近20年,接受先生直接教导已15年有余,在此不由得感叹《庄子·知北游》中所述,时间若白驹之过隙。在这些年与先生相处之中,我深切感悟到先生是位严厉的导师,从学术研究的每一个维度都给予我们谆谆教诲和严格要求;先生是位慈祥的父亲,在生活的方方面面都给予我们无微不至的关怀和真诚无私的帮助。这些年,师母李弘教授和先生的儿子王天翼教授在我们的学习、工作和生活上也都给予了真挚的关心和热情的帮助。在此我们想说,我们非常欣慰与先生一家人建立了一种深厚的、浓浓的情谊,且已升华为一种亲情,定将绵延永远。

在恩师70寿辰之际,我们众多弟子力劝一向低调行事的先生以此为契机,围绕先生的研究生涯和学术思想组织一些学术活动,但先生折衷低调地接受了我们的提议。关于这本文集的出版,我们深感宽慰和幸福,理由至少有以下五点:

一、四川外国语大学校长李克勇教授、天津外国语大学前副校长王铭玉教授为王先生发来致辞祝贺。四川外国语大学前党委书记马新发向先生祝寿并为文集题词。

二、学界前辈和著名学者胡壮麟、钱冠连、潘文国、王初明、王文斌等国内学界著名教授亲自拨冗执笔,表达了对先生学术研究的极大认可和高度赞誉,对先生70寿辰的美好祝福。

三、先生的学界挚友们在繁忙的教学科研中不吝抒怀,表达了对先生学术思想的敬仰之情,衷心祝贺先生70华诞。

四、先生曾经指导过的学生(包括访问学者们)在忙碌中抽出时间发来贺信,回忆与先生交往的点点滴滴鲜为人知的故事,表达了对先生学术思想的深切领悟和美好祝福;

五、上海外语教育出版社以孙玉社长为首的团队慷慨力推本文集的出版发行,我们相信这是对先生70寿辰的最美好祝福!

在此,我们特别要向上述撰稿人和为本文集出版付出辛勤劳动的所有老师、朋友和同门弟子们表示最真挚的感谢,谢谢你们言真意切的贺词、感人肺腑的祝福、富有成效的工作!我们还要感谢四川外国语大学,感谢川外为先生提供的学术研究平台!

此时此刻,我们还要向先生表示:定将沿着先生开创的学术道路(如认知语言学、构式语法、语言哲学、体认语言学等)脚踏实地、扬帆起航!定将在各自的工作岗位上尽职尽责,兢兢业业,足履实地,努力工作,反哺社会!定将先生所开创的学术研究和学术精神发扬光大,让王门桃李满天下!

再次衷心祝愿先生生日快乐,身体健康,幸福永远!